U0665386

国家社会科学基金项目
成都医学院学术著作出版基金项目
成都医学院马克思主义理论学科建设项目

社会主义核心价值体系大众化研究

SHEHUI ZHUYI HEXIN JIAZHI TIXI
DAZHONGHUA YANJIU

周 玉／著

人民出版社

目　录

序　一

本专著是周玉博士主持完成的2009年度国家社科基金项目“社会主义核心价值体系的大众化研究”的最终成果。该成果的选题是马克思主义中国化学科的一个理论前沿问题，“社会主义核心价值体系是兴国之魂，是社会主义先进文化的精髓，决定着中国特色社会主义发展方向。”因此，该选题具有重要理论意义和政治实践意义。

该成果有多方面创新。

首先在研究路径上，作者没有完全依赖现有的文字资料，而是重视实证研究，通过问卷调查、开座谈会、个别访谈、专家论坛等方法，获取了一手数据，以此为基础进行理论分析，作出科学结论，这是很值得倡导的。

在框架设计上，作者在科学界定社会主义核心价值体系大众化内涵的基础上，把认知理解确定为社会主义核心价值体系大众化的实现前提，把认同内化定为社会主义核心价值体系大众化的关键问题，把实践外化定为社会主义核心价值体系大众化的价值实现，把制度完善定为社会主义核心价值体系大众化的根本保障，并分别从多角度进行论证。这些观点虽然不一定得到学界认同，甚至会提出质疑，但反映了作者是在独立研究基础上提出的见解，对推动课题研究具有促进作用。

在著作的内容上，作者提出的“以人为本”、“以和为贵”、“人民民主”、“公平正义”、“共建共享”的核心价值观，是破解本课题研究难点的创新见解，国内学界对这个问题甚为关注，探讨时间长，至今未取得共识。作者之见可谓一说，定会引起争鸣，促进课题研究；作者对实现社会主义核心价值体系大众化的有利条件和制约因素的系统分析、有关对策建议亦值得关注。

本著的作者是一位青年学者，能够写出这样优秀的著作，很不容易，也很难得。所以我乐意推荐这部科学著作。

此外，我想借此机会，就社会主义核心价值体系研究中的一个重大问题——凝练社会主义核心价值观的方法论原则和基本内容谈些看法，以供学界朋友们讨论。

一、凝练社会主义核心价值观的方法论思考

从社会主义核心价值体系中概括、提炼社会主义核心价值观，是深化社会主义核心价值体系研究的重要方面，对于建设社会主义核心价值体系具有重要意义。凝练社会主义核心价值观，应遵循哪些方法论原则？总的说来，如陈云同志讲到学习理论时所说的，“最要紧的，是把思想方法搞对头。”凝练社会主义核心价值观也是如此，最要紧的，是把思想方法搞对头。思想方法对头了，不仅能弄清楚从哪里去找社会主义核心价值观，而且能沿着正确的理论思路凝练出社会主义核心价值观的内容。具体地说，在这里正确的思想方法至少需坚持以下原则。

1. 社会主义核心价值观，必须是社会主义性质的价值观

社会主义核心价值观，首先必须是社会主义的、而不是别的什么主义的价值观。“社会主义”是社会主义核心价值观的根本规定性。社会主义核心价值观就是从精神、价值观层面对社会主义制度的把握。社会主义制度的本质、规定性和根本属性决定社会主义本质。社会主义本质决定社会主义核心价值观。社会主义制度，即以生产资料公有制为主体的社会基本经济制度和由此决定的按劳分配为主体的社会主义分配制度；以共产党为领导的人民民主专政的国家制度、人民代表大会政治制度、共产党领导下的多党合作和政治协商制度、民族区域自治制度；以马克思主义指导思想为灵魂，以中国特色社会主义共同理想为主题、包

括民族精神和时代精神、社会主义荣辱观的社会主义核心价值体系。社会主义价值观，就是这些基本制度在价值观层面的集中表现。不表现社会主义制度本质规定和根本属性的价值观不是社会主义价值观。

2．社会主义核心价值观，必须是社会主义社会价值观领域中处于核心层次的价值观

社会主义社会同任何社会一样，其价值观体系的内容是丰富而庞杂的。有现实社会主义社会的价值观，也有前社会主义社会的价值观，还有处于萌芽状态的未来社会的价值观。在这种多层次、多方面的价值观念中，有一种处于主导和引领地位，体现着社会主义主流价值取向，决定、统率和影响其他价值观念的价值观，就是社会主义核心价值观。在整个社会主义价值观体系中，这种价值观抽象层次最高、抽象程度最深，属于精神内核。与此不同，那些处于次要和被引领地位、不体现社会的主流价值取向、而被决定、被支配、被引领和影响的价值观念，不应列为核心价值观。

社会主义核心价值观的这种要求，表明概括、提炼社会主义核心价值观，只能涵盖社会主义核心价值体系中的精髓，或精神内核，不可能全面涵盖其基本内容，更不能按照社会主义核心价值体系四个方面的基本内容，一对一地提取一些简洁的话语，进行简单叠加。

3．社会主义核心价值观，规范的对象首先是国家层面、社会层面、制度层面的价值取向，同时也是公民个人的道德规范

对社会主义核心价值观的规范对象，有两种不同的意见。一种意见是，社会主义核心价值观主要是“针对公民个人的道德规范”而确定的；另一种意见恰恰相反，认为社会主义核心价值观，“必须是国家层面、社会层面、制度层面的价值取向，而不应该是针对公民个人的道德规范”。其理由是，任何社会的核心价值观都是在统治阶级主导下形成的，反映的是制度层面的价值取向，而不是针对个人的要求。应该说，这两种意见各有自己的道理和根据，对于做好社会主义核心价值观的提炼工作都有一定的启发作用。但二者有一个共同的问题，就是把对国家、社会、制度层面的规范同对公民个人行为的规范对立起来，或者说割裂开来了，在理论上有一些难以解决的问题。

第一，在社会主义制度下，国家、社会、制度层面的价值观建设与社会成员的行为道德规范不是对立的。前者是后者的集中体现，或整体面貌。其价值取向不仅要集中反映人民群众、社会成员的根本利益和价值要求，而且它一旦形成就一定要进行普及，化为人民群众、社会成员的价值观。如若不是这样，对国家、社会、制度层面的价值取向，人民群众就不会关心、认同和践行。这种价值取向就没有导向意义。而我们建设社会主义核心价值体系，其现实目标恰恰是：要动员全党全国各族人民为建设富强、民主、文明、和谐的社会主义现代化国家而奋斗。为此，党的十七大报告在关于社会主义核心价值体系建设的基本要求中明确提出，要“坚持不懈地用马克思主义中国化最新成果武装全党、教育人民，用中国特色社会主义共同理想凝聚力量，用以爱国主义为核心的民族精神和以改革创新为核心的时代精神鼓舞斗志，用社会主义荣辱观引领风尚，巩固全党全国各族人民团结奋斗的共同思想基础。”古今中外的经验表明，如何将整个国家必须遵循的基本准则、整个民族具有的精神理念，深入、内化到每个个体行为规范中，形成一种社会行为模式，是这些基本准则、精神理念、原则真正得到认同和践行的关键。社会主义核心价值观必须能渗透到人民群众的心灵深处，成为他们用来评价行为、事物以及各种可能的目标中选择自己合意目标的准则。

第二，说任何社会的核心价值观都不是针对个人的要求，不一定是如此。我国封建社会传统核心价值观的“仁、义、礼、智、信”，就通过“忠孝两全”、“三纲五常”、“修身——齐家——治国——平天下”的方式，把个人、家庭、社会、国家、天下统一起来，把个人对道德规范的自觉意识、追求，与社会整体的核心价值统一起来了。西方资产阶级提出的“自由、平等、博爱”等价值观念也不仅仅是针对国家制度层面的，而同时是针对公民个人的道德规范的。江泽民同志说：“西方国家都有一套系统的方法和手段，来对他们的官员、学生、群众、军队灌输资本主义的思想、价值观和法治信条。”事实如此。

当然，社会主义核心价值观的制定，针对国家、社会、制度层面与公民个人道德规范层面不是等同的。首先，作为主导方面，要从作用于国家、社会、制度层面考虑（包括经济、政治、文化和社会）。之所以要如此，是因为国家毕竟是整个社会的正式代表，问题只在于是真实的（如社会主义社会的）还是虚假的、形式上的（如剥削阶级社会的）。就社会主义核心价值体系的本性而言，它既然是对古今中外治国理政、安民固邦的经验教训的总结，是从精神价值观层面对社会主义制度的把握，或者是社会主义经济、政治、文化、社会制度根本属性在价值观念层面的集中表现，是中国共产党团结动员全党全国各族人民完成党的执政使命的光辉旗帜，发现社会主义核心价值观当然应首先直接从国家制度层面着眼。但同时也要重视对每个社会成员的作用，要将二者有机地结合起来，而不是将之对立起来。

4．社会主义核心价值观，必须同党和国家的根本信念、长期坚持的思想理论原则保持一致

中国共产党的根本信念、思想理论原则是彻底的、明确的和一贯的。90余年来，在这方面的原则始终是在坚持中发展，在发展中坚持。概括、提炼社会主义核心价值观也必须坚持这个原则。

第一，要同社会主义核心价值体系的基本内容及其精神保持一致。社会主义核心价值体系提出来以后，经过宣传教育，已经得到社会各界的普遍认同。认为党中央提出的社会主义核心价值观的基本内容，是总结我国意识形态建设的经验教训，适应巩固和完善我国经济基础和根本政治制度的要求，适应思想文化领域的新变化，着眼于巩固马克思主义指导地位，巩固全党全国人民团结奋斗的共同思想基础出发的。社会主义核心价值体系提出来以后，起到了很好的作用，收到了积极效果。社会主义核心价值观，必须坚持从社会主义核心价值体系中进行提炼、概括，使之在现有的各种价值取向中处于统摄和支配地位，成为社会意识形态的主体和灵魂，对整个社会意识和社会思潮起绝对的引领和整合作用，以凝聚全社会的意志和力量，发展主流意识形态，保证社会前进的方向不被非马克思主义思潮、反马克思主义思潮所左右，保证人们共同的思想道德基础不被错误观念所动摇，从而避免人心涣散和社会混乱，保证党在社会主义初级阶段基本路线中确定的目标，即建设富强民主文明和谐的社会主义现代化国家得以实现，然后向更高的目标前进。因此，社会主义核心价值观念必须反映社会主义核心价值体系的精神内核及其所遵循的根本原则，或者说必须是社会主义核心价值体系中的精髓和内核的表达。不能离开这些精髓、内核，而是另外的别的什么东西。

有三种看法我以为是不合适的。一种看法是，现有的社会主义核心价值体系的基本内容“没有与国际接轨，惹人笑话，应该重新概括”；第二种看法是，现有的社会主义核心价值体系的基本内容认同面小，“应构建一种普遍认同的崭新的现代价值体系”，以把现代文化与当代文化、中国文化与世界文化、社会生活与个人生活衔接起来，用现代价值观念“体现在人们的物质生活和精神生活的各个方面”。第三种看法是，现在我国思想领域里出现了“三多”(多样、多元、多变)、“三交”(交流、交融、交锋）现象，对社会主义核心价值观的概括应该适应这种复杂情况。这三种看法的共同点，或明或暗都主张在凝练社会主义核心价值观时，要抛开现有的社会主义核心价值体系的基本内容，另起炉灶。应该说这种思路是不可行的，它偏离了社会主义核心价值观的本质规定和根本属性，违背了我们凝练社会主义核心价值观的初衷。

社会主义核心价值观自然应该是开放的而不是封闭和僵化的，否则无法同世界其他价值观对话、交流。为了能够同世界其他价值观进行对话、交流，凝练社会主义核心价值观，应该吸收借鉴包括资本主义文明成果在内的人类一切文化成果。但是，这种吸收和借鉴不能搞“拿来主义”，应该根据社会主义核心价值观的本质规定和根本属性的要求，运用马克思主义的科学分析，将中外进步价值观中积极的、合理的要素从其原体系中剥离出来，经过批判、分解、改造，使之成为为我所要的东西。这就像人体从食物中吸收养分一样，人体吸收并成为机体组成部分的，不是外界的食物形态的东西，而是经过咀嚼、胃肠的消化，化成生活物质的东西。人体吸收了这些物质，无论是人的基因还是形态都没有发生异样的变化。吸收借鉴包括资本主义文明成果在内的人类一切文化成果也是一样，不能是其原有的思想体系，也不能是原有思想体系意义上的词语，而是经过加工改造过的东西。

其次，对同世界其他价值观的对话、交流，也应该有一个正确的理解。这当然有一个语言表达和习俗问题。但从根本上说，是各自阐发自己的立场观点，交换看法。谁讲的是真理，谁就能最终说服人。说服人不完全在于要说服对方，根本是要说服群众，其中包括对方是信服科学真理的人。这就表明，交流、对话不一定都是要说相同的话，发表相同的观点，使用同样的语言，不同的观点，甚至针锋相对的话也是可以交流、对话的。特别是涉及国家的安全、中华民族的尊严等重大是非问题时更是如此。

第二，凝练社会主义核心价值观，要同党中央一贯坚持的“四项基本原则”、“自觉划清四个界限”的精神一致。中国共产党一贯坚持四项基本原则，新中国成立以后，毛泽东提出分清是非的六条政治标准。党的十一届三中全会以后，邓小平将六条政治标准进一步概括为“四项基本原则”，并且将其列入党的基本路线中的一个“基本点”。这是关系我们党和国家的根本制度问题。“自觉划清四个界限”，即“自觉划清马克思主义同反马克思主义的界限，社会主义公有制为主体、多种所有制经济共同发展同私有化和单一公有制的界限，中国特色社会主义民主同西方资本主义民主的界限，社会主义思想文化同封建主义、资本主义腐朽思想文化的界限”。在此基础上，党中央还进一步提出了六个“为什么”，七个“怎么办”。这些思想、原则的提出大大丰富了社会主义核心价值体系的内容，或者说使社会主义核心价值体系的基本内容得到了更为具体、更为翔实的解读。社会主义核心价值观作为社会主义核心价值体系的精神内核，必须同党的四项基本原则的精神相一致。即：坚持马克思主义指导地位，就是要遵循马克思主义基本原理同中国具体实际相结合的原则。既体现放之四海而皆准的马克思主义核心观点（基本观点、立场、方法），又符合中国实际，还具有中国作风、气派，为中国老百姓所喜闻乐见、易于理解和践行。坚持社会主义道路，就是中国特色社会主义道路。党的十七大对中国特色社会主义的基本内容有科学概括。坚持人民民主专政，就是坚持我们国家的国体和政体，保证人民当家作主。坚持中国共产党的领导，就是要反映党对国家全部理论和实践的领导地位。这四个方面不是彼此孤立的，而是紧密联系的“一整套设备”。当然同“四项基本原则”一致，不是一定要从每个原则中提炼出对应的价值观念，而是要从中提炼出一以贯通的精神内核、真髓、灵魂。如此，使“四项基本原则”的思想、原则更加鲜明、突出。如此，作为我国社会处于主导和引领地位的核心价值观，才能成为中国共产党团结动员全党全国各族人民完成党的执政使命的精神旗帜。

有一种意见我以为是不当的。有学者主张，为减少思想冲突，增进社会认同，避免因认识差异引发的社会动荡，社会主义核心价值观的表述不要旗帜鲜明，应该使用一些模糊不清，容易使大多数人接受的术语、概念。应该说，这种意见的不妥之处是明显的。第一，它背离了建设社会主义核心价值体系、凝练社会主义核心价值观的初衷。第二，它同我们党关于意识形态的主张相悖。我们党是成熟的马克思主义政党，在意识形态领域从来都是旗帜鲜明的。如江泽民同志所指出：“在事关政治方向和根本原则的问题上，我们一定要旗帜鲜明，理直气壮，毫不含糊。对于违反以经济建设为中心、违反四项基本原则、违反改革开放政策的错误思想政治观点，对于反马克思主义的挑战和攻击，必须进行积极的思想斗争，不能听之任之。”因此，对社会主义核心价值观的表述决不能含糊其辞。第三，就群众接受来说，社会主义核心价值观是中国特色社会主义理论体系的重要内容，是其在价值观层面的表现。中国特色社会主义理论体系是科学的理论体系，这种体系虽然根植于人民群众之中，但它不是在人民群众（包括工人阶级在内）中自发产生的，社会成员对它的接受、认同是进行思想灌输、政治教育的结果，不经过教育群众就直接能把握的问题，只能是社会生活的现象、常识，而不可能是科学。马克思主义一贯反对“自发论”，我们党强调“三贴近”原则，正是为了更好地、更有效地教育说服群众，这同“自发论”是有原则区别的。这里一定要注意区分对社会主义核心价值观的科学概括、规范表述，同对社会主义核心价值观的解读、阐释的界限。前者应着眼于科学概念、术语的表述，必须规范、严谨，如若不规范、严谨，就会使人发生质疑，究竟有没有、存在不存在人们可遵循、信奉的确定的核心价值观。后者应着眼于可读性，表述要具体、通俗、灵活，根据不同对象的需要，根据不同的情景和语境，选用群众们熟知、易接受的语言来表达，使群众容易接受。如若不是这样，在提炼、概括社会主义核心价值观时，过分地、片面地强调照顾不同利益群体的接受要求，就必然会降低社会主义核心价值观的本质要求，使之不能科学地反映社会意识形态的本质。

6．社会主义核心价值观，必须体现党的最低纲领和最高纲领相统一的原则

社会主义核心价值观，不仅仅是社会主义初级阶段价值观的反映，而是对整个社会主义历史阶段的反映。因此，凝练社会主义核心价值观，既要立足于社会主义初级阶段的实际，在一个较长的时期内不脱离中国这个最大的实际。但同时又不能把社会主义初级阶段凝固化，僵死地、孤立地对待这个实际，特别是某些社会现实情况。而应该根据我们党的最低纲领和最高纲领相统一的原则，注意到社会主义初级阶段的前进发展，鲜明地反映共产主义的远大理想和坚定信念，有利于促进人们树立共产主义远大理想和坚定信念，避免给“共产主义渺茫论”留下空隙。

7．社会主义核心价值观，需要针对不同的实际情况加以具体化

社会主义核心价值观是对整个国家、社会、制度、公民个人价值取向的概括。为了使这种核心价值观真正得到践行，应该在社会主义核心价值观的指导下，针对各领域、各战线、各行业、各业种的不同实际情况，按照社会主义核心价值观的准则，分别提出具有价值观性质的更为具体的要求，使社会主义核心价值观具体化。有论者早提出了这个问题并列举出如：“针对执政党的‘立党为公，执政为民’；针对党和政府的‘以人为本、执政为民’；针对党政干部的‘为民、务实、清廉’；针对革

命军人的‘忠诚于党、热爱人民、报效国家、献身使命、崇尚荣誉’；针对政法战线的‘忠诚、为民、公正、廉洁’，等等。”这个意见是中肯的，很有启发性的。

8．社会主义核心价值观，必须经过长期研究，反复凝练，才能形成完善的科学体系

社会主义本质是多级的，人们对其本质的把握有一个从一级到二级再到多级的深入过程。同时，世界在发展着，社会主义还在发展中，社会主义本质的完善和展现也有一个过程。我们中国共产党的根本信念是确定的、一贯的，但是也处在不断充实、不断完善中。所以社会主义核心价值观体系的凝练，在一定时期只能相对完备、相对稳定。它最后的完备形态的建立需要一个历史过程。

二、社会主义核心价值观的内容构成

学术界对社会主义核心价值观已经有多种概括，可谓见仁见智。根据上述方法论原则，经个人的研究和思考，汲取学术界某些成果，笔者对社会主义核心价值观作如下概括，即：实事求是、以人为本、独立自主、共同富裕。亦可再简化为求是、人本、自主、共富。

1．实事求是（求是）

将“实事求是”作为社会主义核心价值观中的概念，有以下根据：

第一，它是中国共产党对待马克思主义的科学态度。“实事求是”一词原本讲一种做学问的态度，出自《汉书·河间献王刘德传》。在延安整风中，毛泽东将之提取出来，作出全新的解释，用以表达我们党对待马克思主义应有的科学态度。毛泽东说：“‘实事’就是客观存在着的一切事物，‘是’就是客观事物的内部联系，即规律性，‘求’就是我们去研究。我们要从国内外、省内外、县内外、区内外的实际情况出发，从其中引出其固有的而不是臆造的规律性，即找出周围事变的内部联系，作为我们行动的向导。"[①] 此后"实事求是"就作为中国化马克思主义命题被确定下来。

第二，它是中国化马克思主义的精髓。中国化马克思主义包括毛泽东思想和中国特色社会主义理论体系。党的十一届三中全会前后，邓小平把毛泽东关于"实事求是"的经典演说，上升到无产阶级世界观和中国化马克思主义的思想基础的高度。他指出："实事求是，是无产阶级世界观的基础，是马克思主义的思想基础"，强调"实事求是"这四个字是"毛泽东思想的精髓"[②]。胡锦涛总书记在《关于"三个代表"重要思想理论讨论会上的讲话》中，强调"实事求是"是"三个代表"重要思想与马列主义、毛泽东思想、邓小平理论一脉相承的基本方面，是贯穿这一脉相承又与时俱进的科学体系的最宝贵的理论品质，是马克思主义富有生命力的关键。他指出："坚持一切从实际出发，理论联系实际，实事求是，在实践中检验真理和发展真理，是马克思主义最重要的理论品质，是一百五十多年来马克思主义始终保持蓬勃生命力的关键所在。"[③] 党的十七大报告，始终把"实事求是"作为科学发展观的根本依据和前提，作为使中国特色社会主义道路越走越宽广，让当代中国马克思主义发射出更加灿烂的真理光芒的基础。

第三，它是党的思想路线的科学概括。邓小平明确提出"实事求是"是马克思主义的思想路线。他说："马克思、恩格斯创立了辩证唯物主义和历史唯物主义的思想路线，毛泽东同志用中国语言概括为'实事求是'四个大字。"[④]

上述表明，"实事求是"表达了我们党的根本立场和信念，体现了社会主义意识形态的本质。它是党和国家一切理论和实践活动必须遵循的根本原则。因此，将"实事求是"列为社会主义核心价值观的一个核心概念是合适的。

---

① 《毛泽东选集》第 3 卷，人民出版社 1991 年版，第 801 页。

② 《邓小平文选》第 2 卷，人民出版社 1994 年版，第 143、126 页。

③ 《十六大以来重要文献选编》上册，中央文献出版社 2005 年版，第 364 页。

④ 《邓小平文选》第 2 卷，人民出版社 1994 年版，第 278 页。

2．以人为本（人本）

“以人为本”集中体现了马克思主义理论和社会主义的本质，集中体现了马克思主义政党的根本宗旨。胡锦涛同志曾指出：“相信谁、依靠谁、为了谁，是否始终站在最广大人民的立场上，是区分唯物史观和唯心史观的分水岭，也是判断马克思主义政党的试金石。”在党的十七大报告中，胡锦涛同志对“以人为本”作了科学界定：“必须坚持以人为本。全心全意为人民服务是党的根本宗旨，党的一切奋斗和工作都是为了造福人民。要始终把实现好、维护好、发展好最广大人民的根本利益作为党和国家一切工作的出发点和落脚点，尊重人民主体地位，发挥人民首创精神，保障人民各项权益，走共同富裕道路，促进人的全面发展，做到发展为了人民，发展依靠人民，发展成果由人民共享。”这一界定深刻揭示了“以人为本”的科学内涵和精神实质，表达了中国共产党关于党的根本宗旨、奋斗目的、工作出发点和落脚点的根本观点，关于人民的主体地位和权益保障的根本观点，关于人的全面发展的根本观点，关于历史的根本动力、党的根本执政路线和工作路线的根本观点。这正是对我们党关于“相信谁、依靠谁、为了谁”的问题的马克思主义回答，充分表明了这一历史唯物主义的基本命题为什么会成为社会主义核心价值观中不可缺少的概念。

3．独立自主（自主）

独立自主，首先是中国人民在长期奋斗中得到的一种权利，即从中国实际出发，主要依靠本国人民群众进行革命和建设的权利。这种权利的自觉，是以马克思主义普遍真理与中国实际相结合的原理、唯物辩证法内因和外因相互关系的原理为理论依据，以中华民族精神及其体现的民族自信心为重要思想基础，同时也是建立在近现代特别是中国共产党成立以来领导中国人民进行革命、建设和改革的历史实践上的。其次，独立自主是正确处理本国革命事业和国际革命事业、本国革命力量、革命政党同国际革命力量及组织之间相互关系的科学原则。将“独立自主”列入社会主义核心价值观的根据是：

第一，“独立自主”是中国共产党90余年来领导革命、建设和改革所取得的首要的、基本的历史经验。这包括推翻帝国主义压迫和外来干涉，实现民族独立、维护国家主权的历史经验，在世界社会主义推翻帝国主义压迫和外来干涉运动中正确处理同无产阶级国际组织之间的关系、同各国共产党之间的关系，从中国的实践出发，走自己的道路，在革命时期，找到一条农村包围城市、武装夺取政权的道路和中国特色的社会主义改造道路的经验。在社会主义建设时期，开辟中国特色社会主义道路的历史经验；在国内阶级关系和政党关系上，正确处理统一战线中无产阶级和资产阶级的关系、统一性和独立性的关系；在抗日民族统一战线中，正确处理国共两党关系的历史经验；在革命和建设依靠力量问题上，正确处理自力更生和争取外援关系的历史经验；在国家对外活动方面，奉行独立自主的和平外交政策的历史经验①。

第二，独立自主是中国共产党人在长期奋斗中赢得的权利。邓小平在党的十二大上指出："中国的事情要按照中国的情况来办，要依靠中国人自己的力量来办，独立自主，自力更生，无论过去、现在和将来，都是我们的立足点。中国人民珍惜同其他国家和人民的友谊和合作，更加珍惜自己经过长期奋斗而得来的独立自主权利。"过去帝国主义压迫我们，不给我们独立自主的权利；共产国际指导和帮助过我们，但不给我们独立自主地按照马克思主义精神实质办事的权利；抗日民族统一战线中，国民党不能容忍我们有独立自主的权利；在 20 世纪 50 年代中期以后到 70 年代，霸权主义者曾企图剥夺我们独立自主的权利。这些压迫、思想禁锢和组织控制，曾给我们的革命、建设带来损害。今天我们得到这个权利来之不易，必须坚决维护。

第三，独立自主是我们党找到的走中国特色社会主义道路的途径，又是中国特色社会主义道路的精神实质和立足点。1982 年，在党的十二大开幕词中，邓小平总结我们党成立以来到十二大为止的历史经验，指出："把马克思主义的普遍真理同我国的具体实际结合起来，走

① 参见田心铭：《独立自主是社会主义核心价值观的重要内容》，《红旗文稿》2012 年第 3 期。

自己的道路，建设有中国特色的社会主义，这就是我们总结长期历史经验得出的基本结论。”[①] 在纪念党的十一届三中全会召开30周年大会上，胡锦涛全面总结1978—2008年我们党改革开放30年的历史经验，指出：“把马克思主义基本原理同中国具体实际相结合，走自己的路，建设中国特色社会主义。”这两个论断实际上概括了中国共产党90年奋斗历程的根本经验。这一根本经验用一个词概括起来就是“独立自主”。

马克思关于社会历史发展的理论认为，一切民族都要走向社会主义，这是不可避免的，但各个民族走上社会主义的具体道路是不同的，社会主义的本质是统一的，但社会主义的发展道路、发展形式是多样的。但是各个民族、各个国家如何才能通过具体的发展道路、发展形式，走向社会主义，实现社会主义的本质呢？关键在于最熟悉本国历史特点和情况的各国马克思主义政党把马克思主义基本原理同本国的具体实际相结合，从本国实际出发，紧紧依靠本国工人阶级及广大人民群众，探索具有本国特色的社会主义道路。亦即“走自己的路”，其根本要求是独立自主。按照毛泽东对“独立自主搞建设”的解释：“自力更生为主，争取外援为辅，破除迷信，独立自主的干工业、干农业、干技术革命和文化革命，打倒奴隶思想，埋葬教条主义，认真学习外国的好经验，也一定研究外国的坏经验——引以为戒，这就是我们的路线。”[②] 在这个意义上，中国特色社会主义道路就是这样找到的。独立自主是找到中国特色社会主义道路的关键，又是中国特色社会主义道路的精神实质和立足点。

4、共同富裕（共富）

共同富裕是邓小平社会主义本质论的落脚点和归宿。其含义非常丰富。第一，它是坚持社会主义公有制和按劳分配的落脚点。社会主义公有制和按劳分配是社会主义质的规定性的两个基本方面。但是究竟是真的还是假的坚持了这两个基本方面？在现实生活中，所采取的具体路线

① 《邓小平文选》第3卷，人民出版社1993年版，第3页。

② 《毛泽东文集》第7卷，人民出版社1999年版，第380页。

和政策，是否符合现实生产力的状况？路线政策作为一种意识形式本身不能作为判断的依据。如果最终达到了共同富裕，则是真正体现了社会主义公有制和按劳分配两条原则，如果导致了相反的结果，或是两极分化，或是共同贫穷，那么就没有真正有效地坚持社会主义公有制和按劳分配的原则。在这个意义上说，最终达到共同富裕，是衡量是否真正搞社会主义的客观标准。

第二，这是社会主义生产资料公有制经济大力发展的表现。任何分配都是由生产资料所有制决定的。有什么样的生产资料所有制，相应就有什么样的分配方式和分配制度，这叫做生产决定分配。按马克思的提法是“分配关系和分配方式只是表现为生产要素的背面。……分配的结构完全决定于生产的结构。”① 资本主义制度下是按资分配，必然产生两极分化；社会主义公有制度下是按劳分配，最终必然是共同富裕。所以共同富裕的实现反映了在生产力比较充分发展基础上的社会主义公有制的发展和完善。如果没有社会主义公有制经济，就没有财富的按劳分配，共同富裕就失去了现实的物质基础。反之，如果经济发展了，出现了贫富两极分化，那就表明社会主义公有制经济受到了损害，甚至其主体地位发生了动摇，社会主义根本经济制度受到了威胁。正是因为这样，邓小平强调：“我们采取的所有开放、搞活、改革等方面的政策，目的都是为了发展社会主义经济。我们允许个体经济发展，还允许中外合资经营和外资独营的企业发展，但是始终以社会主义公有制为主体。”② 归根到底，是要更有力地发展生产力，加强社会主义公有制经济。

第三，最终达到共同富裕，划清了科学社会主义与小资产阶级社会主义的界限。共同富裕是社会主义本质特征的集中体现，是区分社会主义与资本主义的根本标志之一。同时也划清了科学社会主义与小资产阶级社会主义的界限。因为共同富裕既不是平均主义，也不是同步富裕。平均主义、同步富裕与两极分化一样，都不是科学社会主义。在整个社

① 《马克思恩格斯文集》第 8 卷，人民出版社 2009 年版，第 19 页。

② 《邓小平文选》第 3 卷，人民出版社 1993 年版，第 110 页。

会主义历史阶段只能日趋缩小贫富之间的差异，不可能彻底消除贫富差别。只能随生产力水平的提高，国家财力的增强，人民生活水平会随之普遍地有差别地提高，做不到同步富裕。我们实现共同富裕的途径是，以共同富裕作为经济社会发展目标，加强宏观调控，使一部分地区有条件先发展起来，一部分地区发展慢点，先发展起来的地区带动后发展的地区；也让一部分人通过诚实劳动和合法经营先富起来，先富带动后富。同时高度重视防止和克服贫富两极分化，最终达到共同富裕。

第四，最终达到共同富裕显示了社会主义迈向共产主义的历史趋势。共产主义的旗帜上写着"各尽所能，按需分配"。向着共产主义高级阶段过渡，必须有物质财富的极大丰富，人们思想觉悟的极大提高。共同富裕的实现包含着物质的、精神的两方面因素的大力增长，促进人的全面发展。因此，它也就显示出社会主义向高级阶段迈进的历史趋势。

正因为这样，共同富裕是社会主义的根本价值目标，是社会主义核心价值观的基本内容。

实事求是，以人为本，独立自主，共同富裕，四个命题不是彼此孤立的，而是一个具有内在联系的整体。其中，"实事求是"作为辩证唯物主义和历史唯物主义世界观的核心，反映的是物质世界和人类社会历史发展过程的宏观方面，即普遍本质和一般规律；"以人为本"作为历史唯物主义的内核，反映的是对人民群众的历史主体地位及历史作用的肯定。在现时代，就是对无产阶级及其政党领导下的人民群众历史主体地位和历史作用的承认。然而，这种肯定是建立在社会发展宏观规律基础上的。如不"探索社会关系发展的客观规律"，不研究"群众生活的社会条件以及这些条件的变更"[①] 不了解社会历史作为人们自己活动的产物是受内在的一般规律支配的，就不可能正确地评价人民群众的历史主体地位和历史作用。这样，"实事求是"和"以人为本"，前者是后者的前提和基础，后者是前者形成和发生作用的条件。"独立自主"反映的是社会历史主体在长期奋斗中争取到的处理社会客体各种关系的一种

① 《列宁专题文集 论马克思主义》，人民出版社 2009 年版，第 14 页。

权利和方式。如果说，人类社会历史过程是由历史主体和客体两个方面的相互作用构成的，那么，“独立自主”就是历史主体同客体结合的一种方式。历史主体在这里就是中国共产党及其领导下的广大人民群众，历史客体在这里就是包括中国革命、建设和改革过程中多种复杂的社会关系。“共同富裕”是社会主义本质特征的集中表现和根本价值目标，是实事求是、以人为本、独立自主等的落脚点和归宿。

上述社会主义核心价值观的基本概念，从词语上看，有的如“实事求是”和“以人为本”，植根于历史悠久的中华民族优秀传统文化的沃土；有的如“以人为本”，曾在西方思想理论中作为一种人道主义历史观使用过；有的如“独立自主”，从字面上看不出它所蕴涵的思想内容的丰富性、普遍性和深刻性。但是如果不是简单地从字面上去对它们进行解读，而是把它置于完整的马克思主义理论体系中、联系中国共产党的历史和丰富的党的历史文献去把握，它们作为社会主义核心价值观的基本概念所富含的思想内核就会鲜明地彰显出来。因此，对于社会主义核心价值观的基本概念，既不能孤立地、也不能从字面意义上去了解它，而应该按照马克思主义的方法论原则，把它置于完整的马克思主义理论体系中、联系中国共产党的历史和丰富的党的历史文献去把握它。

最后还要说明的是，有些同志提出其他的命题，如“富强”、“民主”、“文明”、“和谐”，“民主法治”、“公平正义”、“诚信友爱”等为社会主义核心价值观，应该说，这些都是非常重要的观念，提出以这些命题为社会主义核心价值观也有一定道理，但是我以为它们与实事求是、以人为本、独立自主、共同富裕等核心理念相比，彼此之间不在同一个层面，不是并列关系，而是一种派生、包容关系，即核心理念的重要构成部分，或说在逻辑和历史方面的展开。这些极为重要的命题，不仅可以从坚持社会主义核心理念中得出，而且其内涵有赖于社会主义核心理念来规定和阐明。所以不宜概括为社会主义核心价值观。

梅荣政

2012年3月写于武昌珞珈山

序　二

建设社会主义核心价值体系是党的十六届六中全会首次作出的战略决策，党的十七大对之予以了再次强调，指出社会主义核心价值体系是社会主义意识形态的本质体现，要切实把社会主义核心价值体系融入国民教育和精神文明建设全过程，转化为人民的自觉追求。党的十七届六中全会对之作了进一步的强调和更加深入的阐发，并将其提到了前所未有的战略高度，指出“社会主义核心价值体系是兴国之魂，是社会主义先进文化的精髓，决定着中国特色社会主义发展方向”。这一具有重大现实意义和深远历史影响的重要论断，进一步明确了社会主义核心价值体系在党和国家事业发展中的重要地位和作用。

建设社会主义核心价值体系，其根本的目的是要实现其“理论一经掌握群众，也会变成物质力量”的实践价值。也就是说，建设社会主义核心价值体系，核心的问题是要解决社会主义核心价值体系如何掌握群众，为群众内化于心、外化于行的问题，即如何“大众化”的问题。这是一个关系到我国发展方向和发展道路的全局性、长远性和根本性的战略问题，这一问题事关我国的意识形态安全、社会的和谐稳定和国家的长治久安，需要广大理论工作者进行积极的探索和深入的研究。本专著正是基于对这一问题的高度关注而展开研究的。

本专著是我的博士生、成都医学院周玉副教授主持完成的国家社科基金项目“社会主义核心价值体系的大众化研究”的最终成果。该成果在调查研究的基础上，围绕社会主义核心价值体系大众化这一主题，以回答社会主义核心价值体系大众化“是什么”、“为什么”、“怎么样”、“怎么办”为主线，依次对社会主义核心价值体系大众化的科学内涵、战略意义、有利条件和制约因素、实现前提（认知理解）、关键问题（认同内化）、价值实现（实践外化）、根本保障（制度完善）等问题进行了探讨。

全书主题突出，观点明确，框架结构设计合理，在社会主义核心价值体系大众化的学理界定、战略意义、有利条件和制约因素的系统分析、对策建议的探讨方面，有多处独到见解和创新理论观点。

本书对社会主义核心价值体系大众化的科学内涵，从其表达方式和表现形式、实践指向、质的规定性和量的规定性等多个维度进行的学理界定，自成一家之言，具有较高的学术创新价值。

本书通过问卷调查、开座谈会、个别访谈等方法，获取的关于社会大众理想信念和思想状况的一手数据，可信度高，也反映出作者重视调查研究，具有强烈的问题意识。

本书的突出建树是就社会主义核心价值体系的大众化提出了具有针对性、可行性的对策建议。作者将社会主义核心价值体系大众化分为社会主义核心价值体系为大众认知理解、认同内化和实践外化三个相互关联的基本环节。作者认为：实现社会主义核心价值体系大众化，前提是使社会主义核心价值体系为大众认知理解，关键是使社会主义核心价值体系为大众认同内化，目的是使社会主义核心价值体系为大众实践外化。为此，要以社会主义核心价值体系的普及化、通俗化、具象化和简明化推进其为大众认知理解；要以增强社会主义核心价值体系的说服力、公信力、合法性和凝聚力推进其为大众认同内化；要通过加强舆论引导、健全赏罚机制、加强法律保障和行为规范来巩固和强化大众对社会主义核心价值体系的认同内化、进而推进社会主义核心价值体系为大众实践外化。这些对策建议既符合认知逻辑，也符合实践逻辑，具有很强的应用价值和实践指导意义。

作者尝试将社会主义核心价值观凝练为“以人为本”、“以和为贵”、“人民民主”、“公平正义”、“共建共享”这五组词、二十个字，颇有新意，具有较高的理论价值和较强的时代气息。

应当承认的是，推进社会主义核心价值体系的大众化是一个庞大的理论和实践课题，本书只是侧重于其中的一些问题进行了研究，难免会有欠缺、不足之处。比如，关于社会主义核心价值观的概括凝练，这是推进社会主义核心价值体系大众化过程中必须解决同时也是迫切需要解决的问题，近年来，理论界对这个问题讨论得非常热烈，本书作者也作了非常有价值的探讨。但是，目前理论界对这个问题是见仁见智，存在很多分歧。那么这里就有一个问题，那就是在社会主义核心价值观的概括上究竟如何才能取得共识？这是有待深入研究的。此外，在后续研究中，作者若能加强对古今中外核心价值体系大众化经验教训的对比研究，将会弥补目前学术界研究的不足。希望作者在已有研究成果的基础上，继续将这一课题研究深入下去，拓宽研究视野，挖掘研究深度，在不久的将来有更好的成果问世，为我国的社会主义核心价值体系建设、为中国特色社会主义的“铸魂”工程贡献自己的力量。

王国敏

2012年3月于成都望江楼

绪　论

一、研究缘起

“社会主义核心价值体系是兴国之魂，是社会主义先进文化的精髓，决定着中国特色社会主义发展方向。”① 建设社会主义核心价值体系是中国共产党适应意识形态领域的新变化和中国特色社会主义的发展要求而提出的一项重大战略任务。推进社会主义核心价值体系的大众化是深入推进社会主义核心价值体系建设的本质要求和战略目标。

本课题以社会主义核心价值体系的大众化作为研究主题，把“大众化”这一核心概念凸显出来，主要基于以下三个方面的缘由：

（一）党的十七大相关精神

目前，中央文件虽然尚未明确提出“社会主义核心价值体系大众化”这一概念，但是，党的十七大报告明确提出“推动当代中国马克思主义大众化”的战略任务，“当代中国马克思主义”即是中国特色社会主义理论体系，该体系内在地包含了社会主义核心价值体系。同时，该报告还明确指出：“社会主义核心价值体系是社会主义意识形态的本质体现”；“要巩固马克思主义指导地位，坚持不懈地用马克思主义中国化最新成果武装全党、教育人民，用中国特色社会主义共同理想凝聚

① 《中共中央关于深化文化体制改革　推动社会主义文化大发展大繁荣若干重大问题的决定》（2011 年 10 月 18 日中国共产党第十七届中央委员会第六次全体会议通过），http://www.gov.cn/jrzg/2011-10/25/content_1978202.htm。

力量，用以爱国主义为核心的民族精神和以改革创新为核心的时代精神鼓舞斗志，用社会主义荣辱观引领风尚，巩固全党全国各族人民团结奋斗的共同思想基础”；“切实把社会主义核心价值体系融入国民教育和精神文明建设全过程，转化为人民的自觉追求”①。党的十七届六中全会进一步强调，必须强化教育引导，“增进社会共识”，“在全党全社会形成统一指导思想、共同理想信念、强大精神力量、基本道德规范。”②这些表述，虽然没有社会主义核心价值体系大众化的明显标识，但其字里行间都体现了对社会主义核心价值体系“大众化”的战略要求。在建设社会主义核心价值体系研讨会上，中共中央政治局委员、中宣部部长刘云山则明确提出要“通过多种形式把社会主义核心价值体系的内容和要求通俗化、大众化，努力扩大社会认同、形成思想共识”③。上述党的十七大报告、十七届六中全会决定的相关论述以及中央领导同志关于社会主义核心价值体系建设的实践要求，是本书选题的重要缘由和文献依据。

（二）当前意识形态领域面临的严峻挑战

科学理论的研究和发展，总是源于实践需要的逼迫与推动。本书以社会主义核心价值体系的大众化作为研究主题，主要是基于对我国当前意识形态领域严峻形势的忧虑和思考。这是本书选题的现实依据。改革开放以来，随着经济社会发展的突飞猛进，我国社会主义意识形态在意识形态领域的主导地位得到不断加强，人民群众对其有很高的认同度，并且这种认同度随着中国特色社会主义事业的不断发展而在进一步得到

---

① 胡锦涛：《高举中国特色社会主义伟大旗帜　为夺取全面建设小康社会新胜利而奋斗——在中国共产党第十七次全国代表大会上的报告》，人民出版社 2007 年版，第 34 页。

② 《中共中央关于深化文化体制改革　推动社会主义文化大发展大繁荣若干重大问题的决定》（2011 年 10 月 18 日中国共产党第十七届中央委员会第六次全体会议通过），http://www.gov.cn/jrzg/2011-10/25/content_1978202.htm。

③ 刘云山：《深入推进社会主义核心价值体系建设　巩固全党全国人民团结奋斗的共同思想基础》，载《党建》2008 年第 5 期。

巩固。但与此同时，面对日益复杂的国际国内形势，面对日益多元的思想潮流和价值观念，社会主义意识形态也面临着越来越严峻的挑战，我国人们的精神层面、意识形态领域的问题也逐渐凸显并趋于严重。

为了全面而深入地了解当前我国人们在理想信仰、道德领域等方面的现状，课题组在四川、重庆、河南、福建、新疆、吉林、湖南等20个省市，通过发放问卷①、开座谈会、个别访谈等方式，对包括工人、农民、学生、新社会阶层等不同社会群体进行了调研。通过调研，我们发现当前我国人们在意识形态领域的问题突出地表现在以下几个方面：

一是马克思主义信仰面临严重危机。苏东剧变以来，一些人错误地认为苏联的解体是因为作为指导思想的马克思主义已经“过时”，从而对马克思主义的科学性和生命力表示怀疑，进而认为中国也应该放弃马克思主义的指导思想地位。西方敌对势力在苏联解体后，把我国作为“和平演变”的重点对象，加紧对我国进行思想意识渗透，到处散布马克思主义的“过时论”、“终结论”，进一步动摇了一些人对马克思主义的信仰。国内一些社会思潮也从历史与现实的维度，从经济、政治、文化等领域与处于主流意识形态地位的马克思主义争夺话语权，这也对大众的马克思主义信仰构成强劲挑战。有人认为马克思主义带有很多空想的成分，其对未来社会的看法是乌托邦式的，共产主义根本无法实现。也有人认为，马克思主义仅仅是一家之言，仅仅是众多思潮中的一种，在社会成分、组织形式、物质利益、就业方式多样化的当今形势下，指导思想相应地也应该多元化，而不能只是马克思主义的一元指导。这些观点严重扰乱了人们的思想，动摇了人们对马克思主义的信仰。一些官员不信马列信鬼神，部分大学生热衷于星座预测，不少民众热衷于相面、求签、周公解梦等封建迷信。这些现象说明当前马克思主义信仰已面临严重危机。②

从我们的调查数据来看，对于“马克思主义、宗教、相面、求签、

① 调研发放问卷1650份，回收有效问卷1592份，数据统计分析采用的是SPSS软件(17.0版本)。问卷调查总体情况见附录2。

② 参见周玉：《论社会主义核心价值体系的大众化》，载《科学社会主义》2010年第3期。

算八字、周公解梦、星座预测、什么都不信、其他”中，“您最相信哪一种”这一问题，在实际回收的1592份有效问卷中，选择“马克思主义”的有720人，占调研对象总人数的45.23%（如图1）。这一比例明显高于其他各选项的比例，这表明人们对马克思主义的信仰占据主导地位，但同时也意味着有超过半数（54.77%）的人不相信马克思主义。特别引人注目的是，选“什么都不信”的比例仅低于“马克思主义”而高高凸显，共有484人，占调查对象的30.40%（如图1）。这是应该引起重

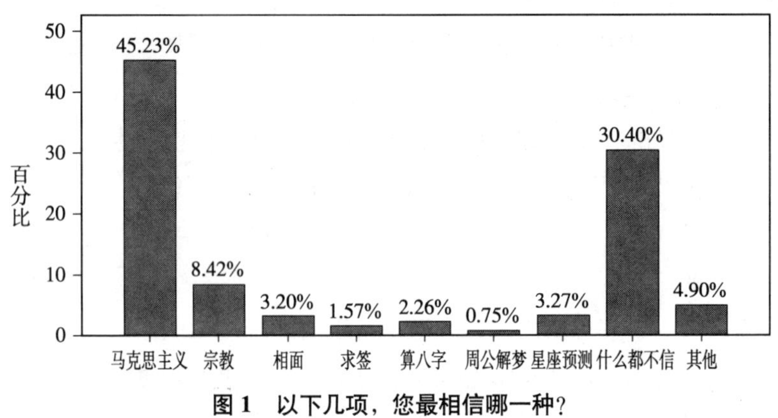

图1　以下几项，您最相信哪一种？

视、令人担忧的一个问题。在回答“为实现中华民族的伟大复兴，我国人民团结奋进的共同思想基础应该是什么”时，选择“马克思主义”的只有469人，仅占调研对象的29.46%，不到三成，也就是说，有超过七成的人选择的是“马克思主义”以外的选项（如图2）。

二是中国特色社会主义共同理想遭遇严峻质疑。在苏联解体后，在国际社会主义运动“低潮”的冲击下，一些人对我国的社会主义前途表示怀疑，提出中国的社会主义还能走多远、中国的红旗还能打多久的疑问，有人甚至认为中国的社会主义缺乏合法的历史依据，更有甚者认为当前所谓的中国特色社会主义无非是中国共产党打着社会主义的旗号搞的中国特色的资本主义。与此同时，当代新科技革命创造的巨大生产力，给资本主义注入了新的活力，各主要资本主义国家获得了迅猛的发展，出现了较长时期相对稳定的局面。资本主义垂而不死，两种制度的

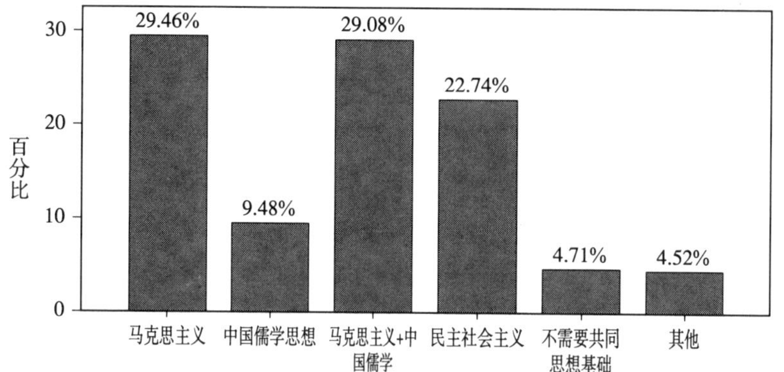

图 2　为实现中华民族的伟大复兴，我国人民团结奋进的共同思想基础应该是：

博弈长期而复杂，"资本主义必然灭亡，社会主义必然胜利"的前景在普通群众那里变得渺茫。从我国的现实情况来看，我国现在既有剥削现象，也存在着两极分化，还有黄、赌、毒、娼等被认为是资本主义的丑恶现象。这些都让部分群众无法理解中国特色社会主义与资本主义的区别，无法树立起对中国特色社会主义的信心。①

在我们的调查中，就"全国各族人民的共同理想应该是什么"的问题，在实际回收的 1592 份有效问卷中，有 1194 人、75% 的调查对象选择的是"中国特色社会主义"，这反映出中国特色社会主义这一共同理想为我国的绝大多人所认同，但也有 110 人、6.90% 的调查对象选择的是"中国特色资本主义"，选择"北欧福利社会"和"其他"的也各有 144 人，各占 9.05%，也就是说，有 25% 的调查对象不认同把中国特色社会主义作为全国各族人民的共同理想。就"社会主义一定会取代资本主义"这一问题，调查对象选择"完全同意"、"同意"的分别只有 191 人、450 人，各占 12.00%、28.27%，两项相加为 641 人，占调研对象总数的 40.27%；而选择"不清楚"、"不同意"、"完全不同意"的分别有 544 人、345 人、62 人，各占调研对象总数的 34.17%、21.67%、3.89%，三项相加为 951 人，占调研对象总数的 59.73%（如图 3）。这表明，有近六成

① 参见周玉：《论社会主义核心价值体系的大众化》，载《科学社会主义》2010 年第 3 期。

的调查对象对社会主义前途命运的认识是比较模糊的，不能清醒认识社会主义一定会取代资本主义的历史必然性，因而也就无从真正坚定对社会主义的信心和对中国特色社会主义的信念。

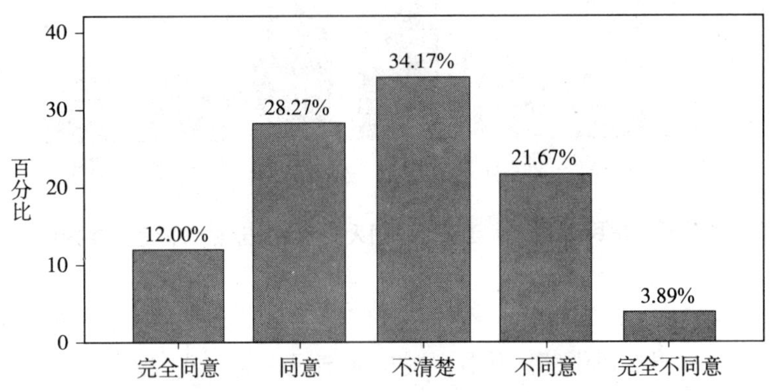

图 3 “社会主义一定会取代资本主义”，您对此的看法是：

三是以爱国主义为核心的民族精神受到强烈冲击。随着经济全球化和信息网络化的发展，我国一些人的国家观念和民族精神日益严重地受到影响。当前很多规模空前的跨国公司越来越向这样一个方向发展——“拒不效忠于任何民族国家，而是在全球范围内追求自己的利益和利润，它们既不代表其母国也不代表其东道国，而是仅仅代表公司自身的利益”①。跨国公司意识正在超越国家意识和民族意识。对于部分财富精英和知识精英来说，国家的界限开始模糊，他们可以在世界范围内选择栖身的创业场所。随着这些人个人主义的蔓延和对国家观念的不断弱化，国家苦心培养起来的集体主义和爱国主义精神受到前所未有的冲击。同时，信息化网络化的发展，使人们跨越了空间的界限，增强了做地球村村民的意识，但与此相伴的另一面则是部分人民族意识的弱化和爱国主义情感的消解。② 此外，西方发达国家为了推行其“和平演变”的战略，

① 汪晖、陈燕谷：《文化与公共性》，三联书店 1998 年版，第 497 页。

② 参见周玉：《论社会主义核心价值体系的大众化》，载《科学社会主义》2010 年第 3 期。

到处散布“主权淡化论”、“国家利益过时论”等与我国倡导的爱国主义精神相对立的观点，也严重淡化了一些人的主权观念和国家意识。我国一些人面对西方媒体的强大攻势，面对西方国家输送的价值观念和生活方式的冲击，再对照我国经济文化相对落后的现实，他们或妄自菲薄，对国家和民族的前途失去信心，或成为“西化”的俘虏，对西方的政治制度、衣食住行、娱乐和教育方式盲目迷信和向往。

根据我们的调查，就“假如有条件和机会，您是否会移居发达国家”这一问题，调查对象选择“一定会”的占14.26%，选择“有可能会”的高达32.54%，两项相加为46.80%；选择“不好说”的占18.97%，选择“不大会”、“一定不会”的各占16.08%、18.15%，两项相加为34.23%。撇开“不好说”这一选项，选择“一定会”、“有可能会”的比例之和远远高于选择“不大会”、“一定不会”的比例之和，高出了12.57%（如图4）。需要注意的是，调查对象对这一问题的回答，呈现出明显的年龄差异性。比如，对于“一定会”、“有可能会”的这两选项，在41岁至50岁的264位调查对象中，选择这两项的共90人，占该年龄群体的34.09%，在31岁至40岁的365位调查对象中，选择这两项的共168人，占该年龄群体的46.03%，而在19岁至30岁的734位调

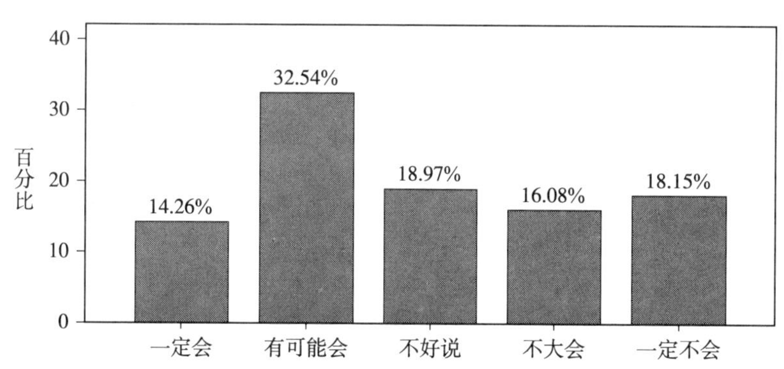

图4　假如有条件和机会，您是否会移居发达国家？

查对象中，共有399人作了选择，占该年龄群体的54.36%。这一现象应引起重视。

四是部分社会成员道德严重沦丧。社会成员的道德素质是衡量一个社会文明程度的重要标尺。随着社会主义市场经济的建立和发展，我国人们的道德观念发生了积极的变化，重视个人价值、讲求效率、锐意进取、开拓创新、平等竞争、崇尚科学、尊重知识等观念日渐深入人心，主张个人利益与集体利益有机统一的新型道德观念正在成为社会道德的主流。但另一方面，一些与时代发展背道而驰的旧观念、旧道德死灰复燃，拜金主义、利己主义和享乐主义沉渣泛起，一些人为了一己私利，丢掉起码的道德良心。当前社会的各种丑恶现象，如“毒奶粉”、“瘦肉精”、“地沟油”、“染色馒头”等食品安全事件以及各种各样的贪腐案件，无不与一些人的良心丧失、道德沦丧有着紧密关系。① 此外，一些人行为选择的动机不是出于道德义务感或社会责任心，而是出于对个人利害得失的权衡，部分社会成员的人性冷漠令人寒意彻骨。88 岁老人摔倒，众人围观无人敢扶②；2 岁女童惨遭车碾，18 路人无人施援③，等等，这一系列现象不能不引起我们对道德建设的高度关注。

根据我们的调查，对于“在他人遇到紧急困难或危险时，您看到人们通常是怎么做的”这一问题，调查对象中有 10.30% 选的是“不顾一切，挺身而出”，56.91% 选的是“尽力帮助”，这反映“助人为乐，见义勇为”这一中华民族的传统美德在当前仍为我国绝大多数人所尊崇和弘扬，我国人们的道德价值观主流是好的；但同时，也有 10.68% 选的是“装作没看见而离开”，有 17.84% 选的是“旁观”，这反映我国部分社会成员

---

① 参见周玉：《论社会主义核心价值体系的大众化》，载《科学社会主义》2010 年第 3 期。

② 新华网 2011 年 9 月 3 日转载《楚天都市报》记者周蕾报道：2011 年 9 月 2 日，武汉 88 岁老人李老爹在离家不到 100 米的菜场口迎面摔倒后，围观者无人敢上前扶他一把。1 小时后，爹爹因鼻血堵塞呼吸道窒息死亡。http://news.xinhuanet.com/2011-09/03/c_121962427.htm。

③ 光明网 2011 年 10 月 17 日转载《羊城晚报》记者周松、钟传芳、许琛报道：2011 年 10 月 13 日，广东佛山年仅两岁的女童小悦悦走在巷子里，被一辆面包车两次碾压，几分钟后又被一小型货柜车碾过。而让人难以理解的是，七分钟内在女童身边经过的十几个路人，竟然对此不闻不问。最后，一位捡垃圾的阿姨把小悦悦抱到路边并找到了她的妈妈。http://photo.gmw.cn/2011-10/17/content_2798054.htm。

的道德现状不容忽视（如图5）。而就“您认为当前最需要加强哪些教育?”这一问题，调查对象选得最多的三项都是关于道德的，它们依次是“社会公德”(78.0%)、“职业道德”(70.1%）和“个人品德”(64.1%)(如图6)。这一方面反映出加强社会主义核心价值体系建设尤其是道德建设是广大人民群众的迫切愿望，另一方面也折射出广大群众对当前社会道德现状的不满，折射出当前社会道德问题的严峻性。

面对意识形态领域的严峻现状，我们不能熟视无睹。任何对意识形态问题的无动于衷或者漠视淡化，都意味着束手就擒和坐以待毙。东欧

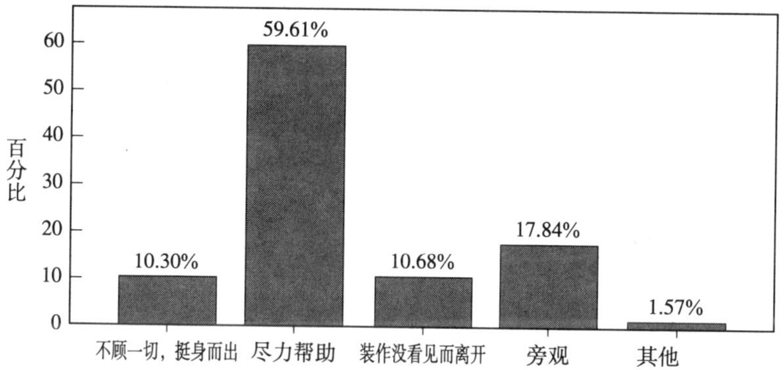

图5　在他人遇到紧急困难或危险时，您看到人们通常是怎么做的?

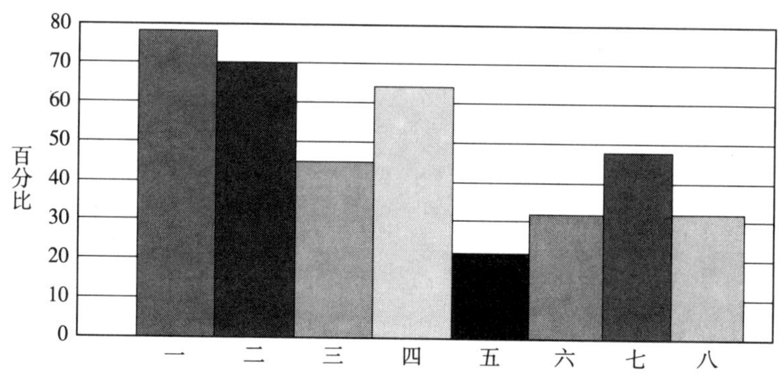

图6　您认为当前最需要加强哪些教育?

注：“一”代表社会公德；“二”代表职业道德；“三”代表家庭美德；“四”代表个人品德；“五”代表马克思主义信仰；“六”代表理想信念；“七”代表爱国主义精神；“八”代表改革创新精神。

剧变、苏联解体，原因固然很多，但精神信仰的崩溃和理想信念的坍塌，则是更为深刻的根源。前车之覆，后车之鉴。研究社会主义核心价值体系的大众化，推进社会主义的理想信念、精神信仰、道德观念深入人心，为大众普遍认同、信仰，重铸我国社会主义社会的生命之魂，在当前已经到了刻不容缓的地步。这正是本书研究的现实缘由。

（三）这一问题的理论研究亟须加强

自党的十六届六中全会首次提出建设社会主义核心价值体系重大战略任务以来，学术界对社会主义核心价值体系建设问题作了大量研究，并取得了丰硕的研究成果。截至 2009 年初我们在进行课题论证的时候，根据对中国知网（CNKI）的检索，题名中含有“社会主义核心价值体系”字样的文章共有 2400 余篇，此外也有一些相关专著的出版。通过查阅这些文献，我们发现，当时理论界对社会主义核心价值体系的研究，重点论域主要集中在社会主义核心价值体系的提出背景、重大意义、科学内涵、理论定位、基本特征、主要功能、建设路径等方面。这些研究成果加深了我们对于“什么是社会主义核心价值体系和怎样建设社会主义核心价值体系”的认识，也为后面的深入研究奠定了良好的基础。但是，从当时的研究文献来看，关于社会主义核心价值体系的大众化问题，还尚未引起理论界的高度关注。有些研究成果虽然字里行间透露出一些相关意思，但明确提出这一概念者为数不多，公开发表的成果仅检索到题为《以辩证的方法推进核心价值体系大众化》（《光明日报》2008 年 7 月 6 日）一文。对什么是社会主义核心价值体系大众化，当时的成果还尚无学理上的界定；对如何把社会主义核心价值体系内化为大众的价值观念、外化为大众的自觉行动，亟须在理论上作深入的研究。正是基于此，本书在充分吸收已有研究成果的基础上，拟从社会主义核心价值体系的大众化这一视角入手，把“大众化”这一核心概念凸显出来，深入研究推进社会主义核心价值体系为大众认知、认同、践行中的若干重大问题。

近年来，随着社会主义核心价值体系建设研究的深入推进，社会主义核心价值体系的大众化问题逐渐受到越来越多人的关注，也有越来越多的研究成果相继问世。根据对中国知网（CNKI）的检索，题名中含有“核心价值体系大众化”字样的文章在2009年有2篇，2010年增加了22篇，2011年又增加了40余篇。这些研究成果围绕社会主义核心价值体系大众化的理论内涵、现实依据、原则方法、路径选择、经验借鉴等方面作了极有价值的探讨，进一步深化了我们对社会主义核心价值体系大众化的认识。本书在调查研究的基础上，以回答社会主义核心价值体系大众化“是什么”、“为什么”、“怎么样”、“怎么办”为线索，依次探讨了社会主义核心价值体系大众化的科学内涵、战略意义、有利条件和制约因素、实现前提（认知理解）、关键问题（认同内化）、价值实现（实践外化）、根本保障（制度完善）等问题，以期对我国进一步推进社会主义核心价值体系建设提供具有学术价值和实践意义的对策建议，使该体系的基本内容和价值观念为大众内化于心并外化于行，转化为广大人民群众发展中国特色社会主义的精神动力和物质力量。

二、研究意义

研究社会主义核心价值体系的大众化，是推进社会主义核心价值体系建设向纵深发展的现实需要。党中央提出“建设社会主义核心价值体系”这一命题，从根本上说，它包含两个维度的基本内涵：一是理论建设；二是实践转化。两者相互联系，有机统一。其中，理论建设既来自于实践经验，又是其实践转化的基本前提；实践转化既以理论建设为前提，又是进一步推动理论建设的根本途径。[①] 研究社会主义核心价值体系的大众化，既是深入推进社会主义核心价值体系理论建设的需要，也是深入推进社会主义核心价值体系实践转化的需要，因而它既具有重要的理论意义，也具有重要的实践意义。

① 参见周玉：《论社会主义核心价值体系的大众化》，载《科学社会主义》2010年第3期。

就理论意义而言，研究社会主义核心价值体系的大众化，是深入推进社会主义核心价值体系理论建设的需要。社会主义核心价值体系的理论建设，即是社会主义核心价值体系本身的合理建构和理论完善，又包含两层含义：一是社会主义核心价值体系理论在当下的完善；二是社会主义核心价值体系随着实践的发展、随着时代的推移而“与实俱进”和“与时俱进”，使之在实践的发展和时代的推移中不断获得新的发展和进一步的完善。社会主义核心价值体系的理论建设，是社会主义核心价值体系建设的第一要义。社会主义核心价值体系建设的最终目的，是要落脚于实践，转化为改造世界的物质力量。但是，“批判的武器当然不能代替武器的批判，物质力量只能用物质力量来摧毁”①。理论只有掌握群众，才能变成物质力量。而理论掌握群众并不是无条件的，它必须彻底，必须能说服人。要使理论能说服人，就必须不断推进理论本身的建设。社会主义核心价值体系的理论建设，自党的十六届六中全会我们党首次提出建设社会主义核心价值体系这一战略任务以来，到目前已取得十分丰硕的研究成果，但是，从现有成果来看，关于社会主义核心价值体系大众化的研究，还需进一步深入。本书从大众化的视域研究社会主义核心价值体系的建设，对于进一步丰富社会主义核心价值体系建设的理论，无疑具有重要的意义。

就实践意义而言，研究社会主义核心价值体系的大众化，是深入推进社会主义核心价值体系实践转化的需要。社会主义核心价值体系的实践转化，也包含两层意思：一是作为社会主义核心价值体系建设的主导力量，党和政府、党员干部以社会主义核心价值体系指导实践，使社会主义核心价值体系的价值承诺在实践中尽可能地得到充分兑现；二是通过一定的途径，使社会主义核心价值体系转化为广大人民群众的实践，发挥其理论改造世界的强大威力，实现其理论改造世界的实践价值。这是社会主义核心价值体系建设的根本指向和最终目的。因为任何一种理论，无论逻辑论证得多么严密，无论听起来多么完美，但如果仅是高悬

---

① 《马克思恩格斯文集》第1卷，人民出版社2009年版，第11页。

于空中，脱离于实践，必然没有多大的意义。理论只有落脚于实践，才具有真实的意义和真正的价值。人民群众是历史的创造者，是社会实践的主体。理论落脚于实践，从根本上说，就是落脚于人民大众的实践，就是要实现理论的大众化，使理论为大众内化于心、外践于行。然而，“没有革命的理论，就不会有革命的运动”①。实现理论的大众化，实现社会主义核心价值体系由科学理论向大众实践的转化，需要科学理论的指导，具体而言，就是需要社会主义核心价值体系大众化理论的指导。研究社会主义核心价值体系的大众化，深刻揭示“什么是社会主义核心价值体系的大众化”、“为什么要实现社会主义核心价值体系的大众化”，科学分析社会主义核心价值体系大众化面临的有利条件和不利因素，提出社会主义核心价值体系大众化的对策建议，这不仅可以从理论上深化对社会主义核心价值体系大众化问题的认识，而且能够在实践上为党和政府推进社会主义核心价值体系大众化的实际工作提供参考借鉴，从实践上推进社会主义核心价值体系的大众化。

三、研究思路和总体框架

围绕社会主义核心价值体系大众化这一主题，本书在调查研究的基础上，以回答社会主义核心价值体系大众化“是什么”、“为什么”、“怎么样”、“怎么办”为线索，依次对社会主义核心价值体系大众化的科学内涵、战略意义、有利条件和制约因素、实现前提（认知理解）、关键问题（认同内化）、价值实现（实践外化）、根本保障（制度完善）等问题进行了探讨。

除绪论之外，课题最终研究成果共分七章：

第一章　社会主义核心价值体系大众化的科学内涵。

社会主义核心价值体系的大众化是本书的特定研究对象，对其科学

① 《列宁专题文集　论无产阶级政党》，人民出版社2009年版，第70页。

内涵的回答，既是课题研究的逻辑起点，也是价值指向。

本章首先通过研究社会主义核心价值体系的逻辑内容，深入回答了“社会主义核心价值体系”是什么的问题，接着对“大众”、“大众化”两个概念进行了历史的回顾和梳理，最后从多个维度揭示出“社会主义核心价值体系大众化”的科学内涵：就社会主义核心价值体系的表达方式和表现形式而言，社会主义核心价值体系大众化就是社会主义核心价值体系的通俗化和具象化；就社会主义核心价值体系大众化的实践指向而言，社会主义核心价值体系大众化就是社会主义核心价值体系的现实化、生活化；就社会主义核心价值体系大众化质的规定性而言，社会主义核心价值体系大众化包含社会主义核心价值体系“化大众”和“大众化”社会主义核心价值体系相互关联的两层含义；就社会主义核心价值体系大众化量的规定性而言，社会主义核心价值体系大众化就是社会主义核心价值体系在大众中的“普及化”以及大众对社会主义核心价值体系由外而内的“内化”和由内至外的“外化”。概括而言，社会主义核心价值体系大众化，即是通过对社会主义核心价值体系的“通俗化”、“具象化”、“普及化”、“生活化”达到社会主义核心价值体系“化大众”和“大众化”社会主义核心价值体系的目的，使社会主义核心价值体系的科学内容和价值观念为大众认知理解、认同内化和实践外化。

第二章　社会主义核心价值体系大众化的战略意义。

本章在第一章回答社会主义核心价值体系大众化是什么的基础上，进一步回答社会主义核心价值体系“为什么”要大众化的问题。目前，中央文件虽然尚未明确提出“社会主义核心价值体系大众化”这一概念，但党的十七大报告关于要使社会主义核心价值体系“转化为人民的自觉追求”、“深入人心”等诸多表述则字里行间体现了对其“大众化”的战略要求。本章研究以此为指导明确指出，社会主义核心价值体系作为国家的主导意识形态，作为我国的“兴国之魂”，推进其大众化不仅是建设社会主义核心价值体系的本质要求、是推动当代中国马克思主义大众化的题中要义，而且更是构建社会主义和谐社会、维护我国社会主义意识形态安全的战略需要，同时也是深刻反思苏东剧变历史教训得出的必然结论，它事关我国社会的和谐稳定和国家的长治久安，因而具有重大的战略意义。

第三章　社会主义核心价值体系大众化的有利条件和制约因素。

本章是承上启下、承前启后的一章。本章以唯物辩证的观点分析了社会主义核心价值体系大众化面临的有利条件和制约因素，回答“怎么样”的问题。

其有利条件主要表现在两个方面：一方面，社会主义核心价值体系本身集科学性与人民性、理想性与现实性、主导性与包容性、民族性和时代性于一体，具有独特的理论魅力；另一方面，新中国成立以来，尤其是改革开放以来，我国通过走中国特色社会主义道路，在经济、政治、文化、社会等方面取得了举世瞩目的辉煌成就，中国特色社会主义在实践中越来越彰显出无可比拟的制度优势，得到亿万人民的广泛认同和衷心拥护，这为推进社会主义核心价值体系大众化提供了强大的绩效支撑，奠定了广泛的群众基础。

其制约因素主要表现在四个方面：一是社会主义核心价值体系理论本身方面，其理论内容的复杂性、语言表达的学理性、基础研究和专题研究的滞后性制约着大众对它的全面认知、深入理解和价值认同；二是宣传普及中存在的对普及对象主体性、差异性和广泛性的忽视现象以及对普及内容神化、僵化和泛化的异化倾向，严重影响核心价值体系对大众的吸引力、感召力和覆盖面；三是社会现实方面，民生问题的凸显、贫富差距的日益严重、部分党政干部和地方政府的行为失范，严重影响核心价值体系的说服力和公信力；四是意识形态方面新自由主义、民主社会主义、历史虚无主义、“普世价值”的理论等一些社会思潮对核心价值体系大众化构成严重干扰。

对社会主义核心价值体系大众化有利条件和制约因素的分析，是为了能够有针对性地提出对策建议，为后文作铺垫。

第四章　社会主义核心价值体系大众化的实现前提：认知理解。

从本章开始至第七章，是在回答社会主义核心价值体系大众化“怎么办”的问题。这是本书的重点。本书认为，推进社会主义核心价值体系大众化包含推进其为大众认知理解、认同内化和实践外化三个相互关联的基本环节。实现社会主义核心价值体系大众化，前提是使社会主义核心价值体系为大众认知理解，关键是使社会主义核心价值体系为大众认同内化，目的是使社会主义核心价值体系为大众实践外化。同时，社会主义核心价值体系大众化还需要制度完善作为根本保障。

推进社会主义核心价值体系为大众认知理解，这是社会主义核心价值体系大众化的基本前提和逻辑起点。广大群众对社会主义核心价值体系的正确认知和理解程度，决定着这一科学理论被广大群众的认同程度及其在实践中的运用和贯彻程度。推进社会主义核心价值体系为大众认知理解，必须实现社会主义核心价值体系的四个转化：

一是通过推进社会主义核心价值体系的普及化，使社会主义核心价值体系实现从“小众掌握”到“大众掌握”的转化。为此，必须在科学理论与人民大众之间架起一座桥梁，加强社会主义核心价值体系的宣传教育。加强宣传教育，推进社会主义核心价值体系的普及化，首先要坚持马克思主义灌输原则。其次要加强宣传教育的队伍建设，提升宣传队伍的政治素质、业务能力、可信程度，形成理论宣传的教育合力。再次，要把握宣传教育的重点人群，突出对领导干部、青年学生、公众人物等社会群体的宣传教育。最后要推进宣传教育的方法创新：(1) 要尊重教育对象的主体地位，同教育对象开展平等的交流和沟通；(2) 要区分教育对象的不同层次，以分众化推进社会主义核心价值体系的大众化；(3) 要寓观点于材料之中，既讲道理，也摆事实；(4) 要搭建立体的传播平台，以手段的立体化推进社会主义核心价值体系的大众化，即要做到传统媒体与新兴媒体、物质传播渠道与精神传播渠道、显性教育与隐性教育的有机结合、相得益彰。

二是通过推进社会主义核心价值体系的通俗化，使社会主义核心价值体系的语言表达实现从“学术话语”到“大众话语”的转化。注重语言的通俗化是马克思主义的一贯传统。推进社会主义核心价值体系的通俗化，应当凸显其语言表达的“群众性”、“民族性”和“时代性”三个特征，同时应当避免将其“庸俗化”和“玄奥化”。

三是通过推进社会主义核心价值体系的具象化，使社会主义核心价值体系实现从“理论逻辑”向“形象逻辑”的转化。以具象化的形式推进社会主义核心价值体系的大众化，具有多方面的特点和优势：首先，它符合大众的审美需求，能满足大众的审美需要；其次，它符合中国人的思维方式；再次，它能有效避免大众的抵触情绪和排斥心理；再次，它发生作用的范围广泛、覆盖面广；最后，它对受众的教育影响深远、效果持久。推进社会主义核心价值体系的具象化，关键是加强其载体建设。为此，要做好以下几个方面的工作：(1) 将社会主义核心价值体系渗透到对先进典型的宣传推广中；(2) 融入文艺作品的创作生产中；(3) 融入人文景观的环境建设中；(4) 融入公益广告的创作宣传中；(5) 渗透到群众性文化活动的组织创建中。

四是通过推进社会主义核心价值体系的简明化，使社会主义核心价值体系实现从“体系建构”向“观念凝练”的转化。凝练社会主义核心价值观需要遵循以下基本原则：(1) 以社会主义核心价值体系为根本依据；(2) 以马克思主义为理论依据，适应中国特色社会主义实践要求；(3) 以中西文化的优秀成果为借鉴资源；(4) 核心价值观的形式应简明扼要、高度凝练；(5) 充分发挥群众的主体作用，坚持群众路线。基于上述原则，社会主义核心价值观可以凝练为“以人为本”、“以和为贵”、“人民民主”、“公平正义”、“共建共享”这五组词、二十个字。

“通俗化”、“具象化”和“简明化”是“普及化”的内在要求，都是为了更好地“普及化”，使大众对社会主义核心价值体系更加易于理解并且喜闻乐见。

第五章　社会主义核心价值体系大众化的关键问题：认同内化。

推进社会主义核心价值体系为大众认同内化，这是实现社会主义核心价值体系大众化的关键环节。尽管认知是行为的先导，但认知并不意味着相应行为的实现。一种理论从人们的知转化为行，其间要经历情感的认同和心理的内化。社会主义核心价值体系只有为大众认同内化，转化为大众的价值信仰和精神追求，才能实现其服务实践、改造世界的价值。而社会主义核心价值体系要为人们认同内化，其理论自身必须要具有足够的说服力，要能为提倡者身体力行，要能符合人们的内心期待、满足人们的利益需求，在其反映的现实中能够得到充分的印证，同时，还必须能对各种社会思潮予以有效引领。为此，推进社会主义核心价值体系为大众认同内化，应从以下方面着手：

一是推进理论创新，增强社会主义核心价值体系的说服力。理论创新是社会主义核心价值体系的本质要求。社会主义核心价值体系的理论创新是由其理论的实践性、时代性、开放性和发展性决定的。推进社会主义核心价值体系的理论创新，一方面要以现实问题为中心，进一步回答与建设社会主义核心价值体系密切相关的“六个重大现实问题”，划清“四个重大界限”；另一方面要不断推进马克思主义中国化、时代化、大众化，巩固社会主义核心价值体系的理论基础。

二是重视率先垂范，提升社会主义核心价值体系的公信力。社会主义核心价值体系的大众化，离不开倡导者的率先垂范。党和政府是建设社会主义核心价值体系的最高倡导主体。作为党和政府的组成成员，广大的党员干部，责无旁贷地应在建设社会主义核心价值体系的过程中率先垂范，成为社会主义核心价值体系的坚定信仰者、积极宣传者和模范践行者，用自己的一言一行、一举一动对社会主义核心价值体系进行生动的诠释和形象的演绎，发挥其“身教重于言传”的道德示范效应和典型辐射作用。为此，各级党员领导干部首先要做学习马克思主义理论的模范，坚定科学的理想信念；其次要做言行一致的表率，弘扬理论联系实际的学风；再次要做弘扬民族精神和时代精神的先锋，在爱党爱国和改革创新中发挥带头作用；最后要做践行社会主义荣辱观的楷模，加强道德修养和党性修养。

三是加强民生改善，巩固社会主义核心价值体系的合法性。社会主义核心价值体系合法性的支撑来源于民众生活质量的提高，来源于人民生活的改善。只有切实保障和改善民生，使广大群众学有所教、劳有所得、病有所医、老有所养、住有所居，党的领导、社会主义道路，才会得到群众的真心拥护，社会主义核心价值体系也才会深入人们的心坎，为人们普遍认同和共同遵循。因此，巩固社会主义核心价值体系的合法性，首先要健全覆盖城乡居民的社会保障体系，完善基本医疗保险、住房保障、最低生活保障、基本养老保障等制度，保障群众体面的基本生活；其次要完善公共服务体系，推进基本公共服务均等化，确保人人享有均等的基本公共服务。

四是加强思潮引领，增强社会主义核心价值体系的凝聚力。以社会主义核心价值体系引领社会思潮，一要加强对社会思潮的理论研究，正确认识社会思潮；二要坚持“尊重差异，包容多样”的方针，为各种思潮搭建一个平等对话的平台；三要对各种思潮区别对待，恰如其分；四要廓清人们的思想迷雾，解答人们普遍存在的思想困惑。

第六章　社会主义核心价值体系大众化的价值实现：实践外化。

推进社会主义核心价值体系为大众实践外化，这是社会主义核心价值体系大众化价值实现和“落地生根”的环节。理论的价值在于指导实践，学习的目的全在于应用。社会主义核心价值体系只有为大众实践外化，其改造世界的价值才得以最终实现。通过对社会主义核心价值体系的认知理解和认同内化，应该说，人们就会自觉将社会主义核心价值体系外化为自己的实践行为。但是人们的思想过程尤其是心理过程是极其复杂的，其思想品德的形成发展因受多种因素的影响通常会出现曲折和反复，同时，社会主义核心价值体系要为全体社会成员普遍遵循，仅靠道德自律的力量也是不够的。道德行为如果没有相应的外在强化是难以呈现出持续性与稳定性的。而这种强化主要来自于社会评价和行为规范。为此，必须健全社会的评价机制和行为规范，强化、巩固人们对社会主义核心价值体系的认同内化，确保社会主义核心价值体系为全体社会成员普遍遵循：

一是要加强舆论引导，形成符合社会主义核心价值体系的舆论评价机制。正确的舆论评价对推进社会主义核心价值体系大众化具有重要作用：首先，它对大众个体价值观的形成及其行为选择具有积极的导向作用；其次，它能够营造良好的社会环境，促进社会主义核心价值体系为人们广泛认同和普遍遵循；再次，它能促使人们从他律走向自律。然而，社会舆论往往良莠不齐，这就需要我们对其进行正确的价值引导。正确引导社会舆论，首先要坚持党的领导，坚持以社会主义核心价值体系为价值导向；其次要在一定程度上克服新闻媒体谋取自身经济利益的诉求；再次要实现媒体协同，营造符合社会主义核心价值体系、惩恶扬善的社会舆论氛围。

二是要健全赏罚机制，不让“老实人”吃亏、英雄“流血”又“流泪”。实施公正的社会赏罚，通过对相应行为进行利益的给予或剥夺，能够成为促进社会主义核心价值体系为人们普遍遵循的现实而有力的因素，对推进社会主义核心价值体系大众化具有重要意义：首先，它是社会主义核心价值体系得以普遍遵循的重要保证；其次，它能推动个体道德实现从“他律”向“自律”的转化，促使个体品德的生成；再次，它是形成良好社会环境的有效保障。为此，推进社会主义核心价值体系大众化，使社会主义核心价值体系成为人们的基本遵循，必须着力健全惩恶扬善的社会赏罚机制。健全赏罚机制，首次，要切实解决赏罚不力的问题，消除“英雄流血又流泪”的现象；其次，要切实解决赏罚不公的问题，消除“老实人吃亏”的现象；再次，要切实解决赏罚不一的问题。

三是要强化法律评价，确保核心价值体系在社会运行中的权威性和至上性。任何社会要使其核心价值体系得到社会成员的普遍遵循，都必须将其价值理念寓于国家的法律法规，凭借国家法律的权威力量加以强制推行。强化法律评价，将社会主义核心价值体系寓于法律法规，一方面，既是对法律的道德支持和有益补充，另一方面也是传播社会主义核心价值体系、推进社会主义核心价值体系大众化的有效手段。为此，我国各项法律法规的健全完善，都要把社会主义核心价值体系寓于其中，防止出现具体法律法规同社会主义核心价值体系基本精神相背离的现象，用法律法规的权威性来推进社会主义核心价值体系的大众化，使符合社会主义核心价值体系的行为得到法律的肯定和认可，使背离社会主义核心价值体系的行为受到法律的制裁和惩处，从而使人们在遵循法律法规的过程中，将其承载的社会主义核心价值体系的核心理念和基本精神内化于心、外践于行。当前，以法律的途径推进社会主义核心价值体系的大众化，重点是要以社会主义核心价值体系为价值导向，逐步完备市场法规体系，约束经济活动主体的行为；要在有法可依的基础上，进一步健全执法机构，加强对执法人员的社会主义核心价值体系教育和职业道德教育，防止执法人员背离社会主义核心价值体系和违法乱纪行为的发生。同时，要加强对公民的社会主义核心价值体系教育和法纪教育，提高公民的道德修养和法律素养。此外，值得特别强调的是，要加快对见义勇为道德行为的法律保护。当然，将社会主义核心价值体系转化为法律规范，不能超越现实的道德水准，否则，法律在现实生活中会变成一纸空文，其权威和尊严也就无从谈起。

四是健全各行各业的行为规范，把社会主义核心价值体系渗透到各行各业的职业规范和行为准则中，使之成为人们日常工作生活中的基本遵循。

第七章　社会主义核心价值体系大众化的根本保障：制度完善。

意识形态的问题不能仅靠对意识形态的改造来解决。社会主义核心价值体系作为一种意识形态，推进其大众化不是一项孤立的事业，它不仅关涉到其理论体系本身的合理建构和宣传教育，而且关涉到整个社会的制度完善。

本章通过分析制度与价值观、社会主义基本制度与社会主义核心价值体系的辩证关系，揭示出我国以公有制为主体、多种所有制经济共同发展的基本经济制度和人民当家作主的民主政治制度，既是社会主义核心价值体系赖以产生和形成的根本制度基础，也是社会主义核心价值体系得以大众化的根本制度保障。如果我国社会主义的基本制度发生丝毫的动摇，社会主义核心价值体系就会失去其赖以存在的根基，其大众化更无从谈起。为此，要划清社会主义公有制为主体、多种所有制经济共同发展的基本经济制度同私有化和单一公有制的界限，坚持和完善社会主义初级阶段的基本经济制度，既不能搞“私有化”，也不能搞“纯而又纯”的公有制；要坚持和完善以按劳分配为主体、多种分配方式并存的收入分配制度，缩小贫富差距，逐步实现共同富裕；要划清中国特色社会主义民主和西方资本主义民主的界限，坚持和完善人民代表大会制度而不能搞“三权分立”，坚持中国共产党领导的多党合作和政治协商制度而不能搞西方的多党制；同时要进一步深化政治体制改革，健全权力运行的制约和监督机制，防治腐败和特权等消极现象的滋生蔓延，要深化干部人事制度改革，提高民众在干部选拔和考核评价中的话语权，要深化行政管理体制改革，大力推进服务型政府建设，从而在社会制度的层面为社会主义核心价值体系大众化提供根本保障。

四、研究方法和创新之处

（一）研究方法

本书坚持以马克思列宁主义、毛泽东思想、邓小平理论和“三个代表”重要思想为指导，深入贯彻落实科学发展观，根据我国意识形态领域的客观现状和构建社会主义和谐社会的现实要求，运用马克思主义哲学、科学社会主义、心理学、教育学、传播学等基本理论，突出分析社会主义核心价值体系大众化的心理过程和对策建议。具体研究方法是：

1．历史唯物主义方法。历史唯物主义中“社会存在决定社会意识”的原理以及社会基本矛盾运动等社会发展的动力、规律原理，是本书研究的理论基础和根本方法。社会主义核心价值体系作为社会主义社会的观念上层建筑，其建设始终依赖于社会主义社会的现实物质基础，同样，任何社会的大众意识、价值观念都有其深刻的社会历史根源，都产生于一定的社会历史背景，而大众某种价值观念一旦形成，它又会对社会的发展产生深刻的影响。因此，本书始终立足于社会现实生活的历史语境，研究当代大众社会主义核心价值观的历史构建，使大众的社会主义核心价值观念成为推动社会发展的精神动力，转化成社会发展的物质力量。

2．马克思主义的阶级分析法。阶级分析，就是运用马克思主义的阶级观点去观察和认识阶级社会的历史现象。马克思主义的阶级分析法为我们认清阶级社会中纷繁复杂的社会现象提供了科学的指导。在我国，阶级斗争虽然不是社会的主要矛盾，但阶级斗争在一定范围内还将长期存在，国际上和平演变与反和平演变的斗争长期存在，国内社会思潮的多元并存也长期存在。社会思潮的多元并存是社会进步的历史必然，但错误思潮会对社会主义核心价值体系的大众化构成干扰，因此，要坚持用马克思主义的阶级分析法，揭示其阶级实质和立场，认清其本来面目。江泽民也曾说过，“只要阶级斗争还在一定范围内存在，我们就不能丢弃马克思主义的阶级和阶级分析的观点和方法。”[①] 当然，坚持阶级分析法，要把它与“以阶级斗争为纲”区别开来。坚持阶级分析法，并非是以阶级斗争为纲。

3．比较研究法。本书主要是通过比较研究苏联解体的意识形态根源与我国当前的意识形态现状，来论证我国加强社会主义意识形态建设，推进社会主义核心价值体系大众化的战略意义；通过比较美国、新加坡等国的核心价值观建设经验，来探讨我国社会主义核心价值体系大众化的对策建议；通过比较俄罗斯、英国等国私有化失误来驳斥有关我国主张私有化的观点；通过比较西方国家“三权分立”、多党制来论证中国特色社会主义民主政治制度的优势。

4．调查研究法。“没有调查，就没有发言权”。研究社会主义核心价值体系大众化，重点是要解决如何大众化的问题。为此，必须首先要搞清楚社会主义核心价值体系大众化的现实境遇，即在当前推进社会主义核心价值体系大众化，有哪些有利条件，又有哪些制约因素。搞清楚这个问题，不能泛泛而谈，必须要有数据的支撑，有现实的依据。本书一方面通过文献调查，在学者们已有的调查成果中获取相关数据；通过访问国家统计局、民政局等官方网站获取相关数据；通过经常性地关注

① 《江泽民文选》第 3 卷，人民出版社 2006 年版，第 83 页。

网络舆论来调查了解人们的心理和思想状态。另一方面，课题组在四川、重庆、河南、福建、新疆、吉林等20个省区市，通过问卷调查(发放问卷1650份，实际回收有效问卷1592份)、开座谈会、个别访谈等方式，对不同社会群体进行了一定程度的调研，获取了关于社会大众理想信仰和思想状况的一手数据。

5．多学科联合攻关法。研究社会主义核心价值体系的大众化，目的是使社会主义核心价值体系为大众认知、认同，内化为大众的价值观念并外化为大众的实践行为。大众一定价值观念的产生、发展和变化是一系列复杂的社会现象，它发生在复杂的社会生活中，为此，本书始终以唯物史观为根本的研究方法。同时，一定的思想理论要实现大众成员从认知到行为的转化，其间要经历一系列复杂的心理变化和过程。因此，本书除了以唯物史观作为根本的方法论以外，还运用了心理学、传播心理学的相关原理和方法研究大众心理，从大众接受心理特点的视角，探索推进社会主义核心价值体系大众化的有效途径。此外，本书还运用了教育学、经济学、政治学等多学科交叉综合的方法，探索推进社会主义核心价值体系大众化的现实路向，使社会主义核心价值体系建设更具有实效性。

（二）创新之处

本书的创新之处大致体现在以下几个方面：

1．关于社会主义核心价值体系大众化的学理界定。社会主义核心价值体系的大众化是本书的特定研究对象，对“什么是社会主义核心价值体系的大众化”这个问题的回答，既是本书研究的逻辑起点，也是价值指向。本书从社会主义核心价值体系的表达方式和表现形式、社会主义核心价值体系大众化的实践指向、社会主义核心价值体系大众化质的规定性和量的规定性等多个维度对“社会主义核心价值体系大众化”作出的学理界定，具有一定创新性，但也有待于进一步探讨。

2．关于社会主义核心价值体系大众化的战略意义、有利条件和制约因素的分析，本书在调查研究的基础上获得的相关数据、揭示和归纳的相关观点，具有一定新意。

3．关于社会主义核心价值体系大众化对策建议的分析。本书将社会主义核心价值体系大众化分为社会主义核心价值体系为大众认知理解、认同内化和实践外化三个相互关联的基本环节。本书认为：实现社会主义核心价值体系大众化，前提是使社会主义核心价值体系为大众认知理解，关键是使社会主义核心价值体系为大众认同内化，目的是使社会主义核心价值体系为大众实践外化。为此，要以社会主义核心价值体系的普及化、通俗化、具象化和简明化推进其为大众认知理解；要以增强社会主义核心价值体系的说服力、公信力、合法性和凝聚力推进其为大众认同内化；要通过加强舆论引导、健全赏罚机制、加强法律保障和行为规范来巩固和强化大众对社会主义核心价值体系的认同内化、进而推进社会主义核心价值体系为大众实践外化。这也是比较新的观点。其中，关于“认知理解”中“普及化”的基本原则、队伍建设、重点人群、方法创新等方面的分析，关于“具象化”在推进大众化中的独特优势以及相关载体建设的分析，关于“认同内化”中增强社会主义核心价值体系的说服力、公信力、合法性、凝聚力相应对策的分析，关于“实践外化”中舆论引导、社会赏罚、法律评价的意义及其相应对策建议的分析等，具有一定创新性。此外，关于社会主义核心价值体系大众化与社会主义基本制度完善内在关系的分析，以及从制度层面保障核心价值体系大众化的政策建议等，可能也具有一定新意。

4．社会主义核心价值体系核心价值观的凝练。本书尝试将社会主义核心价值观凝练为“以人为本”、“以和为贵”、“人民民主”、“公平正义”、“共建共享”这五组词、二十个字，虽然有待于进一步探讨，但也有一定新意。

第一章　社会主义核心价值体系大众化的科学内涵

“概念（认识）在存在中（在直接的现象中）揭露本质（因果、同一、差别等等规律）”[①]。概念是“思维的基本形式之一，反映客观事物的本质的特征”[②]。研究概念有助于深刻地把握研究对象的本质。从形式逻辑上来讲，任何一种思维都是从概念开始的，正像休谟所指出的那样：“概念永远先于理解，而当概念模糊时，理解也就不确实了；在没有概念的时候，必然也就没有理解。”[③] 推进社会主义核心价值体系大众化，搞清楚其相关概念“社会主义核心价值体系”、“大众”、“大众化”以及“社会主义核心价值体系大众化”的本质含义是一个不可回避的前提性问题。

一、社会主义核心价值体系的逻辑内容

关于社会主义核心价值体系的逻辑内容，党的十六届六中全会通过的《中共中央关于构建社会主义和谐社会若干重大问题的决定》对之作了科学的概括：“马克思主义指导思想，中国特色社会主义共同理想，以爱国主义为核心的民族精神和以改革创新为核心的时代精神，社会主义荣辱观，构成社会主义核心价值体系的基本内容。”[④] 从这一科学概括

---

① 《列宁全集》第55卷，人民出版社1990年版，第289页。

② 中国社会科学院语言研究所：《现代汉语词典（修订本）》，商务印书馆1996年版，第404页。

③ ［英］休谟：《人性论》，关文运译，商务印书馆1980年版，第189页。

④ 《十六大以来重要文献选编》下，中央文献出版社2008年版，第661页。

可知，社会主义核心价值体系的逻辑内容包含四大要素：一是马克思主义指导思想；二是中国特色社会主义共同理想；三是民族精神和时代精神；四是社会主义荣辱观。这四大要素既相对独立，各有侧重、各具功能，同时又相互联系、相互贯通，共同构成一个有机统一的整体。其中，马克思主义指导思想是社会主义核心价值体系的灵魂，中国特色社会主义共同理想是社会主义核心价值体系的主题，民族精神和时代精神是社会主义核心价值体系的精髓，社会主义荣辱观是社会主义核心价值体系的基础。①

（一）灵魂：马克思主义指导思想

以什么思想理论为灵魂，是任何社会确立核心价值体系必须回答的首要问题。“所谓‘灵魂’，是比喻起指导和决定作用的因素，这种因素作为事物内在的支配力量，决定着事物的性质和方向。”② 马克思主义作为科学的世界观和方法论，作为我们党和国家的根本指导思想，它揭示了人类社会发展的一般规律，为社会主义核心价值体系奠定了科学的理论基础，决定着社会主义核心价值体系的政治立场、根本性质和发展方向，因而是社会主义核心价值体系的灵魂。

首先，马克思主义是我们党和国家的指导思想。

我国是社会主义国家，以马克思主义为指导思想的中国共产党是我国的执政党，由此决定在社会主义核心价值体系中，马克思主义指导思想必然处于统领地位，是社会主义核心价值体系的灵魂。马克思主义认为，“一个阶级是社会上占统治地位的物质力量，同时也是社会上占统治地位的精神力量。”③“支配着物质生产资料的阶级，同时也支配着精

① 参见李长春：《全面准确理解社会主义核心价值体系的深刻内涵　牢牢把握和谐文化建设的正确方向》，载《党建》2010 年第 1 期。

② 罗文东、谢松明：《马克思主义是社会主义核心价值体系的灵魂》，载《思想理论教育导刊》2008 年第 1 期。

③ 《马克思恩格斯文集》第 1 卷，人民出版社 2009 年版，第 550 页。

神生产资料”①，生产着反映自己阶级统治关系的各种思想观念，并使其上升为那个社会占统治地位的思想。任何一个国家的统治阶级，为了巩固其经济、政治上的统治地位，都要竭力维护和发展反映其根本利益和意志的占统治地位的意识形态，并以之为思想基础构建一整套规范和调节该国社会关系和社会生活的价值观念系统。比如，在中国封建社会，以地主阶级为主体的统治阶级，以儒学为思想基础建立的以“三纲五常”为主要内容的封建主义核心价值体系，维持了中国长达两千多年的君主专制和等级秩序。西方资产阶级在发展资本主义过程中形成的以个人主义、享乐主义、拜金主义为主要内容的资本主义核心价值体系，一直维系着资产阶级在西方国家的统治。西方国家至今仍然绝不允许马克思主义在其意识形态中居于指导地位。他们有一整套的方法和手段，来对他们的民众、官员、学生和军队灌输资产阶级的价值观念和政治信条。在我国，随着新中国的成立，工人阶级上升为国家的领导阶级，广大人民群众翻身做了国家和社会的主人，以马克思主义为指导思想的中国共产党，也由革命党成为执政党，成为中国特色社会主义事业的领导核心。马克思主义作为工人阶级和广大人民群众根本利益的理论表达，作为中国共产党的根本指导思想，必然会随着中国共产党由革命党向执政党的转变而被确立为整个国家和社会的指导思想，成为社会主义意识形态的旗帜，成为社会主义核心价值体系的灵魂。

其次，马克思主义为社会主义核心价值体系奠定了科学的理论基础。

马克思主义是严密而完整的科学理论体系，其中，由辩证唯物主义和历史唯物主义构成的马克思主义哲学、马克思主义政治经济学、科学社会主义是马克思主义整个理论体系中不可分割的三个主要组成部分。辩证唯物主义和历史唯物主义是马克思主义最根本的世界观和方法论。作为世界观，它以自然科学和社会科学的最新成就为依据，从根本上揭示了自然界、人类社会和思维发展的一般规律；作为方法论，“它把伟

① 《马克思恩格斯文集》第1卷，人民出版社2009年版，第550页。

大的认识工具给了人类，特别是给了工人阶级。”[①] 马克思、恩格斯创立并应用辩证唯物主义和历史唯物主义的世界观和方法论，从人类物质资料生产方式的辩证运动中，发现了人类从原始社会向社会主义社会、共产主义社会演进的“自然历史规律”，得出了社会主义必然代替资本主义的科学结论，指明了无产阶级消灭资本主义旧世界、建立社会主义和共产主义新社会、实现自身解放和全人类解放的理想目标和现实道路，从而实现了人类思想史上划时代的变革。一百多年来，没有哪一种理论、学说能像马克思主义那样对推动社会进步发挥那么巨大的作用、造成那样深远的影响。马克思主义诞生以来，世界发生了很大变化，马克思主义也随着实践的发展而不断发展，保持着其旺盛的生命力和巨大的影响力。“今天，面对世界情况的新变化，马克思主义经典作家的一些具体论述可能不再适用，但世界历史发展的轨迹和总趋势，并没有越出马克思主义所揭示的基本规律。”[②] 马克思主义所阐明的科学的世界观和价值观，是社会主义核心价值体系最根本的理论基础，社会主义核心价值体系只有以马克思主义指导思想为灵魂，才能保证其马克思主义的政治立场、确保其社会主义的根本性质和发展方向。尤其是在价值观念日益多元化的当下中国，只有运用马克思主义的立场、观点和方法，才能有效回应国内外各种思想文化和社会思潮的挑战，切实解决影响当代中国价值观念传承和变革的重大理论和现实问题，牢牢掌握意识形态领域的指导权、主动权和话语权。

再次，马克思主义指导思想决定了社会主义核心价值体系的政治立场。

解决立场问题，是确立核心价值体系的根本前提。立场问题，即是为了什么人、依靠什么人的问题。这是确立社会主义核心价值体系的“一个根本的问题，原则的问题”。[③]“站在无产阶级的和人民大众的立

① 《列宁专题文集　论马克思主义》，人民出版社 2009 年版，第 68 页。

② 梅荣政：《马克思主义指导思想是社会主义核心价值体系的灵魂》，载《高校理论战线》2007 年第 3 期。

③ 《毛泽东选集》第 3 卷，人民出版社 1991 年版，第 857 页。

场”[①]，实现以劳动人民为主体的最广大人民群众的根本利益，是马克思主义最鲜明的政治立场。马克思主义是在无产阶级革命实践中产生和发展起来的，是无产阶级和广大人民群众根本利益的科学表现，它第一次科学地阐明了人民群众在社会发展中的地位和作用，认为人民群众是历史的创造者，“历史活动是群众的事业”，人民群众的根本利益、意志和愿望体现了社会发展的要求和方向，决定历史前进方向的是“行动着的群众”[②]。马克思主义政党的一切理论和奋斗，都应当致力于实现广大人民的根本利益。马克思主义主张的社会主义是绝大多数人的、为绝大多数人谋利益的现实的运动，是“以每一个个人的全面而自由的发展为基本原则的社会形式”[③]。社会主义核心价值体系只有以马克思主义指导思想为灵魂，始终坚持“以人为本”、“人民至上”的马克思主义政治立场，忠实反映中国最广大人民的根本利益，才能为广大群众自觉接受和普遍认同，成为发展中国特色社会主义、实现国家富强和民族振兴的强大精神支柱和巨大物质力量。

复次，马克思主义指导思想决定了社会主义核心价值体系的根本性质和发展方向。

作为社会主义核心价值体系的灵魂，马克思主义指导思想不仅是社会主义核心价值体系最重要的组成部分，而且贯穿于社会主义核心价值体系的其他层面，决定着社会主义核心价值体系的根本性质和发展方向。作为社会主义核心价值体系的主题，中国特色社会主义共同理想是以马克思主义唯物史观为依据作出的价值选择。社会理想总是寄托着人们对美好生活的向往和追求，但其是否科学合理、切实可行，归根到底要看它是否反映了广大人民群众的利益和愿望，是否符合历史发展的规律和社会进步的趋势。马克思主义唯物史观，揭示了历史发展的客观规律和必然趋势，使人们对社会理想有了科学的把握。社会主义核心价值体系只有以唯物史观为指导，以马克思主义指导思想为灵魂，才能从人

① 《毛泽东选集》第3卷，人民出版社1991年版，第848页。

② 《马克思恩格斯全集》第2卷，人民出版社1957年版，第104页。

③ 《马克思恩格斯文集》第5卷，人民出版社2009年版，第683页。

类历史发展规律的高度，把社会理想建立在科学的基础上，使全体人民牢固树立中国特色社会主义共同理想。作为社会主义核心价值体系的精髓，以爱国主义为核心的民族精神和以改革创新为核心的时代精神是以马克思主义民族观和时代观为依据形成的价值理念，是马克思主义民族观和时代观同我国的历史文化和现实国情相结合的产物，是马克思主义指导思想融入我国民族文化和时代精神的重要成果。社会主义荣辱观是以马克思主义道德观为依据形成的价值准则，是马克思主义道德观与我国的传统美德和时代道德相结合的产物，是马克思主义指导思想在道德领域的生动体现。总之，马克思主义指导思想是贯穿社会主义核心价值体系的一根红线，正是这根红线将社会主义核心价值体系的各个部分串在一起，形成一个相互联系、完整严密的有机整体。当代中国的核心价值体系如果背离了马克思主义指导思想，必然会迷失方向，沦为西方资本主义意识形态的附庸。

最后，马克思主义指导思想是中国历史和现实发展的必然选择。

马克思主义既是工人阶级根本利益和意志的理论表达，具有工人阶级意识形态的功能，同时也是人类认识世界和改造世界所取得的最优秀的思想成果，有着人类科学认知的功能。中国“自从一八四〇年鸦片战争失败那时起，先进的中国人，经过千辛万苦，向西方国家寻找真理”①，以为“要救国，只有维新，要维新，只有学外国”②。当时，“中国人向西方学得很不少”③，包括“从帝国主义的老家即西方资产阶级革命时代的武器库中学来了进化论、天赋人权论和资产阶级共和国等项思想武器和政治方案”④，“但是行不通，理想总是不能实现”⑤。“西方资产阶级的文明、资产阶级的民主主义、资产阶级共和国的方案”，都没能改变中国半殖民地半封建的社会性质，都“在中国人民的心目中，一齐

① 《毛泽东选集》第 4 卷，人民出版社 1991 年版，第 1469 页。

② 《毛泽东选集》第 4 卷，人民出版社 1991 年版，第 1470 页。

③ 《毛泽东选集》第 4 卷，人民出版社 1991 年版，第 1470 页。

④ 《毛泽东选集》第 4 卷，人民出版社 1991 年版，第 1514 页。

⑤ 《毛泽东选集》第 4 卷，人民出版社 1991 年版，第 1470 页。

破了产”[①]。20世纪初的中国，社会思想五花八门，资产阶级、小资产阶级、无政府主义等各种社会思潮涌现，其结果都是昙花一现。唯独只有十月革命影响下传入中国的马克思主义，一经和中国人民的革命运动相结合，就“帮助了中国的先进分子，用无产阶级的宇宙观作为观察国家命运的工具，重新考虑自己的问题”[②]，使得中国革命的面貌从此焕然一新。

先进的中国人以马克思主义为救国武器是在一次又一次用其他思想遭受失败、历尽艰辛、山穷水尽之后的最后选择。列宁曾经在1920年描写过俄国人寻找革命真理的经过：在将近半个世纪里，大约从19纪40年代至90年代，俄国进步的思想界在空前野蛮和反动的沙皇制度的压迫之下，曾如饥如渴地寻求正确的革命理论，专心致志地、密切地注视着欧美在这方面的每一种“最新成就”。“俄国在半个世纪里，经受了闻所未闻的痛苦和牺牲，表现了空前未有的革命英雄气概，以难以置信的毅力和舍身忘我的精神去探索、学习和实验，经受了失望，进行了验证，参照了欧洲的经验，真是饱经苦难才找到了马克思主义这个唯一正确的革命理论。”[③] 我们中国与俄国极其相似，也是在“饱经苦难”之后才找到了马克思主义这个唯一正确的救国思想武器。

中国近代以来大量的历史事实证明，只有马克思主义才能救中国，也只有马克思主义才能发展中国。中国共产党成立90年来，之所以能在革命、建设和改革中取得举世瞩目的成就，最根本的原因就在于我们始终坚持了马克思主义的指导地位，始终坚持将马克思主义与中国具体实际相结合，用马克思主义中国化的最新成果武装全党、教育人民。正如邓小平曾经说过：“如果我们不是马克思主义者，没有对马克思主义的充分信仰，或者不是把马克思主义同中国自己的实际相结合，走自己的道路，中国革命就搞不成功，中国现在还会是四分五裂，没有独立，也没有统一。对马克思主义的信仰，是中国革命胜利的一种精神动

① 《毛泽东选集》第4卷，人民出版社1991年版，第1471页。

② 《毛泽东选集》第4卷，人民出版社1991年版，第1471页。

③ 《列宁专题文集　论马克思主义》，人民出版社2009年版，第298、299页。

力。”[①] 新中国成立以后，“我们从旧中国接受下来的是一个烂摊子，工业几乎等于零，粮食也不够吃，通货恶性膨胀，经济十分混乱。”[②] 在这种情况下，“我们解决吃饭问题，就业问题，稳定物价和财经统一问题，国民经济很快得到恢复，在这个基础上进行大规模经济建设”，这一切仍然“靠的是马克思主义，是社会主义”[③]。改革开放的历史实践进一步证明，马克思主义指导思想是我们发展中国特色社会主义、实现社会主义现代化的强大武器。苏东剧变，一个重要原因就是放弃了马克思主义指导地位。历史经验教训表明，能否坚持马克思主义的指导地位，是一个关系党和国家生死存亡、关系中国特色社会主义事业兴衰成败的重大问题。因此，在当代中国的核心价值体系中，坚持马克思主义的指导地位，以马克思主义指导思想为灵魂，这是历史得出的必然结论，也是现实发展的必然选择。

（二）主题：中国特色社会主义共同理想[④]

作为一个有机的理论整体，社会主义核心价值体系必然有其自己的主题。“所谓主题，就是这个体系中各项内容都围绕着它展开的主轴”[⑤]，中国特色社会主义共同理想就是这样的主轴，是社会主义核心价值体系的主题。所谓中国特色社会主义共同理想，就是在中国共产党的领导下，通过中国特色社会主义道路，建设富强、民主、文明、和谐的社会主义现代化国家，实现中华民族的伟大复兴。确立中国特色社会主义共同理想作为社会主义核心价值体系的主题，既有令人信服的科学理论依据，也有令人信服的历史实践依据和现实客观依据。

---

① 《邓小平文选》第 3 卷，人民出版社 1993 年版，第 63 页。

② 《邓小平文选》第 3 卷，人民出版社 1993 年版，第 63 页。

③ 《邓小平文选》第 3 卷，人民出版社 1993 年版，第 63 页。

④ 周玉：《论社会主义核心价值体系主题的三重逻辑》，载《广西社会科学》2011 年第 11 期。

⑤ 刘建军：《中国特色社会主义共同理想是社会主义核心价值体系的主题》，载《高校理论战线》2007 年第 4 期。

1. 确立中国特色社会主义共同理想作为社会主义核心价值体系的主题，具有令人信服的科学理论依据

首先，中国特色社会主义共同理想是社会主义核心价值体系价值目标的集中体现。任何一种价值观念的理论体系，都必然包含有价值理想、价值目标的内容和成分。理想“是一个政党治国理政的旗帜，是一个民族奋力前行的向导”①，它为人们指明奋斗的目标和路线，使一个国家或民族形成强大的合力。任何国家和民族都需要共同理想，有了共同理想，才会有共同奋斗的精神动力。如果没有共同的理想信念，就等于没有精神支柱，就会软弱涣散。邓小平曾经说过：“光靠物质条件，我们的革命和建设都不可能胜利。过去我们党无论怎样弱小，无论遇到什么困难，一直有强大的战斗力，因为我们有马克思主义和共产主义的信念。有了共同的理想，也就有了铁的纪律。无论过去、现在和将来，这都是我们的真正优势。”② 中国特色社会主义共同理想代表了社会主义核心价值体系的未来向度，是社会主义核心价值体系价值目标的集中体现，社会主义核心价值体系的各项内容都围绕着中国特色社会主义共同理想而展开。无论是坚持马克思主义指导思想、弘扬以爱国主义为核心的民族精神和以改革创新为核心的时代精神，还是在日常生活中践行社会主义荣辱观，都是为了引导全国人民坚定不移走中国特色社会主义道路，为实现中国特色社会主义共同理想而奋斗，都是围绕着实现共同理想这个社会主义核心价值体系的主题并为之服务的。其中，马克思主义指导思想为实现这一共同理想提供了科学的世界观和方法论；民族精神和时代精神为实现这一共同理想提供了强大的精神动力；社会主义荣辱观则为实现这一共同理想提供了具体的行为规范。在社会主义核心价值体系中，如果没有共同的理想信念，无论是马克思主义指导下的民族精神和时代精神，还是社会主义荣辱观，都会因为缺乏目标向导和精神动力而难以实现，社会主义核心价值体系也难以发挥其应用的整合力和凝聚力。

---

① 《十六大以来重要文献选编》中，中央文献出版社2006年版，第636页。

② 《邓小平文选》第3卷，人民出版社1993年版，第144页。

其次，中国特色社会主义共同理想是联结社会主义核心价值体系各项内容的关键环节。在社会主义核心价值体系的基本内容中，中国特色社会主义共同理想处于中心位置和中间层次，是联结社会主义核心价值体系各项内容的关键环节。马克思主义指导思想，作为社会主义核心价值体系的灵魂，它处于社会主义核心价值体系的最高层次，起着思想指导的作用。马克思主义指导思想中包含的共产主义远大理想，是共产党人奋斗的最高理想，它在社会理想中也处于最高层次。以爱国主义为核心的民族精神和以改革创新为核心的时代精神作为社会主义核心价值体系的精髓，社会主义荣辱观作为其基础，都是社会主义核心价值体系的重要内容。但它们并不是彼此孤立的，而是同中国特色社会主义共同理想紧密联系在一起的。正是中国特色社会主义共同理想这一关键环节、这一中心和主轴，把马克思主义指导思想同民族精神和时代精神以及社会主义荣辱观紧密地联系在一起，由此决定这一共同理想必然成为联结社会主义核心价值体系各项内容的主题。

再次，中国特色社会主义共同理想是对人类社会历史发展趋势的科学反映。人类社会的历史发展趋势是社会形态不断从低级向高级发展。奴隶社会取代原始社会，封建社会取代奴隶社会，资本主义社会取代封建社会，社会主义社会取代资本主义社会，社会主义社会经过长期发展进入共产主义社会，这是人类社会历史发展的必然趋势。共产主义既是马克思主义崇高的社会理想，也是历史发展的逻辑必然。但是崇高的社会理想，只有植根于现实的沃土才能永葆生机。社会主义取代资本主义，最后实现共产主义，离不开现实的共产主义运动。共产主义的社会理想只有随着各个具体历史阶段的现实展开才能逐步实现。马克思、恩格斯曾经指出，共产主义“不是应当确立的状况，不是现实应当与之相适应的理想”；“我们所称为共产主义的是那种消灭现存状况的现实的运动。这个运动的条件是由现有的前提产生的。”① 就当代中国而言，所谓“现实的运动”，就是指中国特色社会主义的运动和发展。中国特色社会

① 《马克思恩格斯文集》第 1 卷，人民出版社 2009 年版，第 539 页。

主义是共产主义运动在当代中国的现实展开，是通向共产主义的必由之路。在当代中国社会的核心价值体系中，将中国特色社会主义共同理想确立为其主题，体现了中国共产党对社会发展客观规律的尊重。中国特色社会主义共同理想在本质上是一种社会主义理想，但它与其他社会主义理想相比较而言，具有自身的特殊性，它是当代中国条件下带有中国特点的社会主义理想。所谓“当代中国条件”，指的是我国仍然是社会主义初级阶段。我国社会主义初级阶段的基本国情，决定了我们要建设的社会主义应具有更多的中国特色。在社会主义初级阶段，我们建设社会主义不仅要解决社会生产力不发达的问题，而且还要解决社会主义制度不成熟、不完善的问题；既要进行经济、政治体制的改革，不断完善社会主义市场经济体制和社会主义民主政治制度；也要坚持以公有制为主体、多种所有制经济共同发展的基本经济制度和以按劳分配为主体、多种分配方式并存的分配制度；还要建设以社会主义核心价值体系为根本的和谐文化。也就是说，在当代中国，我们既要坚持社会主义的基本原则，又要从中国的实际出发建设社会主义。这既是在中国建设社会主义的内在要求，也是对人类社会历史发展趋势的科学反映。①

2. 确立中国特色社会主义共同理想作为社会主义核心价值体系的主题，具有令人信服的历史实践依据

一个民族的共同理想是深深植根于时代、历史和现实之中的，它是一种历史的必然，不以人们的主观意志为转移。这是理想和空想的根本区别之所在。中国特色社会主义共同理想既是一个理想目标，同时也包括追求和实现这个理想目标的道路和方式。这条道路就是中国特色社会主义道路，方式就是中国共产党的领导。中国人民在中国共产党的领导下，沿着中国特色社会主义道路不断前进的过程，就是中国特色社会主义共同理想逐步实现的过程。中国共产党的领导，中国特色社会主义道路，是近代以来中国社会发展的必然逻辑，是中国人民作出的符合社会

① 上海市邓小平理论和“三个代表”重要思想研究中心：《把握社会主义核心价值体系的主题——牢固树立中国特色社会主义共同理想》，载《光明日报》2007 年 6 月 26 日。

发展规律的历史选择。

首先，中国特色社会主义共同理想是近代中国革命发展的必然逻辑。

中华民族拥有五千年的悠久历史，创造了辉煌的中华文明，长期走在世界各民族前列。但是，近代以来，随着外国资本主义的入侵，中国逐步沦为半殖民地半封建社会，沦为任人宰割的对象。拯救民族危亡，实现国家富强和民族复兴，成为中华各民族的共同愿望。但是，只有美好的愿望是不够的，还必须有正确的道路。

在中国共产党诞生以前，几代中国人从总体上选择的是西方资本主义的救国道路，但都没能改变旧中国半殖民地半封建的社会性质，没能改变旧中国受侵略、被掠夺的局面。以林则徐、魏源为代表的地主阶级改革派，面对西方列强的“坚船利炮”，睿智地提出“师夷长技以制夷”，主张从生产力的层面学习西方资本主义以实现强国御辱，但这一主张并未对当时的中国发挥现实的指导作用。以洪秀全为代表的农民革命领袖颁布的《资政新篇》，第一次把对西方资本主义的学习，由生产力的层面拓深到生产关系层面，提倡资本主义的雇佣劳动制度。但这个近代中国第一个比较完整的具有鲜明资本主义色彩的救国改革方案未及付诸实施，就在其所师法的“先生”与清廷的联合征剿之下，被扼杀于摇篮之中。以曾国藩、李鸿章等为首的洋务派官员掀起的图强自救运动，虽然曾一度为行将就木的清王朝统治带来一丝生机，但也只不过是“用一块崭新的布补缀了旧制度的洞”，“毕竟是虚空的”。[①]中日甲午一战，北洋水师全军覆没，为之画上了句号。以康有为、梁启超为代表的资产阶级改良派提出君主立宪，把近代中国用资本主义救国的道路选择，首次由生产关系层面推进到了上层建筑层面。但变法仅仅持续了 103 天，就被慈禧太后等实权派所扼杀。以孙中山为代表的资产阶级革命派，经过辛亥革命推翻了清朝政府，结束了两千多年的封建帝制，建立了中华民国。但革命成果很快就被袁世凯篡夺。历

① 汪洋、黄剑桥：《国史经典》（上卷），中国经济出版社 1998 年版，第 124 页。

史事实证明，在近代中国，用资本主义救国的道路选择根本无法行通。无论是农民阶级发动的太平天国革命运动，还是地主阶级的自强救国运动，抑或是资产阶级的维新运动或辛亥革命，都不能改变旧中国积贫积弱的落后面貌。

中国要实现民族独立和国家富强，只能另辟道路。在俄国十月革命的影响下，先进的中国人把救国的希望从西方开始转向东方，转向俄国的社会主义道路。在对各种主义和道路的甄别中，中国共产党带领中国人民选择了马克思主义，选择了十月革命所指引的通向社会主义的新民主主义革命道路。这条道路是中国人民在一次又一次走其他道路，饱受挫折、无路可走之后的历史选择。正是这条道路使中国通向了国家独立和民族解放，取得了新民主主义革命的胜利。之后，中国通过社会主义改造，继而走上社会主义道路，就成为历史的必然。

其次，中国特色社会主义共同理想是总结世界社会主义运动经验教训的科学结论。

从世界社会主义运动发展来看，由于各个国家的基本国情不同，经济基础、文化传统和历史前提也存在差异，因此社会主义的发展道路是多线条的，社会主义建设也是多模式的。列宁曾经说过，“一切民族都将走向社会主义，这是不可避免的”，“但是一切民族的走法却不会完全一样，在民主的这种或那种形式上，在无产阶级专政的这种或那种形态上，在社会生活各方面的社会主义改造的速度上，每个民族都会有自己的特点”。[①] 中国建设社会主义必然应该符合中国的国情，体现中国的特色。中国走中国特色社会主义道路是经过长时间的摸索，在总结国际社会主义运动的历史经验和深刻教训基础上得出的重要结论。20 世纪 50 年代发生的“波匈事件”，暴露了东欧国家照搬苏联模式的弊端。我国的社会主义建设也曾因照搬苏联模式产生了一些矛盾和问题。针对这些矛盾和问题，毛泽东明确提出“以苏为鉴，走自己的路”[②]。此后，中国

---

① 《列宁专题文集　论社会主义》，人民出版社 2009 年版，第 398 页。

② 《毛泽东文集》第 7 卷，人民出版社 1999 年版，第 23 页。

开始了中国特色社会主义发展道路理论和实践的双重探索。在这个过程中，既积累了成功的经验，也留下了惨痛的教训。这些经验教训进一步给我们以启示，即建设社会主义必须从本国的基本国情出发，走出一条具有中国特色的社会主义建设道路。正如邓小平所指出的："把马克思主义的普遍真理同我国的具体实际结合起来，走自己的道路，建设有中国特色的社会主义，这就是我们总结长期历史经验得出的基本结论。"①改革开放30多年来，我国经济持续快速发展，政治长期保持稳定，人民生活显著改善。究其根本原因，"归结起来就是：开辟了中国特色社会主义道路，形成了中国特色社会主义理论体系"②。

中国特色社会主义共同理想，无论是作为一种社会理想目标，还是作为一种社会发展道路，它都是近代以来中国历史发展的必然结果，是中国社会发展合乎历史逻辑的产物；它既是历史经验的科学总结，也受到改革开放30多年社会实践的检验，因而将其确立为社会主义核心价值体系的主题具有令人信服的历史必然性。

3. 确立中国特色社会主义共同理想作为社会主义核心价值体系的主题，具有令人信服的客观现实依据

首先，中国特色社会主义共同理想是当代中国发展的客观需要。在当代中国，由于有了社会主义制度，才保证了中国最广大人民群众的根本利益，从而为全国各族人民树立中国特色社会主义共同理想奠定了坚实的社会基础。中国特色社会主义既是现阶段我国各族人民的共同奋斗目标，同时也是我国各族人民每天都在进行的生动实践和历史活动。中国人民在中国共产党的领导下，走中国特色社会主义道路，建设中国特色社会主义，不仅决定了建设社会主义核心价值体系是其题中应有之义，而且决定了社会主义核心价值体系的主题应是中国特色社会主义共同理想。这个共同理想所内含的必经道路即中国特色社会主义道路是我们党领导全国人民在长期的革

① 《邓小平文选》第3卷，人民出版社1993年版，第3页。

② 胡锦涛：《高举中国特色社会主义伟大旗帜　为夺取全面建设小康社会新胜利而奋斗——在中国共产党第十七次全国代表大会上的报告》，人民出版社2007年版，第11页。

命、建设和改革过程中，经过艰辛探索才找到的正确道路。我们只有坚定不移地沿着这条道路前进，才能完成社会主义初级阶段的历史任务，把我国建设成为一个富强民主文明和谐的社会主义现代化国家。这是由我国的国情决定的。中国特色社会主义之所以成为全国各族人民的共同理想，就在于它是深深植根于我国的国情之中的。也正因为如此，中国特色社会主义共同理想才成为社会主义核心价值体系的主题。①

其次，中国特色社会主义共同理想是中华民族团结奋进的精神支柱和精神动力。建设中国特色社会主义是一项充满艰巨性、复杂性和长期性的伟大事业，它需要强大的精神支柱和精神动力。当前，我国仍然处在社会主义初级阶段，生产力不发达，社会主义市场经济体制也不够完善，社会主义民主法制也还不够健全。同时，我们又是在经济全球化背景下进行的社会主义建设。在这样的国情和世情背景下建设中国特色社会主义，必然会遇到许多新情况、新问题，必然会遇到各种各样国际国内的风险和挑战。在这种情况下，全党全国各族人民只有同心同德、精诚团结，才能建设好中国特色社会主义。为此，这就需要强大的精神支柱和精神动力把全党全国人民凝聚在一起。中国特色社会主义共同理想就是这种能够把全国人民凝聚在一起的精神支柱和精神动力。全国各族人民形成中国特色社会主义共同理想，就能够战胜前进道路上的任何困难，最终达到理想的彼岸。

再次，中国特色社会主义共同理想是对当代中国最广大人民群众根本利益的集中体现。中国共产党领导中国人民建设中国特色社会主义，其目的是为了解放生产力、发展生产力，创造出巨大的社会物质财富，并在此基础上，消灭剥削，消除两极分化，最终达到共同富裕。也就是说，我们建设的中国特色社会主义，是在生产力高度发达的基础上最终实现共同富裕的社会主义，是“民主法治、公平正义、诚信友爱、充满

① 上海市邓小平理论和“三个代表”重要思想研究中心:《把握社会主义核心价值体系的主题——牢固树立中国特色社会主义共同理想》，载《光明日报》2007 年 6 月 26 日。

活力、安定有序、人与自然和谐相处”[①]的社会主义。今天，我们大力发展生产力，努力增加社会物质文化财富；不断完善以公有制为主体、多种所有制经济共同发展的基本经济制度和以按劳分配为主体、多种分配方式并存的分配制度，逐步实现共同富裕；不断加强社会主义民主政治建设，保障人民当家作主；不断推进以改善民生为重点的社会建设，逐步实现公平正义与社会和谐。所有这一切，都是为了实现中华民族的共同理想，都是为了实现中国最广大人民群众的根本利益。因此，坚持中国特色社会主义道路，是我们不断解放和发展生产力，逐步摆脱贫穷落后、走向民富国强的根本条件；是消除两极分化，最终实现共同富裕的政治保证，集中反映了中国最广大人民群众的共同利益。这正是中国特色社会主义能够成为全国各族人民共同理想的根本依据。

总之，中国特色社会主义共同理想不仅是中国自近代以来历史发展的合乎逻辑的产物，而且得到了改革开放的实践检验，也是当代中国发展的客观需要。这一共同理想既体现了历史观和价值观的统一、合规律性同合目的性的统一；也体现了共性与个性、人类发展普遍规律与民族发展特殊道路的统一。坚持这个共同理想，我们才能创造适合自己的发展道路，把我国建设成为富强、民主、文明、和谐的社会主义现代化国家。

（三）精髓：民族精神和时代精神

所谓精髓，是指事物的精华，是事物存在、发展根本意义的体现。建设社会主义核心价值体系，一个重要方面，是要在全社会树立能够得到广泛认同的精神旗帜，铸就全民族奋发向上的精神支柱，激发引领全国人民共同奋斗的精神动力，不断增强中华民族的凝聚力、向心力和创造力。“一个民族没有优秀的精神品格，就不可能屹立于世界先进民族之林；一个国家，没有凝聚人心的民族精神和与时俱进的时代精神，就

---

① 胡锦涛：《在省部级主要领导干部提高构建社会主义和谐社会能力专题研讨班上的讲话》，人民出版社2005年版，第14页。

不会有旺盛的生命力、强大的凝聚力和卓越的创造力。”① 以爱国主义为核心的民族精神和以改革创新为核心的时代精神，是在中华民族的历史发展中形成并为民族大多数成员所认同和信守的思想品格、价值准则和道德规范，是中华民族自强不息、发展壮大的精神支柱，是中国人民保持昂扬向上精神风貌、不断创造幸福生活和开创崭新业绩的力量源泉，具有凝聚人心和引领社会前进的功能，是社会主义核心价值体系的精髓。

民族精神是一个民族历史传统、心理特征、思想情感等的综合反映，它是民族文化最集中、最本质的体现。中华民族在五千多年的历史长河中，形成了“以爱国主义为核心的团结统一、爱好和平、勤劳勇敢、自强不息的伟大民族精神”②。这种精神博大精深，具有极为丰富的内涵。其中，爱国主义是核心，它渗透在中华民族精神的一切领域，体现于中华民族精神的方方面面。在当代中国，爱国主义与爱社会主义在本质上是统一的，爱国就是爱社会主义的中国。中国之所以能走向繁荣富强，从根本上说，就是因为中国建立了社会主义制度、开辟了中国特色社会主义道路。团结统一是中华民族的立身之本，是维护祖国统一和民族团结的牢固纽带，已深深积淀在中华民族的文化心理之中。爱好和平是中华民族的固有天性，中华民族历来以热爱和平著称于世。中华民族对和平的热爱不仅表现在反对外来侵略、维护国家主权和独立方面，也表现在各兄弟民族以和为贵、携手共进以及与世界其他民族的友好交往和休戚与共上。勤劳勇敢是中华民族的优秀品格。在中华民族的意识中，勤劳勇敢是兴国立世之本，是兴家立业之宝。从古至今，勤劳勇敢体现在中华民族德行的各个方面，贯穿于中华民族社会生活的各个领域，鲜明地体现了中华民族的民族性格和道德精神。自强不息是中华民族的崇高追求。它既体现为“富贵不能淫、贫贱不能移、威武不能屈”的坚贞刚毅精神，也体现为“大禹治水”、“精卫填海”、“愚公移山”的

① 本报评论员:《把握精髓　弘扬民族精神和时代精神——四论全面准确理解社会主义核心价值体系》，载《人民日报》2006年12月24日。

② 《江泽民文选》第3卷，人民出版社2006年版，第559页。

不屈不挠精神，还体现为“天命不足畏、天道不足惧、祖宗不足法”的变革求新精神。一部中华文明的发展史，就是中华民族自强不息的奋斗史。中华民族之所以历尽坎坷而不馁、屡经挫折而不屈，靠的就是这种自强不息的精神。总之，以爱国主义为核心的民族精神，已经深深熔铸于我们的民族意识、民族心理、民族品格和民族气质之中，熔铸于我们民族的生命力、凝聚力和创造力之中，成为中华民族生生不息、薪火相传的精神血脉，是全国人民团结一心、共同奋斗的精神支撑和力量源泉。

时代精神是民族精神在各个时代的具体展现。它是反映社会发展方向、引领时代进步潮流、为社会成员普遍认同和接受的思想观念、价值取向和道德规范，是一个社会最新精神气质和精神风貌的综合体现。“改革是中国的第二次革命”①，“改革开放是决定当代中国命运的关键抉择”②。在改革开放的过程中，我国逐步形成了以改革创新为核心的时代精神。这种时代精神的内涵十分丰富，它包含“解放思想、实事求是的精神，紧跟时代、勇于创新的精神，知难而进、一往无前的精神，艰苦奋斗、务求实效的精神，淡泊名利、无私奉献的精神”③，也包含以人为本、尊重科学的精神，诚实守信、团结友爱的精神，民主法治、公平正义的精神，以及竞争意识、效率意识和开放意识等。在这些精神中，改革创新是核心精神。它既表现为一种突破陈规、大胆探索和勇于创造的思想观念，也表现为一种不甘落后、奋勇争先、追求进步的责任感和使命感，还表现为一种坚忍不拔、自强不息、锐意进取的精神面貌。这种精神既是对中华民族革故鼎新传统的继承，也体现了当代中国发展进步的要求，它贯穿于改革开放的全部实践和时代精神的各个方面，成为时代的最强音，是各族人民不断开创中国特色社会主义事业新局面的强大精神动力。正是因为改革创新，改革开放 30 多年来，我国创造了举世

① 《邓小平文选》第 3 卷，人民出版社 1993 年版，第 113 页。

② 胡锦涛：《高举中国特色社会主义伟大旗帜　为夺取全面建设小康社会新胜利而奋斗——在中国共产党第十七次全国代表大会上的报告》，人民出版社 2007 年版，第 10 页。

③ 《江泽民文选》第 3 卷，人民出版社 2006 年版，第 244 页。

瞩目的发展奇迹，社会主义现代化建设取得了辉煌成就。

民族精神和时代精神相互联系、密不可分。“民族精神是一定社会时代精神的基础和源泉；时代精神是民族精神在各个历史时期的体现和延续”①，两者相互交融，共同构成中华民族的精神品格。这种精神品格既是中华民族千百年来克服艰难险阻、战胜内忧外患的精神支撑，也是当代中国人民实现中国特色社会主义共同理想、推动中华民族伟大复兴的不竭动力，是社会主义核心价值体系的精髓。

作为社会主义核心价值体系的精髓，民族精神和时代精神同社会主义核心价值体系的其他内容是相互贯通、有机统一的。②

首先，民族精神和时代精神同马克思主义指导思想在价值诉求方面相一致。无论是弘扬和培育中华民族的民族精神和时代精神，还是坚持马克思主义指导思想，不断推进马克思主义中国化，两者的最终目的都是为了实现中华民族的伟大复兴。马克思主义是我们党和国家的根本指导思想，是我们正确认识世界和改造世界的强大思想武器。我们只有坚持马克思主义的基本立场、基本观点和基本方法，才能在错综复杂的社会现象中看清本质、明确方向。但是，任何科学理论的传播、发展及其价值的实现，都离不开一定的民族土壤和时代氛围。马克思主义之所以能够在中国传播、发展并实现其改造世界的价值，一个重要原因就在于它同中华民族精神和时代精神的价值诉求是相一致的。在中国，以爱国主义为核心的民族精神具有深厚的历史文化根基和社会心理基础。如果离开这一基本国情，马克思主义是不可能实现中国化的。马克思主义中国化的理论成果，都是在中华民族精神的社会氛围中形成的。

其次，民族精神和时代精神同中国特色社会主义共同理想在价值目标上相吻合。理想是人们对美好未来的向往和追求，是基于现实又超越现实的愿景。社会主义制度代表了中国最广大人民群众的根本利益，为

① 董福印：《为什么说民族精神和时代精神是社会主义核心价值体系的精髓？——“永葆先进、共创和谐”系列党课（四）》，载《党建》2007年第4期。

② 王炳林、阚和庆：《把握社会主义核心价值体系的精髓——大力弘扬民族精神和时代精神》，载《光明日报》2007年7月10日。

全国人民树立中国特色社会主义共同理想创造了历史前提。中国特色社会主义道路是中国人民在中国共产党的领导下，经过艰辛探索而找到的实现中华民族伟大复兴的必由之路。走中国特色社会主义道路，建设中国特色社会主义，实现中华民族的伟大复兴，这是中华民族的共同利益之所在，是现阶段我国各族人民的共同理想。这个共同理想把党在社会主义初级阶段的目标、国家的发展同民族的振兴、个人的幸福密切联系在一起，有着广泛的社会共识。弘扬民族精神和时代精神，也是为了实现国家的发展、民族的振兴和人民的幸福，它同中国特色社会主义共同理想这一目标是完全吻合的。

再次，民族精神和时代精神对社会成员的德行要求具体体现为社会主义荣辱观。社会主义荣辱观是民族精神和时代精神在个体道德标准和行为规范上的具体体现和现实要求。作为社会主义核心价值体系的基础，以"八荣八耻"为主要内容的社会主义荣辱观，为广大社会成员的德性修养和行为选择提供了基本的价值准则和行为规范，是民族精神和时代精神在个体道德标准和行为规范上的具体体现和现实要求。比如，"以热爱祖国为荣，以危害祖国为耻"，就是对中华民族爱国主义精神的具体体现。又如，"以辛勤劳动为荣，以好逸恶劳为耻"、"以艰苦奋斗为荣、以骄奢淫逸为耻"体现了中华民族勤劳勇敢、自强不息的精神。其他诸如"以诚实守信为荣，以见利忘义为耻"、"以遵纪守法为荣，以违法乱纪为耻"等，也都是民族精神和时代精神对社会成员在现实生活中的具体要求，是对民族精神和时代精神的具体体现。

总之，以爱国主义为核心的民族精神和以改革创新为核心的时代精神，既根植于中华民族传统文化的丰厚沃土，又符合当代中国发展的时代潮流，体现了社会主义核心价值体系民族性和时代性的有机统一。建设社会主义核心价值体系必须在全体社会成员中大力弘扬民族精神和时代精神。

（四）基础：社会主义荣辱观

荣辱观是人们对荣誉和耻辱的根本看法和总的态度。所谓荣誉，它包含两层含义：一是指社会对个人履行社会义务所给予的认同和褒扬；二是指个人自身对履行社会义务所产生的自我肯定性的心理体验。耻辱同样也包含两层含义：一是社会对个人不履行社会义务所给予的谴责和贬斥；二是个人自身对不履行社会义务所产生的自我否定性的心理体验。无论是荣誉，还是耻辱，两者都既是一种社会价值尺度，同时也体现着个体自我的道德体验和道德评价。一定社会的荣辱观，是一定社会核心价值体系在道德领域的集中体现，是该社会核心价值体系实现的基本道德要求，从而构成该社会核心价值体系的基础。所谓基础，是指事物的基石、根基。以“八荣八耻”为主要内容的社会主义荣辱观是对当代中国社会最基本的价值准则和行为规范的集中概括，是社会主义核心价值体系对全体社会成员最基本的道德要求，也是社会主义核心价值体系主导地位和功能价值在全社会得以确立和发挥的道德基石，因而是社会主义核心价值体系的基础。

首先，社会主义荣辱观为人们提供了最基本的道德准则和行为规范。以“八荣八耻”为主要内容的社会主义荣辱观是胡锦涛在 2006 年 3 月概括提出的，具体内容如下：“以热爱祖国为荣、以危害祖国为耻，以服务人民为荣、以背离人民为耻，以崇尚科学为荣、以愚昧无知为耻，以辛勤劳动为荣、以好逸恶劳为耻，以团结互助为荣、以损人利己为耻，以诚实守信为荣、以见利忘义为耻，以遵纪守法为荣、以违法乱纪为耻，以艰苦奋斗为荣、以骄奢淫逸为耻。”① 这一荣辱观体系旗帜鲜明地指出了在当代中国应当坚持和提倡“热爱祖国、服务人民、崇尚科学、辛勤劳动、团结互助、诚实守信、遵纪守法、艰苦奋斗”的道德取向，应当反对和抵制“危害祖国、背离人民、愚昧无知、好逸恶劳、损人利己、见利忘义、违法乱纪、骄奢淫逸”的可耻行为，从而为全体社会成员判断是非得失、作出行为选择提供了基本的价值准则和行为规范。

其次，社会主义荣辱观是社会主义核心价值体系最基本的道德要求。社会主义核心价值体系是崇高信仰和底线伦理辩证统一的科学体

---

① 胡锦涛：《牢固树立社会主义荣辱观》，载《求是》2006 年第 9 期。

系。这一价值体系既揭示了当代中国的崇高信仰，又规范了我国社会成员应该普遍遵循的底线伦理。崇高信仰是对人和社会存在和发展理想状态的追求，是对一种理想信念的信仰。底线伦理则是人们行为必须遵循的最低限度的道德要求。在社会主义核心价值体系中，马克思主义指导思想、中国特色社会主义共同理想包含了当代社会的崇高信仰。这是因为马克思主义以实现共产主义为理想信仰，“马克思主义的另一个名词就是共产主义”[①]，而中国特色社会主义共同理想就是共产主义理想在当代中国的具体化。以“八荣八耻”为主要内容的社会主义荣辱观则是对底线伦理的规定。其中“八荣”，是以荣誉、褒奖、赞赏等“应当这样的肯定形式”表述了“不应当那样的否定性含义”。比如，“以遵纪守法为荣”，就表述了不应当不遵纪守法、不应当违法乱纪的含义。其中“八耻”，则是以耻辱、谴责等“否定性的不应当”表述了“肯定性的应当”。比如，以违法乱纪为耻，就表述了不应当违法乱纪，而应当遵纪守法。此外，社会主义荣辱观“八荣八耻”的每一荣每一耻都蕴涵了“最后一条不可跨越的最基本的禁约规则”[②]。比如，“以热爱祖国为荣，以危害祖国为耻”，其蕴涵的最后一个底线就是一个人即使做不到热爱祖国，但也绝不能危害祖国；又如，“以团结互助为荣，以损人利己为耻”，其蕴涵的底线伦理就是即使做不到团结互助，也绝不能损人利己。社会主义荣辱观就是以上述三种形式体现了社会主义核心价值体系最基本的道德要求，从而成为社会主义核心价值体系的基础。

再次，社会主义荣辱观是社会主义核心价值体系其他内容落到实处的基本依托。社会主义核心价值体系的其他三项内容，无论是马克思主义指导思想、中国特色社会主义共同理想，还是以爱国主义为核心的民族精神和以改革创新为核心的时代精神，都必须落实到社会成员的实践行为才具有真正的意义和价值。以“八荣八耻”为主要内容的社会主义荣辱观不仅本身是社会主义核心价值体系的重要组成部分，而且它还是

---

① 《邓小平文选》第3卷，人民出版社1993年版，第137页。

② 谭培文：《从底线伦理到终极价值的转换和实现——兼以社会主义核心价值认同为视角》，载《道德与文明》2010年第1期。

社会主义核心价值体系其他内容在社会道德领域的具体体现和基本要求。比如，“以崇尚科学为荣、以愚昧无知为耻”就是马克思主义指导思想在道德领域的基本要求和现实体现；“以热爱祖国为荣、以危害祖国为耻”，“以服务人民为荣、以背离人民为耻”就是中国特色社会主义共同理想在道德领域的现实要求；“以辛勤劳动为荣、以好逸恶劳为耻”，“以团结互助为荣、以损人利己为耻”，“以诚实守信为荣、以见利忘义为耻”，“以遵纪守法为荣、以违法乱纪为耻”，“以艰苦奋斗为荣、以骄奢淫逸为耻”，则是以爱国主义为核心的民族精神和以改革创新为核心的时代精神在道德领域的具体体现。中华民族历来都以“辛勤劳动”、“团结互助”、“诚实守信”、“遵纪守法”和“艰苦奋斗”为荣，也历来都以“好逸恶劳”、“损人利己”、“见利忘义”、“违法乱纪”和“骄奢淫逸”为耻。总之，社会主义荣辱观的“八荣八耻”通过行为规范的方式，不仅涵盖了社会主义核心价值体系其他方面的全部内容，而且使之在伦理道德领域实现了具体化，将其转换成了具有切实操作性、可供实践遵循的基本道德准则和行为规范，从而为社会主义核心价值体系落到实处提供了基本的依托。如果没有社会主义荣辱观的基础性作用，社会主义核心价值体系的其他内容以至整个理论都会失去其应有的功能和作用，从而成为毫无意义的空中楼阁。

最后，社会主义荣辱观是社会主义核心价值体系得以普遍遵循的道德支撑。社会主义荣辱观作为社会主义核心价值体系最基本的道德要求，它是社会主义核心价值体系得以普遍遵循的道德支撑。社会主义核心价值体系是包含终极价值和底线伦理、上位伦理和下位伦理的有机统一体，其终极价值、上位伦理要为人们信仰和遵循，离不开人们首先对底线伦理、下位伦理的遵循。知荣辱是人之为人的根本，知耻辱是一个人最基本的道德底线。孟子曾说：“无羞耻之心，非人也。”[①]一个人如果连基本的荣辱感都没有，是难以想象他会为有崇高的社会理想、会为国家民族的发展而奋斗的。因此，树立社会主义荣辱观，是人们践行社会

① 《孟子·公孙丑上》。

主义核心价值体系所必需的基础性的道德修养和素质要求。建设社会主义核心价值体系，要从在全体社会成员中树立社会主义荣辱观入手，筑牢社会主义核心价值体系这一信仰大厦的道德基石。

总之，社会主义核心价值体系四个方面的内容，马克思主义指导思想、中国特色社会主义共同理想、民族精神和时代精神，以及以“八荣八耻”为主要内容的社会主义荣辱观，它们既各有侧重、各具功能，同时又相互贯通、相互联系，共同构成一个有机统一的整体。作为社会主义核心价值体系的灵魂，马克思主义指导思想解决的是举什么旗的问题，在整个社会主义核心价值体系中居于统领地位。社会主义核心价值体系各方面的建设，都必须以马克思主义为理论基础，坚持马克思主义的指导。作为社会主义核心价值体系的主题，中国特色社会主义共同理想解决的是走什么路、实现什么目标的问题。无论是坚持马克思主义指导思想、还是弘扬民族精神和时代精神，或者是树立社会主义荣辱观，其目的都是为了实现这一共同理想。作为社会主义核心价值体系的精髓，以爱国主义为核心的民族精神和以改革创新为核心的时代精神，解决的是精神风貌的问题，是建设社会主义核心价值体系的精神条件。作为社会主义核心价值体系的基础，社会主义荣辱观解决的是人们行为规范的问题，它使社会主义核心价值体系的其他内容落到实处有了依托。社会主义核心价值体系上述四个方面的内容，把政治和伦理、理想和现实有机结合，实现了党的主张和国家意志、社会要求和人民意愿的有机统一，是一个结构完备、逻辑缜密的科学体系。

二、社会主义核心价值体系大众化的科学内涵

理解社会主义核心价值体系大众化的科学内涵，不仅要把握“社会主义核心价值体系”的理论内含，还要理解“大众”、“大众化”的基本涵义。为此，本书将通过对“大众”、“大众化”内涵的梳理，概括出“大众化”的一般要义，进而揭示出“社会主义核心价值体系大众化”的特殊内涵。

（一）大众和大众化的基本内涵

1. 大众

大众，即人民大众、广大的人民群众。这一概念看似简单，然而对其基本含义和历史价值的理解在不同的历史语境和话语体系中往往有所不同，甚至存在根本分歧。

在中国古代和西方的主流话语中，大众通常是指社会地位低下、处于社会底层的劳动群众和平民百姓，往往含有鄙夷、畏惧等负面的意蕴。

在中国古代，“兽三为群，人三为众”①，群众、大众即是众多人构成的聚合体，它不具有政治内涵，也没有褒贬之义。而“民”在中国古代的历史语境中则是一个高度政治化的概念，是与“君”相对应的政治范畴，是指必须臣服于君、被君统治的社会下层。尽管中国古代有“民为邦本，本固邦宁”②的说法，孟子的“民贵君轻”③思想更是影响深远，然而封建社会的政治框架决定了民在其中不可改变的社会地位，即君在上，是国家的主人，民在下，必须臣服于君。君对应的是尊贵，民对应的是卑贱。封建统治者总是以蔑视和恐惧的心态来对待民众。“草民”、“贱民”等称谓以及“水则载舟，水则覆舟”④的比喻就是对此种心态的集中反映。

在西方，“大众”、“群众”等概念长久以来被视为是与“贵族”、“精英”相对立的范畴。其英文单词“mass”从17世纪末开始就是作为一个轻蔑语称谓而出现。虽然它与“mob”（暴徒）不同，但仍包含有愚蠢、庸俗等负面意涵。自居为知识贵族和政治精英的人们通常是在轻蔑、鄙视的语气中把“大众”用来指缺乏教养并处于社会底层的普通民众。在他们的话语表达中，“群氓”、“暴民”、“乌合之众”等术语通常是“大众”的同义语或代名词。在西方理论家的笔下，大众的原型主要来自希腊城

① 《国语·周语上》。

② 《古文·尚书·五子之歌》。

③ 《孟子·尽心下》。

④ 《荀子·王制》。

邦衰落时期的平民、罗马共和国末期的无产者、法国大革命中的无套裤汉（对以小手工业者、小商贩、小店主和其他劳动群众为主体的城市平民的称谓）、穿梭于城市、奔波于工厂的劳工阶级、整个19世纪一次次聚集于巴黎街头的起义者、骚乱者等。从古代到近现代，西方的主流理论家几乎都是以反感甚至仇视的态度对大众及其行为进行价值评判。古希腊哲学家柏拉图、古罗马史学家李维以及后来受李维影响的马基雅维利、孟德斯鸠、休谟，还有视民众为“巨兽”的“美国宪法之父”汉密尔顿、麦迪逊等无一不对大众表示出反感或恐惧。①

马克思主义对上述大众观进行了根本性的颠覆和革命性的改造。在马克思主义视阈中，大众即广大的人民群众具有质和量上的规定性。从质上说，大众是指一切对社会历史发展起推动作用的人们；从量上说，是指社会人口中的绝大多数。与中国古代和西方主流大众观相比较而言，马克思主义大众观中的大众范畴不仅包括社会地位低下、处于社会底层的劳动群众，而且还包括处于上升时期的新兴剥削阶级，以及在一定历史条件下剥削阶级中站在抗击外敌、保卫祖国行列或发挥其他进步作用的某些阶层、集团和个人。因此，马克思主义大众观与其他大众观最本质的不同在于对大众的质的规定性上，即在于对大众的价值评判上。通常被其他大众观视为“草民”、“贱民”、“群氓”、“乌合之众”的人们，在马克思主义这里则被视为历史发展的推动力量、被视为社会历史的创造者；被其他大众观认为是负面的应该受到诅咒的大众行为，在马克思主义这里则得到了高度的评价和赞扬。

马克思主义的创始人马克思和恩格斯以历史唯物主义的观点观察人类社会的发展历史，揭示出一个最简单也最不可否认的事实，即“全部人类历史的第一个前提无疑是有生命的个人的存在”②。而人们为了维持自己的生命存在，满足自己吃喝住穿等生存需要，“第一个历史活动就

① 参见丛日云：《当代中国政治语境中的“群众”概念分析》，载《政法论坛》2005年第2期。

② 《马克思恩格斯文集》第1卷，人民出版社2009年版，第519页。

是生产满足这些需要的资料，即生产物质生活本身”[①]。因而物质资料的生产是社会历史存在和发展的基本前提，历史是人们在生产满足自己生存需要的物质资料过程中创造的，人民群众是历史的创造者。针对鲍威尔兄弟蔑视群众的唯心史观，马克思、恩格斯指出：“历史活动是群众的事业”，决定历史发展的是“行动着的群众”[②]。

马克思、恩格斯的大众观得到了其后继者们的继承和发扬。列宁不仅鲜明地提出了人民群众的历史作用问题，强调“只有人民，即无产阶级和农民，才是能够取得‘对沙皇制度的彻底胜利’的力量”[③]，而且直接地视人民群众为新社会的积极创造者。他指出：“人民群众在任何时候都不能像在革命时期这样以新社会制度的积极创造者的身分出现。在这样的时期，人民能够作出从市侩的渐进主义的狭小尺度看来是不可思议的奇迹。”[④]“俄国的整个新纪元正是靠人民的热情赢得并且支持下来的。”[⑤]出身农民的毛泽东，更是对人民群众的深厚伟力具有独到的深刻理解。他曾在一次工农兵代表大会上充满激情地讲道：“真正的铜墙铁壁是什么？是群众，是千百万真心实意地拥护革命的群众。这是真正的铜墙铁壁，什么力量也打不破的，完全打不破的。”[⑥]在《论联合政府》中，他进一步指出：“人民，只有人民，才是创造世界历史的动力。”[⑦]

正是基于对人民大众历史创造者地位和作用的确认，马克思主义理论家才得出了与其他群众理论家尤其是西方大众理论家截然不同的观点和结论。正如有学者指出的，西方大众理论家所担忧的，正是他们所寄予希望的；西方大众理论家所恐惧的，正是他们所欢迎的；西方大众理论家要抑制的力量，正是他们要动员的力量；西方大众理论家心目中的

① 《马克思恩格斯文集》第1卷，人民出版社2009年版，第531页。

② 《马克思恩格斯全集》第2卷，人民出版社1957年版，第104页。

③ 《列宁选集》第1卷，人民出版社1995年版，第562页。

④ 《列宁选集》第1卷，人民出版社1995年版，第616页。

⑤ 《列宁全集》第13卷，人民出版社1987年版，第81页。

⑥ 《毛泽东选集》第1卷，人民出版社1991年版，第139页。

⑦ 《毛泽东选集》第3卷，人民出版社1991年版，第1031页。

民主的消极因素，他们则作为建设理想社会的积极力量。①

在马克思主义的话语体系中，作为推动历史发展的人民大众是一个动态的历史范畴，具有显著的动态性。所谓人民大众的动态性，是指人民大众所包含的具体对象并不是一成不变的，而是随着历史条件的变化而呈现出一定的差异性和变动性。马克思在论述群众与历史发展的关系时，不仅肯定了群众在历史活动中的重要作用，认为历史活动是群众的事业，而且也明确地指出："随着历史活动的深入，必将是群众队伍的扩大。"② 这一论断非常清楚地表明，群众的范围并不是一成不变的，而是随着历史活动的深入而不断扩大。列宁也说："随着人们历史创造活动的扩大和深入，作为自觉的历史活动家的人民群众在数量上也必定增多起来。"③ 毛泽东对人民大众的动态性予以了进一步的明确，他指出："人民这个概念在不同的国家和各个国家的不同历史时期，有着不同的内容。"④

当前，我国正处于改革开放新时期，人民大众包含的具体对象与以往历史时期存在着显著的差别。在民主革命时期，人民大众是指一切反帝反封建的阶级、阶层和社会集团。在晋绥干部会议上的讲话中，毛泽东对于当时人民大众的具体内涵作了明确的界定："这里包括了工人、农民、独立劳动者、自由职业者、知识分子、民族资产阶级以及从地主阶级分裂出来的一部分开明绅士，这就是我们所说的人民大众。"⑤ 在社会主义改造基本完成后，人民大众则是指"一切赞成、拥护和参加社会主义建设事业的阶级、阶层和社会集团"⑥。经过社会主义的改造，城市小资产阶级和民族资产阶级作为一个阶级在当时已经不复存在，我国社

① 参见丛日云：《当代中国政治语境中的"群众"概念分析》，载《政法论坛》2005 年第 2 期。

② 《马克思恩格斯文集》第 1 卷，人民出版社 2009 年版，第 287 页。

③ 《列宁选集》第 1 卷，人民出版社 1995 年版，第 127 页。

④ 《毛泽东文集》第 7 卷，人民出版社 1999 年版，第 205 页。

⑤ 《毛泽东选集》第 4 卷，人民出版社 1991 年版，第 1313 页。

⑥ 《毛泽东文集》第 7 卷，人民出版社 1999 年版，第 205 页。

会只剩下工农两个基本阶级和知识分子阶层。知识分子也是工人阶级的一部分。因此，当时的人民大众具体是指工农两大阶级和知识分子阶层。在当今的改革开放新时期，人民大众的内涵已经达到了前所未有的广度，它包括一切赞成、支持和参加中国特色社会主义建设的阶级、阶层和社会力量，即“它包括了除被剥夺政治权力的刑事犯罪分子以外的一切人”①，覆盖了我国社会的各个阶级和阶层。

改革开放以来，随着社会的深刻变革，我国社会的阶级阶层结构发生了深刻变化，已经不再是工农两大基本阶级和知识分子阶层，而是发生了阶层分化，出现了一系列新的社会阶层。伴随着经济领域的制度创新，我国从过去单一的公有制经济逐步转变为以公有制为主体、多种所有制经济共同发展的基本经济制度，不少人陆续脱离原来的工作岗位，从工人、农民、知识分子和干部队伍中分化出来，他们或自主创业，或进入民营外资企业，或成为自由职业人员，从而逐渐形成新的社会阶层。这些阶层归纳起来主要有“民营科技企业的创业人员和技术人员、受聘于外资企业的管理技术人员、个体户、私营企业主、中介组织的从业人员、自由职业人员”等。②他们通过诚实劳动和合法经营，为发展社会主义生产力作出了自己的贡献。为此，党的十六大明确指出：“包括知识分子在内的工人阶级，广大农民，始终是推动我国先进生产力发展和社会全面进步的根本力量。在社会变革中出现的民营科技企业的创业人员和技术人员、受聘于外资企业的管理技术人员、个体户、私营企业主、中介组织的从业人员、自由职业人员等社会阶层，都是中国特色社会主义事业的建设者。”③

因此，在当代中国的历史语境下，由于我国社会所有阶级、阶层都是中国特色社会主义事业的建设者，又由于阶级矛盾已经不再是我国社会的主要矛盾，社会的矛盾主要表现为各种各样的人民内部矛盾，因而当代中国人民大众的范畴覆盖了我国社会的所有阶级和阶层，不仅包括

---

① 李勇华：《“最广大人民”的时代新认知》，载《学术交流》2003年第10期。

② 《江泽民文选》第3卷，人民出版社2006年版，第286页。

③ 《江泽民文选》第3卷，人民出版社2006年版，第539页。

工农两大基本阶级、知识分子阶层，还包括在社会变革中出现的一系列新社会阶层。我国社会的所有国民几乎都属于大众的范畴（即各种严重的刑事犯罪分子除外），因而“大众”的含义在当代中国已经近乎于“人们”，是指生活在当今中国的具体的“现实的人”①。

2. 大众化

根据《辞海》的解释，“大众化”是指“群众化”②。在《现代汉语词典》中，“大众化”是指“变得跟广大群众一致，适合广大群众需要”③。它与不同领域相结合，就构成了不同的大众化，如文艺大众化、文化大众化、教育大众化、科学大众化以及近年提出的马克思主义大众化。对这些与“大众化”相关概念的梳理，无疑有助于我们对“大众化”基本含义的理解和把握。

“大众化”概念的最早提出，是在我国的文艺理论界。1917 年，陈独秀在其《文学革命论》一文中提出要“推倒雕琢的、阿谀的贵族文学，建设平易的、抒情的国民文学”④。20 世纪 20 年代中后期，随着工农民主运动的兴起，文艺界掀起了一场无产阶级革命文学运动。这场运动的一个重要内容就是促进文艺的大众化。运动的主要倡导者成仿吾认为，文艺要发挥社会功能，必须要面向大众，“接近农工大众的用语”，“以农工大众”为对象。⑤林伯修（即杜国庠）更是明确地提出大众化是“普罗文学底实践性底必然的要求”⑥。随后，文艺界围绕文艺大众化问题在 20 世纪 30 年代展开了三次大规模的讨论。讨论的焦点主要集中在如何写出“能使大众理解——看得懂——的作品”⑦；实现文艺大众化的关键

① 《马克思恩格斯选集》第 1 卷，人民出版社 1995 年版，第 73 页。

② 《辞海(普及本)》，上海辞书出版社 1999 年版，第 1793 页。

③ 《现代汉语词典(修订本)》，商务印书馆 1996 年版，第 239 页。

④ 陈独秀：《文学革命论》，载《新青年》1917 年第 2 卷第 6 号。

⑤ 成仿吾：《从文学革命到革命文学》，载《创造社资料(上)》，福建人民出版社 1985 年版，第 169 页。

⑥ 林伯修：《1929 年急待解决的几个关于文艺的问题》，载《海风周报》第 12 号，1929 年 3 月 23 日。

⑦ 冯乃超：《大众化的问题》，载《大众文艺》第 2 卷第 3 期，1930 年 3 月 1 日。

是通俗化还是普及化、是技术还是文字；文艺作品的形式更重要还是内容“最要紧”[①]；文艺大众化的深刻障碍是“大众自己”还是“智识分子脱离群众的态度，蔑视群众的态度”、“企图站在大众之上去教训大众”的态度[②]；等等。这些理论探讨不仅极大地推动了当时的文艺大众化运动，而且也带动了其他文化领域的大众化发展，并为文化大众化的理论及其实践发展提供了重要的思想资源。

超越单纯的文艺视角，而从整个“文化”的全局和高度来思考“大众化”问题，即实现从“文艺大众化”到“文化大众化”的转换，大约发生在20世纪30年代中期。1935年“华北事变”后，随着民族危机的日渐深重和抗日浪潮的不断高涨，推进文化运动与抗日活动相结合，动员全民族抗日，日益成为革命形势的客观需要。为此，一些从事社会科学研究特别是从事辩证唯物主义研究的马克思主义学者发起了一场新启蒙运动。这场运动立足于救亡与启蒙，号召人民群众摆脱封建思想的桎梏，参加到即将到来的全民抗战中来，并提出了建设中国新文化的任务。其倡导者陈伯达、艾思奇等人认为，新文化建设不仅要体现社会现实的要求，而且更要普遍化和大众化，使新文化的普遍性达到最大限度。之后，毛泽东、张闻天等人在总结五四以来新文化运动尤其是20世纪30年代文艺大众化运动和新启蒙运动实践经验和理论探索的基础上，从新民主主义文化理论体系的总体高度，阐述了文化大众化的基本思想。在《新民主主义论》中，毛泽东明确指出了新民主主义文化的大众化性质：“所谓新民主主义的文化，一句话，就是无产阶级领导的人民大众的反帝反封建的文化”[③]；“这种新民主主义的文化是大众的”，“它应为全民族中百分之九十以上的工农劳苦民众服务，并逐渐成为他们的文化。”[④]张闻天也强调，新民主主义文化的大众化性质在于它是“主张代表大多数人的利益的、大众的、平民的

① 周起应：《关于文学大众化》，载《北斗》第2卷第3、4期合刊，1932年7月20日。

② 瞿秋白：《“我们”是谁?》，载《瞿秋白文集》第2册，第875—878页。

③ 《毛泽东选集》第2卷，人民出版社1991年版，第698页。

④ 《毛泽东选集》第2卷，人民出版社1991年版，第708页。

文化，主张文化为大众所有，主张文化普及于大众而又提高大众”[①]。新民主主义文化理论对新文化大众化方向的确定，掀起了20世纪40年代文化大众化理论探讨和实践发展的新高潮，并对新中国成立后文化大众化建设产生了深远的影响。

除了上述文艺大众化、文化大众化外，与大众化概念相关的还有教育大众化和科学大众化以及近年提出的马克思主义大众化。

教育大众化这一概念是由美国教育社会学家马丁·特罗于1973年提出的。马丁·特罗以高等教育毛入学率在适龄青年中所占比例为衡量指标，将高等教育发展历史分为“精英化”、“大众化”和“普及化”三个阶段，论述了高等教育规模的量变与其系统性质变的关系，即“高等教育规模在量的增加之后，高等教育和大学的‘内部活动’要产生变化”[②]。在其论文《从精英向大众高等教育转变中的问题》中，马丁·特罗指出，当一个国家的高等教育在其规模上只能为不超过其适龄青年的15%提供学习机会时，那么这个国家的高等教育尚处在“精英化”阶段；而当其能为适龄青年的15%至50%提供学习机会时，这个国家的高等教育就进入了“大众化”阶段；当超过50%时，则迈向了“普及化”阶段。[③]由此可见，教育大众化是一个与受教育者的数量、规模、教育的普及程度密切相关的范畴。

科学大众化这一概念，我国早在1940年就已经提出。在陕甘宁边区自然科学研究会的成立大会上，陈云提出“科学要大众化，要在广大群众中去开展科学的工作”的任务[④]。研究会宣言还明确提出要开展科学大众化运动。在宣言制定的任务中，第一条就是“开展自然科学大众

① 张闻天：《抗战以来中华民族的新文化运动与今后任务》，载《中国文化》第1卷第2期，1940年4月。

② 邬大光：《高等教育大众化理论的内涵与价值——与马丁·特罗教授的对话》，载《高等教育研究》2003年第6期。

③ 参见马丁·特罗：《从精英向大众高等教育转变中的问题》，王香丽译，载《外国高等教育资料》1999年第1期。

④ 转引自钱文华、陈敬全：《论陕甘宁边区的科学大众化运动》，载《东华大学学报（社会科学版）》2003年第4期。

化运动，进行自然科学教育，推广自然科学知识，使自然科学能广泛地深入群众”[①]。该研究会的成立，也就成了边区科学大众化开始的标志，直接掀起了边区的科学大众化运动。在西方，科学大众化（Science for All）是20世纪80年代以来科学教育界的一种科学教育理念，指的是科学教育的对象要指向大众，而不仅仅是少数精英。就学校教育而言，它要求理科课程不应当只考虑那些将要成为科学技术人员的学生的需要，也要考虑到那些将成为普通市民的学生的需要。[②]由此看来，通过科学在大众中的普及化来提高大众的科学素养，这是科学大众化的价值指向所在。

“大众化”与“马克思主义”联系起来作为一个专有名词“马克思主义大众化”，是在党的十七大报告中首次出现的。党的十七大报告指出：“开展中国特色社会主义理论体系宣传普及活动，推动当代中国马克思主义大众化。”[③]党的十七届四中全会进一步提出了“推进马克思主义中国化、时代化、大众化”[④]的战略要求和任务。马克思主义与大众化相结合，有其特定的丰富内涵。《党的十七大报告辅导百问》（以下简称《辅导百问》）指出，马克思主义“大众化就是指马克思主义由抽象到具体，由深奥到通俗，由被少数人理解掌握到被多数人理解掌握的过程”[⑤]。理论界对之也展开了深入的讨论。其中，马克思主义大众化就是马克思主义的普及化[⑥]、通俗化[⑦]，就是使马克思主义理论面向人民群众、

① 自然科学研究会：《自然科学研究会宣言》，载《新中华报》1940年2月28日。

② 参见魏冰、罗星凯：《“科学大众化”的困境：社会学的分析》，载《外国教育研究》2005年第6期。

③ 胡锦涛：《高举中国特色社会主义伟大旗帜　为夺取全面建设小康社会新胜利而奋斗——在中国共产党第十七次全国代表大会上的报告》，人民出版社2007年版，第34页。

④ 《中共中央关于加强和改进新形势下党的建设若干重大问题的决定》，人民出版社2009年版，第7页。

⑤ 本书编写组：《十七大报告学习辅导百问》，党建读物出版社、学习出版社2007年版，第149页。

⑥ 参见何怀远：《关于推进当代马克思主义大众化的几个问题》，载《南京政治学院学报》2008年第3期。

⑦ 姜洁晶：《对马克思主义大众化三个层面的思考》，载《大连干部学刊》2008年第9期。

服务人民群众[①]等观点，这些是比较有代表性的观点。刘云山也对马克思主义大众化的基本内涵予以了阐述，他指出："大众化就是把马克思主义的基本原理、基本观点通俗化、具象化，使之更好地为人民大众所理解、所接受"；"大众化不仅是表达方式问题，也是根本立场、根本方法问题"。[②]刘云山对马克思主义大众化的理解可谓独到而深刻，在表达方式上，他不仅强调对马克思主义基本原理、基本观点的"通俗化"，而且还强调"具象化"，更重要的是，他特别强调了大众化的"根本立场和根本方法"问题。他指出："要坚持大众视野、群众观点，以最广大人民的实践为理论创新的源泉，以实现最广大人民的根本利益为理论创新的目的，关注大众的需要和诉求，解答大众的思想疑问和困惑，把立足点放在服务人民大众上。"[③]

通过对"大众"及与"大众化"相关概念的回顾与梳理，不难发现，"大众化"不只是单纯的"普及化"或"通俗化"。对大众化的理解，我们应当超越"大众化 = 普及化"或"大众化 = 通俗化"这种简单的思维范式和认识框架。"普及化"、"通俗化"固然是"大众化"的题中要义，但不是全部。

大众化在本质上是指群众化，是跟广大群众的立场一致，坚持大众立场，适合大众需要。具体而言，它包含以下几层含义：一是普及化。这是"大众化"最基本的特征。在上述论及的与"大众化"相关的概念中，无论是文艺大众化、文化大众化、教育大众化、科学大众化，还是马克思主义大众化，无一不包含这一特征。二是通俗化。如在文艺大众化的讨论中，成仿吾提出的"要使我们的媒质接近农工大众的用语"[④]、郭沫

① 参见王桂泉等：《推进当代中国马克思主义大众化》，载《辽宁日报》2008 年 6 月 25 日。

② 刘云山：《把建设马克思主义学习型政党作为重大而紧迫的战略任务抓紧抓好》，载《人民日报》2009 年 10 月 15 日。

③ 刘云山：《把建设马克思主义学习型政党作为重大而紧迫的战略任务抓紧抓好》，载《人民日报》2009 年 10 月 15 日。

④ 成仿吾：《从文学革命到革命文学》，《创造社资料（上）》，福建人民出版社 1985 年版，第 169 页。

若提出的“大众文艺的标语应该是无产文艺的通俗化”[①]、鲁迅提出的“现今的急务”，是“应该多有为大众设想的作家，竭力来作浅显易解的作品，使大家能懂，爱看，以挤掉一些陈腐的劳什子”[②]等观点，都明确体现了通俗化是大众化的题中要义。此外，文化大众化、马克思主义大众化等概念中的“大众化”也包含了“通俗化”的含义。如《辅导百问》对马克思主义大众化的阐释中就明确提到大众化是马克思主义“由深奥到通俗”的过程；刘云山对马克思主义大众化的论述中则明确提出了“通俗化”这三个字。三是具象化。《辅导百问》在阐释马克思主义大众化时，提到大众化就是指马克思主义“由抽象到具体”，其中就包含了将马克思主义“具象化”的含义。刘云山在对马克思主义大众化的论述中，在强调对马克思主义基本原理、基本观点“通俗化”的同时，明确提出了“具象化”这一概念和要求。这无疑是对大众化内涵理解的进一步深化。四是化大众，即对大众的提高。如科学大众化就在于通过对科学在大众中的普及化来提高大众的科学素养；张闻天论述的新民主主义文化的大众化“主张文化普及于大众而又提高大众”[③]。五是大众立场。如毛泽东、张闻天等都多次强调新民主主义的文化应代表大多数人的利益；刘云山则明确提出大众化不仅是表达方式问题，也是根本立场和根本方法问题。

（二）社会主义核心价值体系大众化的科学内涵

社会主义核心价值体系大众化，既包含了社会主义核心价值体系的普及化、通俗化、具象化等大众化的一般要义，同时也包含了社会主义核心价值体系的生活化、社会主义核心价值体系“化”大众和大众“化”社会主义核心价值体系的深刻内涵。具体而言，社会主义核心价值体系大众化包含如下几层含义：

---

① 郭沫若：《新兴大众文艺的认识》，载《大众文艺》第2卷第3期，1930年3月1日。

② 鲁迅：《文艺的大众化》，载《大众文艺》第2卷第3期，1930年3月1日。

③ 张闻天：《抗战以来中华民族的新文化运动与今后任务》，载《中国文化》第1卷第2期，1940年4月。

1. 就社会主义核心价值体系的表达方式和表现形式而言，社会主义核心价值体系大众化就是社会主义核心价值体系的通俗化和具象化

社会主义核心价值体系大众化，就社会主义核心价值体系的表达方式而言，它是指社会主义核心价值体系的通俗化。所谓社会主义核心价值体系的通俗化，即是用人民群众所喜闻乐见的语言形式来表达社会主义核心价值体系的价值观念，赋予社会主义核心价值体系的基本内容以生动活泼的大众话语，使其表达方式适合人民大众的文化水平、理解程度和思维方式。通俗化是相对于理论话语表达的学术性和专业性而言的。任何科学的理论都是由一系列的概念、原理及其相互关系构成的，都具有属于本领域的特定的学术语言和专业话语，都不可避免有其特定的学术性和专业性。作为一种科学的理论体系，社会主义核心价值体系同样也有其自身的学术性和专业性，必然具有自身的学术话语和专业术语。这种学术话语和专业术语对于社会主义核心价值体系的理论研究、对其理论体系的构建、发展和完善是必不可少的，但却不易为广大群众所理解和掌握。因此，社会主义核心价值体系的大众化，首先就是要实现社会主义核心价值体系的通俗化，其通俗化，既是社会主义核心价值体系大众化的题中要义，也是社会主义核心价值体系大众化的路径选择。

正确理解社会主义核心价值体系的通俗化，必须破除“通俗化”即是“庸俗化”的伪命题。社会主义核心价值体系的“通俗化”，并不意味着将社会主义核心价值体系“庸俗化”。“通俗化”与“庸俗化”，虽然只有一字之差，但却有本质的不同。“通俗”意为浅显易懂，易为人们所理解把握；“庸俗”则是流俗浅薄之意。有人认为，理论要通俗化，就会流于庸俗化。事实上，正如李公朴在艾思奇《大众哲学》的编者序中指出的，“把正确的理论通俗化，只要理论不歪曲、不错误，是决没有庸俗的危险的”；“并不是说用语浅显，就会庸俗起来”。[①] 能

① 李公朴:《编者序》，载艾思奇《大众哲学》，人民出版社2004年版，第2页。

用最浅显最普通的语言，把最艰深最深刻的道理讲明白，才是真正的行家里手。

社会主义核心价值体系大众化，就社会主义核心价值体系的表现形式而言，它是指社会主义核心价值体系的具象化。所谓“具象”，即是具体形象。社会主义核心价值体系的具象化，即是借助影视作品、文学艺术、时代楷模、先进典型、公益广告等多种表现形式和载体，将社会主义核心价值体系的科学内容和价值观念由抽象的理论逻辑转化为具体的形象逻辑，使社会主义核心价值体系的理论形态为大众潜移默化地转化为其心理形态和实践形态。社会主义核心价值体系的具象化，是相对于社会主义核心价值体系作为一种理论形态的抽象性和概括性而言的。任何科学的理论，都是对实践经验的概括提升，是对特定对象的本质及其发展规律的深刻揭示，因而不可避免具有高度的抽象性和概括性。社会主义核心价值体系作为一种科学的理论体系，同样有其理论的抽象性和概括性。抽象性和概括性是理论的共性特征，但它却对理论掌握大众以及大众掌握理论构成了制约瓶颈。社会主义核心价值体系要走进大众，掌握大众，使其价值观念为大众内化于心并外化于行，对其具象化是其必然要求。推进社会主义核心价值体系的具象化，既能丰富群众的精神文化生活、使社会主义核心价值体系为群众所喜闻乐见，又能起到潜移默化的教育效果，因而是社会主义核心价值体系大众化对社会主义核心价值体系在其表现形式上的要求。根据《娱乐至死》的作者尼尔·波兹曼的观点，我们的文化正处于从以文字为中心向以形象为中心转换的过程中[①]，现在不只是文化水平不高的大众，而且就是许多文化水平较高的白领也不愿进行比较深入的逻辑思考和社会政治思考[②]，因而社会主义核心价值体系更多地需要通过形象化的方式来向广大群众进行传播。

---

① 参见冯周卓：《以马克思主义意识形态建设推进社会主义核心价值观认同》，载《道德与文明》2009 年第 6 期。

② 参见冯周卓：《以马克思主义意识形态建设推进社会主义核心价值观认同》，载《道德与文明》2009 年第 6 期。

2. 就社会主义核心价值体系大众化的实践指向而言，社会主义核心价值体系大众化就是社会主义核心价值体系的生活化、现实化

“一种价值体系要真正发挥作用，必须融入社会生活，让人们在实践中感知它、领悟它。离开了生活，离开了实践，再好的价值体系只能是空中楼阁。”① 社会主义核心价值体系的生活化、现实化，就是要使社会主义核心价值体系实现由科学理论和价值理想向社会现实和生活实践的有效转化，而不是高悬于空中，仅仅停留于理论形态和宣传教育形态，与社会现实和生活实践相断裂。具体而言，它包含两层含义：一是作为社会主义核心价值体系建设的主导力量，党和政府在工作实践中，以社会主义核心价值体系的价值观念为指导，通过制定公共政策、改善民生等途径使社会主义核心价值体系的价值承诺在现实生活和社会实践中尽可能地得到充分兑现，使社会主义核心价值体系的核心理念在现实生活和社会实践中尽可能地得到充分确证；二是将社会主义核心价值体系的价值观念通过转化为制度政策、法律法规和行为规范而内置于现实生活和社会实践中，通过制度政策、法律法规和行为规范的良性运作，逐渐使社会主义核心价值体系内化为大众生产生活的行动指南，外化为大众改造世界的实践行为。克利福德·格尔茨认为，思想观念“为了在社会中找到一个不仅是知识上的存在，而且还是一个物质的存在，它们必须被制度化”②。而所谓思想观念的制度化，“就是在权力的支持下，将一种思想体系转化为一种法律、习俗、实践系统，从而产生具有强制性的力量”③。将思想观念固化为制度政策、法律法规和行为规范，内嵌于社会现实和人们的生产生活中，无论个体接受与否，它都会凭借有形的政权力量和无形的社会习俗力量使人们普遍遵循。因此，通过制度化将社会主义核心价值体系现实化、生活化，不仅是社会主义核心价值体系大众化的实践指向，而且也是推进社会主义核心价值体系大众化的有

① 刘云山：《深入推进社会主义核心价值体系建设　巩固全党全国人民团结奋斗的共同思想基础》，载《党建》2008 年第 5 期。

② [美]克利福德·格尔茨：《文化的解释》，韩莉译，译林出版社 1999 年版，第 372 页。

③ 陈卫星：《传播的观念》，人民出版社 2004 年版，第 349 页。

效途径。

提出社会主义核心价值体系的生活化、现实化问题，并非是对其实践性、现实性的否定。社会主义核心价值体系虽然来源于现实生活，产生于大众实践，但它并不等同于而是高于现实生活与大众实践。特别强调它的现实化、生活化，就是为了防止出现理论与实践、理念与现实的脱节。如果社会主义核心价值体系的价值理念在社会现实中不能得到充分体现，其价值承诺在大众生活中迟迟不能得到充分兑现，即便大众知晓其逻辑是多么的严密、理论是多么的科学、体系是多么的完善，也不会得到大众的认同，反而会遭到大众的反感和抵触。用老百姓的话说，这就是说的是一套，做的又是另一套，当然不会得到好感。

实现社会主义核心价值体系的生活化、现实化，关键是党和政府要把社会主义核心价值体系的价值观念体现到自己的实际行动中，体现到民生的改善、制度的完善和政策的导向中，将社会主义核心价值体系作为自己的实践理念去关注大众的现实生活和利益诉求，并把实现大众的实际利益、解决大众的现实问题作为自身的价值诉求，从而实现理念与现实、理论与实践的对接，使社会主义核心价值体系的价值理念和价值承诺在社会现实和大众生活中得到充分体现和有效兑现，成为大众日常生活的价值导向和基本遵循。

3. 就社会主义核心价值体系大众化质的规定性而言，社会主义核心价值体系大众化包含社会主义核心价值体系“化大众”和“大众化”社会主义核心价值体系相互关联的两层含义①

社会主义核心价值体系大众化，这一概念在本质上涉及社会主义核心价值体系这一科学理论与人民大众之间的关系问题。关于理论和大众的关系，马克思在《〈黑格尔法哲学批判〉导言》中，曾说过一句经典名言，即“理论一经掌握群众，也会变成物质力量”②。学者们在理解这句话时，通常是将其重点放在“理论掌握群众”上，这固然有其深刻的

① 参见周玉：《论社会主义核心价值体系大众化的科学内涵及其实现路径》，载《重庆大学学报（社会科学版）》2011 年第 2 期。

② 《马克思恩格斯文集》第 1 卷，人民出版社 2009 年版，第 11 页。

道理，但其实并不全面。“理论一经掌握群众”事实上还包含有“理论一经群众掌握”即“群众掌握理论”这一深刻内涵。同样是在《〈黑格尔法哲学批判〉导言》中，马克思还指出：“哲学把无产阶级当做自己的物质武器，同样，无产阶级也把哲学当做自己的精神武器。”[①]理论掌握群众是为了让群众成为自己价值实现的“物质武器”，群众掌握理论是为了让理论成为自己改造世界的“精神武器”。因此，社会主义核心价值体系大众化，从其本质内涵上讲，是指让社会主义核心价值体系这一科学理论“化”大众并为大众所“化”。这一规定包含相互关联的两层含义：一是社会主义核心价值体系“化大众”，即是用社会主义核心价值体系“掌握大众”，使大众成为社会主义核心价值体系的物质武器；二是“大众化”社会主义核心价值体系，即是“大众掌握”社会主义核心价值体系，使社会主义核心价值体系成为大众的精神武器。

“化大众”与“大众化”，既体现了理论对群众的需要，也体现了群众对理论的需要，是社会主义核心价值体系科学理论与大众实践的双向诉求。

一方面，社会主义核心价值体系“化大众”，是社会主义核心价值体系的理论诉求。理论的价值在于指导实践、改造世界。然而理论本身并不能实现什么，因为“批判的武器当然不能代替武器的批判，物质力量只能用物质力量来摧毁”[②]。为了实现理论，“就要有使用实践力量的人”[③]。人民群众是实践的主体，所谓“使用实践力量的人”，就是广大的人民群众。理论只有尽可能地掌握“使用实践力量的人”，即最广大的人民群众，才能变成改造世界的物质力量，最终完成自己的使命，实现自己的价值。社会主义核心价值体系，作为一种理论形态的客观存在，也只有掌握了群众，把人民大众“当做自己的物质武器”[④]，其改造世界的价值才能实现。

① 《马克思恩格斯文集》第1卷，人民出版社2009年版，第17页。

② 《马克思恩格斯文集》第1卷，人民出版社2009年版，第11页。

③ 《马克思恩格斯文集》第1卷，人民出版社2009年版，第320页。

④ 《马克思恩格斯文集》第1卷，人民出版社2009年版，第17页。

另一方面，“大众化”社会主义核心价值体系，是人民群众的实践需要。人民群众是历史的创造者，不仅创造着社会的物质财富，而且创造着社会的精神财富，并在创造社会物质财富和精神财富的过程中，创造并改造着社会关系，成为社会变革的决定力量。正是在这个意义上，马克思、恩格斯指出：“历史活动是群众的事业”，决定历史发展的是“行动着的群众”。① 毛泽东也说：“人民，只有人民，才是创造世界历史的动力。”② 而人民群众创造历史的社会实践，离不开科学理论的有效指导，诚如列宁曾经指出的，“没有革命的理论，就不会有革命的运动”③。社会主义核心价值体系作为一套科学的理论体系，它不是从观念原则出发进行逻辑推演的结果，而是自觉回应当代中国大众建设中国特色社会主义实践需要的产物。④ 它来自大众实践又指向大众实践，具有明确的实践指向性。它基于对人类社会发展规律的真理性认识，始终着眼于在实践中建立人与现实世界的价值联系。中国人民大众，作为中国社会的实践主体和中国特色社会主义的建设主体，只有真正掌握社会主义核心价值体系，坚持不懈地用马克思主义尤其是当代中国马克思主义武装头脑，用以爱国主义为核心的民族精神和以改革创新为核心的时代精神鼓舞斗志，用社会主义荣辱观引领风尚，巩固团结奋斗的共同思想基础，并将其转化为投身建设实践的精神支柱和内在动力，才能顺利实现中国特色社会主义的共同理想和中华民族的伟大复兴。

“化大众”与“大众化”是同一过程的两个方面。社会主义核心价值体系掌握大众的过程，同时也是大众掌握社会主义核心价值体系的过程；同样地，大众掌握社会主义核心价值体系的过程，同时也是社会主义核心价值体系掌握大众的过程，两者并非各自独立，而是统一于社会主义核心价值体系大众化过程之中的，是一个过程的两个方面。

---

① 《马克思恩格斯全集》第 2 卷，人民出版社 1957 年版，第 104 页。

② 《毛泽东选集》第 3 卷，人民出版社 1991 年版，第 1031 页。

③ 《列宁专题文集　论无产阶级政党》，人民出版社 2009 年版，第 70 页。

④ 参见周玉：《论社会主义核心价值体系的大众化》，载《科学社会主义》2010 年第 3 期。

4.就社会主义核心价值体系大众化量的规定性而言，社会主义核心价值体系大众化就是社会主义核心价值体系在大众中的“普及化”以及大众对社会主义核心价值体系由外而内的“内化”和由内至外的“外化”①

社会主义核心价值体系大众化，从量的规定性上讲，也包含两个维度的基本含义：

一是从“众”的范围和广度而言，它是指社会主义核心价值体系掌握的群众数量由“小众”变为“大众”，社会主义核心价值体系由被小范围的少数人掌握到被大范围的更多的人民大众所掌握，因而从这个意义上说，它就是社会主义核心价值体系的“普及化”。社会主义核心价值体系的普及化是相对于社会主义核心价值体系的“小众化”、“精英化”、“学院化”而言的。我们党自十六届六中全会首次提出建设社会主义核心价值体系以来，虽然至今已有好几年的时间，但不可否认的是，目前的社会主义核心价值体系建设还主要限于高等院校、科研院所和党政机关等少数单位和特定群体，尚处于“学院化”、“精英化”、“小众化”阶段。如果社会主义核心价值体系仅仅囿于当前的马克思主义理论工作者、思想政治理论课教师和党政干部这样的“小众”范围，它就会失去最坚实的民众基础和主体力量，其价值实现的范围就会受到限制和影响。社会主义核心价值体系要实现其价值，必须通过广泛的宣传教育，使之走出大学课堂、走出专家学者的书斋，扩大其掌握群众的范围和广度，由被当前的“小众”掌握扩大到为工厂车间、田间地头、城市社区等各行各业的“大众”所掌握，成为他们的精神食粮和价值实践。“众”是大众化的核心要义，人多即为众。如果只有少数人掌握社会主义核心价值体系，无论如何也称不上“大众化”，而只能是“小众化”。

二是从“化”的程度和深度而言，它是大众对社会主义核心价值体

① 参见周玉：《论社会主义核心价值体系大众化的科学内涵及其实现路径》，载《重庆大学学报（社会科学版）》2011年第2期。

系由感性认知到理性认知、由认知理解到情感认同、由内化于心到外化于行的逐步深化，因而是由外至内的“内化”和由内而外的“外化”。如果大众对社会主义核心价值体系只停留于认知层面，那也无论如何谈不上“化”，而只能是“知”。因此，这里的“化”是“知”与“行”的辩证统一。

5. 概括而言，社会主义核心价值体系大众化，即是通过对社会主义核心价值体系的“通俗化”、“具象化”、“普及化”、“生活化”达到社会主义核心价值体系“化大众”和“大众化”社会主义核心价值体系的目的，使社会主义核心价值体系的科学内容和价值观念为大众认知理解、认同内化和实践外化

“认知理解”、“认同内化”和“实践外化”是社会主义核心价值体系大众化相互关联的三个基本环节。其中，认知理解是前提，认同内化是关键，实践外化是目的。

认知理解是前提。所谓认知，根据普通心理学的观点，它是指“人们获得知识或应用知识的过程，或信息加工（information processing）的过程，这是人的最基本的心理过程”①。它包括感觉、知觉、记忆、想象和思维过程。在价值哲学的层面上，价值认知是指通过认知的方法获得价值认识的过程。一定的价值观或价值体系，要能为人们认同和遵循，它必须要为人们认知。社会主义核心价值体系作为一种外在的价值规范和行为准则，要得到广大群众的普遍认同和广泛践行，首先必须要为广大群众所认知、理解。没有对社会主义核心价值体系的正确认知，广大群众就不可能对其作出相应的评价，也就不会在心理上产生认同的情感体验，更谈不上自觉践行。因此，推进社会主义核心价值体系大众化，首先要解决大众对社会主义核心价值体系的认知理解问题。社会主义核心价值体系要为大众认知理解，它必须是易于理解、通俗易懂的，也必须是形象生动、为人们喜闻乐见的，同时必须

① 李斌雄、张小秋：《大学生对社会主义核心价值体系的认同研究》，载《思想政治教育研究》2007年第4期。

要在广大人民群众中进行广泛的宣传普及。为此，要以社会主义核心价值体系的通俗化、具象化、普及化推进社会主义核心价值体系为大众认知理解。

认同内化是关键。尽管认知是行为的先导，但认知并不意味着相应行为的实现。“一个人的道德知识不论有多么渊博，若无切身体验或情感的介入，就不会有任何行动”[①]。情感是人的行为的驱动力。一种理论从人们的知转化为行，其间要经历情感的认同和心理的内化。所谓情感，是指一个人在对客观事物的认识过程中所产生的对该事物满意与不满意、喜爱与厌恶、肯定与否定等一系列的态度与体验。情感既基于认知，是在认知基础上产生的，同时其一经形成，又会成为调节和控制认知活动的一种重要的内在因素，对认知产生巨大的影响。所谓情感认同，是指个体在对客观事物认知了解的基础上从情感上对其产生的满意、喜爱以及肯定的态度。情感认同一经形成，就会对价值认知有巨大的强化作用，能够使价值认知得到巩固。因此，在一定意义上，一种价值体系一旦获得社会大众的情感认同，就意味着人们对其内化的完成，意味着该价值体系已经深入人心。而一种价值体系要获得社会大众的普遍的情感认同，它需要具备以下属性：第一，其价值信息是能够被理解的。“不被理解的信息是谈不到被认同的”[②]。第二，信息的内容是真实可靠、有说服力的。传播者传递的信息是否真实可靠、是否具有说服力，这是受传者最为重视的。真实可靠、具有说服力的信息对认识主体才有真正的价值。受传者只有确认了信息的真实可靠性后才会对之产生认同。受传者判断信息是否真实可靠，主要是凭借自己已有的知识素养、经验积累和认识能力得出结论。第三，信息在其所反映的现实中能够得到充分印证。受传者通过把信息与其反映的现实相对照，如果发现现实与信息相一致，或者趋向一致，这种信息就会得到认同。反之，如果现实与信息的价值指向是相背离的，现实是对信息的反讽，这种信息

① 袁振国：《当代教育学》，教育科学出版社2005年版，第221页。

② 尹岩：《试论社会主义核心价值体系转化为社会共识的一般机制》，载《上海大学学报》（社会科学版）2008年第6期。

就会遭人反感、抵触。因为“说了什么和做了什么相比较，后者更有解释的力量”[①]。第四，信息能够使受传者得到实际的利益，能够满足受传者的需要。也就是说，信息能够反映受传者的需要和利益时才有被认同的可能。因此，一种价值体系，即使广为人知，但如果本身缺乏科学性，没有足够的说服力，或者尽管其理论体系非常完备，但其提倡者、宣传者不以身作则，言行背离，或者这种价值体系的价值承诺在现实生活中得不到充分的体现和印证，不能为人们带来切身的利益，它就不可能得到人们的心理认同，更不可能为人们自觉践行。社会主义核心价值体系要为社会大众认同内化，不仅要以大众对其认知理解为基础，而且其理论自身必须是科学的、有说服力的，并且理论要为党和政府身体力行，要能为大众的世俗生活带来实实在在的利益，实现科学理论向社会现实的有效转化。唯有如此，人们才会真信社会主义核心价值体系，才会将其内化为自己的价值追求和行为准则，才会以之为原则和标准去理解、评价周围环境中的人和事。

实践外化是目的。所谓实践外化，就是在人的自觉支配下，将内化的价值观念转化为具体的实际行动。尽管社会主义核心价值体系需要为广大的社会成员认同内化才能发挥作用，但是它成为人们的内心法则并不是最终归宿。社会主义核心价值体系只有进一步指导或促使人们反求于外，把内化的观念外化为实际的行动，才能真正落到实处，最终实现它的价值。辩证唯物主义认识论认为，人的认识活动要经历两次能动性的飞跃：第一次是在实践基础上的由感性认识上升到理论认识的飞跃；第二次是由理性认识回到实践的飞跃。内化是大众认识活动的第一次能动性飞跃，即是大众对社会主义核心价值体系由感性认识上升到理性认识、将其认同接受并转化为自身价值观念和“精神武器”的过程；外化是大众认识活动的第二次能动性飞跃，即是大众把内化的价值观念和“精神武器”，转化成自己改造世界的自觉行动和价值实践的过程。内化

① 尹岩：《试论社会主义核心价值体系转化为社会共识的一般机制》，载《上海大学学报》（社会科学版）2008年第6期。

与外化是辩证统一的。内化是外化的基础，没有内化，也就没有外化，价值观念的模糊，必然导致实际行动的盲目和行动方向的偏离；外化是内化的归宿，没有外化，内化也就失去了存在的实际意义，再好的价值观念，如果把它束之高阁，不付诸实践，不身体力行，就不可能发挥其改造世界的作用。大众“化”社会主义核心价值体系的这一内一外的转化过程，既是大众把社会主义核心价值体系转化为自己“精神武器”的过程，同时也是社会主义核心价值体系“化”大众、把大众转化为自己“物质武器”并把自己转化成“物质力量”的过程。因此，社会主义核心价值体系大众化，从根本上说，就是让大众掌握社会主义核心价值体系，让大众将社会主义核心价值体系由一种外在的价值规范，通过认知理解、认同内化为自身的价值观念，再实践外化为自己改造世界的自觉行动和价值实践的过程。

认知理解、认同内化和实践外化，作为社会主义核心价值体系大众化相互关联的三个基本环节，它们之间的划分只是相对而言的，并不是绝对分离和彼此孤立的。事实上，这三个环节是相互渗透、你中有我、我中有你的，共同构成社会主义核心价值体系大众化的螺旋式上升过程。在通过“通俗化”、“具象化”、“普及化”等途径推进社会主义核心价值体系为大众认知理解的过程中，大众同时也在进行认知评价和心理选择，也在将社会主义核心价值体系认同内化；同样，大众对社会主义核心价值体系的认同内化过程，其实也是大众对社会主义核心价值体系认识深化的过程；而实践外化既是对认知理解和认同内化的外显和确证，同时又进一步深化了对社会主义核心价值体系的认知理解，进一步巩固了对社会主义核心价值体系的认同内化。

此外，还需要说明的是，社会主义核心价值体系大众化，它既是一种目的，也是一种过程，是目的论和过程论相统一的概念。目的论强调的是大众化的结果，即是使社会主义核心价值体系掌握大众，为大众“内化”和“外化”。大众将社会主义核心价值体系内化于心并外化于行，既表明大众掌握了理论，也标志着理论掌握了大众，因而也就实现了社会主义核心价值体系的大众化，达到了大众化的目的。过程论强调的是大众化是一个由少到多、由浅入深、不断推进的过程。由少到多，是就理论掌握群众在范围和广度上的逐步扩大而言的，表明社会主义核心价值体系大众化是一个由最初的少数人的“小众”掌握到不断多的更广范围的“大众”掌握的过程，是社会主义核心价值体系掌握的对象由“小众”逐步扩大到“大众”的过程。所谓由浅入深，则是就理论掌握大众、大众掌握理论的深度而言的，表明大众对社会主义核心价值体系的掌握是一个由不甚掌握到逐步掌握以至内化于心外化于行、螺旋上升的过程。毛泽东曾说：“化者，彻头彻尾彻里彻外之谓也。”① 社会主义核心价值体系大众化这一由少到多、由浅入深的过程，正是“彻头彻尾彻里彻外”的过程。

① 《毛泽东选集》第3卷，人民出版社1991年版，第841页。

第二章　社会主义核心价值体系大众化的战略意义

社会主义核心价值体系的大众化问题，是一个事关我国发展方向和发展道路的全局性、长远性和根本性的战略问题。推进社会主义核心价值体系大众化，使社会主义核心价值体系为广大群众内化于心、外践于行，具有重大的战略意义。所谓“战略”（strategy），最早是军事方面的概念，最初指的是“军事将领”，后来逐步演变为军事将领指挥军队作战的谋略。在现代，“战略”概念已不再局限于军事领域，而被广泛引申至政治、经济等其他领域，泛指统领性的、全局性的、左右胜败的谋略、方案和对策。根据《现代汉语词典》的解释，战略包含如下两层含义：其一，它是指指导战争全局的计划和策略；其二，它比喻决定全局的策略。[①]《辞海》对战略的解释则更偏向非军事化，认为战略泛指对全局性、高层次的重大问题的筹划与指导。[②] 此处的战略是从泛指的意义而言的。社会主义核心价值体系作为国家的主导意识形态，作为我国的“兴国之魂”，“是社会主义先进文化的精髓，决定着中国特色社会主义发展方向”[③]。推进社会主义核心价值体系的大众化不仅是建设社会主义核心价值体系的本质要求、推动当代中国马克思主义大众化的题中

---

① 参见中国社科院语言研究所：《现代汉语词典（修订本）》，商务印书馆1996年版，第1583页。

② 参见《辞海》，上海辞书出版社1999年版，第3832页。

③ 《中共中央关于深化文化体制改革　推动社会主义文化大发展大繁荣若干重大问题的决定》（2011年10月18日中国共产党第十七届中央委员会第六次全体会议通过），http://www.gov.cn/jrzg/2011-10/25/content_1978202.htm。

要义，而且更是构建社会主义和谐社会、维护我国社会主义意识形态安全的战略需要，它事关我国社会的和谐稳定与国家的长治久安，具有重大的战略意义。

一、建设社会主义核心价值体系的本质要求①

建设社会主义核心价值体系，不仅仅限于对这一理论体系的合理建构，从其根本价值指向而言，是为了实践转化，使来自于实践的理论又回到实践，转化为改造世界的物质力量。建设社会主义核心价值体系，这一重大命题包含着理论建设和实践转化两个维度的基本内涵。无论是对理论体系的发展完善，抑或是向实践行为的有效转化，都内在地蕴涵着对社会主义核心价值体系理论大众化的价值诉求。这是由科学理论的实践性所决定的。

（一）社会主义核心价值体系理论创新的本质要求

辩证唯物主义认识论认为，任何科学的理论，都不是先验的，都是从实践产生，为实践服务，随实践发展，并受实践检验的。诚如毛泽东所说，“真正的理论在世界上只有一种，就是从客观实际抽出来又在客观实际中得到了证明的理论，没有任何别的东西可以称得起我们所讲的理论”②。实践是理论的基础，理论既源于实践的需要，也是对实践的经验总结和概括提升。社会主义核心价值体系，作为一套科学的理论体系，它不是从观念原则出发进行逻辑推演的结果，而是自觉回应当代中国大众建设中国特色社会主义实践需要的产物；其基本内容，无论是马克思主义指导思想、中国特色社会主义共同理想，还是以爱国主义为核心的民族精神和以改革创新为核心的时代精神、社会主义荣辱观，也都是对中国人民大众长期实践经验的概括提炼。没有中国大众实践需要

① 周玉：《论社会主义核心价值体系的大众化》，载《科学社会主义》2010 年第 3 期。

② 《毛泽东选集》第 3 卷，人民出版社 1991 年版，第 817 页。

的推动和实践经验的积累，社会主义核心价值体系就成了无源之水和无本之木。

实践既是理论逻辑生成的始点，也是理论不断创新的源泉。大凡理论上的重大创新，都源于实践发展的推动。没有实践需要的逼迫，就不会有理论上的重大发展。正如恩格斯所说："社会一旦有技术上的需要，这种需要就会比十所大学更能把科学推向前进。"①理论的生命力就在于与实践相结合，不断从实践中汲取新的养分，实现理论创新，获得新的发展。人民大众是实践的主体。理论与实践结合就是与大众的结合，就是使理论掌握大众，使大众成为理论改造世界的物质武器；就是使大众掌握理论，使理论内化为大众的知识素质和价值观念，成为大众改造世界的精神武器；就是关注大众的现实境遇，解决大众的实际问题，总结大众的实践经验，从大众实践中汲取理论创新的源头活水。简而言之，理论与大众相结合，就是理论的大众化，它是理论创新的内在要求。社会主义核心价值体系产生于中国特色社会主义的实践需要，中国特色社会主义实践既是其理论生成的源泉，也是其理论创新的动力。而中国特色社会主义的实践主体就是当代中国大众。社会主义核心价值体系如果离开了当代中国大众的社会实践，离开了理论的大众化，与大众实践相分离，它就会失去最坚实的群众基础和主体力量，其理论必然会停滞不前，僵化而死，最终为大众所抛弃。所以，推进社会主义核心价值体系的大众化，使其理论与大众相结合，为大众所掌握、运用，是社会主义核心价值体系理论创新的不竭源泉，是社会主义核心价值体系的生命之基。

（二）社会主义核心价值体系实践转化的根本途径

理论建设的目的不在理论本身。正如马克思指出的，"哲学家们只是用不同的方式解释世界，而问题在于改变世界"②。理论的使命在

---

① 《马克思恩格斯选集》第4卷，人民出版社1995年版，第732页。

② 《马克思恩格斯选集》第1卷，人民出版社1995年版，第57页。

于指导实践、改造世界。“马克思主义看重理论，正是，也仅仅是，因为它能够指导行动。”[①]但是理论本身并不能实现什么，为了实现理论，“就要有使用实践力量的人”[②]，因为“批判的武器当然不能代替武器的批判，物质力量只能用物质力量来摧毁”[③]。要实现理论就必须诉诸人，诉诸人民群众的实践。“理论一经掌握群众，也会变成物质力量。”[④]理论实现的程度，取决于它实际掌握群众的深度和广度。理论只有尽可能地掌握最广大的人民群众，并为之深刻理解和把握，才能变成改造世界的物质力量，最终完成自己的使命，实现自己的价值。也就是说，理论只有与大众相结合、实现自身的大众化，内化为大众的能力素质和价值观念，外化为大众的自觉行动和现实行为，才能达到自己的目的。社会主义核心价值体系来自当代中国大众建设中国特色社会主义的实践需要，也只有回到大众的实践中，与大众相结合，实现大众化，其服务大众、服务中国特色社会主义实践的价值才能最终实现。离开了大众化，社会主义核心价值体系的价值实现必然是一句空话，社会主义核心价值体系的建设也就没有丝毫的意义。

理论的价值在于指导实践、改造世界。改造世界不仅包括改造客观世界，也包括改造主观世界。改造主观世界就是提高人的知识能力、思想道德、价值观念等方面的综合素质，促进人的全面发展。社会主义核心价值体系，作为中国特色社会主义在价值层面上的本质规定，必然体现中国特色社会主义的价值目标：以人为本，促进人的全面发展。“促进人的全面发展是社会主义的本质要求，也是核心价值体系建设的重要任务。”[⑤]人的全面发展，既是崇高的价值理想，也是

---

① 《毛泽东选集》第1卷，人民出版社1991年版，第292页。

② 《马克思恩格斯全集》第2卷，人民出版社1957年版，第152页。

③ 《马克思恩格斯选集》第1卷，人民出版社1995年版，第9页。

④ 《马克思恩格斯选集》第1卷，人民出版社1995年版，第9页。

⑤ 刘云山：《深入推进社会主义核心价值体系建设　巩固全党全国人民团结奋斗的共同思想基础》，载《党建》2008年第5期。

现实的社会运动。建设社会主义核心价值体系，是促进人的全面发展的一个阶段，是人的全面发展实现过程在当下中国的现实展开。这里的“人”，不是抽象的人，而是“处在现实的、可以通过经验观察到的、在一定条件下进行的发展过程中的人”①，具体而言，是生活在当今中国的全体社会成员。因此，推进社会主义核心价值体系的大众化，使之内化为大众的思想素质和价值观念，是提高人的综合素质、促进人的全面发展的价值诉求，是社会主义核心价值体系理论的终极价值关怀。

总之，建设社会主义核心价值体系，根本目的是通过理论建设实现向大众实践行为的转化，使之所蕴涵的价值观念为大众内化于心、外化于行，从而促进中国特色社会主义事业和人的全面发展。社会主义核心价值体系这一价值目标的实现，对其自身理论的大众化有着内在的价值诉求。因此，推进社会主义核心价值体系的大众化，既是社会主义核心价值体系理论创新的本质要求，更是从实践层面推动其价值实现的内在需要。

二、推动当代中国马克思主义大众化的题中要义

推动当代中国马克思主义大众化，是党的十七大提出的战略任务。党的十七大明确提出：“开展中国特色社会主义理论体系宣传普及活动，推动当代中国马克思主义大众化。”②社会主义核心价值体系是马克思主义在当代中国的理论创新，是当代中国马克思主义的重要组成部分。推动当代中国马克思主义大众化，必然包含着推进社会主义核心价值体系大众化的内在要求。推进社会主义核心价值体系大众化，是推进当代中国马克思主义大众化在价值观念层面的具体化，是推进当代中国马克思主义大众化的题中应有之义。

① 《马克思恩格斯选集》第1卷，人民出版社1995年版，第73页。

② 胡锦涛：《高举中国特色社会主义伟大旗帜　为夺取全面建设小康社会新胜利而奋斗——在中国共产党第十七次全国代表大会上的报告》，人民出版社2007年版，第34页。

（一）社会主义核心价值体系是马克思主义在当代中国的理论创新

社会主义核心价值体系是马克思主义中国化的重要理论成果，是马克思主义在当代中国的理论创新。所谓马克思主义的理论创新，是指在坚持马克思主义基本原理的基础上，对马克思主义现有理论的突破、超越、丰富和发展。因此，不是任何新出现的理论、观点都具有马克思主义理论创新的性质和意义。马克思主义理论创新有着特定的内涵。“只有既坚持了马克思主义基本原理，又科学地回答了实践所提出的重大问题，并指导实践进一步发展，这才是马克思主义的理论创新。”① 社会主义核心价值体系既坚持了马克思主义唯物史观的基本原理，是对马克思主义唯物史观的运用和发展，也是我们党对当代中国重大理论和现实问题的科学回答，是我们党以唯物史观回应社会现实、总结历史经验的理论创新成果。

首先，社会主义核心价值体系是以马克思主义唯物史观为指导对当代中国社会现实的理性回应。唯物史观认为，社会存在决定社会意识，社会意识是对社会存在的反映。社会存在发生变化，或迟或早地会引起社会意识的相应变化。同时，社会意识对社会存在具有能动的反作用，先进的理论一旦被广大的人民群众掌握，就会变成改造世界的强大物质力量。唯物史观的这一重大原理，从世界观和方法论的高度强调社会实践主体要随着社会存在的变化而根据新的实践要求不断进行理论创新，从而为唯物辩证地解决社会存在和社会意识的关系问题奠定科学的理论基础。改革开放以来，国际形势发生了深刻变化，国内社会也发生了重大变迁，中国特色社会主义的事业发展客观要求有新的思想观念体系与变化了的客观形势相适应。唯物史观使中国共产党实现了高度的理论自觉。社会主义核心价值体系正是中国共产党以唯物史观为理论基础，以当今形势为现实依据，准确把握当今世界的时代脉搏、理性审视当代中国社会的重大变迁而提出的适应中国特色社会主义实践需要的理论成果。

① 杨海英：《正确理解马克思主义理论创新》，载《思想理论教育导刊》2003 年第 6 期。

其次，社会主义核心价值体系是以马克思主义唯物史观为指导对中国近代以来实践经验的概括提炼。唯物史观认为，“全部社会生活在本质上是实践的”[①]，实践是社会意识的发源地，科学的理论认识总是来自于对实践经验的总结凝练。中国共产党坚持社会生活的实践性原理，以深远的历史眼光和宽广的世界眼光，科学总结了中国近来以来尤其是中国共产党成立以来的历史经验以及国际共产主义运动的深刻教训，得出了如下结论：一是必须始终坚持马克思主义在中国的指导地位，把马克思主义基本原理与中国的具体实际相结合，坚定不移地走中国特色的社会主义发展道路；二是必须坚定中国特色社会主义的共同理想，始终坚信只有社会主义才能救中国、只有中国特色社会主义才能发展中国的信念，中国特色社会主义是实现国家富强、人民幸福、民族复兴的必由之路；三是建设中国特色社会主义必须弘扬以爱国主义为核心的民族精神和以改革创新为核心的时代精神，使全体人民始终保持昂扬向上的精神状况，充分迸发出全民族的创新精神和创造活力；四是必须使全体社会成员分清是非荣辱，明辨善恶美丑，树立正确的荣辱观念。社会主义核心价值体系不仅把近代中国最根本、最核心的历史经验明确地提炼了出来，而且在马克思主义发展史上还首次将其整合为具有严密逻辑的有机整体，构成一个完整的理论体系。因此，社会主义核心价值体系不仅是对社会现实的理性回应，也是对历史经验的概括总结，是中国共产党自觉以唯物史观为指导对实践经验的理论提升。

再次，社会主义核心价值体系坚持了唯物史观的根本价值取向，是马克思主义价值思想中国化的当代形态。社会主义核心价值体系作为一个统一的有机整体，融于其中的核心是“以人为本”，实现人的自由而全面发展。而这正是马克思主义唯物史观最核心、最根本的价值思想。“实现人的自由、解放和全面发展”既是马克思主义整个理论体系研究的逻辑起点，也是马克思主义整个理论体系的终极价值追求。马克思、恩格斯一生的主要经典著作都是在围绕着这个问题而展开研究的。早在

① 《马克思恩格斯选集》第1卷，人民出版社1995年版，第56页。

1843 年的《〈黑格尔法哲学批判〉导言》一文中，马克思就批判了宗教对人的本质的歪曲，并在阐明市民社会和国家关系的基础上，提出了人类的解放问题。他指出："对德国来说，彻底的革命、普遍的人的解放，不是乌托邦式的梦想，相反，局部的纯政治的革命，毫不触犯大厦支柱的革命，才是乌托邦式的梦想。局部的纯政治的革命的基础是什么呢？就是市民社会的一部分解放自己，取得普遍统治，就是一定的阶级从自己的特殊地位出发，从事社会的普遍解放。"① 在《1844 年经济学哲学手稿》中，马克思进一步从异化劳动和人的异化角度阐述了人的解放问题。在 1845 年至 1848 年间的《德意志意识形态》、《共产主义原理》、《共产党宣言》等著作中，马克思、恩格斯都阐述到了人的自由解放问题。在 19 世纪 50 年代以后的著作中，马克思、恩格斯更是集中论述了人的全面发展问题。社会主义核心价值体系就是在继承马克思主义对人的终极关怀的价值思想基础上，历经中国革命、建设和改革最终凝练而成。在社会主义核心价值体系的内容体系中，马克思主义是实现人的自由、解放和全面发展的指导思想，中国特色社会主义共同理想是当代中国实现人的自由、解放和全面发展的阶段性目标，以爱国主义为核心的民族精神和以改革创新为核心的时代精神是实现这一目标的强大精神动力，社会主义荣辱观是实现人的自由而全面发展在当代中国的具体要求和道德基础。这四个方面构成一个逻辑缜密的统一整体，成为马克思主义价值思想中国化的当代形态。

最后，社会主义核心价值体系是对马克思主义唯物史观意识形态理论的继承和发展，丰富了马克思主义意识形态的理论宝库。意识形态理论是马克思主义唯物史观极其重要的组成部分，马克思主义经典作家将其用以解释思想观念、社会意识的产生根源、运行机制及其社会功能，揭示出任何一个阶级社会都会自觉或不自觉地借助于一定的思想观念、意识形态来维护其制度的生存发展。在中国革命、建设和改革的长期历史过程中，中国共产党一贯重视用正确的意识形态来凝

---

① 《马克思恩格斯文集》第 1 卷，人民出版社 2009 年版，第 14 页。

聚人心，使马克思主义成为广大人民群众自觉投身历史运动的思想武器。正如美国学者舒曼所言："共产党中国犹如一栋由不同的砖石砌成的大楼，她被糅合在一起，站立着，而把她糅合在一起的就是意识形态和组织。"① 社会主义核心价值体系作为社会主义意识形态的本质体现，它就是把当代中国这栋大楼"不同的砖石"砌在一起的糅合剂。这个价值体系不仅强调马克思主义的指导地位，而且强调中国特色社会主义的共同理想及其社会行为准则，这既坚持了马克思主义唯物史观对价值观问题的指导地位，也从不同侧面反映了中国特色社会主义制度的具体要求，从而在社会主义发展史上第一次构建了完整地适应中国特色社会主义制度要求的社会主义意识形态理论体系，进一步丰富了马克思主义的意识形态理论宝库。

总之，社会主义核心价值体系是中国共产党以马克思主义唯物史观为指导，基于中国革命、建设和改革的伟大实践而提出的一个崭新概念。在马克思主义发展史上，它第一次将马克思主义指导思想、中国特色社会主义共同理想、以爱国主义为核心的民族精神和以改革创新为核心的时代精神、社会主义荣辱观进行有机的整合，构成其完整的理论体系。这一科学体系既坚持了马克思主义的基本原理，又是对其在当代中国的运用和发展，是马克思主义在当代中国的理论创新。

（二）社会主义核心价值体系是当代中国马克思主义的重要内容

作为马克思主义在当代中国的理论创新成果，社会主义核心价值体系必然是当代中国马克思主义的重要组成部分，是对当代中国马克思主义的丰富和发展。所谓当代中国马克思主义，就是中国特色社会主义理论体系。中国特色社会主义理论体系，在本质上是关于"什么是社会主义，怎样建设和发展社会主义"的理论体系。"什么是社会主义，怎样建设和发展社会主义"，这是中国特色社会主义理论体系的核心问题，

① 转引自黄力之：《意识形态理论视野中的核心价值体系》，载《文汇报》2007年11月19日。

是中国特色社会主义理论体系的理论主题。社会主义核心价值体系从价值观念和价值目标的层面回答了“什么是社会主义，怎样建设和发展社会主义”这一中国特色社会主义理论体系的核心问题，从而构成中国特色社会主义理论体系的重要内容。

1. 中国特色社会主义理论体系的理论主题是“什么是社会主义，怎样建设和发展社会主义”

“什么是社会主义，怎样建设和发展社会主义”，这是中国特色社会主义理论体系的理论主题。党的十七大报告指出：“中国特色社会主义理论体系，就是包括邓小平理论、‘三个代表’重要思想以及科学发展观等重大战略思想在内的科学理论体系。”① 邓小平理论、“三个代表”重要思想、科学发展观等重大战略思想，这几个重大理论成果之所以共同归属于中国特色社会主义理论体系，一个重要的原因就在于它们在理论主题上是一以贯之、一脉相承的，它们都是在回答“什么是社会主义，怎样建设和发展社会主义”这一问题的过程中产生和发展的。在中国特色社会主义理论体系中，邓小平理论是关于这一理论主题的奠基之作，“三个代表”重要思想和科学发展观等重大战略思想则是在邓小平理论的基础上对这一理论主题认识的深化和展开。

在人类历史上，社会主义虽然经历了至少几个世纪的理论发展和实际运动，形成了各种形式的社会主义流派和不同的社会主义传统，但是，对于“什么是社会主义，怎样建设和发展社会主义”这个问题，人们并没有完全搞清楚，它成了一个历史和现实的理论难题。我国的社会主义实践在改革开放前所经历的挫折和失误，归根到底就在于对这个问题没有完全搞清楚；改革开放以后，我们在前进中遇到的一些犹豫和困惑，归根到底，仍然在于对这个问题没有完全搞清楚。为此，邓小平站在历史的高度，以政治家的敏锐和智慧多次强调要搞清楚这个问题。他说：“什么是社会主义，如何建设社会主义”，“我们的经验

---

① 胡锦涛：《高举中国特色社会主义伟大旗帜　为夺取全面建设小康社会新胜利而奋斗——在中国共产党第十七次全国代表大会上的报告》，人民出版社 2007 年版，第 11 页。

教训有许多条，最重要的一条，就是要搞清楚这个问题”[①]；“社会主义究竟是个什么样子，苏联搞了很多年，也并没有完全搞清楚”[②]；总结过去的历史，“最根本的一条经验教训，就是要弄清什么叫社会主义和共产主义，怎样搞社会主义”[③]。在对这个问题的反复追问和不断思考的过程中，邓小平领导全党根据马克思主义的基本原理，全面总结我国社会主义建设的实践经验和改革开放以来的新鲜经验，通过对“贫穷不是社会主义，发展太慢也不是社会主义”、“平均主义不是社会主义，两极分化也不是社会主义”等什么不是社会主义的一系列否定式的判断，揭示出社会主义的本质，即“社会主义的本质，是解放生产力，发展生产力，消灭剥削，消除两极分化，最终达到共同富裕”[④]。这一理论概括破除了社会主义实践长期面临的理论难题，把我们党对“什么是社会主义，怎样建设和发展社会主义”的认识提高到了新的科学水平。

邓小平关于社会主义本质的科学论断及其一系列重要思想，为我们真正搞清楚什么是社会主义、在实践中怎样建设和发展社会主义，奠定了科学的思想基础，确立了一些基本观点，并指出了思考问题的正确方向。“三个代表”重要思想、科学发展观等重大战略思想都是在邓小平理论的基础上，在对“什么是社会主义，怎样建设和发展社会主义”进一步深入思考的基础上产生、形成和发展起来的，都是对这一理论主题认识的深化和展开。尽管“三个代表”重要思想和科学发展观等重大战略思想思考问题的侧重点有所不同，但都是对理论主题某些重点的具体展开，其各自创造性回答的重大问题，即“建设什么样的党，怎样建设党”、“实现什么样的发展，怎样发展”，说到底都是对“什么是社会主义，怎样建设和发展社会主义”这一理论主题的进一步回答，都是对这个理论主题的具体展开和深化，都是这个理论主题之下或者之中的问

① 《邓小平文选》第 3 卷，人民出版社 1993 年版，第 116 页。
② 《邓小平文选》第 3 卷，人民出版社 1993 年版，第 139 页。
③ 《邓小平文选》第 3 卷，人民出版社 1993 年版，第 223 页。
④ 《邓小平文选》第 3 卷，人民出版社 1993 年版，第 373 页。

题，都从属于这个理论主题，因而它们都从属于同一个理论体系即中国特色社会主义理论体系。①

2. 社会主义核心价值体系是对中国特色社会主义理论体系理论主题的深入回答，因而是当代中国马克思主义的重要内容

作为马克思主义在当代中国的理论创新成果，社会主义核心价值体系彰显了“社会主义本质的价值维度”②，将我们党对社会主义本质及其规律的认识提升到了新的高度。该价值体系同样是对“什么是社会主义，怎样建设和发展社会主义”这一中国特色社会主义理论体系理论主题的深入回答，因而必然从属于中国特色社会主义理论体系，是当代中国马克思主义的重要组成部分。

在社会主义思想史上，一直存在着对“社会主义”的两种不同理解。一种是把社会主义实证化、制度化的“科学的”社会主义，它完全忽视、否认社会主义的价值因素：“当道德理想认为自身是为科学指明目标时，它就会成为科学中谬误的根源。”③一种是强调社会主义不是别的什么，仅仅是一种价值，从而把社会主义伦理化、价值化的伦理的社会主义，如若斯潘在1999年9月接受《社会主义评论》的采访时说道：“本世纪的（20世纪）一个教训是，已不再能把社会民主主义界定为一种制度，我认为，现在按照制度的概念——资本主义制度、计划经济制度——来行动已不是绝对必要的了。我们自己也没有必要来界定一种制度。我不知道作为制度的社会主义将会是什么样子的，但我知道作为价值总和、作为社会运动、作为政治实践的社会主义可能是什么样子的。”④这两种社会主义观都割裂了社会主义价值

① 参见陈占安：《论中国特色社会主义理论体系的内在统一性》，载《思想理论教育》2008年第15期。

② 吴向东：《社会主义核心价值体系：社会主义本质的彰显》，载《教学与研究》2009年第7期。

③ [加]本·阿格尔：《西方马克思主义概论》，慎之译，中国人民大学出版社1991年版，第140页。

④ 转引自殷叙彝：《法国社会党对社会民主主义理论革新的贡献》，载《当代世界与社会主义》2002年第3期。

与制度之间的内在关系，对“什么是社会主义”作了片面的理解。社会主义是历史与价值、价值与制度的辩证统一。“科学的”社会主义排除社会主义的价值含义，将社会主义实证化、制度化，否定社会主义本质的价值维度，无异于消解社会主义。而伦理的社会主义将社会主义伦理化、价值化，夸张性地将社会主义从制度范式理解为价值范式，则不仅割裂了社会主义价值与制度的辩证关系，而且也割裂了社会主义价值与历史的辩证关系，是以否定人类社会发展的历史规律、社会主义代替资本主义的历史必然性等理论为代价的，因此它只能在纯粹的价值领域中自由地构想，使社会主义价值因失去历史的内涵而被抽象化、浪漫化。① 这种浪漫主义的观点必然会“伴随资产阶级观点一同升入天堂”②。

与前两种社会主义观不同，社会主义核心价值体系则是从历史与价值、制度和价值的辩证关系中把握社会主义。③ 首先，社会主义核心价值体系是从历史与价值的辩证关系中把握社会主义。社会主义核心价值体系尊重历史和价值的辩证法，是以马克思主义的历史辩证法为理论基础的。马克思主义认为，历史是以物质资料的生产为主要形式的现实人的社会实践活动的展开，而人的社会实践活动是对象性活动同目的性要求的辩证统一，包含着应然与实然、理想与现实、自由与必然的内在矛盾。应然、理想和自由是一种价值诉求和价值目标，实然、现实和必然是一种客观存在和客观规律。价值诉求和价值目标既表现为对客观存在的批判性否定和超越，同时又受到它的限制和制约。人的实践活动的这种内在矛盾是人类存在和发展的永恒性矛盾和动力。正是这种矛盾的不断产生和解决，推动着实践活动的不断展开，从而形成历史。因此，历史的发展本身表现为规律性与价值性、现实性与超越性的辩证统一。社

① 参见吴向东：《社会主义核心价值体系：社会主义本质的彰显》，载《教学与研究》2009 年第 7 期。

② 《马克思恩格斯文集》第 8 卷，人民出版社 2009 年版，第 57 页。

③ 参见吴向东：《社会主义核心价值体系：社会主义本质的彰显》，载《教学与研究》2009 年第 7 期。

会主义就是基于历史的基本矛盾运动而展开的一种历史必然，而不只是一种道德需要。社会主义核心价值体系也是基于历史的生成，是内在于历史的，而非抽象的、主观的价值悬设，其价值目标的实现并非依赖所谓“富人的自我舍弃精神”，而是依赖于历史运动本身造成的现实条件，因而具有实现的历史必然性。这样，它就摒弃了将社会主义伦理化、价值化的思维方式。其次，社会主义核心价值体系也是从制度与价值的辩证关系中把握社会主义。社会主义既是一种价值体系、也是一种制度体系。任何社会都是以某种制度体系为其存在形式、以某种价值体系为其基本精神的，而这种精神就蕴涵在制度之中。制度是价值的外在表现，价值则是制度的内在灵魂；价值的实现离不开制度支持，制度的活力也离不开价值支撑。社会主义核心价值体系既突出了社会主义的价值目标，同时也揭示了社会主义制度的内在精神，涵盖着社会主义社会的理想信念、精神风貌和道德规范，是从制度与价值的辩证关系中对社会主义的全面揭示，“标志着我们党对社会主义制度在价值层面的探索达到一个新的高度”，“反映了我们党对中国特色社会主义本质属性的新认识”①。

社会主义核心价值体系作为一种内在于历史的价值体系，它不是一种抽象的空洞概念和主观设置，而是基于对客观现实的批判与超越，有着具体而现实的内容，它以自身的具体性表征了社会主义的具体性。社会主义核心价值体系的具体性具体体现在其现实性、民族性和时代性上。社会主义核心价值体系就中国特色社会主义而言，它具有现实性。社会主义核心价值体系的灵魂，马克思主义指导思想，既包括马克思主义的基本原理，也包括中国化的马克思主义尤其是当代中国的马克思主义，即中国特色社会主义理论体系。中国特色社会主义共同理想，是对当下中国人民根本利益和共同愿望的集中反映，它不仅是社会主义核心价值体系的主题，也是中国特色社会主义

① 刘云山：《深入推进社会主义核心价值体系建设　巩固全党全国人民团结奋斗的共同思想基础》，载《党建》2008 年第 5 期。

理论体系的理论主题。社会主义核心价值体系就是围绕这个主题而展开的，是为坚持中国特色社会主义道路、实现中国特色社会主义共同理想而服务的。同时，社会主义核心价值体系也具有民族性。不仅以爱国主义为核心的民族精神是其精髓，而且整个社会主义核心价值体系也源于中华民族的优秀文化传统，体现着中华民族最深层次的精神追求和行为准则。此外，社会主义核心价值体系还具有时代性。不仅以改革创新为核心的时代精神同样是其精髓，而且整个社会主义核心价值体系也是根植于当下中国特色社会主义实践的，体现着时代发展的潮流。社会主义核心价值体系集现实性、民族性和时代性于一体的具体性，不仅从精神层面规定了社会主义本身的现实性、民族性和时代性，而且从根本上区别于将社会主义抽象化和浪漫化的伦理社会主义。①

总之，社会主义核心价值体系从历史与价值、制度与价值的辩证关系中把握社会主义，既破除了将社会主义实证化的思维方式，彰显了社会主义本质的价值维度，又摒弃了将社会主义伦理化的思维方式，从而将对社会主义本质的认识提升到了新的理论高度。②该价值体系“集社会主义价值理念之大成，把我们党倡导的基本理论、思想观念和价值取向，系统、凝练地整合在一起”③，反映了我们党对中国特色社会主义本质属性的新认识，深刻揭示了中国特色社会主义理论体系的价值目标以及实现该目标的指导思想、精神动力和道德要求，是从特定视角对“什么是社会主义，怎样建设和发展社会主义”这一中国特色社会主义理论体系理论主题的深入回答，因而必然是中国特色社会主义理论体系的核心内容，是当代中国马克思

① 参见吴向东：《社会主义核心价值体系：社会主义本质的彰显》，载《教学与研究》2009 年第 7 期。

② 参见吴向东：《社会主义核心价值体系：社会主义本质的彰显》，载《教学与研究》2009 年第 7 期。

③ 刘云山：《深入推进社会主义核心价值体系建设　巩固全党全国人民团结奋斗的共同思想基础》，载《党建》2008 年第 5 期。

主义的重要组成部分。

（三）推进社会主义核心价值体系大众化是推动当代中国马克思主义大众化的题中要义

如前所述，社会主义核心价值体系是马克思主义在当代中国的理论创新，当代中国马克思主义即是中国特色社会主义理论体系。中国特色社会主义理论体系的理论主题是“什么是社会主义，怎样建设和发展社会主义”。社会主义核心价值体系则从历史与价值、价值与制度的辩证关系中彰显了社会主义本质的价值维度，从一个特定方面深入回答了“什么是社会主义，怎样建设和发展社会主义”这一中国特色社会主义理论体系的理论主题，从而进一步丰富和发展了中国特色社会主义理论体系，构成当代中国马克思主义的重要内容。社会主义核心价值体系既然是当代中国马克思主义的重要内容，十七大提出的“推动当代中国马克思主义大众化”必然内在地包含着推进社会主义核心价值体系大众化的要求。因此，从这个意义上讲，推进社会主义核心价值体系大众化是推动当代中国马克思主义大众化的题中应有之义。推动当代中国马克思主义大众化，必然要求推进社会主义核心价值体系的大众化。

三、构建社会主义和谐社会的现实要求

社会和谐是科学社会主义的价值理想，也是中国特色社会主义的本质属性。促进社会和谐，构建社会主义和谐社会，“是贯穿中国特色社会主义事业全过程的长期历史任务”①。而一个社会是否和谐，一个国家能否长治久安，“很大程度上取决于全体社会成员的思想道德素质”。“没有共同的理想信念，没有良好的道德规范，是无法实现社会和谐的。”②

① 胡锦涛：《高举中国特色社会主义伟大旗帜　为夺取全面建设小康社会新胜利而奋斗——在中国共产党第十七次全国代表大会上的报告》，人民出版社2007年版，第17页。

② 胡锦涛：《在省部级主要领导干部提高构建社会主义和谐社会能力专题研讨班上的讲话》，人民出版社2005年版，第19页。

推进社会主义核心价值体系大众化，是提高全体社会成员思想道德素质、构建社会主义和谐社会的现实要求。

（一）社会和谐是科学社会主义的价值理想[①]

作为一种美好的社会理想，社会和谐是人类自古以来的永恒追求，中外历史上的许多思想家、政治家都曾用各自的语言设计过“和谐社会”的方案。在我国，影响最大者首推以孔子为代表的儒家“大同”社会，即“大道之行也，天下为公。选贤与能，讲信修睦，故人不独亲其亲，不独子其子；使老有所终，壮有所用，幼有所长，鳏寡、孤独、废疾者，皆有所养。男有分，女有归。货，恶其弃于地也，不必藏于己。力，恶其不出于身也，不必为己。是故谋闭而不兴，盗窃乱贼而不作。故外户而不闭，是谓大同。”[②] 其后，孟子又设计出了一个“老吾老以及人之老，幼吾幼以及人之幼”的社会蓝图，并十分精辟地强调人在和谐社会中的作用：“天时不如地利，地利不如人和。”到了近代，农民起义领袖洪秀全构建了一个令广大农民心驰神往的“有田同耕、有饭同食、有衣同穿、有钱同使，无处不均匀、无人不饱暖”[③] 的太平天国；著名思想家康有为也在《大同书》中提出要建立一个“人人相亲，人人平等，天下为公”[④] 的美好社会；伟大的民主革命先行者孙中山更是提出要创立“人能尽其才，地能尽其利，物能尽其用，货能畅其流”[⑤] 的大同世界；等等。在西方，也有类似和谐社会的概念，如柏拉图的“理想国”、莫尔的“乌托邦”、圣西门的“实业制度”、傅立叶的“和谐社会”、欧文的“劳动公社”等。这些理想都表达了世人对和谐社会的向往和追求。

---

① 周玉：《社会和谐：中国特色社会主义的本质属性》，载《西南农业大学学报》（社会科学版）2009 年第 3 期。

② 《礼记・礼运》。

③ 转引自汪洋、黄剑桥：《国史经典》(上卷)，中国经济出版社 1998 年版，第 32—33 页。

④ 转引自王威：《中国传统文化的和谐思想传承》，载《船山学刊》2007 年第 4 期。

⑤ 孙中山：《上李鸿章书》，1894 年 6 月，http://2006.chinataiwan.org/web/webportal/W5271258/A372545_1.html。

但是，在阶级压迫和阶级剥削的旧制度下，它们无法实现。

马克思、恩格斯在批判继承人类思想文化优秀成果的基础上创立的科学社会主义，不仅勾画了未来美好和谐社会的理想蓝图，而且指明了实现社会和谐的正确途径，使追求社会和谐成为其内在的应有之义。

科学社会主义，从根本上说，就是人类最终实现社会和谐与人的自由全面发展的科学理论体系。马克思、恩格斯认为，“自由人联合体”是和谐社会的最高境界。他们指出：“代替那存在着阶级和阶级对立的资产阶级旧社会的，将是这样一个联合体，在那里，每个人的自由发展是一切人的自由发展的条件。”[①]马克思、恩格斯在构想人类和谐社会的最高境界即“自由人联合体”的过程中，提出了人与自然、人与人、人与社会、生产力与生产关系、经济基础与上层建筑和谐统一的思想。

在人与自然的关系上，马克思把人与自然的和谐统一看做是未来社会的重要标志。马克思在《1844年经济学哲学手稿》中指出：未来社会“是人同自然界的完成了的本质的统一，是自然界的真正复活，是人的实现了的自然主义和自然界的实现了的人道主义”[②]。马克思认为，人和自然是对立统一的关系，两者之间存在着物质与能量的交换。一方面，从生物学意义上说，“人直接地是自然存在物”，是“有生命的自然存在物”[③]，人和动植物一样，都是自然界的一部分，人依赖自然而生存，把自然作为生活的源泉，作为人自身生产和再生产的条件。另一方面，从实践主体的意义上来说，人与动植物又不同，人从本质上来说是一种能动的存在物，是实践活动的主体，能通过自己的实践活动，对自然界加以改造，将自己的本质力量对象化在自然之中，将自然人化。人正是在改造自然、将自然人化的过程中，使自己的主体性得以形成和实现。马克思在对人与自然关系深刻揭示的基础上，进一步提出，人与自然的物质变换，必须从长远的眼光出发，以对人与自然负责的态度，采取合理的形式，以最小的消耗，形成人与自然之间的良性循环，最终达到人与

① 《马克思恩格斯文集》第2卷，人民出版社2009年版，第53页。

② 《马克思恩格斯全集》第3卷，人民出版社2002年版，第301页。

③ 《马克思恩格斯全集》第3卷，人民出版社2002年版，第324页。

自然的和谐统一。恩格斯也强调人与自然的和谐。他指出："我们不要过分陶醉于我们人类对自然界的胜利。对于每一次这样的胜利，自然界都对我们进行报复。"①

在人与人的社会关系上，马克思、恩格斯认为消除生产关系中的对立因素，实现经济平等是实现社会和谐的关键。马克思认为，生产活动是人的生命活动的主体，是历史创造的前提。人们在生产中不仅仅同自然界发生关系，他们还以一定的方式结合起来共同活动并互相交换其活动。"为了进行生产，人们相互之间便发生一定的联系和关系；只有在这些社会联系和社会关系的范围内，才会有他们对自然界的影响，才会有生产"。② 由于生产关系是人与人之间主要的社会关系，因此，马克思、恩格斯认为，消除生产关系中的对立因素，实现生产关系的和谐和经济上的平等是实现社会和谐的关键。他们还认为，社会关系本身的含义就是许多个人的合作。这种合作是在什么条件下、用什么方式和为了什么目的进行，是决定合作是否和谐的依据。马克思、恩格斯认为私有制是造成生产关系对立性质的根源所在，私有制造成了劳动者同劳动对象、劳动者同劳动产品的两重分离，导致了劳动的异化。因此，他们始终把扬弃私有制作为实现真正的社会和谐的前提。马克思指出："共产主义是对私有财产即人的自我异化的积极的扬弃，因而是通过人并且为了人而对人的本质的真正占有；因此，它是人向自身、也就是向社会的即合乎人性的人的复归，这种复归是完全的复归，是自觉实现并在以往发展的全部财富的范围内实现的复归。"③ 这种共产主义，"它是人和自然界之间、人和人之间的矛盾的真正解决"④。因此，马克思认为只有建立起共产主义的公有制，人才能获得真正意义上的解放和自由，每个人的自由发展才不仅不会妨碍他人的发展，而且与他人的自由发展达到高度的一致，成为他人自由发展的条件。这样，就实现了人与人的社会关

---

① 《马克思恩格斯文集》第 9 卷，人民出版社 2009 年版，第 559—560 页。

② 《马克思恩格斯文集》第 1 卷，人民出版社 2009 年版，第 724 页。

③ 《马克思恩格斯文集》第 1 卷，人民出版社 2009 年版，第 185 页。

④ 《马克思恩格斯文集》第 1 卷，人民出版社 2009 年版，第 185 页。

系上真正意义上的和谐。

在人与社会的关系上，马克思主义认为，在未来社会，人的发展与社会发展不仅互为前提，而且两者是相互促进、共同发展的和谐统一关系。一方面，马克思把个人看做社会存在的现实基础。他认为，“全部人类历史的第一个前提无疑是有生命的个人的存在。”① 这里所说的个人，“不是处在某种虚幻的离群索居和固定不变状态中的人，而是处在现实的、可以通过经验观察到的、在一定条件下进行的发展过程中的人”②。这种现实的个人的自主活动，从不同方面创造着构成社会的各种要素，离开个人的存在和发展就谈不上社会的存在和发展。另一方面，马克思又强调了社会对个人的支配和决定作用。他指出：“人的本质不是单个人所固有的抽象物，在其现实性上，它是一切社会关系的总和。”③ 在马克思看来，个人是由社会关系决定的，个人的生存和发展离不开一定的社会关系，个人只有在一定的社会关系中才能从事基本的生产活动。同时，个人的实践活动也离不开既得的社会历史条件，“人们不能自由选择自己的生产力——这是他们的全部历史的基础，因为任何生产力都是一种既得的力量，是以往的活动的产物”④。生产力作为人的应用能力本身，决定于“前一代人创立的社会形式”⑤。马克思认为，社会关系和社会历史条件对个人的生存和发展具有根本的支配和决定作用。在私有制条件下，社会的发展是以人的异化为代价的，因此，人与社会不可能实现真正的和谐。社会只有在消灭私有制的基础上，消除阶级之间、城乡之间、脑力劳动和体力劳动之间的对立和差别，才能真正实现人的自由而全面的发展，实现人与社会的相互促进、共同发展。

在生产力与生产关系、经济基础与上层建筑的关系上，马克思、恩格斯认为，生产力与生产关系、经济基础与上层建筑是贯穿人类社会始

① 《马克思恩格斯文集》第 1 卷，人民出版社 2009 年版，第 519 页。

② 《马克思恩格斯文集》第 1 卷，人民出版社 2009 年版，第 525 页。

③ 《马克思恩格斯文集》第 1 卷，人民出版社 2009 年版，第 505 页。

④ 《马克思恩格斯全集》第 47 卷，人民出版社 2004 年版，第 440 页。

⑤ 《马克思恩格斯全集》第 47 卷，人民出版社 2004 年版，第 440 页。

终的基本矛盾，基本矛盾的和谐是社会和谐的根本表现。按照马克思、恩格斯的观点，在未来和谐社会，作为生产力中起主导作用的因素——人的全面而自由的发展，代表了发达生产力的发展要求；作为生产关系中起决定作用的因素——生产资料社会所有，适应了发达生产力的发展要求；作为上层建筑中起核心作用的因素——国家消亡，社会自治，保证了生产力和生产关系稳定协调的发展要求。三方面的协调统一，使社会达到真正的和谐。

（二）社会和谐是中国特色社会主义的本质属性①

社会主义作为和谐社会的最高境界共产主义的第一阶段，是人类历史上不同于以往任何阶级对立社会的一个崭新社会形态和社会制度，社会和谐是其本质属性。本质属性是一事物区别于他事物所固有的内在规定性。社会和谐作为社会主义的本质属性，是反映社会主义最本质的东西，是区别于阶级对立社会的根本特性。社会和谐之所以是社会主义的本质属性，从根本上说，是由社会主义的本质、社会主义的基本制度以及社会主义的基本矛盾决定的，具体渗透体现在社会主义社会的社会关系中。

第一，社会和谐作为中国特色社会主义的本质属性，是由社会主义的本质决定的。社会主义的本质是解放生产力，发展生产力，消灭剥削，消除两极分化，最终达到共同富裕。社会主义本质的展开，是通过解放生产力和发展生产力，由社会主义和谐社会的阶段目标即消灭剥削、消除两极分化，向最终目标即实现共同富裕的发展过程。这个过程既是社会主义本质逐步实现的过程，同时也是不断提高社会和谐程度的过程。邓小平指出，社会主义的原则，“第一是发展生产，第二是共同致富”②。贫穷不是社会主义，社会主义要消灭贫穷；两极分化也不是社会主义，社会主义要消除两极分化。贫穷、两极分化和剥削现象都是社

---

① 周玉：《社会和谐：中国特色社会主义的本质属性》，载《西南农业大学学报》（社会科学版）2009 年第 3 期。

② 《邓小平文选》第 3 卷，人民出版社 1993 年版，第 172 页。

会不和谐的体现。共同富裕作为社会主义的价值追求，它既是最能体现社会主义最本质的东西，同时也是社会和谐的重要标志。消除贫穷、两极分化和剥削现象、逐步实现共同富裕的过程，正是社会不和谐因素逐渐减少而和谐因素逐渐增多的过程。因此，通向共同富裕之路，同时也是通向社会和谐的必由之路，两者具有根本上的一致性。

第二，社会和谐作为中国特色社会主义的本质属性，是由社会主义的基本制度决定的。我国以公有制为主体、多种所有制经济共同发展的基本经济制度既能保证社会成员共同占有生产资料，实现人们在生产资料面前的平等，又能保证各种经济成分在市场经济中平等竞争、共同发展；以按劳分配为主体、多种分配方式并存的分配制度，既能鼓励先进，促进效率，最广泛最充分地调动一切积极因素，让一切创造财富的源泉充分涌流，又能防止两极分化，注重社会公平，逐步实现共同富裕；我国的基本政治制度即党的领导、人民当家作主和依法治国有机结合的社会主义民主政治，能够保证人民群众平等地行使民主权利，使国家政权为人民服务；我国的文化制度坚持马克思主义指导的中国先进文化的前进方向，能够提供民族的、科学的、大众的精神产品，使全体人民拥有共同的理想信念和高尚的道德情操。我国社会的这些制度从不同的侧面显现了社会和谐的基本特征，实现着社会和谐的总体要求，保证了我国社会主义社会的民主法治、公平正义、诚信友爱、充满活力、安定有序以及人与自然的和谐相处。

第三，社会和谐作为中国特色社会主义的本质属性，是由社会主义的基本矛盾决定的。在我国的社会主义社会中，仍然存在着矛盾，“基本的矛盾仍然是生产关系和生产力之间的矛盾、上层建筑和经济基础之间的矛盾”①。但是，社会主义社会的基本矛盾同旧社会的具有根本不同的性质和情况，即它们不再是对抗性的矛盾，而是在总体上相适应的情况下存在着局部不相适应的问题。具体说来，就是我国的社会主义生产关系和上层建筑已经建立起来，并且它能够容许生产力以旧社会

① 《毛泽东文集》第7卷，人民出版社1999年版，第214页。

所没有的速度发展，所以它和生产力的发展是基本适应的。当然，我国社会主义的生产关系也还存在着与生产力不相适应的方面和环节，上层建筑也还存在着与经济基础不相适应的方面和环节。但是，这些不相适应的地方，可以通过社会主义制度本身的调整加以解决。社会和谐最深刻的根源就在于社会基本矛盾的协调运动。我国社会基本矛盾的基本适应性是我国社会主义社会和谐的深刻根源。

第四，社会和谐作为中国特色社会主义的本质属性，具体体现在社会主义的社会关系中。在阶级对立的社会中，社会关系的本质是以旧的社会分工为基础所形成的人对人的剥削和压迫，其中最主要的是阶级剥削和阶级压迫。阶级剥削和阶级压迫是阶级对立社会中社会关系的基本特征。阶级矛盾是社会的主要矛盾，并充斥在社会生活的各个领域。因此，在阶级对立社会中，社会关系从根本上是不和谐的。比如在资本主义社会，无产阶级虽然创造了巨大的物质财富，但这种财富却被资产阶级无偿占有。最早的社会主义思潮就是从强烈批判资本主义剥削和压迫中诞生的，它们把存在着阶级剥削和阶级压迫的资本主义社会称为罪恶的社会，把自己所追求的没有剥削和压迫的美好新社会称为社会主义社会。在社会主义社会，由于建立了公有制为主体的经济制度和人民当家作主的政治制度，生产关系和生产力、上层建筑和经济基础不再有对抗的性质。这种基本矛盾的非对抗性，在社会关系上，不再表现为阶级对抗和阶级斗争的性质，而是表现为广大人民群众根本利益的一致性。正是由于在根本利益上具有一致性，所以人与人之间完全有可能建立起与阶级社会根本不同的新型社会关系，这种关系就是公平正义、诚信友爱、和谐相处的社会关系。这种关系是阶级对立社会中绝不可能出现的新型社会关系。

（三）推进社会主义核心价值体系大众化是促进社会和谐、构建社会主义和谐社会的现实要求

社会和谐是科学社会主义的价值理想，也是中国特色社会主义的本质属性，但这并不意味着社会和谐自然而然就会实现。实现社会和谐，

构建社会主义和谐社会，既需要坚实的物质基础、有力的政治保障，也需要共同的思想道德基础。一个社会如果没有共同的思想道德基础，就不会有共同的理想信念、精神动力和道德准绳，也不会形成社会共识，社会就会因此而陷入混乱无序甚至动荡不安之中，社会的稳定和谐也就不可能实现。社会主义核心价值体系是构建社会主义和谐社会的根本思想道德基础。推进社会主义核心价值体系大众化，是促进社会和谐、构建社会主义和谐社会的现实需要。

第一，推进社会主义核心价值体系大众化，是完善社会主义市场经济体制、实现科学发展的需要。

科学发展与社会和谐是内在统一的。“没有科学发展就没有社会和谐，没有社会和谐也难以实现科学发展。”[①] 构建社会主义和谐社会是在科学发展的基础上正确处理各种社会矛盾的历史过程和社会结果。社会和谐是以科学发展为基础的。“解决我国经济社会发展面临的许多矛盾和问题，包括构建社会主义和谐社会面临的许多矛盾和问题，关键还是要靠发展”[②]。发展是硬道理，是党执政兴国的第一要务。没有发展，一切都无从谈起。但发展一定是以人为本、全面协调可持续的科学发展。经济社会只有实现以人为本的全面协调可持续发展，社会才会和谐。

改革开放以来，我国经济体制发生了深刻变动，社会主义市场经济体制逐步取代了原来高度集中的计划经济体制。在发展社会主义市场经济的过程中，我国人民生活水平显著提高，综合国力也大为增强，但与此同时，我国的地区差别、城乡差别、不同群体的收入差别也有了扩大，市场经济的一些负面作用没有完全消除，市场体制运行中呈现出一系列影响社会和谐的突出矛盾和潜在隐患。比如，在思想领域，一些人滋长了利己主义、极端个人主义和拜金主义等消极腐朽的思想意识；在经济领域，一些人唯利是图，弄虚作假，坑蒙拐骗；在政治领域，以权

① 胡锦涛：《高举中国特色社会主义伟大旗帜　为夺取全面建设小康社会新胜利而奋斗——在中国共产党第十七次全国代表大会上的报告》，人民出版社 2007 年版，第 17 页。

② 胡锦涛：《在省部级主要领导干部提高构建社会主义和谐社会能力专题研讨班上的讲话》，人民出版社 2005 年版，第 16 页。

谋私、权钱交易等腐败现象屡见不鲜。这些消极腐败现象既不利于社会主义市场经济的健康发展，也不利于社会主义和谐社会的构建。建设社会主义核心价值体系、推进社会主义核心价值体系的大众化，就是要克服市场经济的消极负面作用，增强社会大众对错误思想的辨别防御能力，确保市场经济体制运行的社会主义方向，实现经济社会以人为本的全面协调可持续发展，保证广大人民群众共享经济社会的发展成果，为构建社会主义和谐社会奠定坚实的经济基础。

第二，推进社会主义核心价值体系大众化，是增进社会共识、巩固和扩大中国特色社会主义政治基础的需要。

社会和谐，有赖于社会大众共同的理想信念、共同的精神支柱和思想道德基础，也就是说，有赖于社会大众的思想共识。具体而言，社会要保持长期的和谐稳定，广大社会成员需要形成四个方面的思想共识：一是利益认同共识；二是秩序认同共识；三是政治认同共识；四是社会理想认同共识。利益认同反映社会成员对所处社会制度下利益结构和利益分配制度的认可；秩序认同反映人们对国家法律法规和社会运行秩序的适应、习惯以及对社会活动和社会生活的满足；政治认同反映社会大众对政治制度及其运行程序的认同；社会理想认同反映广大社会成员愿意接受国家所确立的奋斗目标并自觉为实现这一目标而奋斗。①

当前我国社会是一个经济市场化、政治民主化、文化多元化的社会，各种思想文化和价值观念纷繁复杂，经济全球化浪潮裹挟着西方价值观念的输入，更加加剧了人们思想认识的歧异。对这些复杂多样的价值观念如果不加以有效引领，随其任意滋长、随意发展，社会不仅难以形成思想共识，反而会导致不同利益群体和社会阶层的价值冲突，使社会陷入混乱无序甚至是动荡不安之中，从而危及社会的和谐稳定。因此，在这种价值观念越是多样化、越是纷繁复杂的时候，社会越是需要

① 参见韩震、郑立心：《社会主义核心价值体系是构建和谐社会的思想道德基础》，载《新视野》2007 年第 6 期。

一个共同的精神支柱来统一思想，凝聚人心，最大限度地形成思想共识，保持社会的稳定和谐。只有最大限度地形成思想共识，“才能在团结一切可能团结的力量来建设社会主义的问题上，真正克服长期造成严重危害的狭隘观点，使共产党员和非共产党员，马克思主义者和非马克思主义者，无神论者和宗教信仰者，国内同胞和国外侨胞，总之，使全体劳动者和爱国者，都紧密地团结起来，积极地行动起来，为实现共同理想而奋斗。”① 作为我国的主导意识形态，社会主义核心价值体系就是我国各族人民的共同精神支柱，它不仅符合国家发展和民族振兴的需要，而且符合广大社会成员的根本利益和价值追求，不仅是我们党的基本价值遵循，也是全体社会成员作出价值判断的基本依据。建设社会主义核心价值体系，推进社会主义核心价值体系的大众化，不仅能够为我国现行的社会制度、发展方向和发展道路提供合法性论证，增进广大社会成员在利益分配、社会秩序、政治运行和社会理想等方面的思想共识，而且通过推进社会主义核心价值体系的大众化，使其价值观念深入人心，还能够坚定广大群众对党的信心和对中国特色社会主义的信念，巩固和扩大中国特色社会主义的政治基础。

第三，推进社会主义核心价值体系大众化，是建设和谐文化的根本。

和谐文化以崇尚和谐、追求和谐为价值取向，融价值观念、思维方式、行为规范和社会风尚于一体，反映着人们对和谐社会的总体认识、基本理念和理想追求。“和谐文化既是和谐社会的重要特征，也是实现社会和谐的精神动力。建设和谐文化，是构建社会主义和谐社会的重要任务，也是构建社会主义和谐社会的重要条件。”② 构建社会主义和谐社会，必须大力建设和谐文化。

建设和谐文化，必须以推进社会主义核心价值体系大众化为根本。

① 中共中央文献研究室:《中共十一届三中全会以来党的历次全国代表大会中央全会重要文件选编》，中央文献出版社 1997 年版，第 421—422 页。

② 胡锦涛:《在中国文联第八次全国代表大会中国作协第七次全国代表大会上的讲话》，人民出版社 2006 年版，第 5 页。

文化的核心是价值观。一个社会的主导价值观构成其特有文化、文明的精神实质和显著标志。作为社会主义和谐社会“四位一体”重要组成部分的和谐文化，它除了具有一般和谐文化的基本特征之外，还必须保持社会主义的根本性质和发展方向，必须以社会主义核心价值观为其内核和灵魂。“社会主义核心价值体系是社会主义意识形态的本质体现，在整个文化建设中居于统摄和支配地位。”① 建设和谐文化，最为关键的是要以社会主义核心价值体系为根本，在全社会推进社会主义核心价值体系的大众化，使之成为整个社会的精神基础和价值支撑。没有社会主义核心价值体系对大众价值体系的主导和引领，和谐文化的发展就会迷失方向、失去根本。在和谐文化建设中，抓住了推进社会主义核心价值体系大众化这个根本，才能确保和谐文化始终在马克思主义的指导下，沿着社会主义的正确方向健康发展；才能坚定广大人民群众走中国特色社会主义道路的信念、形成中国特色社会主义的共同理想，增强全社会的凝聚力；才能树立社会大众的和谐理念，培育社会大众的和谐精神；才能在全社会形成知荣辱、讲正气、促和谐的良好道德风尚，形成全社会诚实守信、礼让宽容、诚信友爱的和谐人际关系；才能营造全社会的和谐舆论氛围，塑造全社会的和谐文化心态。

在和谐文化建设中，只有以推进社会主义核心价值体系大众化为根本，才能正确解决和谐文化建设过程中的各种矛盾，形成思想意识领域的和谐局面。构建社会主义和谐社会的过程，是正确处理各种社会矛盾的过程。建设和谐文化，作为构建社会主义和谐社会的重要方面，同样是正确处理思想文化领域各种矛盾的过程。推进社会主义核心价值体系大众化，是在思想意识领域最大限度地增加和谐因素、形成和谐局面的重要途径。在我国当前的思想意识领域，既存在着马克思主义的主流意识形态，同时也存在着各种非马克思主义和反马克思主义的意识形态，各种意识形态之间存在着多种矛盾。其中，“马克思主义主流意识形态

① 刘云山：《更加自觉、更加主动地推动社会主义文化大发展大繁荣》，载《人民日报》2007年10月29日。

与反马克思主义意识形态的矛盾是主要矛盾，马克思主义意识形态与非马克思主义意识形态之间、不同的非马克思主义意识形态之间的矛盾是次要矛盾”[①]，这些矛盾具体通过不同的社会思潮客观地呈现出来。推进社会主义核心价值体系大众化的过程，就是用社会主义核心价值体系引领社会思潮、正确处理和谐文化建设中诸多矛盾的过程。在这个过程中，通过与反马克思主义思潮作斗争，抓住和解决主要矛盾；通过整合有益或无害的非马克思主义思潮，在尊重差异中扩大社会认同，在包容多样中增进思想共识，解决次要矛盾，从而形成思想文化领域的和谐局面。

第四，推进社会主义核心价值体系大众化，是维护社会稳定、促进社会建设的需要。

推进社会主义核心价值体系的大众化是维护社会稳定的需要。和谐社会是团结稳定、安定有序的社会。社会稳定是社会和谐的基本前提。一个社会没有稳定，就无所谓和谐可言。“稳定压倒一切”[②]。而“核心价值体系是一个社会的方向盘，是一个国家的稳定器”[③]。一个国家“如果没有这个最核心的东西，就会失去社会前进的方向，失去共同的思想道德基础，导致人心涣散、社会混乱”[④]。我国封建社会的超稳定结构之所以延存了两千多年的历史，其重要原因就在于其以“三纲五常”为主要内容的封建主义核心价值体系深入人心。作为我国的主导意识形态，社会主义核心价值体系是凝聚全社会意志和力量、保持社会稳定的重要精神纽带。推进社会主义核心价值体系大众化，是社会保持稳定、社会系统得以正常运转的需要。能否使社会主义核心价值体系广泛深入人

---

① 梅荣政、王炳权：《坚持以社会主义核心价值体系引领社会思潮》，载《思想理论教育导刊》2007 年第 6 期。

② 《邓小平文选》第 3 卷，人民出版社 1993 年版，第 331 页。

③ 刘云山：《深入推进社会主义核心价值体系建设　巩固全党全国人民团结奋斗的共同思想基础》，载《党建》2008 年第 5 期。

④ 刘云山：《深入推进社会主义核心价值体系建设　巩固全党全国人民团结奋斗的共同思想基础》，载《党建》2008 年第 5 期。

心、为大众认知理解、认同内化和实践外化，直接关系到人心向背和国家的长治久安。

推进社会主义核心价值体系大众化也是促进社会建设的需要。社会，可以从广义和狭义两个维度去理解，广义的社会即大社会，狭义的社会即小社会。所谓“大社会”是包括经济、政治、文化、社会等各领域在内的社会整体；所谓“小社会”，是指与“经济建设、政治建设、文化建设”并行的“社会建设”中所指的各项“社会事业”。① 此处的社会指的是“小社会”。胡锦涛指出：“我们要构建的社会主义和谐社会，是经济建设、政治建设、文化建设、社会建设协调发展的社会，是人与人、人与社会、人与自然整体和谐的社会，要贯穿于建设中国特色社会主义的整个历史过程。”② 由此可见，构建社会主义和谐社会既要着眼“大社会”，也要着手“小社会”。着眼“大社会”，就是要从中国特色社会主义四位一体总体布局的战略高度、从“什么是社会主义、怎样建设和发展社会主义”的历史视野，来思考和谋划构建社会主义和谐社会的战略规划、决策措施和工作部署，“把和谐社会建设落实到包括经济建设、政治建设、文化建设、社会建设和党的建设等在内的党和国家全部工作之中”③。着手“小社会”，就是要着力发展社会事业，完善社会管理，激发社会创造活力，“推动社会建设与经济建设、政治建设、文化建设协调发展”④。在社会建设中，无论是发展社会事业，还是完善社会管理，都离不开社会主义核心价值体系的价值导向。只有推进社会主义核心价值体系的大众化，我们的社会建设才会始终坚持科学的指导思想和正确的价值立场，真正解决好人民群众最关心、最直接、最现实

① 《着眼“大社会”着手“小社会”》，载《广州日报》2006 年 11 月 3 日。

② 胡锦涛：《切实做好构建社会主义和谐社会的各项工作　把中国特色社会主义伟大事业推向前进》，载《求是》2007 年第 1 期。

③ 胡锦涛：《切实做好构建社会主义和谐社会的各项工作　把中国特色社会主义伟大事业推向前进》，载《求是》2007 年第 1 期。

④ 胡锦涛：《切实做好构建社会主义和谐社会的各项工作　把中国特色社会主义伟大事业推向前进》，载《求是》2007 年第 1 期。

的利益问题；广大社会成员才会有一套共同的价值标准来约束自我、提升境界；也才能以共同的价值尺度来协调各种利益关系，化解各种利益矛盾，从而减少社会的不和谐因素，为经济、政治和文化建设创造和谐有序的社会环境。

第五，推进社会主义核心价值体系大众化，是全面推进党的建设、提高党在意识形态领域执政能力的需要。

构建社会主义和谐社会，充分发挥党的领导核心作用是关键。构建社会主义和谐社会，是一项长期而艰巨的历史任务，需要坚强有力的组织保证，它对党的各级组织、领导干部和广大党员都提出了更高的要求。党的各级组织和领导干部既是推进社会主义核心价值体系大众化的责任主体，同时也是社会主义核心价值体系大众化的重点对象。通过推进社会主义核心价值体系的大众化，不仅能够提高广大普通群众的思想政治素质和道德修养，而且有助于提高党在意识形态领域的执政能力。意识形态既是经济、政治在思想文化领域的反映，同时又反过来影响着经济、政治的发展。高度重视并充分发挥意识形态工作的重要作用，团结全党全国各族人民为实现伟大目标而奋斗，这既是我们党的优良传统和政治优势，也是我们党的一条重要执政经验。在新的历史条件下，我们党要团结带领全国人民实现中国特色社会主义的共同理想，仍然必须高度重视和切实做好意识形态工作，提高党在意识形态领域的执政能力。“执政能力只有在实践中才能获得。”① 推进社会主义核心价值体系大众化，是我们党在当前提高意识形态领域执政能力的重要实践。在这个过程中，“通过深刻认识思想文化领域的矛盾状况、科学分析影响思想意识领域和谐的主要原因、积极主动地化解矛盾，可以使党在意识形态领域的执政能力得到进一步提升”②。

① 梅荣政、王炳权：《坚持以社会主义核心价值体系引领社会思潮》，载《思想理论教育导刊》2007 年第 6 期。

② 梅荣政、王炳权：《坚持以社会主义核心价值体系引领社会思潮》，载《思想理论教育导刊》2007 年第 6 期。

四、维护社会主义意识形态安全的战略需要[①]

当前，我国意识形态领域的严峻形势是迫切要求推进社会主义核心价值体系大众化的现实依据。“意识在任何时候都只能是被意识到了的存在，而人们的存在就是他们的现实生活过程”[②]。人们的观念，总是随着社会存在的改变而改变。改革开放以来，随着国际形势的深刻变化和国内社会的深刻变革，我国大众的思想观念、价值信仰也发生了深刻变化，意识形态领域面临严峻考验。推进社会主义核心价值体系大众化，是对意识形态严峻形势的自觉回应，是维护社会主义意识形态安全的战略需要。

（一）有效应对西方意识渗透的现实需要

意识形态安全是国家安全的重要组成部分，瓦解一个国家的意识形态，就意味着推翻一个国家的政权，摧毁一个国家的社会制度。因此，“敌对势力要搞乱一个社会、颠覆一个政权，往往总是先从意识形态领域打开突破口，先从搞乱人们的思想下手”[③]。以美国为首的西方国家十分重视意识形态的渗透并将其作为进攻社会主义国家的重要战略。在他们看来，意识形态战略不仅可以避免其在社会主义国家国民中树立邪恶形象，而且相对军事战略而言，其效果更“明显”，作用更“持久”，对社会主义国家的威胁性和危害性也更大。美国前总统尼克松在其1988年出版的《1999：不战而胜》一书中明确指出，苏美对抗的根本原因是意识形态，意识形态是他们与苏联争夺的根源，如果他们在意识形态领域打了败仗，他们所有的武器、条约、贸易、外援和文化交流都将毫无

① 周玉：《论社会主义核心价值体系大众化的科学内涵及其实现路径》，载《重庆大学学报》（社会科学版）2011年第2期。

② 《马克思恩格斯选集》第1卷，人民出版社1995年版，第72页。

③ 《十六大以来重要文献选编》中，中央文献出版社2006年版，第318页。

意义。[①] 苏东国家对社会主义制度的放弃，在一定程度上，就是他们推行意识形态渗透而结出的“和平演变之果”(尼克松语) [②]。在尝到苏东剧变的甜头后，西方国家对社会主义国家的意识形态渗透变本加厉，声称要利用“历史性机遇”、“最好机会”，“把自由的好处推广到全球各地”，“把民主、发展、自由市场和自由贸易的希望带到世界每一个角落”。[③] 为此，他们利用其经济、科技优势以及对大众传媒和互联网络的垄断经营，全方位地对社会主义国家进行意识渗透，宣扬西方的主流意识形态和文化价值观念。

我国作为苏东剧变后最大的社会主义国家，自然成为他们渗透的重点对象。他们趁国际社会主义运动处于低潮，到处散布马克思主义“过时论”、社会主义“失败论”；他们抓住我国在改革发展过程中出现的社会问题，大肆攻击社会主义制度，将社会主义制度妖魔化，以此来说明社会主义不如资本主义。在具体策略上，他们感到“西化”、“分化”还不够，又加上了“淡化”(政治)、“腐化”(干部)、“丑化”(领袖)、“溶化”(马列)等手段，以最终动摇“四信”(信仰、信念、信心、信任)。[④]“四信”动摇了，其后果自然不言而喻。在他们的意识形态战略中，无论是我国的党员干部、青年学生，还是普通民众，都是其渗透对象。拿美国中央情报局对华《十条戒令》中的话来说，就是“抓住一个人是一个人”。面对西方意识渗透的强劲攻势，我国的人民大众如果没有对马克思主义的真学真信、没有对共同理想的坚定信心、没有对国家民族的深切挚爱，或是没有高尚的道德情操，就极易成为他们的俘虏，为其所欺骗和利用。社会主义核心价值体系是由马克思主义指导思想、中国特色社会主义共同理想、以爱国主义为核心的民族精神和以改革创

---

① 参见［美］理查德·尼克松：《1999：不战而胜》，谭朝浩等译，世界知识出版社1996年版，第109页。

② 辛灿：《西方政界要人谈和平演变》，新华出版社1989年版，第147页。

③ The White House, The National Security Strategy of the United States of America, September 2002，http://georgewbush-whitehouse.archives.gov/nsc/nss/2002/nssintro.html.

④ 参见张全景：《毛泽东思想需要始终不渝地坚持下去》，载《人民论坛》2010年第6期。

新为核心的时代精神以及社会主义荣辱观等四个方面构成的科学体系，推进其大众化，用之武装全党、教育人民，使广大群众对国家的重大问题有清醒的认识，从而坚定共同的理想信念和价值准则，这对有效抵御西方意识渗透具有重大而紧迫的现实意义。

（二）对国内多元社会思潮的自觉回应

唯物史观认为，社会存在决定社会意识，有什么样的社会存在，就必然有与之相对应的社会意识。人们的意识总是随着社会存在的发展变化而或快或慢地发生相应的变化。改革开放以来，随着我国经济体制的深刻变革、社会结构的深刻变动和利益格局的深刻调整，我国社会呈现出经济成分和经济利益多样化、社会生活方式多样化、社会组织形式多样化、就业岗位和就业方式多样化的格局。与之相对应，在意识形态领域，我国人们的思想观念也发生了深刻变化，呈现出社会思潮的多样化态势，出现了与国家主导意识形态不尽相同的复杂多元的社会思潮。这些社会思潮，“既表现为大众心理和民众观念，也表现为思想理论和学术派别”①，正在对我国发生着深刻而广泛的社会影响。一方面，社会思潮的多元并存，是社会发展的一种客观趋势和显著进步，对于活跃人们的思想观念、繁荣社会的精神文化具有重要意义。但另一方面，在纷繁复杂的多元社会思潮中，存在着一些消极错误的思想观念，它们对腐蚀人们心灵、瓦解共同理想、威胁社会稳定具有严重的危害作用。

当前，对中国有较大影响的主要有民主社会主义、新自由主义、新文化保守主义、历史虚无主义、“普世价值”理论等社会思潮。它们既是学术思潮也是社会政治思潮，都试图干预社会变革方向、左右社会运行走向，都试图与处于主导意识形态地位的马克思主义争夺话语权，因而在社会上和群众中影响较大，极易造成人们认识上的模糊和思想上的混乱，动摇人们对马克思主义的信仰和对中国特色社会主义的坚定信

---

① 王国敏、周玉：《社会主义核心价值体系引领社会思潮的三维理路》，载《社会科学研究》2009 年第 4 期。

念。一个社会思想观念、社会思潮的多元并存本身是正常的，一元化反而是不正常的。但社会思潮的多元并存不应引发整个社会价值观念的混乱，否则，这个社会就相当危险。苏联在解体前夕，形形色色的社会思潮竞相泛起，整个社会的价值观念十分混乱。美国《时代周刊》在1989年曾对1000名莫斯科居民进行了一次调查，结果发现，当时的人们对社会主义的信念、对苏共执政的合法性等价值观念都已处于极度的混乱之中。① 历史经验告诉我们，经济工作搞不好要出大问题，意识形态工作搞不好也要出大问题。在社会思潮异常复杂的当代中国，如果不切实推进社会主义核心价值体系大众化，有效引领社会舆论，廓清思想迷雾、明辨重大是非，就会危及党和国家的生死存亡。

（三）对国民理想信仰和道德精神的现实观照

当前，在国际社会主义运动“低潮”、西方意识渗透“西潮”和国内多元社会“思潮”这“三潮”的强烈冲击下，我国人们对马克思主义信仰和中国特色社会主义共同理想表现出了一些迷茫和困惑：一些人怀疑马克思主义是否还适用于今天的时代，是否该用其他的什么主义来代替其指导地位，或是实行指导思想的多元化；一些人提出中国的社会主义红旗还能打多久的疑问，还有人对中国选择社会主义道路的历史合理性提出质疑②；一些人不明白中国现在到底是在搞中国特色社会主义还是在搞中国特色资本主义，有人甚至认为中国的改革开放就是改道和改向，所谓中国特色社会主义实质就是中国共产党打着社会主义的旗号搞的中国特色的资本主义，还有一些人以为所谓“民主社会主义”就是“民主+社会主义”，从而相信“只有民主社会主义才能救中国”的言论，也有的认为“只有资本主义才能救中国”，等等。对于这些问题，如果不给广大干部群众回答清楚，党和政府就会面临严重的信任危机，其后果必然不堪设想。因此，只有通过推进社会主义核心价值体系大众化，

① 参见刘建民：《天理民心——当代中国的社会舆论问题》，今日中国出版社1998年版，第406—408页。

② 参见周玉：《历史虚无主义三谬——哲学和历史的透视》，载《理论导刊》2010年第3期。

使广大干部群众深刻理解与建设社会主义核心价值体系密切相关的“六个重大问题”①，并自觉划清“四个重大界限”②，才能坚定我们共同的理想信念，为发展中国特色社会主义提供强大的精神动力。

此外，随着社会主义市场经济的发展和社会结构的变迁，我国道德领域也出现了一些新的情况。马克思、恩格斯指出：“人们的观念、观点和概念，一句话，人们的意识，随着人们的生活条件、人们的社会关系、人们的社会存在的改变而改变。”③在社会主义市场经济中，人们的道德意愿和价值选择不仅要受到社会主义价值体系的影响，同时也要受到市场经济一般规律的制约。因此，社会主义市场经济的特殊性与市场经济的一般性的相互交织，必然催生出各种不同的价值追求。一方面，尊重知识、崇尚科学、开拓创新、锐意进取、平等竞争、讲求效率等观念日渐深入人心。但另一方面，市场经济的功利实效性、利益驱动性等价值追求也呈现出负面的影响，一些人为追求个人利益的最大化而置社会责任与道德义务甚至是人的生命安全于不顾，道德失范、道德滑坡、道德蹂躏等现象的存在在当今中国已成不争的事实。同时随着社会结构的变迁和人口流动性的增强，原来的“熟人”社会演变成了“陌生人”社会，也使原有的一些道德规范失去效力。道德问题不是一个小问题，其消极现象如果任其发展下去，不仅会使党和

① “六个重大问题”即“六个为什么”，它们是：“为什么要坚持马克思主义在意识形态领域的指导地位而不能搞指导思想的多元化，为什么要坚持中国特色社会主义而不能搞资本主义，为什么要坚持公有制为主体、多种所有制经济共同发展的基本经济制度而不能搞私有化或‘纯而又纯’的公有制，为什么要坚持人民代表大会制度而不能搞‘三权分立’，为什么要坚持中国共产党领导的多党合作和政治协商制度而不能搞西方的多党制，为什么要坚持改革开放不动摇而不能走回头路”。参见李长春：《在纪念党的十一届三中全会召开30周年理论研讨会上的讲话》，载《人民日报》2008年12月22日。

② 划清“四个重大界限”，即自觉划清“马克思主义同反马克思主义的界限，社会主义公有制为主体、多种所有制经济共同发展的基本经济制度同私有化和单一公有制的界限，中国特色社会主义民主同西方资本主义民主的界限，社会主义思想文化同封建主义、资本主义腐朽思想文化的界限”。参见《中共中央关于加强和改进新形势下党的建设若干重大问题的决定》，人民出版社2009年版，第13页。

③ 《马克思恩格斯文集》第2卷，人民出版社2009年版，第50—51页。

政府的公信力受到严峻质疑，而且会对整个社会安全构成严重威胁。化解道德危机，一是要构筑社会精神，二是要做好制度安排，两者都离不开大众对社会核心价值的认同和遵循。因此，推进社会主义核心价值体系的大众化，使其为广大的干部群众所遵循，也是克服道德失范、化解道德危机的现实需要。

（四）提升国家文化软实力的客观要求

软实力是相对于传统的政治、经济、军事、科技等硬实力而言的，它是通过吸引人而不是强制人来达到目的的能力。美国著名政治学家约瑟夫·奈认为，软实力主要包括三种力量资源：一是文化及价值观等意识形态方面的吸引力和感召力；二是社会政治经济制度以及发展模式等的吸引力和影响力；三是国际形象的亲和力及在多边外交中对国际规则和文化发展战略国际机制等的控制力。① 其中，文化软实力又包括理论指导力、理想凝聚力、道德教化力、舆论导向力、法纪整合力、艺术熏陶力等方面的内容，其核心部分主要是文化价值观及其政治价值观的认同及影响力。② 在当今世界，文化软实力与经济、政治、军事等硬实力相互交融，在综合国力竞争中的地位和作用越来越突出。一个国家或民族强大与否，不仅取决于其经济等硬实力，同样也取决于其文化的影响力。文化以其价值的整合、导向和认同功能而日益成为影响国家稳定的一个重要参数。"对内而言，它渗透于社会生活的各个方面，影响着人们的精神世界和行为方式，成为一个国家民族生命力、创造力和凝聚力的重要源泉；对外而言，它以其独特的扩散性和渗透性吸引别国追随或认同其价值观念，从而构成综合国力竞争的关键因素。"③"文化软实力在很大程度上表现为民族凝聚力，而这种凝聚力主要来自于人们对社会

① Joseph S. Nye：《The Boston Globe》，《Foreign Policy Fa11》 1990(2)：165—166.

② 参见［美］罗伯特·基欧汉、约瑟夫·奈：《权力与相互依赖》，门洪华译，北京大学出版社 2002 年版，第 116 页。

③ 李华、王伟：《文化软实力与社会主义核心价值体系构建——苏东剧变原因的新视阈》，载《上海大学学报（社会科学版）》2008 年第 6 期。

核心价值的认同”[①]，来自于人们对主导意识形态所体现的精神信仰、理想信念和价值观念的共同认同。提高一个国家的文化软实力，关键就在于增强与该国社会经济制度相适应的意识形态的吸引力和凝聚力，提高广大群众对核心价值体系的认同度。社会主义核心价值体系作为我国社会主义意识形态的本质体现，是社会主义政治和经济在观念领域的集中体现，它构成我国文化软实力的核心层，是我国文化软实力中最重要的结构要素，在我国文化软实力建设中居于统摄和支配地位。我国文化软实力就主要来自于广大群众对这一价值体系的共同认同。因此，推进社会主义核心价值体系大众化，使其理想信念、价值观念和道德规范为大众所广泛认同，增强其对大众的归化力和向心力，有助于从文化精神深处感召大众，形成强大的民族凝聚力，提升国家的软实力。

（五）苏联剧变历史教训的重大警示[②]

马克思曾经说过，“如果从观念上来考察，那么一定的意识形式的解体足以使整个时代覆灭”[③]。苏联剧变，既是对这一深刻原理的历史印证，也为包括中国在内的现存社会主义国家作出了重大警示：在没有硝烟的和平发展时期，尤其要特别重视意识形态的建设，推进社会主义核心价值体系的大众化，增强大众抵御西方意识渗透和错误思潮干扰的能力，它事关党和国家的生死存亡。

任何重大的社会变迁和历史事件，都是多种因素合力作用的结果。正如恩格斯所说：“有无数互相交错的力量，有无数个力的平行四边形，而由此就产生出一个总的结果，即历史事变。”[④]苏联，这个世界历史上的第一个社会主义大国，在其70多年的历史进程中，不论是外国武装干涉、经济封锁，还是德国法西斯侵略战争，抑或是两大阵营的军事、

① 刘云山：《更加自觉、更加主动地推进社会主义文化大发展大繁荣》，载《人民日报》2007年10月29日。

② 周玉：《论社会主义核心价值体系的大众化》，载《科学社会主义》2010年第3期。

③ 《马克思恩格斯文集》第8卷，人民出版社2009年版，第170页。

④ 《马克思恩格斯全集》第37卷，人民出版社1971年版，第462页。

经济对抗，都没有能够将其摧毁。但是，它却在没有硝烟的和平发展时期，在没有外部入侵和内部暴乱的情况下，于20世纪90年代初突然分崩离析了。这一历史事件同历史上任何其他的重大社会变迁一样，也是由无数个相互交错的力量，由无数个力的平行四边形而产生的一个总的结果。其中，意识形态领域核心价值的迷失、理想信仰的崩溃和精神支柱的坍塌起了不可低估的作用。

根据马克思主义唯物史观的基本原理，“一切社会变迁和政治变革的终极原因，不应当到人们的头脑中，到人们对永恒的真理和正义的日益增进的认识中去寻找，而应当到生产方式和交换方式的变更中去寻找；不应当到有关时代的哲学中去寻找，而应当到有关时代的经济中去寻找。”① 因为“历史过程中的决定性因素归根到底是现实生活的生产和再生产”②。但是这并不意味着经济因素是社会历史发展的唯一决定性因素。经济因素对社会历史发展的决定性作用仅仅是就“终极原因”和“归根到底”而言的。无论马克思或恩格斯都从来没有肯定过比这更多的东西。“经济状况是基础，但是对历史斗争的进程发生影响并且在许多情况下主要是决定着这一斗争的形式的，还有上层建筑的各种因素”③。“物质生存方式虽然是始因，但是这并不排斥思想领域也反过来对这些物质生存方式起作用”④。社会变迁的最初动因虽然深藏在社会生活的经济运动中，但是经济对政治的影响必须通过人们的思想即社会意识这一中介才能实现。因此，“并非只有经济状况才是原因，才是积极的”⑤，人们思想领域的精神信仰、理想信念、价值观念等社会意识也是历史发展的重要力量，是历史合力中的一个极其活跃的因素。

苏联剧变，固然有其深刻的经济根源，但就当时的经济困难而言，并不足以引起其根本制度的瓦解和苏共政权的垮台。如果那样的话，恐

---

① 《马克思恩格斯文集》第9卷，人民出版社2009年版，第284页。

② 《马克思恩格斯选集》第4卷，人民出版社1995年版，第695页。

③ 《马克思恩格斯选集》第4卷，人民出版社1995年版，第696页。

④ 《马克思恩格斯选集》第4卷，人民出版社1995年版，第691页。

⑤ 《马克思恩格斯选集》第4卷，人民出版社1995年版，第732页。

怕今天这个世界上的社会动乱与政权更迭会让人目不暇接，也无法解释古巴、朝鲜和越南的存在，更无法理解我国在三年困难时期全国人民怎么能够同心同德建设社会主义。苏联剧变，其最为关键的原因在于其意识形态领域精神信仰和理想信念等核心价值的迷失。

造成苏联社会核心价值迷失的原因，从源头上讲，苏共二十大对斯大林的全盘否定具有不可推卸的历史责任。苏共二十大上，赫鲁晓夫的秘密报告“改变了整个社会的运动方向，也改变了每个人的精神状态”[①]。它一方面使人们的思想从对斯大林的个人崇拜中解放了出来，但另一方面也使传统的信仰遭到怀疑，而新的科学信仰又由于改革存在的诸多问题而无法确立，致使一些人抵制对传统信仰体系的打击，一些人不再信仰任何东西，一些人崇尚资本主义，一些人则主张抽象的人道主义等等，整个社会思想陷入极度的混乱。不过从这时起直到戈尔巴乔夫执政前，苏联虽然一直存在着严重的信仰危机，但是同人们对苏共领导和社会主义的认可相比还是次要的。“绝大多数公民毫无疑问是承认政府的权威的。”[②] 这从 1985 年以后人们普遍同意“改革将在 1917 年由人民选择的社会主义体系的框架内实现”[③] 得以证明。

苏联社会核心价值的迷失，其直接原因是戈尔巴乔夫推行的“新思维”即“人道的民主的社会主义”造成了人们对社会主义的严重信仰危机。“人道的民主的社会主义”其实并非是什么具有建设性的真正的新思维，而是沿袭社会民主主义、直接脱胎于赫鲁晓夫修正主义的旧思维，“民主化”、“公开性”、“多元化”是其三大“革命性倡议”。这里的所谓“民主化”，并非发扬人民群众的参政议政作用，而是不分是非标准的、歪

① ［俄］亚·尼·雅科夫列夫：《一杯苦酒——俄罗斯的布尔什维主义和改革运动》，徐葵等译，新华出版社 1999 年版，第 29—30 页。

② ［苏］罗伊·麦德维杰夫：《论苏联的持不同政见者》，刘明等译，群众出版社 1984 年版，第 39 页。

③ ［俄］维·茹拉夫列夫等主编：《当代俄罗斯历史》，莫斯科捷拉出版中心 1995 年版，第 32 页；转引自黄立弗：《80 年代末期苏联社会情绪激进化的政治历史学分析》，载《世界历史》2000 年第 5 期。

曲和丑化社会主义的自由化；所谓“公开性”，就是放手让反共势力对苏联历史上和现实生活中的错误和消极现象进行大肆渲染和无限夸大；所谓“多元化”，就是允许否定共产党领导地位和马克思列宁主义指导地位言行的合法化，实质是取消马克思主义在意识形态领域的指导地位，取消思想和舆论导向，让各种非马克思主义甚至反马克思主义思潮任意滋长。在这三大“倡议”的鼓动下，形形色色的反马克思主义、反社会主义思潮竞相泛起，汇合成一股强大的否定苏共历史和苏联社会主义制度的历史虚无主义思想洪流。一些政论家、作家和教授们发表连篇累牍的大批文章，联手一起否定列宁、斯大林开创的社会主义道路，攻击十月革命使俄国离开了“人类文明的正道”，苏联走社会主义道路是“历史的迷误”。戈尔巴乔夫更是推波助澜，并对苏联的整个历史予以全盘否定，提出要“根本改造”苏联“整个社会大厦”，“从经济基础到上层建筑”[①]。这股思想洪流如此彻底地否定苏联党和国家的历史，不仅冲垮了人们的是非界限和对共产党的信任，也冲垮了人们的精神支柱，冲垮了人们对马克思主义和社会主义的理想信仰。面对苏共的土崩瓦解和苏联的分崩离析，广大民众包括苏共党员，之所以鲜有反抗，其思想根源就在于此，在于整个社会精神支柱的坍塌和理想信念的破灭。

此外，西方的意识渗透也是导致苏联社会核心价值迷失的重要因素。社会主义国家的产生和发展，打破了资本主义一统天下的局面，构成了对帝国主义攫取高额垄断利润的最大障碍。因此，颠覆社会主义国家，推翻共产党的领导，铲除马克思主义意识形态，就成了以美国为首的西方国家一以贯之的战略目标。当其用军事手段不能得逞后，就转而开始打一场没有硝烟的战争。从 20 世纪 50 年代开始，西方国家就企图用“和平”的方法，用西方的价值观念来影响社会主义。当年美国国务卿杜勒斯就提出要千方百计把西方的“自由和民主”观念输送到“铁幕”中去，以使“中苏集团内部的政策加速演变”。60 年代英国外交大臣霍

① ［苏］米・戈尔巴乔夫:《社会主义思想与革命性改革》，载《真理报》1989 年 11 月 26 日。

姆也认为，从长远来说，打败共产主义的道路在于用他们的思想打入共产主义国家。80 年代美国总统里根又提出，在两种不同社会制度的斗争中，“最终的决定性因素不是核弹和火箭，而是意识和思想的较量”，要以“思想和信息的传播”来开展同苏联“思想和价值观念”上的“和平竞争”，最终把“马克思列宁主义抛进历史的垃圾堆”。[①] 为此，他们不惜花费大量的钱财在传播媒体上，长期不遗余力地同苏联进行“思想战争”，广泛传播西方的意识形态、价值观念和生活方式，损毁社会主义的声誉，动摇人们对社会主义的信念，潜移默化地改变人们的思想。俄罗斯学者谢·卡拉—穆尔扎在其《论意识操纵》一书中指出，正是由于西方对苏联社会文化核心的“分子入侵”，先是制造怀疑情绪，然后逐步否定社会制度的合法性，最后导致解体。[②] 因此，从某种意义上说，西方长期以来对苏联实施的意识渗透，对苏联剧变可谓“功不可没”。“苏联崩溃，是外部势力有意识、有目的地催化并支持的破坏过程。”[③]

“伟大的阶级，正如伟大的民族一样，无论从哪方面学习都不如从自己所犯错误的后果中学习来得快”[④]。总结苏联剧变的历史教训，对我国的社会主义核心价值体系建设具有深刻而重大的警示作用。正如有学者曾言：“苏共之亡，无暇自哀，而后人哀之。后人哀之如不鉴之，将使后人复哀后人也。”[⑤] 当前，我国意识形态领域面临的严峻形势丝毫不容低估。一方面，西方敌对势力从未放松过对我国的意识渗透和“西化”、“分化”的图谋。特别是苏东剧变后，我国成为当今世界上最大的社会主义国家，自然成为他们进行思想文化渗透的重点对象。它们利用我国的改革开放，采用各种手段，企图改变我国人们对马克思主义和社

① 周新城：《苏联东欧国家的演变及其历史教训》，安徽人民出版社 2000 年版，第 89—90 页。

② 参见［俄］谢·卡拉—穆尔扎：《论意识操纵》，徐昌翰等译，社会科学文献出版社 2004 年版，第 2 页。

③ ［俄］弗·亚·克留奇科夫：《个人档案》，何希泉等译，东方出版社 2000 年版，第 15 页。

④ 《马克思恩格斯文集》第 1 卷，人民出版社 2009 年版，第 379 页。

⑤ 周新城：《苏联东欧国家的演变及其历史教训》，安徽人民出版社 2000 年版，第 182 页。

会主义的信仰以及刻苦耐劳的精神，进而向往他们的价值观念和衣食住行、教育等生活方式。美国政治学家亨廷顿曾经说过："对一个传统社会的稳定来说，构成主要威胁的并非来自外国军队的侵略，而是来自外国观念的输入，印刷品比军队和坦克推进得更快、更深入。"[①] 因此，西方的意识渗透对我国的社会稳定和国家安全构成严峻威胁。另一方面，我国也出现了与马克思主义主导意识形态不尽相同的各种各样的社会思潮。因此，从一定程度上说，我国当前意识形态面临的形势与苏联解体前存在着某些相似之处。前车之覆，后车之鉴。加强社会主义的意识形态建设，推进社会主义核心价值体系的大众化，使社会主义核心价值体系的价值观念为大众普遍认同，对增强大众免受西方意识渗透和错误思潮干扰的防御免疫力，对维护国家的长治久安和保持社会的稳定和谐具有重大的现实意义和深远的历史意义。

---

① ［美］塞缪尔·P. 亨廷顿：《变化社会中的政治秩序》，王冠华等译，三联书店 1989 年版，第 141 页。

第三章　社会主义核心价值体系大众化的有利条件和制约因素

推进社会主义核心价值体系的大众化是一项系统工程，其具体成效受到各种因素的影响。研究社会主义核心价值体系大众化的现实境遇，分析社会主义核心价值体系大众化的有利条件和制约因素，找到制约社会主义核心价值体系大众化的关键瓶颈，对于我们认清形势、明确方向，有的放矢地解决问题具有重要意义，是有效推进社会主义核心价值体系大众化的客观要求。

一、社会主义核心价值体系大众化的有利条件

当前，无论从社会主义核心价值体系理论本身而言，还是从中国特色社会主义实践成效而言，都有利于推进社会主义核心价值体系的大众化。一方面，社会主义核心价值体系自身的理论魅力为其大众化提供了内在根据和先决条件；另一方面，新中国成立以来，尤其是改革开放以来，我国通过走中国特色社会主义道路，在经济、政治、文化、社会等方面取得了举世瞩目的辉煌成就，中国特色社会主义在实践中越来越彰显出无可比拟的制度优势，得到亿万人民的广泛认同和衷心拥护，这为推进社会主义核心价值体系大众化提供了强大的绩效支撑、奠定了广泛的群众基础。

（一）社会主义核心价值体系自身的理论魅力

一种理论要掌握群众、深入人心，为大众认同接受并转化为价值追

求，其先决条件是理论自身必须要具有强大的理论魅力。社会主义核心价值体系集理论的科学性与人民性、理想性与现实性、主导性与包容性、民族性与时代性于一体，具有独特的理论魅力。这为推进其大众化提供了先决条件和内在根据。

1. 社会主义核心价值体系体现了科学性与人民性的辩证统一

价值体系的核心在于价值，价值的根基则在于真知。一定社会的价值体系只有具有真正的科学真知才能具有牢固的思想根基。社会主义核心价值体系是以马克思主义为理论基础的，马克思主义指导思想是社会主义核心价值体系的灵魂。马克思主义就是社会主义核心价值体系的科学真知和理论根基。作为社会主义核心价值体系的理论基础，马克思主义"既不是单纯以规律为基础的科学主义，也不是单纯以道德为内容的人道主义"，而是第一次实现了"科学真理性与人民利益价值性"的有机统一。①

科学真理性是所有意识形态所企望的，但却不是无条件就能够实现的。面对各种社会思潮的交替涌现，马克思主义的创立者们"毫不怜惜地抛弃一切同事实（从事实本身的联系而不是从幻想的联系来把握的事实）不相符合的唯心主义怪想"②，创立了历史唯物主义和辩证唯物主义。作为马克思主义最根本的世界观和方法论，历史唯物主义和辩证唯物主义深刻揭示了自然界、人类社会和思维发展的一般规律，它不仅为马克思主义的整个理论体系奠定了科学的哲学依据，而且揭示了社会主义代替资本主义的历史必然性以及无产阶级的历史使命，找到了社会主义从理想通往现实的路径，从而使马克思主义对未来社会的前途预测因告别以往空想社会主义纯道德化的乌托邦而具有客观的真理性。

具有科学真理性的同时，马克思主义还具有价值立场的人民性。作为人类解放的科学理论体系，马克思主义的价值理想是推翻人剥削人的

① 参见黄明理：《论马克思主义的当代魅力》，载《学海》2008 年第 3 期。

② 《马克思恩格斯文集》第 4 卷，人民出版社 2009 年版，第 297 页。

不公平世界，解放全人类，建立“自由人联合体”。这种崇高的社会理想充分反映了以无产阶级为代表的最广大人民群众的利益诉求，符合广大人民群众的根本利益。马克思主义之所以在当年一经产生就被剥削阶级视为“幽灵”，其主要根据就在于它既揭示了人类历史发展的客观规律，又符合广大人民群众的根本利益，是社会历史发展的客观真理尺度和人民群众主体价值尺度的统一。社会主义核心价值体系以马克思主义为理论基础，以马克思主义指导思想为灵魂，这就使得它比其他任何价值体系更具有信仰的魅力。

2. 社会主义核心价值体系体现了理想性与现实性的辩证统一

任何一种价值体系，都必然包含有理想追求的内容和成分。社会主义核心价值体系以马克思主义为理论基础，以马克思主义指导思想为灵魂，必然以马克思主义的共产主义理想作为自己最崇高的理想追求。对共产主义的理想追求体现了理想性与现实性的辩证统一。在马克思主义经典作家看来，共产主义理想不是一种应当确立的状况，而是改变现存状况的“现实的运动”，“这个运动的条件是由现有的前提产生的”①。社会主义核心价值体系以中国特色社会主义共同理想为主题，中国特色社会主义共同理想是马克思主义共产主义理想在当代中国的具体化，是当代中国人民在共产主义实践过程中的一个阶段性理想，集中体现了社会主义核心价值体系的现实目标。这一理想是通往马克思主义共产主义理想的一个中间站，体现了共产主义远大理想与当代中国社会现实的有机统一，体现了党的最终奋斗目标和现阶段奋斗目标的有机统一。

作为马克思主义共产主义理想在当代中国的具体化，中国特色社会主义共同理想不是不切实际、漫无边际的主观臆想，而是以马克思主义的历史唯物主义为理论基础、符合历史规律和中国国情的现实运动。历史唯物主义理想观的突出之处“首先就在于它不是规范，不侈谈永恒性和绝对性，它是严格地历史的”②。“它的特征就是，它是对社会发展

① 《马克思恩格斯文集》第1卷，人民出版社2009年版，第539页。

② [德]汉斯·科赫:《马克思主义和美学》，佟景韩译，漓江出版社1985年版，第337页。

的‘客观逻辑’的有意识的精神表达。这种意识使正确地预见未来成为可能，绝不是纯主观的、任意的。”① 中国特色社会主义共同理想建立在对现实清醒认识的基础上，建立在对当代中国基本国情的科学把握基础上，包含着实现这一理想的现实道路。这条道路就是中国特色社会主义道路。所谓中国特色社会主义道路，根据党的十七大报告，“就是在中国共产党领导下，立足基本国情，以经济建设为中心，坚持四项基本原则，坚持改革开放，解放和发展社会生产力，巩固和完善社会主义制度，建设社会主义市场经济、社会主义民主政治、社会主义先进文化、社会主义和谐社会，建设富强民主文明和谐的社会主义现代化国家”②。这条道路立足社会主义初级阶段的现实国情，以建设富强、民主、文明、和谐的社会主义现代化国家为价值理想，以科学发展、“四位一体”的总体布局为发展战略，以党的领导和四项基本原则为政治保障，既基于现实又超越现实，体现了中国特色社会主义共同理想理想性与现实性的辩证统一。

作为社会主义核心价值体系的基础，以“八荣八耻”为主要内容的社会主义荣辱观既是社会主义核心价值体系的道德理想和伦理追求，同时也包含着现实中每个人必须遵循的行为准则，包含着对现实生活中每个人都具有普遍禁约作用的底线伦理，因而也体现了理想性和现实性的辩证统一。

3. 社会主义核心价值体系体现了主导性与包容性的辩证统一

作为社会主义意识形态的本质体现，社会主义核心价值体系具有鲜明的主导性。关于主导性，一是指社会事物的主要方面或主要作用；二是指社会事物所具有的权力力量，如领导力、控制力或领导权、控制权；三是指社会事物所具有的引导和导向作用。社会主义核心价值体系

① ［德］汉斯·科赫：《马克思主义和美学》，佟景韩译，漓江出版社1985年版，第337—338页。

② 胡锦涛：《高举中国特色社会主义伟大旗帜　为夺取全面建设小康社会新胜利而奋斗——在中国共产党第十七次全国代表大会上的报告》，人民出版社2007年版，第11页。

的主导性兼有上述三层含义。[①] 首先，社会主义核心价值体系作为国家层面的意识形态，它不仅是和谐文化的根本，而且在社会各种文化中也居于核心地位，是整个社会文化发展的主要部分。其次，社会主义核心价值体系还是一种文化领导力，对整个社会文化具有统领力量。这种统领力量既源于社会主义核心价值体系本身的理论魅力，也得益于国家舆论机器的大力支持。再次，社会主义核心价值体系具有引导作用。引导作用和领导作用是有差别的。“如果说文化的统领力量是一种‘领导权’，那就意味着领导功能包含着来自文化之外的某种‘控制力’，也就是国家的力量。引导作用则不同，引导功能的发挥不倚赖于外力的作用，主要来自于主导性文化本身。”[②] 就社会主义核心价值体系而言，其引导作用主要来自于社会主义核心价值体系自身的内在魅力。

具有鲜明主导性的同时，社会主义核心价值体系还具有广泛的包容性。社会主义核心价值体系本身就是一个具有多层次丰富内容的价值体系，它批判吸收了传统文化和国外文化中的优秀成分，体现了其开放包容的气度。在社会主义核心价值体系不同层次的内容中，有的是先进分子能够自觉信奉和接受的，有的是全体人民都有可能接受的，也体现出社会主义核心价值体系的包容性。作为社会主义核心价值体系的灵魂，马克思主义的基本理论、观点、立场和方法是一些先进分子能够自觉接受和信奉的，其蕴涵的人的自由全面发展、社会和谐、共同富裕等价值理想是全国各族人民共同的向往和追求。作为社会主义核心价值体系的主题，中国特色社会主义共同理想集中代表了我国最广大人民群众的根本利益和共同愿望，最具广泛性和包容性，最具亲和力和凝聚力。作为社会主义核心价值体系的基础，社会主义荣辱观贯穿于社会生活的各个领域，覆盖了各个利益群体，涵盖了人生态度、社会风尚的方方面面，既有先进性的要求，又有广泛性的要求。这些都体现出社会主义核心价值体系的包容性。

① 参见余玉花：《论社会主义核心价值体系的主导性》，载《思想理论教育》2008年第1期。

② 余玉花：《论社会主义核心价值体系的主导性》，载《思想理论教育》2008 年第 1 期。

社会主义核心价值体系包容性的实质就在于，作为我国社会主义的主导意识形态，社会主义核心价值体系是主旋律，但它并不排斥其他文化形态，它与其他意识形态是弘扬主旋律与提倡多样化的关系，它在坚持马克思主义主导地位的前提下，承认价值的多元性、并存性、共赢性和相间有益性，既尊重差异，又包容多样，这就使得社会主义核心价值体系能够得到社会大众的广泛认同。

4. 社会主义核心价值体系体现了民族性与时代性的辩证统一

所谓民族，是指人们在历史上经过长久发展而形成的稳定的共同体，它有共同的语言，共同的地域，共同的经济生活、经济上的联系和表现在共同文化上的共同心理素质四个基本特征。① 民族性即是指一个民族区别于其他民族的民族传统、民族精神、民族心理等思想文化特色。所谓时代，是指现时代。时代性是指一个时代最突出的时代风范、时代精神、时代心理等时代文化特征。民族性是时代性的历史前提，时代性是民族性的历史展开。两者是辩证统一的。社会主义核心价值体系既具有鲜明的中国特色、民族特色，又充分体现了时代精神，是民族性与时代性的辩证统一。

首先，社会主义核心价值体系继承了中华民族的优秀文化传统和民族精神，具有深厚的民族性。处于社会主义核心价值体系灵魂地位的中国化马克思主义，是马克思主义基本原理与中国革命、建设和改革实际相结合的产物，同时也是与中国优秀传统文化相结合的产物，具有鲜明的中国风格和中国气派。社会主义核心价值体系的主题，中国特色社会主义共同理想，既坚持了科学社会主义的基本原则，具有社会主义的普遍性和共性，又体现了我国的基本国情和具体实际，具有鲜明的中国特色。以爱国主义为核心，包括团结统一、爱好和平、勤劳勇敢、自强不息在内的伟大民族精神，是社会主义核心价值体系的精髓，充分彰显了社会主义核心价值体系的民族性。明于荣辱、履仁践义是中华民族的传统美德。作为社会主义核心价值体系的基础，以热爱祖国、诚实守信、

① 参见《李维汉选集》，人民出版社 1987 年版，第 395 页。

艰苦奋斗、辛勤劳动、团结互助等为主要内容的社会主义荣辱观，也都是对中华民族优秀文化传统和民族精神的继承，都是对社会主义核心价值体系民族性的体现。

其次，社会主义核心价值体系充分反映了时代特征，具有鲜明的时代性。当今世界，和平与发展是时代的主题，改革开放、开拓创新是时代的特征。邓小平曾经指出："现在世界上真正大的问题，带全球性的战略问题，一个是和平问题，一个是经济问题或者说发展问题。和平问题是东西问题，发展问题是南北问题。概括起来，就是东西南北四个字。"① 党的十七大报告指出："新时期最鲜明的特点是改革开放"，"新时期最显著的成就是快速发展"，"新时期最突出的标志是与时俱进"。② 社会主义核心价值体系充分反映了时代的这些主题和特征。它强调"用马克思主义中国化最新成果武装全党、教育人民"③，强调"大力推进理论创新，不断赋予当代中国马克思主义鲜明的实践特色、民族特色、时代特色"④，体现了与时俱进、理论创新的时代精神；它强调全国人民树立中国特色社会主义共同理想，内含改革创新、解放思想、科学发展的时代要求；它强调爱好和平等民族精神以及以改革创新为核心的时代精神，更加突出体现了新时期和平的时代主题和改革开放的鲜明特点；它强调崇尚科学，则突出反映了现代科技发展的时代潮流。

总之，社会主义核心价值体系集科学性与人民性、理想性与现实性、主导性与包容性、民族性与时代性的有机统一，充分彰显了其自身的理论魅力，是其能够实现大众化的内在根据和先决条件。

---

① 《邓小平文选》第3卷，人民出版社1993年版，第105页。

② 胡锦涛：《高举中国特色社会主义伟大旗帜　为夺取全面建设小康社会新胜利而奋斗——在中国共产党第十七次全国代表大会上的报告》，人民出版社2007年版，第8页。

③ 胡锦涛：《高举中国特色社会主义伟大旗帜　为夺取全面建设小康社会新胜利而奋斗——在中国共产党第十七次全国代表大会上的报告》，人民出版社2007年版，第34页。

④ 胡锦涛：《高举中国特色社会主义伟大旗帜　为夺取全面建设小康社会新胜利而奋斗——在中国共产党第十七次全国代表大会上的报告》，人民出版社2007年版，第34页。

（二）中国特色社会主义的实践成效举世瞩目

马克思曾经说过："一步实际运动比一打纲领更重要。"[①] 一种理论"无论多么吸引人、假设多么大胆，只有当经验可以支持它们时，换句话说，只有根基于事实上的证明可以支持它们时，这些观点在科学上才具有价值"[②]，也才能得到人们的认同。社会主义核心价值体系作为对中国特色社会主义实践经验的概括总结，它具有中国特色社会主义实践成效的现实支撑。新中国成立以来，中国共产党带领全国各族人民，积极探索，艰苦奋斗，在旧中国满目疮痍的废墟上走出了一条中国特色社会主义道路，取得了举世瞩目的辉煌成就，我国从一个曾经一穷二白的半殖民地半封建国家，变成了一个初步繁荣昌盛、充满生机活力的社会主义国家，广大人民群众深切感受并实际享用着社会主义建设和改革发展带来的实际利益，人们的物质生活和精神风貌发生了积极而巨大的变化，中国特色社会主义在实践中越来越彰显出无可比拟的制度优势，得到亿万人民的广泛认同和衷心拥护，这为推进社会主义核心价值体系大众化提供了强大的绩效支撑、奠定了广泛的群众基础。

1. 经济实力显著增强，综合国力极大提升

新中国成立初期，我国的经济状况可谓一穷二白、百废待兴。毛泽东就曾经说过："现在我们能造什么？能造桌子椅子，能造茶碗茶壶，能种粮食，还能磨成面粉，还能造纸，但是，一辆汽车、一架飞机、一辆坦克、一辆拖拉机都不能造。"[③] 而现在，我国已经建立起了独立完整的现代工业体系，生产能力千百倍地增长，我国的社会主义建设在中国历史和世界历史上创造了前所未有的发展奇迹。

首先，经济实力显著增强。从经济增长速度来看，新中国成立以来，我国的经济增长不仅超过了旧中国以往的任何一个历史时期，同时也超过当今世界的其他任何国家。从 1000 年至 1500 年，我国的国内生产总值年均增长速度为 0.17%；从 1500 年至 1820 年是 0.41%；从

---

① 《马克思恩格斯文集》第 3 卷，人民出版社 2009 年版，第 426 页。

② ［意］加塔塔 · 莫斯卡：《统治阶级》，贾鹤鹏译，译林出版社 2002 年版，第 83 页。

③ 《毛泽东文集》第 6 卷，人民出版社 1999 年版，第 329 页。

1820 年至 1870 年是-0.3%；从 1870 年至 1913 年为-5.6%；从 1913 年至 1950 年为-0.02%。[①] 新中国成立后，经过 3 年时期的国民经济恢复，1952 年我国的国内生产总值为 679 亿元，到 1978 年增加至 3645 亿元，2008 年则达到了 300670 亿元，年均增长 8.1%。[②] 而就改革开放 30 年即从 1978 年至 2008 年期间来看，年均增长为 9.8%，不仅比同期世界经济年均增长速度高出 6.8 个百分点，就连日本经济腾飞阶段年均 9.2% 和韩国经济腾飞阶段年均 8.5% 的增长速度相比之下也显得逊色。新中国成立后尤其是改革开放以来我国经济这种如此较长期的高速增长超过其他任何国家，堪称世界历史上无与伦比的经济奇迹。从经济总量来看，新中国成立初期，我国经济总量占世界经济的份额不到 1%，1978 年为 1.8%，到 2007 年则提高到 6.0%，2008 年已上升至 6.4%，仅次于美国和日本，居世界第 3 位。[③] 根据国际货币基金组织公布的 2010 年 GDP 列表[④]，2010 年，中国的国内生产总值已经超过日本，名列世界第 2 位，我国已成为仅次于美国的世界第二大经济实体，标志着我国在世界的经济地位明显提高。更为重要的是，我国经济在快速增长的过程中，没有出现严重的社会对立，避免了西方国家甚至包括大多数发展中国家在工业化过程中出现的社会动荡，避免了西方老牌资本主义国家对外掠夺、殖民扩展的模式，经济发展的成果普遍地惠及了广大人民。因此。我国的经济发展不仅体现在增长速度和经济总量的“量”的优势上，而且体现在社会效益“质”的优势上。

其次，科技发展突飞猛进。我国科学技术在世界历史上曾长期处于先进地位，到宋代，创造发明达到最高峰，但其后就长期停滞不前，

① 宗寒：《社会主义改变了中国——60 年来中国的巨大发展变化与原因探析》，载《毛泽东邓小平理论研究》2009 年第 3 期。

② 卫兴华、侯为民：《新中国 60 年经济发展的历史经验及其启示》，载《思想理论教育导刊》2009 年第 10 期。

③ 参见卫兴华、侯为民：《新中国 60 年经济发展的历史经验及其启示》，载《思想理论教育导刊》2009 年第 10 期。

④ http://wenku.baidu.com/view/4650a1294b73f242336c5f2b.html.

日益落后。乾隆中叶，西欧已开始使用蒸汽动力。1922年，英国已有3000多千瓦的发电设备，发电量达百亿千瓦小时。而我国，直到新中国成立前夕，还不会制造发电设备。[①]新中国成立以后，随着整体生产力的发展，我国的科技发展取得突出成就。如果说“两弹一星”的试爆和发射成功是新中国成立后头30年我国科技发展最突出成就的话，那么改革开放后30年我国科技发展的最重大成就则可以说是杂交水稻、南水北调、西气东输和载人航天。尤其是2008年我国3名航天员搭乘神舟飞船的成功飞天，以及2011年我国“神舟八号”与“天宫一号”空间交会的成功对接，标志着我国的科学技术在越来越多的重大领域已跨入世界的先进行列。我国在科学技术领域的突出成就，令世人羡慕，令国人自豪。新加坡前总理李光耀曾说，中国的技术人员比许多国家的人口都多，“真让人羡慕”。美籍华人科学家杨振宁也感叹道：“中华人民共和国成立，数以百万计的科学家和工程师被训练出来了，复杂的研究与发展架构建设起来了，巨大的科技成果完成了”；“一个世纪之间只几代人就从真正的零开始，发展到了今天中国的‘神舟号’飞船可以升空又可以收回的地步，是史无前例的速度发展。”[②]他还说，在“文化大革命”前的17年里，即从1949年到1966年，中国的土地上已有了“惊人发展”，“现代化科学终于在中国本土化了”。[③]

最后，综合国力显著提升。随着经济实力的增强和科学技术的发展，我国的综合国力显著提升。我国钢铁、原煤、水泥、化肥、谷物、籽棉、油菜籽等主要工农业产品产量已多年位居世界首位。[④]此外，青藏铁路、三峡大坝、南水北调等重大工程捷报频传；抗击特大洪灾、战

---

① 宗寒：《社会主义改变了中国——60年来中国的巨大发展变化与原因探析》，载《毛泽东邓小平理论研究》2009年第3期。

② 《杨振宁文录》，海南出版社2002年版，第103页。

③ 任定成编：《北大“赛先生”讲坛——八面风文丛》，上海科技教育出版社2005年版，第13页。

④ 参见中华人民共和国国家统计局：《中国统计年鉴2009》，http://www.stats.gov.cn/tjsj/ndsj/2009/indexch.htm。

胜非典疫情和特大地震灾害的斗争取得伟大胜利；北京奥运会、残奥会、上海世博会等重大活动的成功举办令世人瞩目；利比亚大规模撤侨行动的立体高效令外媒称奇；等等。这一切都标志着我国综合国力明显提升。

2. 政治建设稳步推进，民主法治长足发展

新中国成立前，酒楼茶肆通常都贴有“莫谈国事”的警语，国人议论国事往往会有入狱杀头之险，更别说政治参与了。新中国成立后，人民翻身做了国家主人，有序政治参与的渠道越来越多。2008 年 6 月 20 日，国家主席胡锦涛赴人民网与网民在线交流，成为中国网民“最幸福的网事”①；近几年，温家宝总理与民众的网络议政，成为“两会”的独特风景；其他各级领导干部也纷纷“触网”。当前，无论是“居庙堂之高”，还是“处江湖之远”，都能为国建言献策。我国的民主政治自新中国成立以来取得长足发展。

首先，中国人民的政治地位发生根本变化，广大人民翻身做了国家主人。我国是一个有着五千多年悠久历史的文明古国，但人民当家作主、真正成为国家和社会的主人，只是在新中国成立以后才成为现实。新中国成立以来，我国政治领域发生了重大变化，确立了中国共产党领导的人民民主专政的社会主义基本政治制度、人民代表大会制度、中国共产党领导的多党合作和政治协商制度、民族区域自治制度和基层群众自治制度。这些制度的确立，为广大人民当家作主奠定了根本的政治前提。改革开放以后，伴随着经济体制改革的推进，我国政治体制改革也取得重大进展：废除了领导职务终身制，实行了任期制、限任制和老干部离退休制度；党政开始适度分开；人民代表大会制度不断完善，直接选举人大代表的范围已扩大至县，差额选举制度普遍实行，城乡按相同人口比例选举人大代表正在逐步实现；已经实行公务员制度，行政管理体制改革不断深化；多党合作和政治协商制度不断完善，人民政协已成

① 参见人民网：《时事中国：总书记与网友谱写中国最幸福“网事”》，http://politics.people.com.cn/GB/1025/7411029.html。

为各民主党派参政议政、团结合作的重要场所，成为各级党政凝聚力量、广集民智、实行科学民主决策的重要渠道。上述政治体制的改革完善使我国各阶层、各政党、各民族都有着广泛的政治参与渠道，从制度层面上更好地保障了人民的当家作主。

其次，基层群众自治不断推进，“草根民主”成为当代中国最直接、最广泛的民主实践。基层群众自治制度是我国社会主义民主政治的一大亮点。党的十七大将其纳入我国社会主义民主政治制度的基本范畴，使我国政治制度的体系更加完整。新中国成立初期，我国各城市普遍建立了居民委员会和职工代表大会。1982 年，我国首次将城市居民委员会制度写入宪法，1989 年，全国人大常委会制定了《城市居民委员会组织法》，对居民的选举权和被选举权、对居民委员会的选举、组成、监督以及居民会议的召开等作出了明确规定，为城市居民委员会的发展提供了法律基础和制度保障。在农村，村民自治发端于 20 世纪 80 年代初期，普遍推行于 90 年代，现已成为我国农村扩大基层民主和提高农村治理水平的一种有效方式。在城乡基层群众自治组织中，广大人民群众得到了依法直接行使民主选举、民主决策、民主管理和民主监督的权利。2007 年，保障人民的“知情权、参与权、表达权、监督权”，被写入党的十七大政治报告。国务院带头，对一些关系国计民生的重大决策采取公示和听证制度。网络论坛、手机短信等已成为最新政治参与平台。

再次，法治建设取得重大成就，人民民主实现从实体民主到程序民主的全方位发展。法治建设是国家政治文明发展到一定历史阶段的重要标志。新中国成立以来，我国法治建设跨越了西方国家用几百年时间走过的历程，谱写了人类法治历史的新篇章。新中国成立初期，我国制定了具有临时宪法性质的《共同纲领》，拉开了我国法治建设、依法治国的序幕；1950 年 5 月 1 日，新中国第一部法律《婚姻法》实施；1954 年，我国第一部社会主义宪法正式颁布。随后的两三年，我国颁布了近 1000 件法律、法令和法规，起草了刑法、民法、民事诉讼法、刑事诉讼法等基本法律。党的十一届三中全会后，在总结历史经验的基础上，我国的法治建设迎来了新的春天，我国现行《宪法》以及《刑法》、《刑事诉讼法》、《民法通则》、《民事诉讼法（试行）》、《行政诉讼法》等基本法律相继出台，从根本上改变了许多重要领域无法可依的局面。党的十五大之后，我国开始构建符合社会主义市场经济的法律体系框架，相继出台了《公司法》、《合同法》、《中国人民银行法》、《劳动法》、《对外贸易法》等适应社会主义市场经济发展需要的法律法规。党的十六大以来，我国进一步修改宪法，将“公民合法的私有财产不受侵犯”、“国家尊重和保障人权”等写入宪法，制定和修改了《反分裂国家法》、《行政许可法》、《物权法》、《劳动合同法》、《信访条例》、《政府信息公开条例》等法律和行政法规。① 截至2009年4月，我国现行有效法律共231件、行政法规600余条、地方性法规7000余件、民族自治条例和单行条例600余件。②“中国特色社会主义法律体系已经基本形成，国家经济、政治、文化、社会生活的各个方面基本做到有法可依”③。同时，党依法执政的能力显著提高，法治政府建设稳步推进，司法制度日趋完善，法律在促进经济社会发展、确保国家权力正确行使、保障人民各项权利、维护社会公平正义等方面的作用不断增强。

3. 文化建设成就辉煌，教育成就有目共睹

新中国成立之初，为清除封建主义思想的遗毒，我国展开了破旧立新的文化建设，文化事业呈现出生机勃勃的景象，民族面貌焕然一新。“文革”十年，文化建设遭受严重挫折，万马齐喑，一片凋零。改革开放后，面对改革、发展、稳定的繁重任务，面对各种思想文化的交流、交融、交锋，党和国家十分重视加强中国特色社会主义文化建设，找到了一条中国特色社会主义文化发展的道路，形成了思想道德

---

① 参见杨峥嵘、胡艳香、胡君、龚志军：《中国特色社会主义法治建设六十年》，载《光明日报》2009年10月13日。

② 参见石泰峰：《加快法治建设的路径》，最高人民法院网，http://www.court.gov.cn/xwzx/yw/201002/t20100223_1725.htm。

③ 《十七大以来重要文献选编》上，中央文献出版社2009年版，第932页。

建设不断加强、教育事业全面进步、文化事业健康发展、人民精神文化生活更加丰富的局面。

第一，思想道德建设不断加强。思想道德建设是中国特色社会主义文化建设的中心环节。我们党历来重视思想道德建设，并将其作为支撑革命、建设、改革和发展的精神力量。早在新中国成立初期，以毛泽东为核心的党中央就提倡把“五爱”即爱祖国、爱人民、爱劳动、爱科学、爱护公共财物作为全体公民的公德，并将其写进具有临时宪法性质的《共同纲领》。改革开放新时期，我们党先后提出加强社会主义精神文明建设、坚持依法治国与以德治国相结合、树立社会主义荣辱观、建设社会主义核心价值体系等一系列重要思想和重要任务，思想道德建设取得重要进展。新中国成立以来，我国先后涌现出雷锋、焦裕禄、王进喜、孔繁森、牛玉儒、任长霞等一大批家喻户晓的先进典型和道德模范。民族精神和时代精神得到有力弘扬，雷锋精神、大庆精神、抗洪抢险精神、载人航天精神、抗震救灾精神、北京奥运精神、上海世博精神等，越来越成为民族复兴的强大力量。

第二，教育事业全面进步。教育是民族振兴的基石，是中国特色社会主义文化建设的重要内容。新中国成立以来，我国教育事业取得巨大成就。一是国民文化素质整体提高。新中国成立初期，我国小学入学率只有 20%，文盲率高达 80%。① 当前，我国 15 岁以上人口和新增劳动力平均受教育年限分别超过 8.5 年和 11 年，有高等教育学历从业人数超过 8200 万人，均处于发展中国家前列，这标志着中华民族科学文化素质大大提高，我国已经成为人力资源大国，正在加速向人力资源强国转变。② 二是全面普及九年义务教育。1986 年，全国人大颁布《义务教育法》，明确提出国家实行九年制义务教育。到 2007 年年底，全国普及九年义务教育人口覆盖率达到 99.3%，实现“普九”的县数占全国

① 当代中国研究所：《中国巨变：1949—2009》，http://shishi.china.com.cn/txt/2010-05/13/content_3510814.html。

② 参见丰捷：《教育部部长周济：中国正加速向人力资源强国转变　高等教育毛入学率将再增加 10%》，载《光明日报》2009 年 9 月 12 日。

总县数的98.5%。[①] 三是高等教育进入大众化发展阶段。根据美国学者马丁·特罗的研究，如果高等教育毛入学率达到15%，就意味着高等教育进入大众化阶段。2002年，我国高等教育毛入学率首次达到15%，2006年进一步提高到22%，2009年达到24%，我国高等教育已进入大众化时代。[②] 四是教育公平迈出重大步伐。教育公平是最基本的社会公平。为缩小东西部和城乡义务教育差距，我国从2004年起，开始实施西部地区“两基”[③] 攻坚计划。截至2007年年底，西部地区“两基”人口覆盖率达到98%。[④]2006年，我国开始农村义务教育经费保障机制改革，将农村义务教育经费全面纳入国家财政保障范围，惠及40多万所农村义务教育学校和近1.5亿名农村中小学生。2008年秋季学期开始，城市义务教育阶段学生学杂费全面免除，这一政策共惠及2.59万所城市义务教育学校、2821万名城市中小学生。[⑤] 在非义务教育阶段，国家已基本建立起国家助学金、国家助学贷款、国家励志奖学金、国家奖学金、师范生免费教育等多种形式有机结合的国家助学体系。到2010年，中职学生受助面已达到90%，高等学校受助面达到20%。[⑥] 通过实行免费义务教育和国家助学制度，人民群众反映强烈的“上不起学”的问题，得到基本解决。

第三，文化事业景象繁荣。具体表现如下：一是文艺创作日益繁荣。“文革”时期，《红灯记》、《智取威虎山》、《沙家浜》、《海港》等8部革命“样板戏”是整个国家仅有的文艺作品，被戏称为“八亿人民八个戏”。改革开放后，我国涌现了一大批不同题材、体裁的优秀文艺作

① 参见袁新文：《为建设人力资源强国奠基——教育事业发展谱写新篇章》，载《人民日报》2008年10月10日。

② 参见 http://www.ciu.gov.cn/Webnews/News/News/2010-10-18/101018031259656.html。

③ 所谓“两基”是指基本普及九年义务教育、基本扫除青壮年文盲。

④ 参见袁新文：《为建设人力资源强国奠基——教育事业发展谱写新篇章》，载《人民日报》2008年10月10日。

⑤ 参见袁新文：《为建设人力资源强国奠基——教育事业发展谱写新篇章》，载《人民日报》2008年10月10日。

⑥ 参见温家宝：《关于发展社会事业和改善民生的几个问题》，载《求是》2010年第7期。

品，文艺创作“百花齐放”，丰富了城乡群众的文化生活。2010年，全国共有艺术表演团体2515个，生产故事影片526部，科教、纪录、动画和特种影片95部。[①] 二是文化传播载体日益多样。国际互联网、移动电视、手机等新的文化传播载体层出不穷。三是文化产业日益发展。游戏、数字和网络等新兴文化产业快速发展，演艺、文物和艺术品经营等传统文化产业焕发生机，以公有制为主体、多种所有制共同发展的文化产业格局逐渐形成。四是公共服务体系日益完善。我国公共图书馆在1949年全国共55个，1978年增至1256个，2010年猛升至2860个；电视台1962年有14座，1978年32座，2010年为247座；2010年，广播、电视节目综合人口覆盖率分别达到96.8%和97.6%。[②]

4. 社会建设成效显著，人民生活根本改善

新中国成立以来，尤其是改革开放以来，我们党一直重视改善民生，并将其作为社会建设的重点，广大群众的生活水平实现了从贫困到温饱再到小康的历史性跨越，贫困人口大幅下降，延续几千年的“皇粮国税”成为历史，九年义务教育阶段学杂费全面免除，社会保障“安全网”越织越密，我们党努力使全体人民“学有所教、劳有所得、病有所医、老有所养、住有所居”的目标正在逐步实现，中国人民正享受着越来越美好的幸福生活。正如一首歌曲《越来越好》唱的那样：“房子大了，电话小了，感觉越来越好”；“假期多了，收入高了，工作越来越好”；“道路宽了，心气顺了，日子越来越好”；“幸福的笑容天天挂眉梢”。具体而言，新中国成立以来，我国人民生活的改善主要体现在如下方面：

一是收入水平显著提高。新中国成立前夕，我国城镇居民人均年收

① 参见中华人民共和国国家统计局：《中华人民共和国2010年国民经济和社会发展统计公报》，http://www.stats.gov.cn/tjgb/ndtjgb/qgndtjgb/t20110228_402705692.htm。

② 参见中华人民共和国国家统计局：《中华人民共和国2010年国民经济和社会发展统计公报》，www.stats.gov.cn/tjgb/ndtjgb/qgndtjgb/t20110228_402705692.htm；高放：《开拓社会主义现代化新路的六十年——写在中华人民共和国建国六十大庆之际》，载《中共宁波市委党校学报》2009年第5期。

入不足100元，农民人均年收入不足50元。1978年，我国农村人均纯收入达到133.6元，2008年猛增至4760.6元，2009年增加到5153元，2010年为5919元，剔除价格因素，2010年农村人均纯收入比2009年实际增长10.9%。城镇居民家庭人均可支配收入1978年为343.4元，2008年增至15780.8元，2009年达到17175元，2010年为19109元，比2009年实际增长7.8%。[①] 从城乡居民储蓄存款总额来看，1978年为210.6亿元，2008年增加到217885.4亿元。[②] 随着城乡居民收入水平的显著提高，我国的贫困人口数量则大幅下降，从1978年的2.5亿人下降到2010年的2688万人。[③] 这样的成就在历史上绝无仅有，受到世人的高度称赞。早在2006年，联合国世界粮食计划署执行干事莫里斯就曾表示，中国为世界减贫事业贡献巨大，“在过去的20多年时间里，中国成功地使数以亿计的人口脱离了贫困状态，这对全世界都是个伟大的贡献。”[④]

二是消费能力明显增强。新中国成立初期，我国城乡居民的收入大部分用于食品消费。直至1978年，我国城镇职工消费支出中用于吃的就占57.5%，用于穿的占13.6%，用于其他支出仅占18.9%。[⑤] 经过新中国成立以来尤其是改革开放的发展，我国的老百姓越来越“不差钱”，生活水平明显提高。从消费来看，广大群众的食品消费逐步由温饱型向营养型转变；穿着从“穿暖”走向“穿美”；家庭生活设备日益现

---

① 中华人民共和国国家统计局：《中国统计年鉴2009》，《中华人民共和国2009年国民经济和社会发展统计公报》，《中华人民共和国2010年国民经济和社会发展统计公报》，http://www.stats.gov.cn/。

② 中华人民共和国国家统计局：《中国统计年鉴2009》，http://www.stats.gov.cn/tjsj/ndsj/2009/indexch.htm。

③ 1978年的贫困标准为100元，2010年的贫困标准为1274元。参见中华人民共和国国家统计局：《中华人民共和国2010年国民经济和社会发展统计公报》，http://www.stats.gov.cn/tjgb/ndtjgb/qgndtjgb/t20110228_402705692.htm。

④ 李锋：《中国为世界减贫事业贡献巨大》，载《人民日报》2006年12月14日。

⑤ 宗寒：《社会主义改变了中国——60年来中国的巨大发展变化与原因探析》，载《毛泽东邓小平理论研究》2009年第3期。

代化，“三大件”耐用品在20世纪80年代是自行车、缝纫机和手表，90年代发展为彩电、冰箱和洗衣机，如今则更新为移动电话、电脑和私家车。近年来，教育、文化、娱乐等发展型和享受型消费比重明显上升，休闲、健身、旅游成为人们生活的重要组成部分，城乡居民家庭的恩格尔系数①明显下降。2009年，城镇家庭全年消费支出中，用于食品的占36.5%。恩格尔系数由1978年的57.5%、1996年的48.8%，下降到2008年的37.9%、2009年的36.5%。就农村居民家庭而言，恩格尔系数由1978年的67.7%、1996年的56.3%，下降到2008年的43.7%、2009年的41.0%。②这说明广大人民群众的生活质量自改革开放以来明显提高。根据联合国对世界各国生活水平的划分标准③，我国农村居民的生活水平已由温饱达到小康，城镇居民的生活水平则已由小康达到富裕。

三是住房条件明显改善。住房问题关系千家万户，是重大民生问题。实现“住有所居”是构建社会主义和谐社会的重要目标，也是让人民群众共享改革发展成果的重要体现。新中国成立以来，我国群众住房条件明显改善。一是人均住宅面积逐年增加。城市人均住宅建筑面积在1978年只有6.7平方米，2000年增加至20.3平方米，2007年达到27.1平方米；农村人均住房面积在1978年为8.1平方米，2000年增加至24.8平方米，2008年达到32.4平方米。④二是初步形成了以廉租房为

---

① 恩格尔系数 (Engel’s Coefficient) 是指食品支出总额占个人消费支出总额的比重，它是衡量一个家庭或国家富裕程度的主要标准之一。一般来说，在其他条件相同的情况下，恩格尔系数较高，作为家庭来说则表明收入较低，作为国家来说则表明该国较穷；恩格尔系数较低，作为家庭来说则表明收入较高，作为国家来说则表明该国较富裕。

② 中华人民共和国国家统计局：《中国统计年鉴2009》，http://www.stats.gov.cn/tjsj/ndsj/2009/indexch.htm；中华人民共和国国家统计局：《中华人民共和国2009年国民经济和社会发展统计公报》，http://www.stats.gov.cn/tjgb/ndtjgb/qgndtjgb/t20100225_402622945.htm。

③ 联合国根据恩格尔系数的大小，对世界各国的生活水平有一个划分标准，即一个国家平均家庭恩格尔系数大于60%为贫穷；50%—60%为温饱；40%—50%为小康；30%—40%属于富裕；20%—30%为相对富裕；20%以下为极其富裕。

④ 中华人民共和国国家统计局：《中国统计年鉴2009》，http://www.stats.gov.cn/tjsj/ndsj/2009/indexch.htm。

主、多层次的住房保障体系。截至2008年年底，通过廉租房建设和棚户区改造，我国已解决了295万户低收入城镇家庭的住房困难问题，已有500多万户低收入城镇家庭住进经济适用房，棚户区改造工作使130多万户居民的住房条件得以改善。①

四是健康水平显著提高。新中国成立前，我国医疗资源极度匮乏，医疗设备极其简陋，医疗技术水平低下，广大群众特别是农民缺医少药，得不到基本的医疗卫生保障，人均预期寿命只有35岁。新中国成立以来，经过60多年的建设和发展，我国的医疗卫生事业发生了沧桑巨变，取得辉煌成就。（1）医疗技术显著提高，全国孕产妇和婴幼儿死亡率大幅下降。孕产妇死亡率由新中国成立初的1500/10万下降至1991年的80.0/10万、2008年的34.2/10万，婴儿死亡率由新中国成立初的200‰下降到1991年的50.2‰、2008年的14.9‰，均居发展中国家前列。②（2）严重威胁群众健康的重大传染病得到有效控制，全国甲、乙类法定传染病发病率从1949年的20000/10万下降到2010年的255.80/10万。③（3）覆盖城乡居民的医疗卫生服务体系基本建立。2010年，我国拥有卫生机构93.9万个，卫生技术人员584万人，医院和卫生院床位437万张；乡镇卫生院3.8万个，床位100万张，卫生技术人员96.4万人。④ 医疗卫生事业的发展和医疗卫生条件的改善，使“我们把‘东亚病夫’的帽子彻底扔进了太平洋”⑤，我国城乡居民的健康水平显著提高，平均寿命，由新中国成立前的35岁大幅上升到现在的73岁，完全突破了“人生七十古来稀”的局限。

---

① 参见钟和：《住有所居：60年成就与未来发展》，载《中华建筑报》2009年10月10日第1版。

② 中华人民共和国国家统计局：《中国统计年鉴2009》，http://www.stats.gov.cn/tjsj/ndsj/2009/indexch.htm。

③④ 《中华人民共和国2010年国民经济和社会发展统计公报》，http://www.stats.gov.cn/tjgb/ndtjgb/qgndtjgb/t20110228_402705692.htm。

⑤ 周婷玉：《陈竺：我们把“东亚病夫”的帽子扔进了太平洋——卫生部部长陈竺谈新中国6 0年的医药卫生事业》，http://theory.people.com.cn/GB/10124798.htm。

五是基本生活得到有效保障。社会保障是人民生活的安全网、社会发展的稳定器。新中国成立以来，我国社会保障事业经历了从无到有的发展过程，到现在已经形成以社会保险为主体的社会保障制度框架，社会保障的覆盖面也在不断扩大。各项保障制度的覆盖范围逐步从城镇到农村、从职业人群到城乡居民扩展。2010 年，参加城镇基本养老保险人数达 25673 万人，参加城镇基本医疗保险人数达 43206 万人，新型农村合作医疗参合率达 96.3%，2311.1 万城市居民、5228.4 万农村居民得到政府最低生活保障。① 随着经济的发展，各项社会保障的待遇水平也在稳步提高。企业退休人员的基本养老金，月人均由 2000 年的 544 元提高到 2009 年的 1200 元；新型农村合作医疗筹资水平从年人均 30 元提高到 100 元，大病住院医疗费用报销比例从最初的约 20% 提高到 2008 年的 38%，低保、失业和工伤保险等待遇标准也得到相应提高，广大群众特别是低收入群众基本生活得到有效保障。②

新中国成立以来尤其是改革开放以来，我国之所以发生沧桑巨变，在经济、政治、文化、社会等各方面取得举世瞩目的发展成就，从根本上说，是因为广大人民群众在中国共产党的领导下，始终坚持以马克思主义为指导思想，“开辟了中国特色社会主义道路，形成了中国特色社会主义理论体系”③。中国特色社会主义建设实践所取得的辉煌成就，既充分彰显了中国共产党的执政能力，也是对马克思主义指导思想、中国特色社会主义道路正确性的充分印证，是对社会主义核心价值体系科学性的实践证明，为推进社会主义核心价值体系大众化提供了强大的绩效支持。

---

① 《中华人民共和国 2010 年国民经济和社会发展统计公报》，http://www.stats.gov.cn/tjgb/ndtjgb/qgndtjgb/t20110228_402705692.htm。

② 参见何平：《中国社会保障 60 年》，载《中国劳动保障》2009 年第 10 期。

③ 胡锦涛：《高举中国特色社会主义伟大旗帜　为夺取全面建设小康社会新胜利而奋斗——在中国共产党第十七次全国代表大会上的报告》，人民出版社 2007 年版，第 11 页。

二、社会主义核心价值体系大众化的制约因素

当前，推进社会主义核心价值体系大众化，受到一些因素的制约。这些因素主要包括社会主义核心价值体系理论自身的因素、宣传普及的因素、社会现实的因素以及意识形态的因素。深刻分析制约社会主义核心价值体系大众化的这些不利因素，有助于针对性地找到解决问题的办法，有效推进社会主义核心价值体系的大众化。

（一）制约社会主义核心价值体系大众化的理论因素

推进社会主义核心价值体系大众化，目的是为了使社会主义核心价值体系为大众认知理解、认同内化和实践外化。但目前，社会主义核心价值体系自身的一些理论因素构成了其大众化的制约瓶颈，不利于推进社会主义核心价值体系的大众化。

1. 社会主义核心价值体系理论内容的丰富性制约着大众对其的全面认知

社会主义核心价值体系既包含处于灵魂地位的马克思主义指导思想、作为主题的中国特色社会主义共同理想，也包含作为精髓的以爱国主义为核心的民族精神和以改革创新为核心的时代精神，还包含处于基础地位的社会主义荣辱观，其内容丰富，逻辑严密，但却不利于传播，也不便于大众的记忆。根据笔者的问卷调查，在实际回收的1592份有效问卷中，对社会主义核心价值体系具体内容“非常了解”的仅为8.23%，“了解一些，但不全面”的为42.09%，“只是听说过，具体内容不大了解”的为21.55%，“没听说过，完全不了解”的为21.84%（如图3—1）。这就是说，当前我国绝大多数群众都无法全面完整地表述社会主义核心价值体系的具体内容。如果涉及深层次的问题时，人们对社会主义核心价值体系的知晓情况则更不容乐观。比如，对社会主义核心价值体系的主题“知道，而且填写正确”的仅为5.53%，“知道，但却没有填写正确”的为9.80%，

“不知道”的高达 84.67%（如图 3—2）。通过开座谈会和个别访谈等方式，我们了解到，人们对社会主义核心价值体系内容的认知之所以不够全面，除了宣传教育不够充分等因素以外，一个重要原因就是社会主义核心价值体系的理论内容过于丰富、不易于为人们记忆。问卷分析也显示，有 35.4% 的调查对象认为“理论本身表达不简洁、不易记”，影响了人们对社会主义核心价值体系的全面认知和整体把握（见表 3—1）。

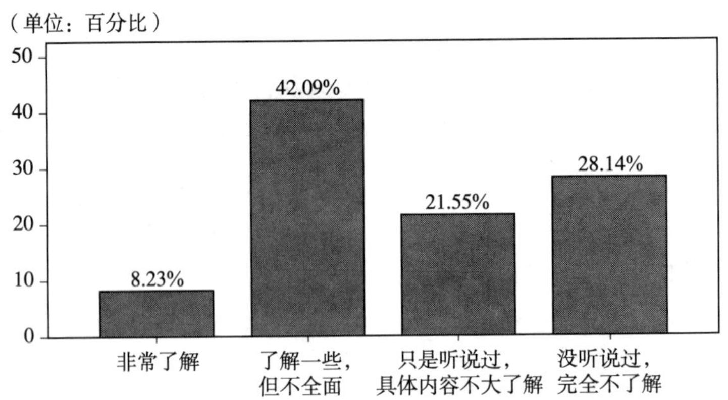

图 3—1　您了解社会主义核心价值体系的具体内容吗？

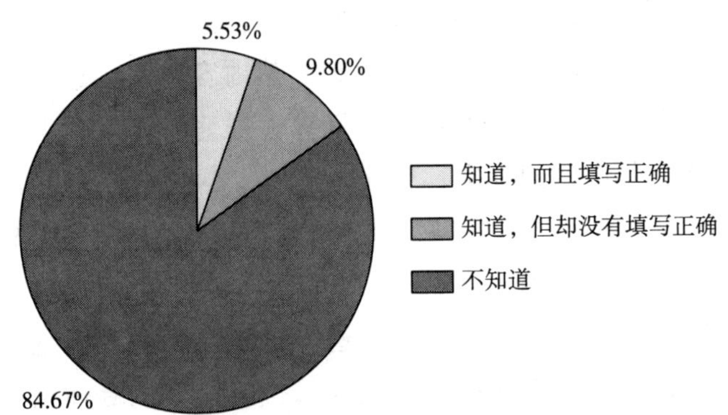

图 3—2　您知道社会主义核心价值体系的主题吗？

表 3—1　您认为哪些因素最影响人们对社会主义核心价值体系的认同？

选　项	频　数	有效百分比
理论本身表达不简洁、不易记	564	35.4%
理论不好懂	710	44.6%
马克思主义对有些问题缺乏足够的说服力	495	31.1%
西方价值观念和国内各种思潮对人们思想造成干扰	514	32.3%
一些领导干部自己不信仰马克思主义，腐败问题严重	939	59.0%
现实中的贫富悬殊同“共同富裕”的目标差距太大	963	60.5%
一些人在看病、上学、住房等方面有困难，对现实不满	915	57.5%
宣传教育缺乏吸引力	519	32.6%
其　他	36	2.3%

2. 社会主义核心价值体系语言表达的学理性制约着大众对其的深入理解

社会主义核心价值体系虽然并不玄奥，其内容都是在中国人民自身的革命和建设过程中形成的，是对中国革命、建设和改革实践经验的科学总结。但是，作为一种科学的理论体系，它不可避免具有内容体系的逻辑性、系统性和语言表达的概括性和抽象性，因而不易于为社会大众深入理解，这成为影响人们认同社会主义核心价值体系的重要因素。根据我们的调查，在 1592 份有效问卷中，有 44.6% 的调查对象认为“理论不好懂”，是制约人们认同社会主义核心价值体系的一个重要因素(见表 3—1)。而就其理论研究而言，也具有复杂性和专业性等特点，这就造成了主要是党政机关、社科研究单位、高等院校等少数单位和特定群体从理论上理解社会主义核心价值体系，并且形成了这些特定群体间交流的语言规范和习用话语。而就绝大多数普通群众而言，他们对于马克思主义指导思想、中国特色社会主义共同理想等社会主义核心价值体系的基本内容，是很难真正理解其深刻内涵的。社会主义核心价值体系基本内容的四个方面是相互联系、逻辑缜密的有机整体，并不是互不相干的。但是，据我们调查，关于社会主义核心价值体系四个方面之间的内在逻辑关系，就连一些专门从事思想政治理论教学的高校教师也对之不甚理解，有的甚至认为它们之间没有什么内在的逻辑联系，更不用说其他的社会大众了。

3. 社会主义核心价值体系理论基础解释现实的能力不够制约着大众对其的价值认同

马克思主义指导思想是社会主义核心价值体系的灵魂，社会主义核心价值体系是以马克思主义为理论基础的。马克思主义是关于自然界、人类社会和思维发展一般规律的科学，其唯物史观、剩余价值理论和科学社会主义揭示了社会主义代替资本主义的必然性及其实现道路。但是，随着历史条件的变化，马克思、恩格斯当年创立的科学社会主义在当下面临着诸多的挑战。比如，马克思、恩格斯认为无产阶级是实现科学社会主义的阶级基础，但是当年的无产阶级在今天作为蓝领工人，其数量在迅速减少。尽管今天受雇佣、领工资的人数在社会成员中占了大多数，但他们已分化为不同的社会阶层，其在社会地位、思想观念等方面都存在很大差别，是否仍属于同一个阶级，是一个需要深入研究的问题。又如，关于人类向社会主义过渡的方式，马克思、恩格斯虽然曾设想以和平的方式过渡到社会主义，但认为主要还是通过暴力革命。而在和平与发展已经成为时代主题的今天，在反对恐怖主义已经成为世界各国共同呼声和普遍舆论的当下，武装斗争和暴力革命是否还行得通，这也是一个需要研究的问题。在当今西方发达资本主义国家，虽然我们经常听到民众反对某届政府和某个领导人的声音，但把整个资本主义制度作为对象的政治革命仍未见端倪。再如，关于生产资料的社会所有制，在全世界已达 70 多亿人口的情况下，怎样实现生产资料为全世界所有，仍然是一个没有解决的问题。此外，在全球性的环境资源问题越来越严重的情况下，如何实现马克思、恩格斯在当年设想的生产力的高度发展和财富源泉的充分涌流，这也是一个需要回答的问题。① 而就马克思主

① 参见吴元梁：《比较视野下的中国特色社会主义》，载《中国社会科学》2008 年第 1 期。

义中国化的理论成果而言，目前仍然存在直面现实、解释现实能力不够的问题。有些思想理论过于悬空化，不能切实回答广大人民群众的理论困惑，对群众关心的某些重大理论热点和难点问题缺乏有说服力的回答。比如，在当前，关于中国共产党的阶级基础究竟应该如何界定，是只有工人阶级，还是也包括其他阶级或阶层？对于上述等问题，马克思主义在目前还尚未作出具有足够说服力的回答，这在一定程度上影响着人们对马克思主义指导思想以及以之为灵魂的社会主义核心价值体系的价值认同。据中国社会科学院的调研报告，在调查当前党的思想理论对重大理论和实际问题的解答能力时，26% 的受访者回答是“勉强能够”，9% 的受访者则回答的是“不能”。[①] 而根据我们的调查，也有 31.1% 的调查对象认为“马克思主义对有些问题缺乏足够的说服力”，制约着人们对社会主义核心价值体系的认同（见表 3—1）。

4. 社会主义核心价值体系大众化专题研究的薄弱制约着其实践进程的推进

“理论是实践的先导”[②]。社会主义核心价值体系大众化实践进程的推进，需要理论的专题研究为其提供理论依据和对策建议。近几年来，理论界围绕社会主义核心价值体系建设，开展了大量研究，在关于社会主义核心价值体系的科学内涵、重大意义、理论定位、逻辑结构、基本特征、主要功能、建设路径、实践要求等诸多方面取得了丰硕的研究成果，这对于推进社会主义核心价值体系大众化无疑具有重要的指导作用。但是，在这些成果中，涉及社会主义核心价值体系大众化专题研究的，并不是十分丰富。根据我们的文献调查，目前只有为数不多的学术论文在报纸、期刊上发表。因此，就目前的研究成果而言，对推进社会主义核心价值体系大众化实践工作的指导力度还不够，从而影响了社会主义核心价值体系大众化的实践推进进程。

① 参见中国社会科学院马克思主义研究学部课题组：《关于加强马克思主义理论研究和建设问题的调研报告》，载《马克思主义研究》2008 年第 4 期。

② 《十七大以来重要文献选编》上，中央文献出版社 2009 年版，第 279 页。

（二）制约社会主义核心价值体系大众化的宣传普及因素

理论不会自动回到大众中去，理论要回到大众、为广大群众所掌握，必须经过宣传普及这一重要环节，尤其是对于社会主义核心价值体系而言，由于其作为一个完整的理论体系形成的时间不长，更是需要经过广泛的宣传普及才能最大限度地为广大人民群众所理解掌握。然而，在目前社会主义核心价值体系宣传教育的工作中，存在着若干较为明显的制约社会主义核心价值体系大众化的不利因素。

1. 忽视社会主义核心价值体系大众化对象的主体性、差异性和广泛性

广大人民群众是社会主义核心价值体系宣传普及的对象，也是社会主义核心价值体系大众化的对象。就对象这一角度而言，在目前社会主义核心价值体系宣传普及的工作实践中，存在着三种不利于社会主义核心价值体系大众化的倾向。

一是忽视普及对象的主体性。作为社会主义核心价值体系大众化的对象，广大群众在社会主义核心价值体系的宣传普及过程中，并非消极被动的客体，而是具有独立人格的接受主体，能够对宣传教育的内容进行能动性的价值评价和价值选择，能够能动地处理自身与宣传教育主体之间的关系，并与之进行思想上的交流、沟通和融合，甚至进行双方角色的适当转换。但在实际的社会主义核心价值体系宣传教育过程中，采取自上而下“填鸭式”的教育方式，忽视教育对象的主体性和能动性，忽视教育对象的思想感受，则是一种非常普遍的现象。比如一些基层单位的理论学习就是领导读文件、一些思想政治理论课教师上课就是照本宣科、政治说教，等等。这种“填鸭式”的宣传教育方式必然会造成教育对象的厌烦和疲惫，影响宣传教育的质量和效果。

二是忽视普及对象的差异性。大众从来都是多质的大众。不同质的大众，不同的社会群体，因其年龄、职业、性别、受教育程度、知识结构、兴趣爱好等的不同，必然会在理论理解和接受程度上呈现出差异性。只有关注不同社会群体、不同普及对象的差异性，才能在宣传普及中体现出层次性和针对性，提高工作的实效性。习近平曾经批评一些讲

“假话”、“大话”、“空话”、“套话”的领导干部，说他们“与新社会群体说话，说不上去；与困难群众说话，说不下去；与青年学生说话，说不进去；与老同志说话，给顶了回去”[①]。之所以出现如此“失语”的状况，一个重要原因就在于这些领导干部忽视了不同群体的差异性，缺乏对说话对象的深入研究，缺乏对不同群体生活实际的调查。当前，在社会主义核心价值体系的宣传普及工作中，仍然存在着只“备书”，不“备人”，只备“理论”，不备“实际”的现象，严重忽视不同社会群体的实际特点，把社会主义核心价值体系停留在宣传口号和政治说教上，导致人民群众对理论宣传产生抵触情绪和逆反心理，影响了社会主义核心价值体系对广大群众的吸引力和感召力。

三是忽视普及对象的广泛性。在建设社会主义核心价值体系的过程中，我们始终把宣传普及的对象重点放在党政干部、广大党员和高校师生的身上，而忽视了人民群众实践主体的理论需要，没有着力推进社会主义核心价值体系在广大群众尤其是新社会阶层中的传播和普及。改革开放以来，随着经济社会的发展，我国出现了一系列新的社会阶层，他们是“民营科技企业的创业人员和技术人员、受聘于外资企业的管理技术人员、个体户、私营企业主、中介组织的从业人员、自由职业人员”[②]等。这些新社会阶层人员都是中国特色社会主义事业的建设者。然而，在社会主义意识形态建设中，这一社会群体几乎被边缘化，成为社会主义核心价值体系宣传普及的空白地带，这必然影响到社会主义核心价值体系大众化的覆盖范围和覆盖广度。

2. 异化社会主义核心价值体系大众化的重要内容，将其神化、僵化和泛化

马克思主义指导思想，作为社会主义核心价值体系的灵魂，是社会主义核心价值体系的重要内容。推进社会主义核心价值体系大众化的一个重要任务，就是要使广大人民群众认同马克思主义，并在此基础上，

① 衡洁：《盘点60年官员形象之变》，载《廉政瞭望》2009年第10期。

② 《江泽民文选》第3卷，人民出版社2006年版，第286页。

认同马克思主义在党和国家中的指导地位。然而，在马克思主义的宣传教育中，存在着一些错误对待马克思主义的不良倾向，影响了人们对马克思主义的认知理解和认同信仰。这些不良倾向主要有以下几种表现：一是将马克思主义“神化”。“神化”的主要表现是一些理论宣传工作者在宣传教育中严重脱离人民群众的日常生活，把马克思主义的文本教义化，容不得对马克思主义的任何怀疑和半点批评，将马克思主义视为包罗万象的绝对真理，甚至将马克思主义经典作家在特定历史条件下所说过的某些只言片语和所作的个别论断当做亘古不变的箴言要求人们加以迷信。二是将马克思主义“僵化”。尽管马克思主义的创始人一再谆谆告诫：他们的理论“是发展着的理论，而不是必须背得烂熟并机械地加以重复的教条”[①]，但是一些理论宣传者仍然将马克思主义当做现成的教条和公式，把马克思主义的宣传教育僵化为枯燥的政治说教。三是将马克思主义“泛化”，即是将与马克思主义风马牛不相及的东西纹之以马克思主义的锦绣，冠之以马克思主义的名称，强行同马克思主义挂靠。比如一些领导干部把马克思主义当做政治标签，哪里需要就往哪里贴，不管任何大会小会、大事小事，都满嘴“三个代表”、满嘴“科学发展观”，甚至把自己所做的违背“三个代表”、违背“科学发展观”的事情也说成是对之的深入贯彻落实硬要与之挂上钩，大搞穿靴戴帽；一些理论宣传者把本不属于马克思主义的东西实用地强加于马克思主义，冠之以马克思主义的名称，如“马克思主义认为”、“根据马克思主义的基本原理”等，但在这些引语之后，接着道出的却不是马克思主义的观点，而是该理论宣传者自己想阐述的观点。“神化”、“僵化”、“泛化”都是对马克思主义的异化。“‘神化’倾向捧杀马克思主义”；“‘僵化’倾向窒息马克思主义”；“泛化”倾向则玷污甚至侮辱马克思主义。[②]这几种对待马克思主义的畸形倾向，都损害了马克思主义的形象，影响了人们对马克思主义的理解、认同和信仰。

---

① 《马克思恩格斯选集》第4卷，人民出版社1995年版，第681页。

② 参见王国敏、李玉峰：《挑战与回应：坚守马克思主义在意识形态领域的主流地位》，载《马克思主义研究》2007年第11期。

3. 社会主义核心价值体系大众化的宣传形式和手段有待改进

宣传形式和手段是社会主义核心价值体系宣传普及工作中不可或缺的要素。恰当的形式和手段能够使社会主义核心价值体系的传播收到事半功倍的效果。但目前社会主义核心价值体系的宣传普及工作，从形式上看，较为单调，主要采取讲座、报告、宣传栏等传统形式，缺乏对现代形式的有力探索；从手段上看，采用的主要是图书、报刊、广播、电视等传统媒体，而对网络、手机等新兴媒体还未能充分利用。此外，一些地方和部门在宣传普及社会主义核心价值体系的过程中，存在着开会读文件、散会写体会等将宣传教育工作程序化、简单化、流于形式的不良倾向，他们关注更多的只是应当宣传什么或是已经宣传了什么，而很少关注理论宣传是否起了作用以及起了多大的作用，这都在一定程度上制约着社会主义核心价值体系大众化的进程，影响着人们对社会主义核心价值体系的认同。根据我们的调查，有 32.6% 的调查对象认为“宣传教育缺乏吸引力”是影响人们认同社会主义核心价值体系的重要因素（见表 3—1）。而针对“您认为做好社会主义核心价值体系宣传教育工作应采取哪些措施?”这一问题时，41.6% 的调查对象认为应“改进宣传教育方式”。

4. 社会主义核心价值体系大众化传播主体的综合素质有待提高

社会主义核心价值体系大众化不是一个自发的过程，它需要传播主体的着力推进。在推进社会主义核心价值体系大众化这一系统工程中，马克思主义理论研究者、各个单位的宣传工作者、思想政治理论课教师、各级领导干部等都是社会主义核心价值体系的传播主体。这些传播主体的综合素质状况如何，比如是否具有坚定的马克思主义信仰和深厚的马克思主义学养；是否真学、真信、真用社会主义核心价值体系；在宣传普及工作中是否能恰当运用心理学、教育学、传播学、社会学等相关学科的理论；是否具有良好的语言驾驭能力，等等，这些都对社会主义核心价值体系大众化的效果具有直接的影响。从目前来看，一些传播主体在某些方面有优势，但在其他方面则较为薄弱，不利于更好地推进社会主义核心价值体系大众化。尤其是一些教育者，自己都不信仰马克思主义、不相信自己讲的东西，怎么能令别人信呢？教育者要影响别人，使别人接受某种思想、理论，自己要首先接受这种思想、理论，并对之有坚定的信仰。但在现实中，一些马克思主义理论教育者，根本就不相信马克思主义，他们只是把这项工作作为自己谋生的手段，是为了生计而宣传自己并不认同的思想、理论。笔者曾经被一些同行（高校思想政治理论课教师）问过这样的问题："说实话，难道你真信我们讲的那一套么?"笔者也曾被从事党委工作、宣传工作的人员问过这样的问题："难道你真认为我们还是搞的社会主义?"在作者的身边，还有虔诚的宗教信仰者从事《马克思主义基本原理概论》与《毛泽东思想和中国特色社会主义理论体系概论》的教学工作。此外，也有思想政治理论课教师在上《毛泽东思想和中国特色社会主义理论体系概论》的第一堂课时，就明确地告诉学生，他自己并不相信教材上那一套，他接下来要讲的都是假的，他之所以来上这门课，是为了要"吃饭"。此外，一些教育者，虽然相信马克思主义，但由于知之甚少，在教育过程中，理不直、气不壮，甚至信口开河，将马克思主义曲解、误解、肢解。这些都对社会主义核心价值体系大众化造成了恶劣的影响，严重影响着人们对社会主义核心价值体系的认知理解和认同内化。在我们的调查中，有超过半数的（57.1%）的被调查者都认为做好社会主义核心价值体系的宣传教育工作应着力提高宣传教育队伍的综合素质。

（三）制约社会主义核心价值体系大众化的社会现实因素

社会主义核心价值体系大众化除了受到社会主义核心价值体系理论自身因素的影响外，还受到现实因素的制约。作为社会主义的主导意识形态，社会主义核心价值体系是理想性与现实性、理论性和实践性的有机统一。然而，理想与现实、理论与实践并不是也不应该是完全重合的，它们之间必须保持一定的张力，理论才会有感召力，才能为人们所信仰。但是，这种张力必须保持一定的度。如果实践与理论严重分离、现实与理想相悖而行，实践成为理论的否证、现实成为理想的反讽，那么这种价值体系就会成为毫无号召力的虚幻和虚伪，得不到人们的信仰而形同虚设。新中国成立以来尤其是改革开放以来，中国特色社会主义在经济、政治、文化、社会等各方面创造的发展奇迹是对社会主义核心价值体系的实践确证，有助于增强广大群众对社会主义核心价值体系的认同和信仰，但不可否认的是，当前社会的一些突出问题和消极现象则是对社会主义核心价值体系的否证和反讽，严重影响着人们对社会主义核心价值体系的认同和信仰。在我们的调查中，就“您认为哪些因素最影响人们对社会主义核心价值体系的认同?”这一问题，调查对象选择的排列前三位的都是社会现实因素。它们依次是“现实中的贫富悬殊同‘共同富裕’的目标差距太大”(60.5%)、“一些领导干部自己不信仰马克思主义，腐败问题严重”(59.0%)、“一些人在看病、上学、住房等方面有困难，对现实不满”(57.5%)。从图 3—3 可以看出，调查对象选择这三个选项的比例明显高于选其他各项的比例。

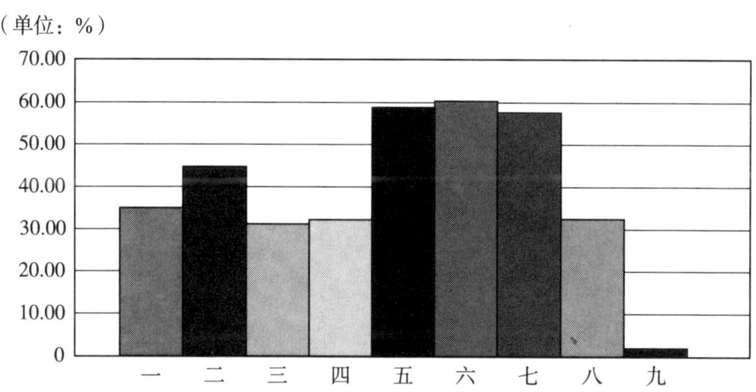

图 3—3 制约人们认同社会主义核心价值体系的因素

注:“一”代表理论本身表达不简洁、不易记;“二”代表理论不好懂;“三”代表马克思主义对有些问题缺乏足够的说服力;“四”代表西方价值观念和国内各种思潮对人们思想造成干扰;“五”代表一些领导干部自己不信仰马克思主义，腐败问题严重;“六”代表现实中的贫富悬殊同“共同富裕”的目标差距太大;“七”代表一些人在看病、上学、住房等方面有困难，对现实不满;“八”代表宣传教育缺乏吸引力;“九”代表其他。

1. 民生问题的凸显影响着人们对社会主义核心价值体系的认同

民生，即人民的生活。孙中山先生曾指出:“民生就是人民的生活——社会的生存，国民的生计，群众的生命。"[①]民生问题即是同人民群众日常生活密切相关的问题，如衣食住行、生老病死等问题。中国共产党以全心全意为人民服务为宗旨，历来重视保障和改善民生。早在1934年，毛泽东就强调："一切群众的实际生活问题，都是我们应当注意的问题。假如我们对这些问题注意了，解决了，满足了群众的需要，我们就真正成了群众生活的组织者，群众就会真正围绕在我们的周围，热烈地拥护我们。"[②]邓小平也强调，"空讲社会主义不行，人民不相信"，"归根到底要看生产力是否发展，人民收入是否增加"，"这是压倒一切的标准"。[③]群众是否相信社会主义，是否认同社会主义核心价值体系，关键是看我们党和政府的具体政策能否关注群众的切身利益，能否解决群众日常生活中的实际问题。新中国成立以来，我国人民群众的生活水平总体上实现了从贫困到温饱再到小康的历史性跨越，我们党在改善民生方面取得的成就举世公认。但在社会转型时期，随着经济体制的深刻变革、社会结构的深刻变动和利益格局的深刻调整，我国在经济社会发展方面取得辉煌成就的同时，也产生了包括住房、医疗、教育、就业、社会保障、食品安全、贫富悬殊等一系列关系群众基本生活的新的民生问题。这些民生问题的凸显，严重影响了社会主义核心价值体系的说服力，妨碍着社会主义核心价值体系的大众化。在我们的调查中，针对"您认为哪些因素最影响人们对社会主义核心价值体系的认同"这一问题，有超过半数即57.5%的调查对象认为是"一些人在看病、上学、住房等方面有困难，对现实不满"（见表3—1）。

当前，住房、医疗、教育等问题困扰百姓，成为难以承受的民生之重。住房、医疗和教育是广大群众的生活必需品。近些年来，这些生活必需品的高额费用，使广大群众的生活不堪重负，成为广大群众的沉重压力。

---

① 《孙中山选集》，人民出版社1981年版，第802页。

② 《毛泽东选集》第1卷，人民出版社1991年版，第137页。

③ 《邓小平文选》第2卷，人民出版社1994年版，第314页。

“住房贵”的问题仍然突出。住房是人们生存的基本需求，住房问题牵动千家万户，是关系亿万群众切身利益的重大民生问题。改革开放以来，我国居民的住房条件明显改善，截至2009年年底，我国城市人均住宅建筑面积约30平方米，农村人居住房面积33.6平方米，分别是1978年的4倍多。① 但近些年来，我国房价过高的问题十分突出。“蜗居”、“蚁族”、“房奴”、“裸婚”等热词的流行，表明高房价已成为人们生活的“不可承受之重”。《蜗居》，一部电视连续剧，其虚构的故事和情节，在播出后之所以引起广大观众的热议，在现实生活中产生强烈的反响，其主要原因就在于它折射出了都市“房奴”的辛酸苦辣，道出了无房族的困惑与无奈。② 最近几年，尽管各地政府建设了一些经济适用房、限价房和廉租房，但其数量十分有限，无异于杯水车薪，远远不能满足数量庞大的无房中低收入群体的基本住房需求。经过政府对房地产的调控，尽管部分城市的住房价格在近年开始有所松动，但“总体仍在高位运行”，“一些城市房租价格出现较快上涨”③。房租价格的上涨，进一步加重了困难群众的生活压力。过高的房价，则使很多人望房兴叹。据中国人民银行2010年公布的一项针对全国储户的调查，75.5%的居民认为房价“过高，难以接受”。④ 这种过高的房价不仅使开发商获得巨额财富，也使那些收入高、买房早、买得多的群体财富增长迅速，而其他群体则被挤出住房市场，基本的住房条件都难以满足，从而使本来已经存在的贫富差距进一步扩大，严重影响到社会的公平正义。

“看病贵”的难题仍待破解。我们党和国家历来高度重视人民群众的健康问题。改革开放以来，我国医疗卫生事业取得显著成就。尤其是

---

① 参见阮煜琳：《官方称中国人均住房建筑面积已达30平方米》，中国新闻网，2010年12月29日，http://www.chinanews.com/estate/2010/12-29/2755873.shtml。

② 参见中共中央宣传部理论局：《七个怎么看——理论热点面对面·2010》，学习出版社、人民出版社2010年版，第69页。

③ 曲哲涵：《注重民生，让百姓得到更多实惠》，载《人民日报》2010年9月6日。

④ 《央行报告：七成居民认为房价过高上涨预期增强》，中国新闻网，2010年12月15日，http://www.chinanews.com/cj/2010/12-15/2723203.shtml。

近年来，随着城乡居民医疗保险覆盖面的扩大，我国群众在医疗方面的生活压力有所缓解。但目前，群众“因病致贫”的问题依然突出。调查发现，“看病贵”仍然是群众反映中出现频率最高的词汇，老百姓一旦得病就会出现中等收入的平民一夜之间变成穷人、家庭困难的贫民立即沦为赤贫的情况。即使是在东部发达地区，仍有相当数量的群体因病致病或返贫。① 当前各地医保报销范围窄、报销标准低、住院押金高，成为因病致贫和影响群众看病就医的主要障碍。一是医保报销范围窄、标准低。“一旦得了大病重病，只能报销在住院期间、医保范围内发生的医药费的 50%—70%，而余下 30%—50% 的医药费和需自费购买的药物，就会成为压垮家庭的沉重经济负担。”② 二是住院押金高。“得大病需要住院治疗时，医院要求首付的住院押金大多在 5000 元至 1 万元，很多贫困家庭根本无力承担”。③ 三是医保报销的门槛费过高。一些地方居民“参加医保后发生费用，必须要超过一定的门槛才能报销，就是这道平常人看起来并不高的门槛，卡住了很多低收入者的就医路”④。四是医保存在较大政策空白点。“近年来，因病致困的人群呈现复杂化，许多患大病的真正困难人群无法纳入政府保障，成为医保盲区。”⑤ 而在农村，“小病扛，大病挨，病危才往医院抬”、“救护车一响，一头猪白养”、“脱贫三五年，一病返从前”等一些流传甚广的顺口溜，也从一个侧面反映了广大农民看病难、看病贵的情况。⑥

---

① 葛如江、沈锡权、孙洪磊:《“因病致贫”成最突出民生问题》，新华网，2009 年 11 月 9 日，http://news.xinhuanet.com/fortune/2009-11/09/content_12414108.htm。

② 葛如江、沈锡权、孙洪磊:《“因病致贫”成最突出民生问题》，新华网，2009 年 11 月 9 日，http://news.xinhuanet.com/fortune/2009-11/09/content_12414108.htm。

③ 葛如江、沈锡权、孙洪磊:《“因病致贫”成最突出民生问题》，新华网，2009 年 11 月 9 日，http://news.xinhuanet.com/fortune/2009-11/09/content_12414108.htm。

④ 葛如江、沈锡权、孙洪磊:《“因病致贫”成最突出民生问题》，新华网，2009 年 11 月 9 日，http://news.xinhuanet.com/fortune/2009-11/09/content_12414108.htm。

⑤ 葛如江、沈锡权、孙洪磊:《“因病致贫”成最突出民生问题》，新华网，2009 年 11 月 9 日，http://news.xinhuanet.com/fortune/2009-11/09/content_12414108.htm。

⑥ 刘建华:《解决农民看病贵需要综合施策》，载《人民日报》2010 年 12 月 21 日。

教育不公、上学难的现象依然存在。改革开放以来，我国教育事业取得巨大成就，城乡免费义务教育全面实现，广大人民群众受教育的权利得到切实保障，高等教育进入大众化阶段，职业教育快速发展。但同时，教育不公、上学难的问题仍然存在。这些问题突出表现在：一些困难群体公平受教育机会尚未得到充分保障，部分农民工的随迁子女还在办学条件不达标的打工子弟学校就学；地区之间、城乡之间、校际之间以及不同社会群体之间在接受优质教育的机会、接受教育的程度和质量等方面存在很大差异；农村小学生、初中生到城市优质学校上学难，农村初中毕业生升入城市拥有优质教育资源的高中学校难；国家助学体系还没有覆盖到普通高中教育，尚未做到“应助尽助”；等等。此外，“上学难”还表现在“上学贵”的问题上。据国家统计局的一项调查，“高昂的教育费用已成为有适龄子女居民家庭中一项沉重的负担，有七成的家庭觉得难以承受。这些费用主要包括补课费、择校费、住宿费、生活费等。”[①] 在受访的1220户家庭中，“有70%的受访者认为教育费用支出过高”，子女平均每人每月消费金额“在600元以内的占37.4%”，“600元至800元的占23.8%”、“800元至1000元的占18.9%”，“1000元以上的占19.8%”，“家庭子女平均每月消费的金额占整个家庭收入的比重最多占四分之一以上”。[②] 据全国妇联的一项调查，在问到“如果你家有矛盾有困难，主要原因是什么”问题时，受访者选择集中度最高的就是“孩子的教育费用越来越高”(占46.6%)；其次是“收入低，家庭生活窘迫”(占43.1%)；排在第三位的是“家里有病人”(占32.0%)。[③] 这说明子女教育费用负担重，已经成为部分群众家庭生活面临的主要困难。

---

① 王文：《国家统计局调查：七成家庭难承受高昂教育费用》，载《消费日报》2009年11月12日。

② 王文：《国家统计局调查：七成家庭难承受高昂教育费用》，载《消费日报》2009年11月12日。

③ 申保珍：《学费高、收入低、家有病人成“头三难”》，载《农民日报》2010年5月20日。

2. 社会分配不公和贫富悬殊的日趋严重同社会主义共同富裕的核心价值反差太大

邓小平曾经指出："社会主义的本质，是解放生产力，发展生产力，消灭剥削，消除两极分化，最终达到共同富裕。"① 共同富裕是体现社会主义最本质的东西，是社会主义的价值目标。经过新中国成立以来尤其是改革开放以来的发展，我国社会发展的本质方面是人民群众的生活水平普遍有了显著提高，贫困人口大幅下降，我国总体上朝着共同富裕的方向迈出了较大步伐。但与此同时，社会成员的收入差距也在扩大，社会分配不公和贫富悬殊日趋严重。这主要表现在以下五个方面：

一是基尼系数连续上升。基尼系数（Gini coefficient）是国际上常用的一种测量收入差距的指标，其数值在0—1之间。基尼系数越大，意味着不均等程度越高。按照国际通常标准，基尼系数在0.2以下表示绝对平均，在0.2—0.3之间表示比较平均，是最佳的平均状态；在0.3—0.4之间表示较为合理；超过0.4为警戒状态，表示收入差距较大；0.5以上则说明收入差距悬殊。我国的基尼系数自2000年开始，已越过0.4的警戒线，2006年已高达0.496。② 这就意味着我国的贫富差距已突破了合理的限度，"已经相当引人注目了"③。

二是城乡收入差距持续扩大。我国城乡居民收入比1997年为2.6∶1，2010年已达到3.33∶1，"落差"幅度不仅远高于发达国家，也高于巴西、阿根廷等发展中国家。④ 如果将城市居民的教育、医疗、养老等隐性的福利、优惠折算成收入，我国城乡居民收入差距则达到6∶1。⑤

---

① 《邓小平文选》第3卷，人民出版社1993年版，第373页。

② 参见王仁贵：《研究者称中国基尼系数连续上升贫富差距或恶化》，中国新闻网，2009年5月18日，http://www.chinanews.com/gn/news/2009/05-18/1695991.shtml。

③ 袁恩桢：《贫富悬殊的制度根源及根本应对》，载《探索与争鸣》2010年第11期，第17—19页。

④ 参见曲哲涵：《收入差距为何不断扩大》，载《人民日报》2010年5月24日。

⑤ 参见张劲松、陈璐：《论仇富现象的原因及化解》，载《中共宁波市委党校学报》2009年第1期。

三是垄断行业收入远远高于社会平均收入。根据人力资源和社会保障部的统计，当前，我国电力、电信、金融、保险、烟草等行业职工的平均工资是其他行业职工平均工资的2—3倍，如果再加上住房、工资外收入和职工福利待遇上的差异，实际收入差距可能在5—10倍之间。[①]

四是区域差距显著。据中国社会科学院调查测算，我国东部地区的居民家庭人均年收入平均是西部与中部的2.03倍和1.98倍。[②]

五是高低收入群体差距悬殊。2006年，城镇居民中20%最高收入组，是20%最低收入组的5.6倍；农村居民中20%最高收入组是20%最低收入组的7.2倍。[③]2007年，城镇居民中20%最高收入组是20%最低收入组的12.6倍；农村居民中20%最高收入组是20%最低收入组的13.0倍；城乡居民家庭人均年收入最高20%收入组的家庭平均收入是最低20%收入组的17.1倍。[④]

这种贫富悬殊的日趋严重不仅制约了中低收入者的消费，导致内需不足而阻碍经济的发展，而且它与社会主义的价值目标“共同富裕”反差太大，从而引起广大群众对党和政府、对分配制度的强烈不满，制约着人们对社会主义核心价值体系的认同。据上海社会科学调查中心的调查，针对“您对自己的收入满意吗?”这个问题，被访者中有46.2%感到“不满意”，12.7%感到“很不满意”，也就是说，有58.9%的被访者都不满意自己的收入。而就目前收入分配现状是否合理这个问题，认为“不合理”和“很不合理”的分别占51.9%和

① 参见曲哲涵：《收入差距为何不断扩大》，载《人民日报》2010年5月24日。

② 中国社会科学院“中国社会状况综合调查”课题组：《2008年中国民生问题调查报告》，中国网，2009年1月12日，http://www.china.com.cn/aboutchina/zhuanti/09zgshxs/content_17095610.htm。

③ 参见王仁贵：《研究者称中国基尼系数连续上升　贫富差距或恶化》，中国新闻网，2009年5月18日，http://www.chinanews.com/gn/news/2009/05-18/1695991.shtml。

④ 中国社会科学院“中国社会状况综合调查”课题组：《2008年中国民生问题调查报告》，中国网，2009年1月12日，http://www.china.com.cn/aboutchina/zhuanti/09zgshxs/content_17095610.htm。

15.6%。也就是说，67.5%的被访者都认为当前的收入分配现状是不合理的。[①]《人民论坛》千人问卷的调查也显示，68.45%的受调查者表示目前自己的付出与收入不成正比例。“对目前社会贫富差距现象，公众表示难以接受”。[②] 而据我们的调查，也有60.5%的受调查者认为最影响人们认同社会主义核心价值体系的因素是“现实中的贫富悬殊同‘共同富裕’的目标差距太大”，这一比例在所有选项中位居第一（见图3—3）。

3. 部分党政干部贪污腐败和一些地方政府的行为失范影响恶劣，是社会主义核心价值体系大众化最大的绊脚石

作为社会主义核心价值体系的宣传者，各级党政干部和地方政府，其道德素质、言行举止和工作作风如何，其是否真学、真信、真用社会主义核心价值体系，对广大群众是否认同、信仰社会主义核心价值体系具有直接的影响。西方著名马克思主义者欧内斯特·曼德尔曾经深刻指出：“广大群众的态度不是由他们对理论的看法决定的”，马克思的《资本论》或列宁的《怎么办?》，在95%的群众甚至从未读过的情况下，怎么能决定数千万人的态度呢？广大群众的信念和思想倾向是“根据他们的经验”形成的，而他们的经验则是“通过与社会主义者交往”，“从社会主义者的实践中”，“而不是从他们的理论中感受到的”。[③] 社会主义核心价值体系能否得到广大群众的真正认同和信仰，在相当大的程度上取决于党和政府自身是否是社会主义核心价值体系的坚定信仰者和模范践行者。因此，从应然角度讲，各级党政干部和地方政府应当既是社会主义核心价值体系的积极宣传者，同时也是社会主义核心价值体系的坚定信仰者和模范践行者。唯有如此，广大群众才能通过与各级党政干

---

① 参见钮怿：《改革收入分配制度优化国民经济需求结构》，载《文汇报》2010年3月8日。

② 人民论坛《千人问卷》调查组：《民众最不认同何种不公——公众公平感调查》，载《人民论坛》2008年第21期。

③ 欧内斯特·曼德尔：《社会主义的状况和未来》，http://www.cn99.com/cgi-bin/getmsg/body?listname=sixiangcankao&id=150#MAILLISTDOC3.

部和地方政府的"交往"中，从党和政府的"实践"中形成其对社会主义核心价值体系的"信念和思想倾向"。

从实然角度来看，新中国成立以来特别是改革开放以来，"我们党根据自身历史方位和中心任务的变化，不断提高领导水平和执政水平、提高拒腐防变和抵御风险能力，取得巨大成就"①。但同时，党内也存在着不少"不符合党的性质和宗旨的问题"②，比如：一些党政干部一边扛着马克思主义和社会主义核心价值体系大旗，高唱以人为本、立党为公和执政为民，一边则不信主义信鬼神，不信马列信风水，置国家和人民利益于不顾，以权谋私、贪污腐败；"一些地方和部门选人用人公信度不高，跑官要官、买官卖官等问题屡禁不止"③；"有些领导干部宗旨意识淡薄，脱离群众、脱离实际，不讲原则、不负责任，言行不一、弄虚作假，铺张浪费、奢靡享乐，个人主义突出，形式主义、官僚主义严重"④；一些地方政府对中央决策执行不力，对关系群众切身利益问题的解决"不到位"，甚至"缺位"，而对关涉自身利益的政策，则是强力执行，如推高地价、抬高房价、违法征地、野蛮拆迁等。2009 年，备受公众热议的十大官员的"雷人语录"⑤，如"替党说话，还是替老百姓说话"、"没时间跟你闲扯"、"一楼二楼别去啊，要去就去（跳）五楼"等就是对上述问题的反映。这些不符合党的性质和宗旨的现象，虽然只发生在少数党政干部和地方政府身上，但影响极为恶劣。正如欧内斯特·曼德尔所说："如果社会主义者的实践与他们的原则不一致，那么

① 《中共中央关于加强和改进新形势下党的建设若干重大问题的决定》，人民出版社 2009 年版，第 4 页。

② 《中共中央关于加强和改进新形势下党的建设若干重大问题的决定》，人民出版社 2009 年版，第 4 页。

③ 《中共中央关于加强和改进新形势下党的建设若干重大问题的决定》，人民出版社 2009 年版，第 4 页。

④ 《中共中央关于加强和改进新形势下党的建设若干重大问题的决定》，人民出版社 2009 年版，第 4 页。

⑤ 《盘点 09 年官员雷人语录"这个事不好说太细"》，人民网，2009 年 12 月 16 日，http://fashion.people.com.cn/GB/10588536.html。

群众就会继续持怀疑态度。”① 作为社会主义核心价值体系的宣传者、提倡者，却用自己的实际行动背离社会主义核心价值体系，言行不一、口是心非，这不仅严重损害党和政府的形象，重创广大群众对党和政府的信任，也严重影响广大群众对马克思主义的信仰、对中国特色社会主义的信心和对社会主义核心价值体系的认同。

据侯惠勤教授等关于“四信”问题的调查，有 64.4%（在农村更是高达 83.4%) 的被调查者认为信仰马克思主义的人在减少的主要原因是党内腐败现象严重；在“四信”中，广大群众感到最为茫然和缺乏的是对党和政府的信任。② 据《求是》旗下《小康》研究中心关于“政府信任程度”的调查，民众对中央政府的信任度很高，但对地方政府的信任度较低。地方政府官员以 80.3% 的绝对多数被网民选为信用最差的群体。③ 该研究中心关于“2011 中国人信用大调查”显示，政府官员的形象与前几年相比，依旧落后，排名十八，超九成（95.2%）受访者认为，政府信用需要建设。④ 中国社会科学院的一项调查也显示：在调查“是否有越来越多的人存在马克思主义信仰危机”时，2706 位受访者中有 1642 人回答“是”，占 61%，有 511 人回答“说不清”，占 19%，只有 553 人回答“不是”，仅占 20%；在调查“共产主义理想信念产生危机的原因”时，受访的 2602 人中，有 1678 人认为是部分领导干部和教育者自己不信仰共产主义，占 65%；有 2203 人认为是由于干部腐败问题造成，占 85%。⑤ 在我们的调查中，就“总体而言，您身边的党员干部在群众中的形象如何?”这一问题，调查对象选择“很好”、“比较

① 欧内斯特·曼德尔：《社会主义的状况和未来》，http://www.cn99.com/cgi-bin/getmsg/body?listname=sixiangcankao&id=150#MAILLISTDOC3.

② 参见侯惠勤、杨亚军、黄明理：《关于“四信”问题的调查分析——基本群众的“四信”状况》，载《淮阴师范学院学报》2003 年第 6 期。

③ 参见《小康》研究中心：《官员信用敲响政务信用警钟》，载《小康》2007 年第 8 期。

④ 参见欧阳海燕：《2011 中国人信用大调查：诚信危机刺痛中国》，载《小康》2011 年第 8 期。

⑤ 参见中国社会科学院马克思主义研究学部课题组：《关于加强马克思主义理论研究和建设问题的调研报告》，载《马克思主义研究》2008 年第 4 期。

好”的各占6.28%、26.63%，选择“不好说”、“不太好”的分别高达29.27%、27.01%，选择“很不好”也有10.80%（见图3—4）。而就“哪

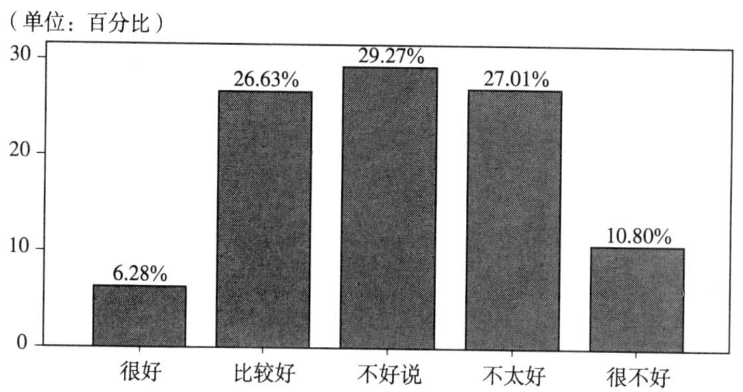

图3—4　总体而言，您身边的党员干部在群众中的形象：

些因素最影响人们对社会主义核心价值体系的认同?”这一问题，59.0%的调查对象选的是“一些领导干部自己不信仰马克思主义，腐败问题严重”（见图3—3）。

上述调查表明，党员干部在社会主义和共产主义理想信念上逐渐淡化甚至丧失，他们在内心世界不认同马克思主义，对马克思主义冷嘲热讽，他们用以权谋私、贪污腐败等实际行动来背离马克思主义、背离社会主义核心价值体系，不仅严重损害了党的形象，而且严重影响了广大群众对社会主义核心价值体系的认同，从而成为当前社会主义核心价值体系大众化最大的绊脚石，在很大程度上抵消了我们为建设社会主义核心价值体系所作的各种努力。可以说，与其他因素相比，这一点对社会主义核心价值体系大众化的负面影响最大。

（四）制约社会主义核心价值体系大众化的意识形态因素

意识形态领域社会思潮的多元并存和空前活跃，严重干扰广大群众对社会主义核心价值体系的认同和信仰。改革开放以来，国际国内的复杂形势使我国的意识形态领域呈现出复杂的态势。在全球化的历史语境和我国社会转型时期的时代背景下，当今世界呈现出经济全球化、政治

多极化和文化多元化的格局，我国社会也呈现出社会阶层多元化、利益主体多元化和生活方式多样化的形势。种种多元化的社会现实以及世界范围内各种思想文化的交流、交融和交锋，决定了我国人们价值观念和社会思潮也必然日益多元化。社会思潮的多元化，有利于活跃人们的思想观念，繁荣社会的精神文化，但其中的新自由主义、民主社会主义、历史虚无主义、“普世价值”的理论等各种反马克思主义思潮在一定程度上引起了人们的思想混乱，对我们推进社会主义核心价值体系大众化构成了严重干扰。

新自由主义思潮。新自由主义是相对于以亚当·斯密为代表的古典自由主义而言的，是对古典自由主义的继承和发展。它以反对和抵制凯恩斯主义为主要特征，是“适应国家垄断资本主义向国际垄断资本主义转变要求的理论思潮、思想体系和政策主张”[①]。随着“华盛顿共识”的形成与推行，新自由主义逐渐从学术理论嬗变为国际垄断资本的经济范式、政治纲领和文化宣言，成为西方国家诱导社会主义国家“和平演变”的理论武器和在发展中国家推行新殖民主义的思想权杖。其基本观点是在经济上主张全面私有化、完全市场化和最大限度自由化，反对公有制和国家干预；在政治上主张多党制、议会制、总统制和所谓的直接选举制，反对共产党的领导；在思想文化上推崇西方资产阶级抽象的自由、公正、人权和人性观念；在战略政策方面则极力鼓吹以超级大国为主导的全球经济、政治和文化的一体化，即全球资本主义化。作为一种经济学理论和研究方法，新自由主义对市场经济具有一定的说明作用，我们可以批判地借鉴吸收；但是作为当代资本主义的主流意识形态，作为国际垄断资本集团的核心理论体系和价值观念，它在我国被一些人大力鼓吹，则会严重动摇广大群众对社会主义核心价值体系的信心，为此，我们必须作出积极回应，对之予以坚决抵制。

---

① 中国社会科学院“新自由主义研究”课题组：《新自由主义研究》，载《马克思主义研究》2003年第6期。

民主社会主义思潮。民主社会主义最初的名称是社会民主主义。社会民主主义是社会主义的同义词。从历史发展来看，社会民主主义同科学社会主义本是同出一源，直到19世纪90年代，它都还基本上是工人运动中一种马克思主义居主导地位的革命学说和流派。但随着马克思、恩格斯的相继去世和资本主义的变化发展，民主社会主义已一步步演变成为资本主义既定制度的总体维护者和局部改良者。在对待马克思主义的态度上，民主社会主义从最初信奉马克思主义逐步变为把指导思想多元化奉为自己的思想纲领，有的甚至把马克思主义完全从自己的纲领中排除了出去。在对待社会主义和资本主义的态度上，民主社会主义由最初把建立社会主义制度作为目标，逐步发展为将社会主义仅仅作为一种道德需要和价值追求，进而否认社会主义的历史必然性，将社会主义从人类社会发展阶段的选项中排除出去，最后认为资本主义已经无可取代。在经济制度上，民主社会主义主张在维持私有制主体的基础上实行“混合经济”制度，并维护以按资分配为主体的财富和收入分配制度；在政治上，它反对一切情况下的一党制，提倡资产阶级多党的轮流执政；在思想文化上，它崇尚资产阶级自由、平等、博爱等思想。由此可见，民主社会主义虽然曾经受过马克思主义的影响，继承了社会主义的一些价值目标，但它不坚持唯物史观，否认社会主义代替资本主义的历史必然性，因而不是真正的马克思主义和社会主义。但是，近些年，有人公开吹捧民主社会主义是马克思主义的最高成果，只有民主社会主义才是马克思主义的正统，有人提出“只有民主社会主义才能救中国”的口号。这些言论在国内甚至在党内已有相当的市场，很受一些人推崇，极易混淆人们对社会主义的认识，影响着人们对中国特色社会主义的信念和信心。

历史虚无主义思潮。历史虚无主义是从历史维度攻击社会主义的一种反马克思主义思潮。它在当前的突出特点是竭力贬损和否定中国近代以来的历史，直接质疑近代以来中国的历史选择和发展道路，其具体表现如下：一是否定革命。在革命的起源问题上，否认革命是社会基本矛盾激化的必然产物，认为近代以来的中国革命都是“激进主义思潮”的产物，是少数革命家“制造”出来的；在革命的历史意义和作用问题上，认为“革命只是一种破坏性的力量”，革命就是“杀人流血”，没有任何建设性的意义，认为比起革命，改革才是最适合近代中国的发展道路。[①]二是否定五四运动。认为中国自“五四”以来选择社会主义的发展方向，离开了所谓“以英美为师”的“近代文明的主流”而误入了歧路，中国因此而耽误了60年的发展，“至少虚掷了三代人的血泪精华”。三是否定社会主义改造。认为社会主义搞早了、搞错了，阻碍、破坏了中国社会的发展，中国应在21世纪头20年补新民主主义的课。四是否定中国共产党的领导。认为中国共产党领导的新民主主义革命和社会主义道路，是一系列错误的延续，影响了中国现代化的历史进程。五是丑化洪秀全、孙中山等革命领袖人物，美化和歌颂帝国主义和封建主义等反动统治者。他们认为，“鸦片战争一声炮响，给中国送来了近代文明”，他们称赞慈禧、李鸿章、袁世凯等人都是中国现代化的开拓者，认为袁世凯是“走向共和”的“元勋”。历史虚无主义否定中国近代以来的历史，其实质是抽掉中国走社会主义道路的历史依据，为中国寻找没有历史依据的另类道路。[②]其对历史的颠倒，必然会混淆视听，导致是非、美丑和荣辱的颠倒，严重动摇广大群众对中国共产党的信任、对中国特色社会主义共同理想的信念，非常不利于社会主义核心价值体系的大众化和中国特色社会主义事业的发展。

“普世价值”思潮。普世价值思潮是以学术交流为幌子流入中国的极具迷惑性的西方资产阶级社会思潮。它以抽象的人道主义和人性论作为哲学基础，标榜追求全人类的共同利益，试图把所谓“自由、民主、人权、平等、博爱”等西方资产阶级的核心价值鼓吹为“普世价值”兜售给当今国人。这种思潮在理论上有着非常明确的思想指向，就是要消解共产主义理想，废除马克思主义的指导地位，干扰社会主义核心价值

① 参见周玉：《历史虚无主义三谬——哲学和历史的透视》，载《理论导刊》2010年第3期。

② 参见梅荣政、杨军：《历史虚无主义重新泛起的透视》，载《马克思主义研究》2005年第5期。

体系建设，将西方资产阶级的核心价值奉为圭臬。在实践上，它也有着非常明确的经济和政治目的。普世价值思潮不仅在经济领域为全盘私有化制造舆论，企图搞垮我国以公有制为主体、多种所有制经济共同发展的基本经济制度，而且更是在政治领域“根本否定中国特色社会主义民主政治建设，完全割裂中国改革开放中经济体制改革和政治体制改革间的内在联系，力图把中国的改革开放引导到‘回归西方文明’的方向，把中国的政治体制改革引导到西方‘民主化’的陷阱”①。它把“三权分立”视为民主的基本制度设计，把体现西方政党制的“政党轮替”视为民主的制度前提，根本否定作为我国根本政治制度的人民代表大会制度以及中国共产党领导的多党合作和政治协商制度。其在本质上是当代西方话语霸权及其价值渗透方式的表达，根本目的是要按照西方的民主模式全面颠覆我国的社会主义政治制度，根本改变我国民主政治建设的社会主义方向。② 这种思潮，在近些年甚嚣尘上，为一些人所热捧，严重影响了人们对马克思主义指导思想的信仰、对中国特色社会主义共同理想的信念，极大地冲击和破坏着社会主义核心价值体系在我国意识形态领域中的统领地位。

除了上述几种思潮外，社会主义“失败论”、马克思主义“过时论”、意识形态“终结论”、新文化保守主义、公共知识分子思潮等也具有一定的社会影响力，它们都在同马克思主义争夺话语权，动摇着我们共同的理想信念和精神支柱，影响着人们对社会主义核心价值体系的认同、接受和信仰。根据我们的调查，针对“您认为哪些因素最影响人们对社会主义核心价值体系的认同”这一问题，有 32.3% 的人认为是“西方价值观念和国内各种思潮对人们思想造成干扰”（见图 3—3）。而根据中国社会科学院马克思主义研究学部课题组所作的调查，关于共产主义理想信念产生危机的原因，受访的 2602 人中，有 1340 人（占 52%）

---

① 参见侯惠勤：《我们为什么必须批判抵制“普世价值观”》，载《马克思主义研究》2009 年第 3 期。

② 参见侯惠勤：《我们为什么必须批判抵制“普世价值观”》，载《马克思主义研究》2009 年第 3 期。

认为是由西方学术思潮的影响造成的。[①] 由此可见，西方社会思潮已经成为冲击社会主义核心价值体系大众化的一股破坏性力量，构成我们推进社会主义核心价值体系大众化的干扰因素，妨碍着社会主义核心价值体系的大众化。

总之，在当前，推进社会主义核心价值体系的大众化，既有良好的理论条件和现实基础，同时也受到诸多不利因素的制约。毛泽东曾经说过："辩证法的宇宙观，主要地就是教导人们要善于去观察和分析各种事物的矛盾的运动，并根据这种分析，指出解决矛盾的方法。"[②] 因此，必须根据社会主义核心价值体系大众化的现实境遇，制定出推进社会主义核心价值体系大众化的相应对策，使社会主义核心价值体系为大众认知理解、认同内化和实践外化。

① 参见中国社会科学院马克思主义研究学部课题组：《关于加强马克思主义理论研究和建设问题的调研报告》，载《马克思主义研究》2008 年第 4 期。

② 《毛泽东选集》第 1 卷，人民出版社 1991 年版，第 304 页。

第四章　社会主义核心价值体系大众化的实现前提：认知理解

社会主义核心价值体系大众化包含社会主义核心价值体系为大众认知理解、认同内化和实践外化三个相互关联的基本环节。实现社会主义核心价值体系大众化，前提是使社会主义核心价值体系为大众认知理解，关键是使社会主义核心价值体系为大众认同内化，目的是使社会主义核心价值体系为大众实践外化。为此，要以社会主义核心价值体系的通俗化、具象化、简明化和普及化推进其为大众认知理解；要以增强社会主义核心价值体系的说服力、公信力、合法性和凝聚力推进其为大众认同内化；要通过加强舆论引导、健全赏罚机制、加强法律保障和行为规范来巩固和强化大众对社会主义核心价值体系的认同内化、进而推进社会主义核心价值体系为大众实践外化。

认知理解、认同内化和实践外化，作为社会主义核心价值体系大众化相互关联的三个基本环节，正如第一章所述，它们之间的划分只是相对而言的，并不是绝对分离和彼此孤立的，而是相互渗透、你中有我、我中有你的，共同构成社会主义核心价值体系大众化的螺旋式上升过程。但为了论述的方便，这三个环节将分为三章分别在第四章、第五章、第六章予以论述。

推进社会主义核心价值体系为大众认知理解，是社会主义核心价值体系大众化的基本前提和逻辑起点。广大群众对社会主义核心价值体系的正确认知和理解程度，决定着这一科学理论被广大群众的认同程度及其在实践中的运用和贯彻程度。社会主义核心价值体系要为人们正确认知和科学理解，必须在科学理论与人民大众之间架起一座桥梁，加强社会主义核心价值体系的宣传教育，将社会主义核心价值体系由“小众掌握”转向“大众掌握”，推进社会主义核心价值体系的普及化。

为了更好地推进社会主义核心价值体系的普及化，还必须实现社会主义核心价值体系自身的三个转化：一是通过推进社会主义核心价值体系的通俗化，使社会主义核心价值体系的语言表达实现从“学术话语”到“大众话语”的转化；二是通过推进社会主义核心价值体系的具象化，使社会主义核心价值体系实现从“理论逻辑”向“形象逻辑”的转化；三是通过推进社会主义核心价值体系的简明化，使社会主义核心价值体系实现从“体系建构”向“观念凝练”的转化。“通俗化”、“具象化”和“简明化”是“普及化”的内在要求，都是为了更好地“普及化”，使大众对社会主义核心价值体系更加易于理解并且喜闻乐见。

一、加强宣传教育，推进社会主义核心价值体系的普及化

“普及化”是社会主义核心价值体系大众化对社会主义核心价值体系在教育对象范围上的要求，即是要使社会主义核心价值体系成为“为一般平民所共有的”而非为“少数人所得而私”的文化①，使社会主义核心价值体系由“小众掌握”逐步扩展为“大众掌握”。推进社会主义核心价值体系的普及化，必须“架起科学理论与人民大众的桥梁”②，经过宣传教育这一中介环节。宣传教育是建设社会主义核心价值体系的基础性工作，这一工作既是从认知理解层面、同时也是从价值认同层面推

① 《毛泽东选集》第3卷，人民出版社1991年版，第1057页。

② 刘云山：《架起科学理论与人民大众的桥梁　用马克思主义中国化最新成果掌握群众》，载《人民日报》2010年3月29日。

进社会主义核心价值体系大众化的重要环节。[①]

加强宣传教育，推进社会主义核心价值体系的普及化，必须坚持马克思主义灌输原则，加强宣传教育的队伍建设，把握宣传教育的重点人群，同时要推进宣传教育的方法创新。

（一）坚持马克思主义灌输原则

灌输原则是马克思主义思想政治教育的一项基本原理。所谓“灌输”，根据《现代汉语词典》的解释，一是指“把流水引导到需要水分的地方”，二是指“输送（思想、知识等）”。[②] 毫无疑问，马克思主义教育中的灌输，是指把马克思主义这一科学理论输送到人民群众中去，用以教育人民，实现其服务实践、改造世界的价值。

马克思主义的灌输思想，从源头上看，最早是由马克思、恩格斯提出的。在 1843 年的《〈黑格尔法哲学批判〉导言》中，马克思指出：“哲学把无产阶级当作自己的物质武器，同样，无产阶级也把哲学当作自己的精神武器；思想的闪电一旦彻底击中这块素朴的人民园地，德国人就会解放成为人。”[③] 此处，思想的闪电“击中”朴素的人民园地，即为“灌输”之意。恩格斯则明确提出了“灌输”的概念。1844 年，他在《共产主义在德国的迅速发展》中，评价画家许布纳尔描绘西里西亚织工的一幅画时指出，“从宣传社会主义这个角度来看，这幅画所起的作用要比一百本小册子大得多”，“当然给不少人灌输了社会的思想”。[④]1848 年，在《共产党宣言》中，马克思、恩格斯又旗帜鲜明地指出：“共产党一分钟也不忽略教育工人尽可能明确地意识到资产阶级和无产阶级的敌对的对立，以便德国工人能够立刻利用资产阶级统治所必然带来的社会的

---

① 参见周玉：《论社会主义核心价值体系大众化的科学内涵及其实现路径》，载《重庆大学学报》（社会科学版）2011 年第 2 期。

② 中国社会科学院语言研究所：《现代汉语词典》（2002 年增补本），商务印书馆 2002 年版，第 468 页。

③ 《马克思恩格斯选集》第 1 卷，人民出版社 1995 年版，第 15—16 页。

④ 《马克思恩格斯全集》第 2 卷，人民出版社 1957 年版，第 589—590 页。

和政治的条件作为反对资产阶级的武器。"① 马克思、恩格斯关于灌输的思想，尽管没有形成一个比较完整的理论体系，但毋庸置疑，它们是灌输理论的思想源头。

考茨基在实践斗争中对灌输思想作了进一步的发挥。1888年，在讨论奥地利社会民主工党的纲领草案时，考茨基指出："从政治上把无产阶级组织起来，把认识无产阶级地位及其任务的意识灌输到无产阶级中去，是指在精神上和体力上具有战斗力并保持这种战斗力，这就是奥地利社会民主工党的真正纲领。"②1901年，在讨论奥地利社会民主工党新纲领草案时，他又指出："社会主义意识是一种从外面灌输（vonauben Hineingetragenes）到无产阶级的阶级斗争中去的东西，而不是一种从这个斗争中自发地（urwüchsig）产生出来的东西。因此，旧海因菲尔德纲领说得非常正确：社会民主党的任务就是把认清无产阶级的地位及其任务的这种意识灌输到无产阶级中去〈直译就是：充实无产阶级〉。假使这种意识会自然而然地从阶级斗争中产生出来，那就没有必要这样做了。" ③

列宁在新的历史条件下，结合俄国工人运动的实际，对灌输思想进行了全面的理论概括，形成了完整的理论体系。在《"什么是人民之友"以及他们如何攻击社会民主党人?》、《我们运动的迫切任务》、《怎么办?》等著作中，列宁从灌输原因、灌输主体、灌输对象、灌输内容和灌输方法等方面进行了系统阐述，指出社会主义意识不能从无产阶级的阶级斗争中自发地产生出来，而只能从外面灌输到无产阶级的阶级斗争中去；俄国社会民主党人是发展工人阶级政治意识的主体力量，要把马克思主义的立场、观点和方法灌输给广大人民；理论灌输要区别对待工人、农民和知识分子，要寓教育于斗争和生活实践之中，通过感化、说服等教育手段来进行。

① 《马克思恩格斯文集》第2卷，人民出版社2009年版，第66页。

② 王学东：《略谈考茨基的"灌输论"思想的形成过程》，载《国际共运史研究》1988年第4期。

③ 参见《列宁专题文集　论无产阶级政党》，人民出版社2009年版，第85页。

在马克思主义中国化的过程中，作为马克思主义的重要组成部分，灌输理论在中国获得了新的发展。毛泽东在《论持久战》一文中提到的“贯注”，实质就是灌输。他指出：“军队的基础在士兵，没有进步的政治精神贯注于军队之中，没有进步的政治工作去执行这种贯注，就不能达到真正的官长和士兵的一致，就不能激发官兵最大限度的抗战热忱，一切技术和战术就不能得着最好的基础去发挥它们应有的效力。”[①]这里，他强调了政治灌输在提高军队战斗力中的重要作用。在《新民主主义论》中，他又强调：“应该扩大共产主义思想的宣传，加紧马克思列宁主义的学习，没有这种宣传和学习，不但不能引导中国革命到将来的社会主义阶段上去，而且也不能指导现时的民主革命达到胜利。”[②]这里的“宣传”也明显具有灌输的含义。在改革开放的新时期，党的第二代、第三代和新一代中央领导核心邓小平、江泽民、胡锦涛都强调了灌输的重要性，并根据新的历史条件，对灌输的内容、方法、途径等作了新的论述，使马克思主义的灌输理论获得了进一步的发展。[③]

社会主义核心价值体系作为马克思主义在当代中国的理论创新成果，作为当代中国马克思主义的重要组成部分，它与整个的马克思主义理论一样，同样不可能在人们的思想中自发地产生出来，这种意识只能从外边“灌输进去”[④]。关于科学的理论是从哪里来的，列宁曾经有过这样一段论述：社会主义学说“是从有产阶级的有教养的人即知识分子创造的哲学理论、历史理论和经济理论中发展起来的”；“现代科学社会主义的创始人马克思和恩格斯本人，按他们的社会地位来说，也是资产阶级知识分子。”[⑤]这说明，科学理论尽管是取材于普通群众的实践经验，但并不是由普通群众创造的。理论创造必须以总结前人的认识成果为基础，必须凭借抽象力才能实现。正如马克思所说：“分析经济形式，既

① 《毛泽东选集》第2卷，人民出版社1991年版，第511页。

② 《毛泽东选集》第2卷，人民出版社1991年版，第706页。

③ 参见闵绪国：《马克思主义灌输理论及其运用研究》，西南大学硕士学位论文，2007年。

④ 《列宁专题文集　论无产阶级政党》，人民出版社2009年版，第76页。

⑤ 《列宁专题文集　论无产阶级政党》，人民出版社2009年版，第76页。

不能用显微镜，也不能用化学试剂。二者都必须用抽象力来代替。”[①] 由于受到知识水平的局限，这种运用抽象力的工作，对于大多数的普通工人群众来说，是难以胜任的。科学社会主义是马克思、恩格斯凭借自身的理论修养、在总结工人群众实践经验的基础上而创立的，因而它不可能自发地回到工人群众中去，要回到工人群众，必须经过灌输的环节。社会主义核心价值体系，作为一种科学的理论体系，它虽然产生于大众实践，来自于大众经验，但并不直接等同于大众的实践，也不是在大众实践中自发生成的，而是经由我们党的思想家、理论家对大众的实践经验进行概括提炼而自觉建构的。因而它来自于大众经验又高于大众经验，不会自发地回到大众实践。要使社会主义核心价值体系这一科学理论回到大众，实现大众化，也必须经过灌输的环节，坚持灌输的原则。

（二）加强宣传教育的队伍建设

在推进社会主义核心价值体系大众化的进程中，宣传教育者的素质如何，直接关系和影响到社会主义核心价值体系大众化的实效性。随着改革开放的日益深入，人民群众关心的热点、难点和焦点问题不断涌现，社会主义核心价值体系大众化所涉及的领域越来越多、范围越来越广、内容也越来越新，这对宣传教育者的素质提出了更高的要求。为此，必须加强理论宣传的队伍建设，建设一支“政治强、业务精、作风正”[②] 的社会主义核心价值体系宣传队伍。

1. 提高宣传队伍的政治素质

宣传教育活动具有鲜明的政治色彩，它总是围绕特定的政治目标而展开，总是服务于特定的政治利益。这种政治的指向性，虽然事先通过国家、政党对宣传教育内容的选定而得以确定，但其具体的贯彻，关键却在于教育者。列宁曾经指出：“在任何学校里，最重要的是课程的思想政治方向。这个方向由什么来决定呢？完全而且只能由教学人员来决

① 《马克思恩格斯文集》第5卷，人民出版社2009年版，第8页。

② 胡锦涛：《中国特色社会主义呼唤马克思主义理论创新》，http://news.sina.com.cn/c/2005-11-26/18307547311s.shtml。

定。”[①] 教育者的政治立场、政治取向，不仅会对教育对象产生潜移默化的影响，而且还能在一定程度上影响甚至改变教育的内容和方式。[②] 传播学中的“把关人”理论认为，“信息传播网络中布满了把关人”，“信息总是沿着含有门区的某些渠道流动，在那里，或是根据公正无私的规定，或是根据‘守门人’的个人意见，对信息或商品是否被允许进入渠道或继续在渠道里流动做出决定”。[③] 在信息传播的过程中，把关人对信息的传递起着一种特殊的“过滤”作用，只有那些符合把关人价值标准的信息内容才能进入传播的渠道。把关人会根据自己的好恶对信息内容进行取舍，根据自己的政治倾向进行灌输，或者把自己的非马克思主义甚至是反马克思主义政治立场附加到灌输内容中。因此，根据马克思主义的灌输理论和传播学的把关人理论，推进社会主义核心价值体系的大众化，必须重视提高宣传教育者的政治素质。

2. 提高宣传队伍的业务能力

列宁认为，马克思主义理论的宣传教育者应集四种角色于一身，即既是理论家，又是宣传员，既是鼓动员，又是组织者；应具备四种能力，即既精通理论，又文笔犀利，既富有口才，又善于组织。列宁明确要求：“我们应当既以理论家的身分，又以宣传员的身分，既以鼓动员的身分，又以组织者的身分‘到居民的一切阶级中去’。”[④] 因此，社会主义核心价值体系的宣传教育者，必须首先是马克思主义理论家，具有坚定的马克思主义信仰和深厚的马克思主义学养。那么这样的理论家是什么样的人呢？毛泽东对此作了回答：“是要这样的理论家，他们能够依据马克思列宁主义的立场、观点和方法，正确地解释历史中和革命中所发生的实际问题，能够在中国的经济、政治、军事、文化种种问题上给予科学的解释，给予理论的说明”；“我们要的是这样的理论家。假如要作这

① 《列宁全集》第45卷，人民出版社1990年版，第249页。

② 参见闵绪国：《马克思主义灌输理论及其运用研究》，西南大学硕士学位论文，2007年。

③ 王淑娟：《传播学理论与实践》，中国广播电视出版社2005年版，第113页。

④ 《列宁选集》第1卷，人民出版社1995年版，第366页。

样的理论家，那就要能够真正领会马克思列宁主义的实质，真正领会马克思列宁主义的立场、观点和方法，真正领会列宁斯大林关于殖民地革命和中国革命的学说，并且应用了它去深刻地、科学地分析中国的实际问题，找出它的发展规律，这样才是我们真正需要的理论家。”① 也就是说，作为马克思主义的理论家，不是把马克思主义当做神圣不可侵犯的教条，而是能够把马克思主义的立场、观点和方法同具体实际相结合，能够运用马克思主义的基本原理对现实的各种问题作出科学的分析和理论的回答。同时，社会主义核心价值体系的宣传教育者还应是宣传员、鼓动员和组织员。“宣传员的活动主要是动笔，鼓动员的活动则主要是动口。”② 因此，对宣传员的要求是善于写作，即要求他们有较强的书面表达能力，能够把社会主义核心价值体系用通俗易懂的语言写出来，让广大群众看得懂；对鼓动员的要求是善于演讲，即是要求他们有较强的口头表达能力，能够把社会主义核心价值体系深入浅出地讲出来，让广大群众听得懂。正如列宁所说：“每个宣传员和每个鼓动员的艺术就在于，用最有效的方式影响自己的听众，在阐明某个真理时，要尽可能对他们有更大的说服力，使他们更容易领会，并且给他们留下更鲜明更深刻的印象。”③ 美国社会心理学家伯鲁通过对教育者权威性的研究，认为决定教育者威信的因素主要包括三个方面：“一是教育者的对人态度，即可信的因素；二是教育者的业务水平，即专业性因素；三是教育者的表达能力，即表达效果。”④ 由此可见，作为社会主义核心价值体系的教育者，只有既具有坚定的马克思主义政治信仰和深厚的马克思主义专业素养，又具有较强的文字和口头表达能力，才能在教育对象中树立起威信，他所谈论的问题、发表的见解，人们才易于领会、乐于接受。

3. 提升宣传队伍的可信程度

社会主义核心价值体系的宣传教育，不同于一般的教育活动，不是

---

① 《毛泽东选集》第3卷，人民出版社1991年版，第814页。

② 《列宁选集》第1卷，人民出版社1995年版，第352页。

③ 《列宁全集》第21卷，人民出版社1990年版，第21—22页。

④ 高蔚绮：《教育传播学》，上海教育出版社1992年版，第104页。

普通的知识传授。它是一种通过教育主体向教育对象传播一定的价值观念、政治观点和伦理道德，以期影响教育对象思想和行为的实践活动。这是一种塑造人的活动，它以教育形式为载体，更以人格塑造为手段。[①]其效果直接受到教育主体信任程度、道德素质和作风状况的影响。传播学理论认为，人们在长期的社会实践中，形成了一种普遍的心理定势，认为由可靠的信息来源提供的信息是可信的，而那些社会信誉低的人所提供的信息则不一定可靠，传播效果直接受到传播主体社会信任程度的影响。关于传播主体的可信度在改变人们态度过程中的作用，美国著名社会心理学家、传播学家霍夫兰曾经对此进行过研究，他得出结论："一般来说，信源的可信度越高，其说服效果越大；可信度越低，说服效果越小。"[②]霍夫兰等人认为，传播者的可信性是由两个因素组成的，即传播者的可靠性和权威性。因此，教育主体要不断加强道德修养，提升自己的可靠性和权威性，进而提升在社会的信任程度，使自己努力成为教育对象的道德楷模，使教育对象"亲其师"而"信其道"，从而达到"敬而受教"的教育效果。

4. 形成理论宣传的教育合力

社会主义核心价值体系的宣传教育不只是马克思主义理论研究者、思想政治教育工作者、党的理论宣传工作者的职责。广大的共产党员、哲学社会科学工作者、教育工作者、新闻工作者、文艺工作者、公众人物等也都肩负着这一光荣而艰巨的历史使命，他们的言行举止都会传递着一种价值取向，都会对社会主义核心价值体系的大众化产生一定的影响。这就需要各种传播主体在实际的宣传教育和个人言行中，传播的是一致的信息，形成教育合力，强化传播效果。但是，目前，一些传播者并未认识到自己也肩负着传播社会主义核心价值体系的职责和使命，其言行不一定与社会主义核心价值体系的价值导向一致，甚至是相反的，这就形成了社会主义核心价值体系宣传教育的传播分力，会使社会主义

① 参见闵绪国：《马克思主义灌输理论及其运用研究》，西南大学硕士学位论文，2007年。

② 郭庆光：《传播学教程》，中国人民大学出版社1999年版，第202页。

核心价值体系的传播效果大受影响，使一些群众陷入价值迷茫和价值冲突之中。因此，必须注重协调工作，树立协调意识，使不同传播者在传播内容的价值导向上具有一致性，通过多种形式、多种活动、多种渠道、多种媒介，开展卓有成效的工作，形成教育队伍的传播合力，提高社会主义核心价值体系的传播效果。

同时，还应盘活现有的人才资源，调动各方面的积极性，实现教育主体的多样化，建立专兼职结合、良性互动的传播队伍。一方面，要建立和完善马克思主义大众化专家库，广泛吸纳政治素质好、理论水平高、表达能力强的专家学者、党政干部、基层宣讲骨干、优秀企业家、先进典型等进入专家库；另一方面，充分发挥人民群众的主体作用，广泛调动离退休老干部、老工人、“土专家”、“田秀才”等各界人士的积极性，形成推进社会主义核心价值体系大众化的强大合力。

此外，充分发挥“意见领袖”的重要作用。所谓“意见领袖”，是指“活跃在人际传播网络中，经常为他人提供信息、观点、建议并对他人施加个人影响的人物”。[①] 意见领袖是大众传播效果形成过程中的中介或过滤环节，由他们将信息传播给受众，形成信息传递的两级传播。意见领袖一般颇具人格魅力，具有较强的综合能力和较高的信任程度，具有影响他人态度的能力。他们社交范围广，通晓特定问题并乐于接受和传播相关信息。意见领袖与被影响者一般处于平等而非上下级关系，通常是我们身边所熟悉的人，比如邻居、同事、亲戚、朋友等。由于他们为被影响者所了解和信赖，因而他们的意见和观点更具有说服力，更能影响他人的态度。意见领袖并非集中于特定的阶层或群体，他们广泛分布于社会上任何阶层和群体中，他们介入大众传播，会加快传播的速度和进程，扩大传播的影响。社会主义核心价值体系大众化要取得良好的效果，就要充分重视他们的存在，调动他们的积极性，使他们在社会主义核心价值体系的传播过程中发挥重要作用。

---

① 郭庆光：《传播学教程》，中国人民大学出版社 1999 年版，第 209 页。

（三）突出宣传教育的重点人群

推进社会主义核心价值体系大众化，应当突出重点，抓住关键，把握宣传教育的重点人群。领导干部和公众人物具有特殊的社会影响和示范效应，青年学生代表着中国未来的发展方向和发展道路。因此，推进社会主义核心价值体系大众化，应当重点抓好领导干部、青年学生、公众人物等社会群体的宣传教育。

1. 领导干部

各级领导干部是党和政府的“形象代言人”，其精神信仰、思想作风和言行举止代表着党和政府的形象，决定着政风民风和社会风气，其对社会主义核心价值体系是否真知、真信、真行，直接关系到社会主义核心价值体系大众化的实际成效。因此，推进社会主义核心价值体系大众化，重中之重是要加强对领导干部的社会主义核心价值体系教育，使社会主义核心价值体系成为各级领导干部的精神信仰、价值取向和行为准则。唯有如此，社会主义核心价值体系才会成为全党全社会的普遍共识，变成人们的自觉行动。在我们的问卷调查中，就“您认为最需要对哪些群体进行社会主义核心价值体系教育?”这一问题，在1592份有效问卷中，选择“领导干部”的有1138人，占调查对象的71.5%，这一比例高居首位（见表4—1、图4—1）。

表4—1　您认为最需要对哪些群体进行社会主义核心价值体系教育?

选　项	频　数	有效百分比
工　农	688	43.2%
教　师	759	47.7%
青年学生	877	55.1%
领导干部	1138	71.5%
私营企业主、个体工商户	704	44.2%
民营、三资企业、中介组织从业人员	573	36.0%
各类媒体从业人员	560	35.2%
其　他	46	2.9%

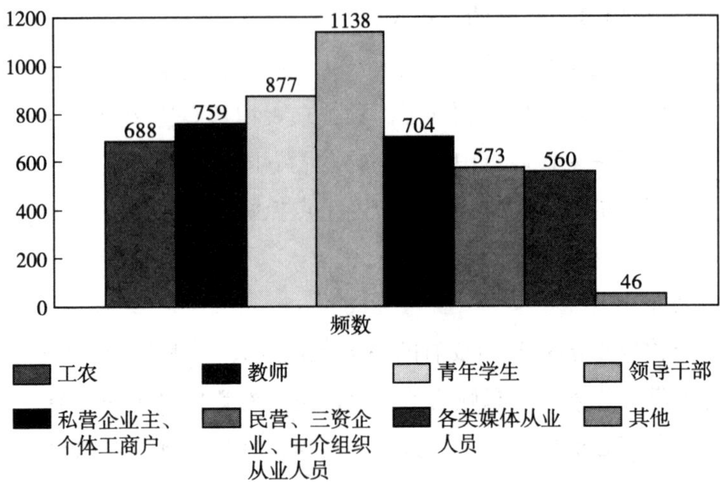

图 4—1　您认为最需要对哪些群体进行社会主义核心价值体系教育？

当前，领导干部的精神信仰和思想道德问题已经引起了全社会的高度关注。“近年发生的一系列官员腐败案件，犹如一部连续剧，不断刺激着社会大众的敏感神经。其中折射出的官德缺失现象，已经到了无法容忍的地步。”① 在庆祝中国共产党成立 90 周年大会上的讲话中，胡锦涛指出，在世情、国情、党情发生深刻变化的新形势下，我们党长期面临复杂严峻的四大考验，即“执政考验、改革开放考验、市场经济考验、外部环境考验”②。在这种形势下，四大危险更加尖锐地摆在全党面前。这四大危险即是“精神懈怠的危险，能力不足的危险，脱离群众的危险，消极腐败的危险”③。其中，“精神懈怠的危险”被置为四大危险之首，足见其危害的严重性。精神懈怠意味着信仰的丧失、理想的动摇和道德

① 周伟、李兴文、伍晓阳、戴劲松：《透视官德缺失之痛》，载《半月谈》2010 年第 16 期，转引自新华网，2010 年 8 月 24 日，http://news.xinhuanet.com/lianzheng/2010-08/24/c_12477619.html。

② 胡锦涛：《在庆祝中国共产党成立 90 周年大会上的讲话》，人民出版社 2011 年版，第 10 页。

③ 胡锦涛：《在庆祝中国共产党成立 90 周年大会上的讲话》，人民出版社 2011 年版，第 10 页。

的滑坡。这一危险是其他危险之源。纵观腐败分子的堕落轨迹，尽管其具体情况千差万别，但有一点是共同的，即都是从政治信仰迷惘、理想信念动摇、价值观念扭曲开始的。因此，必须坚持不懈、持之以恒地对领导干部进行社会主义核心价值体系教育，牢牢夯实领导干部“安身立命”的基石，引导他们树信仰、立理想、明是非、知荣辱，培养健康向上的人格。有了正确的理想信仰，才能经得起四大考验，抵挡得住各种诱惑，才能克服四大危险，不会在诱惑面临弯腰伸手；懂得了是非荣辱，才能自觉追求有价值的生活，把自己的命运和民族、国家、人民的命运联系起来，从中获得满足和快乐，得到内心的安宁和幸福。

加强对领导干部的社会主义核心价值体系教育，应重点从以下方面着手：

一是加强信仰教育。作为党的领导干部，应该具有坚定的马克思主义信仰，然而，当前，一些领导干部已经丧失了马克思主义信仰，把自己的命运寄托于鬼神。在我们的调查中，对于“马克思主义、宗教、相面、求签、算八字、周公解梦、星座预测、什么都不信、其他”这诸选项，“您最相信哪一种”这一问题，被调查的领导干部中，只有 51.5% 选的是“马克思主义”，其余 48.5% 选的是马克思主义以外的选项。而在选择马克思主义以外选项的这 48.5% 的调查对象中，选择“什么都

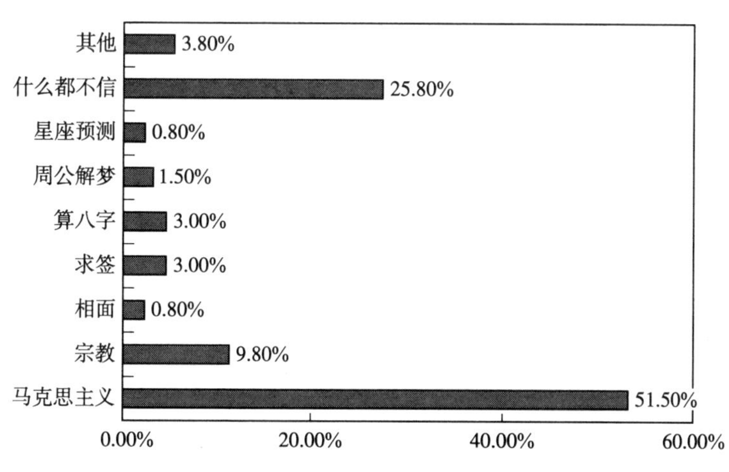

图 4—2　领导干部的信仰情况

不信”的占25.8%，选择“宗教”的占9.7%，选择“算八字”、“求签”、“相面”、“周公解梦”、“星座预测”等迷信的共占9.1%（见图4—2）。从这些数据看来，也就不难解释近年“官场风水学”为何越演越烈、地方官员为何屡陷“风水旋涡”了：江苏千年骆马湖因谐音“落马”，“犯了忌讳”而被改名为“马上湖”（谐音“马上福”）；四川一贫困县花巨资建桥，危桥没人维修却建不能走车行人的“风水桥”；河北高邑一县委书记因迷信风水，用报废战机堵路而被免职；吉林长春一法院因领导屡被查而在门前挂弓剑辟邪，韶关市一公安局局长办案不忘问道士……[①] 官员风水现象的出现，对社会造成了极为恶劣的影响：(1) 严重损害了党和政府在公众心目中的良好形象。(2) 直接损害了公众利益，成为腐败的重要缘由。从目前已揪出的“风水”官员来看，其中许多人都有迷信心理，有的还经常参与迷信活动。迷信使这些官员的腐败行为逐渐升级、胆子越来越大。河北省原常务副省长丛福奎结识“大仙”殷凤珍后，便在家中摆佛堂、供神台，在枕头底下压“五道神符”，以做佛事为由，向私企老板们伸手要钱要物。[②] (3) 败坏了社会风气。官员频频现身风水场所，极易起到某种“示范”作用，令风水之术呈现火上浇油之势。[③] 当前部分官员之所以深陷风水旋涡，一个重要原因就是其信仰出现了严重问题。为此，必须加强领导干部的信仰教育，引导领导干部深入学习贯彻党的基本理论、基本路线、基本纲领、基本经验，学习马克思主义经典著作，系统掌握马克思主义的立场、观点、方法，坚定对马克思主义的信仰。

二是加强理想信念教育。中国特色社会主义是“当代中国发展进步

---

① 《“官场风水学”愈演愈烈　领导干部为何不信马列信鬼神》，新华网，2010年5月26日，http://news.xinhuanet.com/politics/2010-05/26/c_12143161.htm。

② 《不信马列信鬼神　地方官员屡陷“风水漩涡”》，人民网，2010年11月12日，http://leaders.people.com.cn/GB/13193592.html。

③ 《不信马列信鬼神　地方官员屡陷“风水漩涡”》，人民网，2010年11月12日，http://leaders.people.com.cn/GB/13193592.html。

的根本方向，集中体现了最广大人民根本利益和共同愿望”①。当前，我国绝大多数的领导干部对中国特色社会主义这一全党全国各族人民的共同理想是认同的。在我们的问卷调查中，就“您认为全国各族人民的共同理想应该是哪一个”这个问题，69.7%的领导干部都选的是“中国特色社会主义”。但是，也有7.6%选的是“中国特色资本主义”、12.1%选的是“北欧福利社会”、还有10.6%选的是“其他”（见图4—3）。而

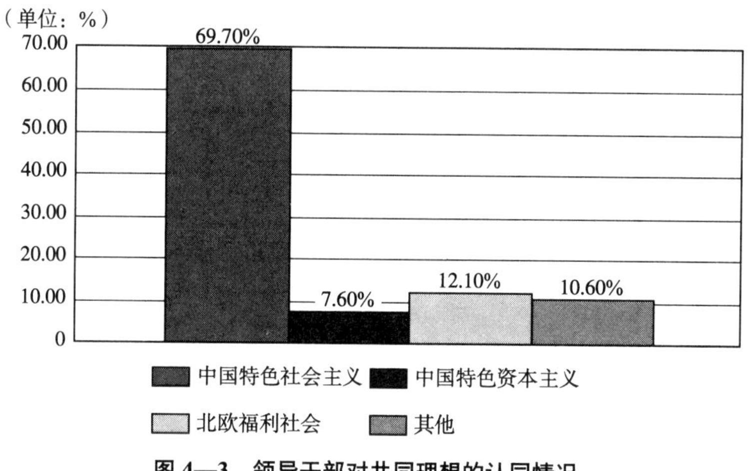

图4—3 领导干部对共同理想的认同情况

对于“社会主义一定会取代资本主义”的看法，则只有18.2%的领导干部选的是“完全同意”、21.2%选的是“同意”，两项相加只有39.4%；而选择“不清楚”的高达30.3%，选择“不同意”的也有24.2%，还有6.1%选的是“完全不同意”（见图4—4）。这些数据表明，尽管当前我国绝大多数领导干部认同中国特色社会主义这一共同理想，但只有近四成（39.4%）的领导干部对社会主义的前途具有信心，高达六成（60.6%）的领导干部则不能清醒认识社会主义一定会取代资本主义的历史必然性，当然也就无从真正坚定对社会主义的信心和对中国特色社会主义的

① 《中共中央关于深化文化体制改革 推动社会主义文化大发展大繁荣若干重大问题的决定》（2011年10月18日中国共产党第十七届中央委员会第六次全体会议通过），http://www.gov.cn/jrzg/2011-10/25/content_1978202.htm。

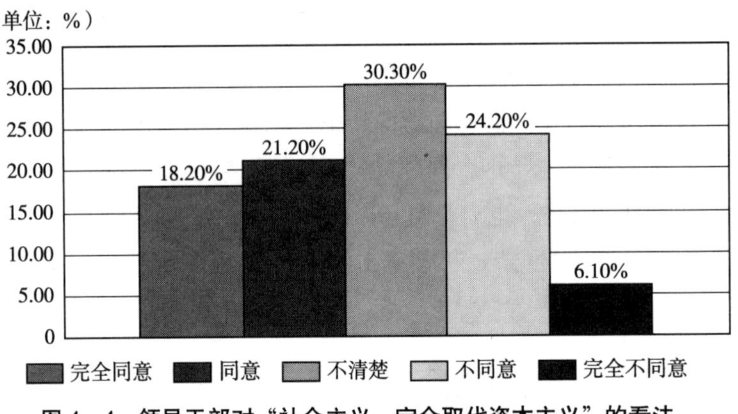

图 4—4　领导干部对“社会主义一定会取代资本主义”的看法

信念。为此，必须在领导干部中深入开展理想信念教育，引导领导干部深刻认识社会主义取代资本主义是人类社会发展的客观规律，“深刻认识中国特色社会主义道路既是实现社会主义现代化和中华民族伟大复兴的必由之路，也是创造人民美好生活的必由之路”①，从而更加坚定对中国特色社会主义的理想信念，并自觉把个人理想融入共同理想之中，为实现中国人民的共同理想而作出自己应有的贡献。

三是加强荣辱观教育。社会主义荣辱观体现了社会主义道德的根本要求。要在领导干部中深入开展社会主义荣辱观的宣传教育，帮助领导干部筑牢思想道德防线。中国的传统文化历来都强调“吏治”、“吏德”的作用，孔子曾说：“为政以德，譬如北辰，居其所而众星拱之。”②“以吏为师”是中国自古以来的传统。领导干部的一言一行都受人关注，一举一动都有导向作用，其道德行为具有放大效应和示范效应。在普通百姓看来，领导干部不仅应当具备一般社会成员应具备的“公德”，还应具备与其身份、职责相当的“官德”。然而，时下一些领导干部的言行举止，不仅严重脱离了“官德”，就连做人的道德底线也屡屡突破。

① 《中共中央关于深化文化体制改革　推动社会主义文化大发展大繁荣若干重大问题的决定》（2011 年 10 月 18 日中国共产党第十七届中央委员会第六次全体会议通过），http://www.gov.cn/jrzg/2011-10/25/content_1978202.htm。

② 《论语 · 为政》。

湖南省一县委书记王武亮酒后开车，连续殴打数名警察，并口出狂言："我是望城县委书记，你算什么东西?"河南省固始县一副县长张建成，面对女子被人猥亵袖手旁观，还漠然道："姑娘，别闹了，人家是有背景的。"河北省邢台县一代县长顾鹏图乘坐的县政府公车撞了人，不闻不问，像没事人一样扬长而去，等等。① 当前，少数领导干部的官德缺失已成为腐败屡禁不止的重要诱因，不断突破老百姓所能承受的心理底线。"有的滥用权力、以权谋私，有的欺上瞒下、报喜不报忧，有的贪图享乐、玩物丧志，有的官气熏天、横行霸道，有的信念丧失、求神拜佛，有的趣味低级、包养情妇……"② 官德不彰，民风难淳。官德毁，而民德降。从古至今，概莫如此。领导干部作风正派，歪风邪气就难以抬头；领导干部作风不正，就会导致"上梁不正下梁歪"的连锁效应，使整个社会道德风气败坏。因此，加强领导干部的社会主义核心价值体系教育，要把荣辱观教育和官德教育作为一个重要着力点。对领导干部的荣辱观和官德教育，一方面要创新方式方法，适当采用反面教材进行案例教学，增加体验式教学、现场教学、学员论坛等方式，提高领导干部的参与度，让社会主义荣辱观在领导干部中入脑入心；另一方面，由于当前公序良俗的约束已不足以与个别领导干部的官德失范相抗衡，因此，还必须给道德的"软约束"加上法律的"硬杠杠"，明确刚性量化的惩戒标准，使之真正成为悬在领导干部头上的"达摩克利斯之剑"。

2. 青年学生

青年学生是国家的未来，民族的希望，其精神信仰、理想信念、价值观念状况如何，其是否真心认同社会主义核心价值体系，不仅直接关系到青年学生自身的综合素质和前途命运，而且关系到党和国家的生死存亡、关系到未来中国举什么旗、走什么路这一重大问题。因此，青年

---

① 参见张遇哲：《"冷漠县长"更需"道德血液"》，载《人民代表报》2011 年 5 月 10 日。

② 周伟、李兴文、伍晓阳、戴劲松：《透视官德缺失之痛》，载《半月谈》2010 年第 16 期，转引自新华网，2010 年 8 月 24 日，http://news.xinhuanet.com/lianzheng/2010-08/24/c_12477619.htm。

学生是社会主义核心价值体系大众化的又一重点群体。在我们的问卷调查中，就“您认为最需要对哪些群体进行社会主义核心价值体系教育?”这一问题，在1592份有效问卷中，选择“青年学生”的有877人，占调查对象的55.1%，这一数字仅低于选择“领导干部”的人数（1138人，占71.5%），位居第二（见表4—1、图4—1）。大学生是青年学生的主体，对青年学生的社会主义核心价值体系教育，重点是对大学生的社会主义核心价值体系进行教育。高校既是培养大学生的重要阵地，也是推进社会主义核心价值体系大众化的重要阵地，因而肩负着对大学生进行社会主义核心价值体系教育的重大责任。

当前，高校对大学生进行社会主义核心价值体系教育，要坚持以社会主义核心价值体系引领大学生的思想政治教育，将社会主义核心价值体系寓于大学生思想政治教育之中。①

一是把社会主义核心价值体系寓于课堂教学和社会实践，增强理论育人的说服力和实践塑人的锻造力。社会主义核心价值体系寓于思想政治教育，首要的是寓于思想政治理论课的课堂教学。思想政治理论课是每个大学生的必修课，因而是大学生思想政治教育的主阵地，是对大学生进行思想理论教育的主渠道。在思想政治理论课中，教师应围绕与社会主义核心价值体系建设密切相关的六个重大问题（即“六个为什么”）进行教学，引导学生自觉划清“四个重大界限”。“六个重大问题”和“四个重大界限”涵盖了指导思想、社会理想、经济制度、政治制度、发展方向等重要方面，是关系党和国家事业发展的根本性问题。大学生能否搞清楚这些问题，直接关系到其理想信仰和政治方向的确立，关系到未来中国的政治走向。因此，对大学生的政治理论教学，必须使大学生搞清楚这些问题，使他们自觉抵制各种错误思想影响，做社会主义核心价值体系的坚定信仰者和践行者。

社会主义核心价值体系寓于大学生思想政治教育，还必须寓于大

① 参见马建军、周玉:《四位一体：社会主义核心价值体系寓于大学生思想政治教育的路径选择》，载《广西社会科学》2010年第8期。

学生的社会实践中。实践教学是大学生思想政治教育的重要环节，是社会主义核心价值体系教育的重要渠道，它在大学生社会主义核心价值体系教育中起着不可替代的作用。高校应在理论教学的基础上，加强实践教学的探索，组织大学生深入农村、企业、社区，体验改革开放所带来的时代变革，增强对基本国情的了解和对党的基本路线、基本纲领、奋斗目标的理解；组织大学生深入边远山区、贫困地区，走近弱势群体，增强对科学发展观的理解和对构建社会主义和谐社会的认识，增强忧患意识和大局观念；组织大学生参观历史博物馆（院）、纪念馆、烈士陵园等，激发大学生的爱国热情，弘扬民族精神，等等。总之，只有通过社会实践，才能使大学生在了解社会、了解国情的基础上，更加信服、认同社会主义核心价值体系，才能使大学生的能力得到提高、品性得到锻造、社会责任感和历史使命感得到增强。

二是把社会主义核心价值体系融入校园文化建设，增强环境育人的熏陶力。在人们理想信念、价值观念的形成和发展过程中，环境具有不可低估的作用。良好的校园文化环境在大学生思想政治教育中，具有潜移默化的教育功能。把社会主义核心价值体系寓于大学生思想政治教育，就必须把社会主义核心价值体系寓于校园文化的建设中。社会主义核心价值体系寓于校园文化建设就是要按照建设和谐文化的总要求，坚持以社会主义核心价值体系为引领旗帜，弘扬主旋律，提倡多样化，建设体现社会主义社会性质、时代特征和校园特色的校园文化。为此，应做到以下几点：首先，打造舆论强势，加大对社会主义核心价值体系的宣传力度。其次，弘扬社会正气，通过校风、教风、学风建设，形成优良的校风、教风、学风；通过加强英雄人物及典型事迹的宣传工作，激发学生形成高尚的价值观念和行为方式。再次，寓教于乐，结合传统纪念节日、重大事件和开学典礼、毕业典礼等重大活动，开展社会主义核心价值体系主题教育。复次，加强网络思想舆论阵地建设，以社会主义核心价值体系引领网络文化，建设融思想性、知识性、趣味性、服务性于一体的高质量校园网络，唱响网上思想文化的主旋律。最后，重视管理育人，在学校的日常管理中体现价值导向，使符合社会主义核心价值体系的行为得到鼓励，违背社会主义核心价值体系的行为受到制约。

三是把社会主义核心价值体系寓于师资队伍建设，增强人格育人的影响力。社会主义核心价值体系寓于大学生思想政治教育的成效如何，很大程度上取决于师资队伍的人格魅力。师资队伍对社会主义核心价值体系是否言行一致、知行统一，直接影响到大学生社会主义核心价值体系教育的效果。因此，高校应把社会主义核心价值体系寓于师资队伍的建设中，以便为大学生社会主义核心价值体系教育提供师资保障。高校思想政治教育的师资队伍主要有三支：(1) 思想政治理论课教师队伍。作为思想政治理论课教师，不仅要做传授知识的“经师”，还要做善于育人的“人师”，将做学问和做人的道理融合到一起。为此，一方面，高校应重视思想政治理论课教师理论素养和学术修养的培养。教师应密切关注社会热点和学术前沿，提高科研能力和教学水平，以科研促教学，以扎实的专业知识和深厚的理论功底回答学生关注的社会热点、难点问题以及种种质疑。另一方面，高校应重视思想政治理论课教师的师德建设和品性修养，使思想政治理论课老师做到言传身教，做到真学、真懂、真信、真实践。(2) 辅导员队伍。辅导员是大学生健康成长的指导者和引路人，是大学生思想政治教育的骨干力量，对于把社会主义核心价值体系的要求落到实处具有重要意义。辅导员队伍建设应以专业化为目标，力求做到专业培养、专业使用。(3) 专业教师队伍。高等学校各门课程都具有育人功能，所有教师都负有育人职责。高校应深入发掘各类课程的思想政治教育资源，高度重视提高专业教师的思想政治素质，增强他们的学识魅力和人格魅力，使学生潜移默化地受到教师人格魅力的感染，受到社会主义核心价值体系的教育。

三是把社会主义核心价值体系渗入学生实际问题的解决中，增强情感育人的渗透力。坚持解决思想问题与解决实际问题相结合，既讲道理又办实事，既以理服人又以情感人，是增强思想政治教育实际效果的重要手段。因此，把社会主义核心价值体系寓于大学生思想政治教育，必须高度重视大学生实际问题的解决。当前，在解决大学生的实际问题中，重点应做好以下三方面的工作：(1) 贫困学生资助工作。应进一步完善以国家助学贷款为主体，奖、助、勤、减、补的资助体系。(2) 人文关怀和心理疏导工作。应引导大学生正确对待自己、他人和社会，正确对待成长成才中的困难、挫折和荣誉，塑造自尊自信、理性平和、积极向上的良好心态。(3) 毕业生的就业工作。应为毕业生创造良好的就业平台和机会，同时引导毕业生树立正确的就业观，鼓励他们到祖国最需要的地方去贡献自己的聪明才智。应帮助大学生解决面临的当务之急和后顾之忧，使他们深切感受到党和政府对自己的关怀，从而在情感上进一步巩固对党的基本路线、基本纲领、奋斗目标的支持和拥护，以及对社会主义核心价值体系的认同和信仰。

3. 公众人物

公众人物，就是知名度较高，能够凝聚公众注意力、受到公众关注的人物。根据基础素质的不同，公众人物可分为两大类。一类是“低端”公众人物，即是本身素养比较低，但通过低俗炒作而博取了公众眼球、一举成名，使自己迅速进入公众视野的人物。一类是“高端”公众人物，即是身居特殊岗位，或在某个领域颇有成就而备受公众关注的人物。[①] 此处所指的公众人物，不包含“低端”类。因为“低端”公众人物，根底浅，虽然不乏围观起哄者，但在公众心目中无非是过眼云烟，日后也不会给公众留下多少记忆，对社会也没有多大破坏作用。[②] 此处所指的公众人物，特指“高端”公众人物。“高端”公众人物与“低端”公众人物迥然不同，他们有较深厚的公众基础，对社会有强大的影响力。2009 年，美国巨星迈克尔·杰克逊猝死，全球掀起一股强大的祭奠高潮，其数亿歌迷更是悲痛万分，更有甚者以终极自杀的方式表达对杰克逊的哀悼。这一事件足以反映公众人物对社会的强大影响力。

公众人物的一言一行都有无数人关注，乃至有无数人效仿，客观上应当承担更多的社会道德责任，在道德层面为社会公众作出表率，

---

① 参见范以锦：《“高端”人士，请您别“乱”语!》，载《人民日报》2010 年 12 月 9 日。

② 参见范以锦：《“高端”人士，请您别“乱”语!》，载《人民日报》2010 年 12 月 9 日。

成为社会公众的道德标杆。当前，有很多优秀的公众人物都在通过自己的言行发挥着道德楷模和榜样示范作用，比如有的投身慈善事业，时常出现在艰难险阻之地，躬行善举；有的为避免公众不恰当的效仿，从不在荧屏前吸烟喝酒，或公然发表各种奇谈怪论。然而，近年来，也有不少公众人物的道德失范问题，时不时地成为舆论焦点，对社会的道德风尚产生了不可忽视的消极影响。公众人物动辄就有数十万甚至上百万的粉丝，其言论和行为通过媒体的力量，会对社会风气和人们的道德观念产生放大的示范效应。因此，在推进社会主义核心价值体系大众化的过程中，要突出对公众人物的社会主义核心价值体系教育，引导公众人物特别是影视明星、体育明星、电视节目主持人、社科界、企业界、金融界、科技界等知名人士自觉学习、践行社会主义核心价值体系，增强道德责任感和社会责任感，确保自己的一切言行、一切产品、一切成果，都体现社会主义核心价值体系的内容和要求，为社会公众作出榜样。

（四）推进宣传教育的方法创新

社会主义核心价值体系的宣传教育要不断创新方式方法，充分尊重教育对象的主体地位，既要扩大教育对象的覆盖范围，又要区分层次，突出重点，增强教育效果。

1. 尊重教育对象的主体地位，同教育对象开展平等的交流和沟通

在宣传教育中，教育对象既有客体性，也有主体性，是客体和主体的统一。一方面，相对于教育者而言，教育对象是其认识客体，是其意欲通过自己的教育活动改造的对象。另一方面，在教育过程中，教育对象能以主体视角体察教育者的活动及其意义，能以自己的认知图式对教育内容进行诊释、选择、内化，并通过自己的实践活动来外显。因此，从这个角度讲，教育对象又是主体。教育活动在本质上是一种传播活动。根据传播学的观点，在任何类型的传播活动中，传播对象都不是消极被动的“受体”。“传播学的研究成果已经向人们证实”，在大众传

播过程中，“受众成员绝非媒介信息的被动的、盲目的接受者，而是传播过程的积极主动的参与者，他们接受媒介信息的行为是有目的的行为”①。传播效果是否理想，不仅取决于传播对象是否得到了信息，还取决于其对信息的选择和加工。此外，在传播对象的内部，还存在着大量的对信息的讨论、劝说和传递的活动。②这些都表明，传播对象在传播过程中发挥着积极的主体作用。因此，在社会主义核心价值体系大众化的传播过程中，要充分尊重传播对象的主体地位。尤其在当前，随着全球化、信息化的不断推进，人们的自主性、独立性不断增强，在这种情况下，更要尊重教育对象的主体性，注重与他们开展平等的交流和沟通，了解他们的需要和感受，从而有针对性地推进社会主义核心价值体系的传播。传播并“非政工人员单向的说教”，同传播对象进行“双向、平等的传播”，这是“传播的最高境界”。③

2. 区分教育对象的不同层次，以分众化推进社会主义核心价值体系的大众化

以分众化推进大众化，对不同的教育对象进行区别对待，是马克思主义理论灌输的一条基本经验。为了提高共产主义的教育效果，列宁曾明确要求准确把握居民一切阶级的不同特点，对工人、农民和知识分子区别对待。④就工人阶级内部而言，列宁根据认识水平和觉悟程度的不同将其分为五个不同的阶层，对于不同的阶层，他提出了不同的要求，要“一批又一批”地“不断进行训练”。⑤对于党内的革命家组织和党的基层组织两个阶层，他要求不断加强自身教育，加强理论的普及和提高。而对于党的外围组织人员即靠近党的组织、不靠近党的组织、没有

① 张咏华：《大众传播学》，上海外语教育出版社1992年版，第186页。

② 参见［美］威尔伯·施拉姆、威廉·波特：《传播学概论》，陈亮译，新华出版社1984年版，第130页。

③ 戴元光等：《传播学原理与应用》，兰州大学出版社1988年版，第200页。

④ 参见吴远、吴日明：《灌输理论与当代中国马克思主义大众化》，载《马克思主义研究》2010年第9期。

⑤ 《列宁全集》第10卷，人民出版社1987年版，第336页。

参加组织的分子，则要“善于接近”，“跟他们交谈”，“和他们打成一片”，“坚持不懈地耐心地把他们提高到社会民主主义的觉悟上来”。[①] 对于农民，列宁考虑到农村物质文化基础的落后，他认为决不能“马上把纯粹的和狭义的共产主义思想带到农村去”，这样做对于共产主义可以说是“有害的”、“致命的”[②]，而“应该向他们提供各种无神论的宣传材料，告诉他们实际生活各个方面的事实，用各种办法接近他们，以引起他们的兴趣，唤醒他们的宗教迷梦，用种种方法从各方面使他们振作起来，如此等等。”[③] 也就是说，对于文化程度较低的农民，不要急于进行共产主义思想灌输，而应首先做一系列前期工作，提高他们的文化水平，进行无神论教育。对于科学家、工程师和农艺师等有科学素养的资产阶级旧知识分子，应“耐心地启发”他们通过其各自不同的科学实践途径来承认共产主义。列宁指出：“工程师为了接受共产主义而经历的途径将不同于过去的地下宣传员和著作家，他们将通过自己那门科学所达到的成果来接受共产主义，农艺师将循着自己的途径来接受共产主义，林学家也将循着自己的途径来接受共产主义，如此等等。”[④]

当前，推进社会主义核心价值体系的大众化，应坚持马克思主义灌输原理区别对待的观点，树立以分众化推进大众化的理念。改革开放以来，我国社会阶层日益多元化，各个阶层、群体的接受心理、接受方式和接受途径必然具有差异性。这种差异性决定了不同群体“接收传播尤其是接收了同样的传播内容后会产生不同的反应”[⑤]。也就是说，对不同的群体，采取同样的方式传播同样的内容，会产生不同的效果，可能有的人很认同传播的内容，有的人则可能会非常反感。这是因为，在传播活动中，传播效果会受到传播对象心理因素的控制。其中，选择性心理和逆反心理起着非常重要的作用。所谓选择性心理就是“传播对象在传

① 《列宁全集》第 10 卷，人民出版社 1987 年版，第 336 页。
② 《列宁专题文集　论社会主义》，人民出版社 2009 年版，第 346 页。
③ 《列宁选集》第 4 卷，人民出版社 1995 年版，第 649 页。
④ 《列宁专题文集　论社会主义》，人民出版社 2009 年版，第 193 页。
⑤ 戴元光等：《传播学通论》，上海交通大学出版社 2000 年版，第 238 页。

播活动中对所接触的信息、传播媒介和方式本身进行选择的过程中表现出的积极的思维现象和行为结果”①。所谓逆反心理，又称传播对象逆向心理，它是指“传播对象在原有心理定势支配下对不符合原有心理指向的信息所持的抗拒心理，或传播对象对内容相同、形式单调的信息过量传播所持的抵触、反抗心理倾向”。② 这两种心理都受个人的生活经历、文化背景和价值观念的支配，表现为传播对象在传播活动中对某些信息的偏爱或拒斥。这就启示我们，在传播社会主义核心价值体系的过程中，要让内容和形式贴近实际、贴近群众、贴近生活，符合人们的利益需要，适应人们的选择性心理，避免人们的逆反心理；要区别领导干部、广大党员、青少年学生、工人、农民、学生、新社会阶层、宗教信仰者等不同对象的具体实际，进行不同内容和不同方式的宣传普及。比如，对宗教界，就应遵循“政治上团结合作，信仰上互相尊重”的原则，而不能简单一律地向他们灌输社会主义核心价值体系最高层次的内容马克思主义指导思想，因为马克思主义以辩证唯物主义和历史唯物主义为基础，主张科学的无神论，从这个角度上讲，它与一切宗教都是对立的。社会主义核心价值体系“化”的大众越多，存异的东西可能就越多，就不能搞一刀切，千篇一律地简单照搬社会主义核心价值体系四个方面的全部内容。

社会主义核心价值体系的基本内容，本身就具有鲜明的层次性。其中，马克思主义指导思想居于最高层次，中国特色社会主义共同理想、民族精神和时代精神是中间层次，以“八荣八耻”为主要内容的社会主义荣辱观是基础层次。在宣传教育过程中，不同的群体应有不同的层次定位、不同的实践要求。邓小平就说过，“不讲多劳多得，不重视物质利益，对少数先进分子可以，对广大群众不行，一段时间可以，长期不行。”③ 比如，以如何对待“公”与“私”的问题来衡量，“大公无私是圣人，公而忘私是贤人，先公后私是善人，公私兼顾是常人，私字当头是小

① 段京肃：《传播学基础理论》，新华出版社 2003 年版，第 161 页。

② 邱沛篁等：《新闻传播百科全书》，四川人民出版社 1998 年版，第 67 页。

③ 《邓小平文选》第 2 卷，人民出版社 1994 年版，第 146 页。

人，假公济私是痞人，以公肥私是坏人，徇私枉法是罪人。"[①] 我们推进社会主义核心价值体系大众化，是要"提升常人，提倡善人，学习贤人，向往圣人；也要教育小人，揭露痞人，改造坏人，惩治罪人"，"而不是，也不可能把每个人都变成圣人"。[②] 因此，尊重宣传对象的差异性，科学分析不同群体的精神信仰、理论需求、心理特征、认知方式和思维差异，是有的放矢地推进社会主义核心价值体系大众化的重要前提。这就要求在实际工作中，要科学划分受众层次，针对不同群体采取不同的方法进行不同层次的宣传教育，使社会主义核心价值体系的价值观念为大众理解认同。

3. 寓观点于材料之中，既讲道理，也摆事实

传播学的奠基人之一、美国心理学家卡尔·霍夫兰（Carl I. Hovland）曾就"明示结论"和"寓观点于材料之中"两种传播方法的传播效果作了一项实验研究。实验结果表明，当传播者明示结论时，产生了更多的意见改变。但是，对受教育程度较高的受众来说，寓观点和结论于材料之中，其传播效果更有效。[③] 当然，所使用的材料必须是真实可信的。霍夫兰等人的研究还发现，要求掌握的材料的事实性越强，教育程度较高的人越容易发生观点的改变。当前，我国人民群众受教育的程度得到了普遍的提高，因而在推进社会主义核心价值体系大众化的过程中，应重视"拿事实来说话"[④]，把观点和结论寓于事实性的材料之中，通过"摆事实"来"讲道理"。"摆事实"和"讲道理"不是彼此分离的，而是相互联系的。"摆事实"是为了"讲道理"，"讲道理"是为了对摆的"事实"进行总结和深化。

---

① 叶小文：《社会主义核心价值体系贵在践行》，载《中央社会主义学院学报》2010年第5期。

② 叶小文：《社会主义核心价值体系贵在践行》，载《中央社会主义学院学报》2010年第5期。

③ 参见刘海龙：《大众传播理论：范式与流派》，中国人民大学出版社2008年版，第132页。

④ 《邓小平文选》第3卷，人民出版社1993年版，第155页。

推进社会主义核心价值体系的大众化，既要摆现实的事实，也要摆历史的事实；既要摆改革开放以来我们在坚持马克思主义指导思想和中国特色社会主义发展道路下所取得的辉煌成就、广大农村和城市发生的巨大变化、人们生活水平和生活质量的极大改善，也要摆我们国家自近代以来的屈辱和奋争，摆我们国家是如何在马克思主义的指导下、在中国共产党的领导下，实现民族独立和人民解放最终走上社会主义道路的。通过摆这些事实，广大群众可以自己从中感受到马克思主义的实践威力，可以自己从中得出只有社会主义才能救中国、只有中国特色社会主义才能发展中国的必然结论，从而在情感上真心认同社会主义核心价值体系。这里讲的“摆”，包含面对面地摆，但更强调的是通过创作、播放电视纪录片、专题片以及电影、电视剧等形象化地摆。

4. 搭建立体的传播平台，以手段的立体化推进社会主义核心价值体系的大众化

信息的传播渠道是传播者与传播对象相互联系、相互沟通的桥梁和纽带，传播渠道的畅通是有效传播社会主义核心价值体系的必备条件，因此，要广开渠道、多管齐下，搭建传播社会主义核心价值体系的立体平台，以手段的立体化推进社会主义核心价值体系的大众化。

一是坚持传统媒体与新兴媒体相结合，根据不同的传播对象，选择不同的媒介和媒介组合。传统媒体如报刊、广播、收音机、电视等，因其经济性、思想性、便携性、普及性等方面的优势，在推进社会主义核心价值体系传播中具有重要的作用，要予以充分发挥。在我们的调查中，针对“您平时主要是从哪里了解新鲜事”这一问题，选择“电视”这一传统媒体的比例高居首位，占85.2%，也有45.4%的人选择“报纸”，10.2%的人选择“收音机”（见表4—2）。而新兴媒体如互联网、手机等将图像、声音、文字等融为一体，为现代信息传播带来了革命性的变化，展示了广阔的应用前景，应将其作为推进社会主义核心价值体系大众化的重要阵地。在我们的调查中，同样是上一个问题，有58.4%的人选择了“互联网”，这一比例位居第二，仅低于选择“电视”的比例（见表4—2）。根据中国互联网信息中心（CNNIC）在2011年

1月19日发布的《第27次中国互联网络发展状况调查统计报告》，截至2010年12月底，我国网民规模达到4.57亿，较2009年年底增加7330万人；互联网普及率攀升至34.3%，较2009年提高5.4个百分点；我国手机网民规模达3.03亿，较2009年年底增加6930万人，在总体网民中的比例从2009年末的60.8%提升至66.2%。[①] 由此可见，我国互联网的普及率在稳步提升，充分利用网络媒体，既有利于增强社会主义核心价值体系传播的时效性，也有利于扩大社会主义核心价值体系传播的覆盖面。总之，在传播社会主义核心价值体系的过程中，各种媒体都具有自身的独特优势，同时也都有自己的局限性，每一种媒体的作用都是有限的，每一个传播对象也不是同时使用所有的传播媒介。因此，在推进社会主义核心价值体系大众化的过程中，要充分认识不同媒体的特点、规律和覆盖对象，根据不同的传播对象和传播内容，对各种媒介进行组合运用，使其扬长避短、互为补充，从而增强传播的有效性，扩大传播的覆盖面。

表4—2　您平时主要是从哪里了解新鲜事？

选项	频数	有效百分比（%）
收音机	162	10.2
电　视	1313	82.5
报　纸	723	45.4
互联网	930	58.4
手　机	544	34.2
亲戚朋友	226	14.2

二是坚持物质传播渠道与精神传播渠道相结合。物质传播渠道是指社会主义核心价值体系传播主体与传播对象之间相互传递信息的物质内容和手段，如爱国主义教育基地、中国革命遗址、历史文化遗产等，这

① 中国互联网络信息中心：《第27次中国互联网络发展状况调查统计报告》，http://research.cnnic.cn/html/1295338825d2556.html。

些渠道以物质为载体，蕴涵着十分丰富的教育内容，应当充分利用。精神传播渠道是指社会主义核心价值体系传播主体与传播对象之间相互传递信息的精神内容和手段，这种渠道虽然没有固定的物质载体，但对人们的思想会产生深远的影响。1980 年 5 月，《中国青年》杂志发表了一封署名潘晓的来信《人生的路啊，怎么越走越窄》，在全国范围内引发了一场关于人生观的大讨论。潘晓的信 5 月 11 日发表，“14 日编辑部就开始收到读者参与讨论的来信，17 日上升到 100 件，27 日突破了 1000 件，之后一直保持在每天 1000 件左右。据 6 月 9 日的统计，不足一个月就收到了两万多件。”到年底，编辑部共收到来信来稿 6 万多件，“社会各界，尤其是高校，对这一问题的专场讨论不胜枚举”，“这场讨论影响了一代年轻人。”① 事实上，潘晓并非真潘晓，是塑造的潘晓，是编辑们将两个人的信综合起来的。这场讨论，是一次十分成功的议程设置。这样的精神传播手段，对于整合价值冲突，引导人们树立正确的价值观具有重要意义。

三是坚持显性教育与隐性教育相结合。所谓显性教育，即是指充分利用各种公开手段和公开场所进行的一种有领导、有组织、有系统的教育方法，“通常以课堂为主要依托，以专题教育、主题讨论、学习整改、文件报告等为主要形式，具有集中组织、目的明确、有一定强制性等特点”②。所谓隐性教育，是指通过隐藏教育目的，将教育信息渗透到具有教育功能的非正式教育载体中，引导教育对象获得教育性经验的一种教育方式。③ 显性教育具有教育过程的规范性、教育内容的系统性、教育效率的显著性等优点，但因其教育时间、地点和对象的范围都受到限制，覆盖面较为狭窄，不足以推进社会主义核心价值体系的“大众”化，并且由于教育意图明显，易于引起逆反心理。隐性教育则因其教育目的和内容内隐于人们喜闻乐见的载体中，因而能有效避免大众的抵触情绪

① 《1980 年引发全国关注的“潘晓讨论”》，载《北京日报》2008 年 12 月 11 日，转引自新华网，http://news.xinhuanet.com/theory/2008-12/11/content_10486877.htm。

② 徐安鑫、何义圣：《论思想政治教育中的隐性教育》，载《求实》2008 年第 2 期。

③ 参见徐安鑫、何义圣：《论思想政治教育中的隐性教育》，载《求实》2008 年第 2 期。

和排斥心理，达到潜移默化的作用，并且其教育过程能发生在以受教育者为中心的任何时间和地点，具有覆盖面广的优势。因此，在社会主义核心价值体系的宣传教育过程中，既要重视显性教育功能的发挥，也要充分利用隐性教育的功能，使两者优势互补。

二、转换话语表达，推进社会主义核心价值体系的通俗化

任何科学的理论都是由一系列的概念、原理和相互关系构成的，都具有一定的抽象性和概括性。任何科学的理论要为广大群众掌握，实现语言表达的通俗化是其必然的路径选择。

（一）注重理论的通俗化是马克思主义的一贯传统

马克思主义的主要创始人马克思在《雇佣劳动与资本》中就明确阐述了写作的基本原则即通俗化。他指出："我们力求说得尽量简单和通俗"，"就当读者连最起码的政治经济学概念也没有"，"我们希望工人能明白我们的解说"。[①] 在整理《资本论》第一卷的手稿过程中，马克思在通俗化方面也做了大量工作，以"尽可能地做到通俗易懂"[②]，让别人"不能说这本书难懂"[③]。马克思、恩格斯合著的《共产党宣言》更是一部文采斐然、充满激情的通俗理论专著。列宁同样也是马克思主义通俗化的大师，早在从事马克思主义理论研究和宣传活动之初他就指出："我国社会主义者……应该更详细地探讨对俄国历史和现实的马克思主义观点，……进而把这个理论通俗化，把它灌输给工人。"[④] 后来，他更是明确地提出了"最高限度的马克思主义 =（Umschlag）最高限度的通

① 《马克思恩格斯选集》第 1 卷，人民出版社 1995 年版，第 332 页。

② 《马克思恩格斯选集》第 2 卷，人民出版社 1995 年版，第 99 页。

③ 《马克思恩格斯选集》第 2 卷，人民出版社 1995 年版，第 100 页。

④ 《列宁全集》第 1 卷，人民出版社 1984 年版，第 284 页。

俗化”[①]这一直观而简单明了的重要命题。列宁不仅反复强调通俗化的重要性，而且身体力行地推行马克思主义的通俗化工作。其《帝国主义是资本主义的最高阶段（通俗的论述）》一书，就是要“对帝国主义的基本经济特点的联系和相互关系，作一个简要的、尽量通俗的阐述”[②]。此外，列宁还就工农通俗读物的编写问题专门发表了指示，详细阐明了编写工农通俗读物的任务、题目乃至篇幅与形式等问题。

马克思主义在中国的大众化，同样是从其通俗化起步和切入的。从某种程度上说，马克思主义中国化的过程也就是马克思主义这一来自欧洲的科学理论在中国日益通俗化、大众化的过程。20世纪上半叶的中国大众，其文化素养极为不足，工农普遍是文盲，再加之马克思主义是作为一种外来的理论走进中国的。因而对于处于当时历史境遇下的中国民众而言，“外来的、译介的、抽象的马克思主义要为其掌握，通俗化无疑是一项基本而重要的要求”[③]。为此，中国共产党极其重视马克思主义以通俗化的形式走向大众。毛泽东在领导中国革命的过程中，不仅从理论上探讨了马克思主义中国化、大众化、通俗化的问题，而且在实践上为全党做出了表率。其《矛盾论》、《实践论》等论著就是运用生动朴实、通俗易懂、老百姓所喜闻乐见的语言形式深入浅出地阐述马克思主义深刻哲理的光辉典范。其诸多通俗、生动的语言深受群众欢迎。如他把主观主义比喻成“闭塞眼睛捉麻雀”、“瞎子摸鱼”[④]；用“到什么山上唱什么歌”、“看菜吃饭，量体裁衣”[⑤]暗喻要具体问题具体分析；用“不入虎穴，焉得虎子”[⑥]强调实践对认识的重要性，等等，这些都为广大群众耳熟能详。邓小平也十分重视马克思主义理论的通俗化工作。在南

---

① 《列宁全集》第36卷，人民出版社1959年版，第468页。

② 《列宁选集》第2卷，人民出版社1995年版，第583页。

③ 沈壮海：《多质的大众与共享的价值——关于当代中国马克思主义大众化的思考》，载《思想政治教育研究》2009年第5期。

④ 《毛泽东选集》第3卷，人民出版社1991年版，第796—797页。

⑤ 《毛泽东选集》第3卷，人民出版社1991年版，第834页。

⑥ 《毛泽东选集》第1卷，人民出版社1991年版，第288页。

方谈话中，他曾指出，马克思主义其实“并不玄奥”，“马克思主义是很朴实的东西，很朴实的道理”。他还指出：“学马列要精，要管用的”；“长篇的东西是少数搞专业的人读的”，要求群众都读大本子，“那是形式主义的，办不到”。[①] 邓小平关于“不管白猫黑猫，能抓老鼠的就是好猫”、“摸着石头过河”、“人民拥护不拥护、赞成不赞成、高兴不高兴、答应不答应”等话语之所以被人们广为传诵，经久不衰，成为至理名言，除了他讲的内容深得人心之外，关键就在于他运用的都是通俗化的、生动鲜活的大众语言。

社会主义核心价值体系作为当代中国马克思主义的重要组成部分，推进其大众化，自然应当秉承注重通俗化这一马克思主义的基本原则和一贯传统。

（二）推进社会主义核心价值体系通俗化的基本原则

社会主义核心价值体系的通俗化是社会主义核心价值体系大众化在其语言表达上的基本要求。推进社会主义核心价值体系的通俗化，就是要用通俗易懂的群众语言，结合大众的生活实际，深入浅出地阐释社会主义核心价值体系的科学内容和价值观念，使社会主义核心价值体系更易于为广大群众所理解和接受。社会主义核心价值体系作为社会主义意识形态的本质体现，集中体现了社会主义的本质要求和人民群众的根本利益，具有根本立场的大众性。然而，作为一套科学的理论体系，它和其他任何理论一样，也是由一系列的概念、原理和相互关系构成的，不可避免具有一定的抽象性和概括性。正是这种抽象性和概括性，在社会主义核心价值体系理论和大众之间构成了一道鸿沟，构成了大众理解和把握社会主义核心价值体系的一大障碍。要突破这一障碍，方法有两种：其一是让理论通俗化，使社会主义核心价值体系易于为广大人民群众理解、掌握和运用；其二是让人民大众的所有成员都变成具有较高学术水平的专业的马克思主义理论家。毫无疑问，后一种方法是不现实

① 《邓小平文选》第3卷，人民出版社1993年版，第382页。

的，让所有人都变成专业的马克思主义理论家是不可能的。因此，只有借助于社会主义核心价值体系的通俗化，社会主义核心价值体系才能更好地为大众理解、掌握。

推进社会主义核心价值体系的通俗化，应当凸显其语言表达的群众性、民族性和时代性特征，避免将其庸俗化和玄奥化。

第一，社会主义核心价值体系的通俗化，应当凸显其语言表达的群众性特征，即是用群众的语言来表述社会主义核心价值体系的道理，使社会主义核心价值体系的表达方式通俗易懂，生动活泼。因为“真正的通俗化，或者说，理想的通俗化”，就是“语文不但要明白，而且要准确，不但要易懂，而且要生动”①。为此，作为社会主义核心价值体系的宣传者，“如果是不但口头上提倡提倡而且自己真想实行大众化的人，那就要实地跟老百姓去学”②，去“认真学习群众的语言”③。毛泽东曾经把没有学习群众语言的文章演说比喻为“死板板的几条筋，像瘪三一样，瘦得难看，不像一个健康的人”④。对于那些不肯学习群众语言的人，毛泽东尖锐地批评道：“有些天天喊大众化的人，连三句老百姓的话都讲不来，可见他就没有下过决心跟老百姓学，实在他的意思仍是小众化。”⑤群众的语言是“很丰富的，生动活泼的，表现实际生活的”⑥。学习群众的语言，一方面要学习群众的用语习惯。群众一般不喜欢结构复杂的长句，因此，在理论表达时，应尽量将长句改成短句，简明扼要，不拖泥带水。另一方面，要尽量避免专业术语。专业术语通常不易于为群众理解把握，往往会让群众敬而远之，因此应尽量将其转化为群众的日常生活话语。

第二，社会主义核心价值体系的通俗化，应当凸显其语言表达的民

① 钟敬文：《民俗文化学的梗概与兴起》，中华书局 1996 年版，第 186 页。
② 《毛泽东选集》第 3 卷，人民出版社 1991 年版，第 841 页。
③ 《毛泽东选集》第 3 卷，人民出版社 1991 年版，第 851 页。
④ 《毛泽东选集》第 3 卷，人民出版社 1991 年版，第 837 页。
⑤ 《毛泽东选集》第 3 卷，人民出版社 1991 年版，第 841 页。
⑥ 《毛泽东选集》第 3 卷，人民出版社 1991 年版，第 837 页。

族性特征。一种先进的思想理论，要转化为民族的思想要素和精神动力，其表达方式必须要与该民族的民族心理、民族文化相契合。正如黑格尔曾经强调的："一个民族除非用自己的语言来习知那最优秀的东西，否则这东西就不会真正成为它的财富，它还将是野蛮的。"① 社会主义核心价值体系集中体现了中华民族的共同理想和价值追求，就其内容本身而言，它具有鲜明的民族特色。接下来的问题是，在宣传普及中，要用我们民族所熟知的习惯用语、成语典故等精练、形象、生动的语言形式将这一"最优秀的东西"表达出来，使之对广大群众产生强烈的亲和力和吸引力，从而真正成为民族的财富，内化为民族的情感、意志和信念。同时，我国是一个多民族国家，中华民族是由56个具体的民族构成的，各个民族在自己发展的历史长河中，都形成了某种表征自己身份的话语体系。由于民族风俗、传统习惯、宗教信仰等方面的差异，一些话语在特定的民族中可能很"吃香"，而在其他民族则可能成为禁忌。尤其是有宗教信仰的民族，他们对有些话语就可能特别敏感。因此，推进社会主义核心价值体系大众化，在语言表达、话语转换上，要与各民族的风俗习惯、宗教信仰等民族特征相契合，实现社会主义核心价值体系语言表达的民族化。

第三，社会主义核心价值体系的通俗化，应当凸显其语言表达的时代性特征。每一个时代都有其独特的时代话语，尤其在当前，随着信息化、网络化、全球化时代的到来，标志我们这个时代特征的各种信息话语、网络话语、外来话语应运而生，在信息传播中具有独特的影响和魅力。为此，在社会主义核心价值体系大众化的过程中，要从这些时代语言当中，"吸收我们所需要的成分"②，使社会主义核心价值体系的大众化充满时代气息，具有时代的"LOGO"。

第四，推进社会主义核心价值体系通俗化，应当避免将社会主义核心价值体系"庸俗化"。通俗化不等于庸俗化。列宁曾经指出："庸俗

① [德]黑格尔：《黑格尔通信百封》，苗力田译，上海人民出版社1981年版，第202页。
② 《毛泽东选集》第3卷，人民出版社1991年版，第837页。

化和哗众取宠绝非通俗化。通俗作家应该引导读者去深入地思考、深入地研究，他们从最简单的、众所周知的材料出发，用简单的推论或恰当的例子来说明从这些材料得出的主要结论，启发肯动脑筋的读者不断地去思考更深一层的问题。”① 推进社会主义核心价值体系通俗化不是庸俗、更不是媚俗地去迎合一些人的低级趣味，而是要在社会主义核心价值体系这一科学理论与广大群众的生活话语中寻找结合点，用老百姓的话来讲老百姓的理，用贴近实际、贴近生活、贴近群众的语言来宣传社会主义核心价值体系的科学内容和价值观念，让社会主义核心价值体系深入人心。推进社会主义核心价值体系的通俗化必须以坚持社会主义核心价值体系的科学性为前提，是在坚持社会主义核心价值体系科学性的基础上的通俗化，不能以通俗化为名而降低、损害了社会主义核心价值体系的科学性，避免在社会主义核心价值体系通俗化的过程中将社会主义核心价值体系庸俗化。

第五，推进社会主义核心价值体系通俗化，应当避免将社会主义核心价值体系“玄奥化”。“玄奥化”是通俗化、大众化的最大敌人。有的人写文章作报告，“里面常常夹着一些生造出来的和人民的语言相对立的不三不四的词句”②，故弄玄虚、自炫高深，把读者听众弄得一头雾水，不知所云。似乎懂的人越少，就越有学问，越有“理论深度”。法国唯物主义哲学家狄德罗曾经将这种做法称之为“大师们的装模作样”，鲁迅也曾对类似的情况作过深刻而尖锐的批判：“倘若说，作品愈高，知音愈少。那么，推论起来，谁也不懂的东西，就是世界上的绝作了。”③ 在建设社会主义核心价值体系的过程中，如果我们写出来的论著和讲出来的理论成为这种谁也不懂的“绝作”，那么社会主义核心价值体系如何为大众理解、认同呢？因此，推进社会主义核心价值体系的大众化，要坚决拒绝大师们的这种装模作样。

第六，推进社会主义核心价值体系通俗化，应当打造一批通俗化的

---

① 《列宁全集》第5卷，人民出版社1986年版，第322页。

② 《毛泽东选集》第3卷，人民出版社1991年版，第851页。

③ 鲁迅：《文艺的大众化》，载《大众文艺》第2卷第3期，1930年3月1日。

精品力作。近些年来，我国推出了一系列优秀马克思主义理论通俗读物，如中宣部刊行的《理论热点面对面》直面现实问题，用通俗易懂的语言释难解疑，有说服力地回答问题、解决问题，使人们对现实问题的实质有更深刻的认识，从而深受群众欢迎。此外，《画说资本论》、《画说哲学》、《画说毛泽东思想》、《画说邓小平理论》、《画说江泽民“三个代表”》等“画说”系列，借图画的巧妙创意和艺术构想，用生动的图画配以精练而深入浅出的文字说明，使得内涵深刻的马克思主义理论，更具直观性和可读性，更适合广大群众特别是青少年的阅读心理。推进社会主义核心价值体系通俗化，一方面要在《理论热点面对面》、“画说”系列等通俗力作的基础上，持续推出一批宣传马克思主义基本原理、宣传中国化马克思主义理论尤其是中国特色社会主义理论体系的优秀通俗读物，持续推出一批符合时代精神、回答现实问题的优秀通俗读物，另一方面要继续摄制一批反映重大事件或重大理论问题的政论或理论电视宣传片。在我们的问卷调查中，就“您平时主要是从哪里了解新鲜事?”这一问题，在1592位调查对象中，选择“电视”的有1313位（占82.5%），这一数字高居首位，远远高于居于第二位、第三位的“互联网”(930人，占58.4%）和“报纸”(723人，占45.4%）的数字(见图4—5)。这表明电视仍然是今天大多数人了解信息的主要渠道。因此，推进

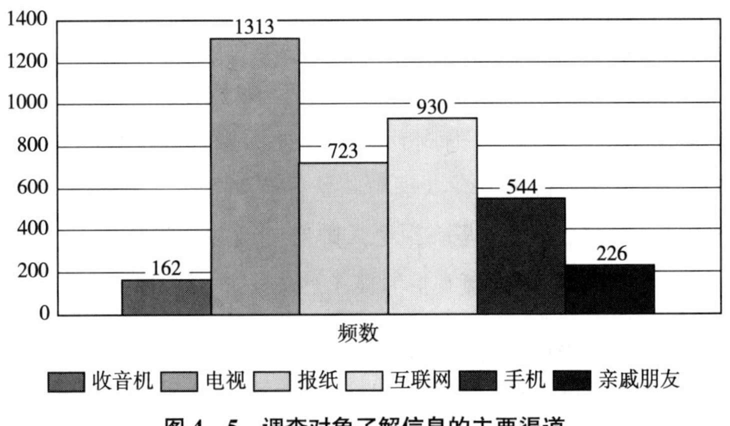

图4—5　调查对象了解信息的主要渠道

社会主义核心价值体系的通俗化、大众化，应加大力度打造相关的电视宣传片。

三、利用多元载体，推进社会主义核心价值体系的具象化

“具象化”是社会主义核心价值体系大众化对社会主义核心价值体系在表现形式上的要求。社会主义核心价值体系的具象化，就是将社会主义核心价值体系这一抽象概括的科学理论渗透到典型事例、影视作品、文学艺术、时代楷模、公益广告、人文景观、物化环境、群众性文化活动等形象具体的载体中，以这些生动活泼、形式多样的载体来体现、传递社会主义核心价值体系的内容和要求，将社会主义核心价值体系由抽象概括的理论逻辑转化为形象具体的生活逻辑、将其由抽象概括的理论形态潜移默化地转化为大众的心理形态和实践形态。以具象化的形式推进社会主义核心价值体系大众化，按照传播心理学的观点，它实际上是一种“艺术化的综合传播”方式，是能“产生奇效的上乘传播”①。这种传播方式因其巧妙地把传播目的、动机和观点融化、隐藏于人们喜闻乐见的载体中，因此它可以使受传者在愉悦的艺术享受和强烈的情感共鸣中，不知不觉受到传播内容的感染，从而达到“随风潜入夜，润物细无声”的传播效果。②

（一）以社会主义核心价值体系具象化推进其大众化的独特优势

以具象化的形式推进社会主义核心价值体系的大众化，具有多方面的特点和优势，它符合大众的审美需求，能够满足大众的审美需要，也符合中国人的思维方式，能有效避免大众的抵触情绪和排斥心理，并且发生作用的范围广泛、覆盖面广，对受众的教育影响深远、效果持久。

---

① 林之达：《传播心理学新探》，北京大学出版社2004年版，第72页。

② 参见周玉：《论社会主义核心价值体系大众化的科学内涵及其实现路径》，载《重庆大学学报》（社会科学版）2011年第2期。

首先，它符合大众的审美需求，能满足大众的审美需要。理论实现的程度，总是取决于它满足需要的程度。理论能否掌握大众，就在于它能否满足大众的需要。需要是人的本性，马克思、恩格斯对历史的考察就是以人的实际需要为起点的。他们认为，人类历史的第一个历史活动生产物质生活本身，就是为了满足人们吃喝住穿的需要。① 需要是人的行为的内驱力，没有需要，就没有人的一切活动。根据美国人本主义心理学家马斯洛的需要层次理论，人有七种基本需要，而审美需要是其中之一，它是指对秩序、对称、完整结构以及完满行为的需要。② 社会主义核心价值体系作为一种科学的理论体系，对于一般大众而言，其理论本身因其抽象性而难以满足大众的审美需要。然而，将其基本内容、价值观念寓于影视作品等形象生动的载体中，则能给大众带来美的享受，使大众在陶醉、愉悦、无意识中获得熏陶，潜移默化地将教育信息润入心川，积淀于心灵深处，不知不觉达到教育的意象境地。

其次，它符合中国人的思维方式。中华民族是一个偏重形象直觉思维并且善于形象直觉思维的民族，其思维方式具有重形象而轻抽象、重感性体验而轻逻辑推导的特点，它不须概念、判断、推理等逻辑形式，不须对外界事物进行分析，而是凭借主体的整体感悟和内心体验，在瞬间把握事物的本质。与西方民族相比，中华民族"唯恐用理性肢解事物，失去对事物的整体把握"，她"更注重对认识对象的意会、领悟、直观把握，更强调非理性的体悟和直觉"。③ 这种思维方式固然有其容易导致思维的模糊和不严密等方面的局限性，但它对于人们领悟这个世界尤其是我们社会和人生现象中某些不可言喻的深层意境，却有着独特的引导和升华的作用。因此，相对于运用逻辑推导和理论思辨的方式而言，通过具象化的形式引导大众体悟其中的价值意蕴，对大众进行社会主义核心价值体系教育，

① 参见《马克思恩格斯文集》第 1 卷，人民出版社 2009 年版，第 531 页。

② 参见叶奕干、何顺道、梁宁建：《普通心理学》，华东师范大学出版社 1991 年版，第 444 页。

③ 马中：《中国哲人的大思路》，陕西人民出版社 1993 年版，第 271 页。

是更加符合民族思维方式的途径，更易于为中国大众所喜闻乐见。

再次，它能有效避免大众的抵触情绪和排斥心理。以具象化的形式对大众进行社会主义核心价值体系教育，它是一种隐性的教育方式，是一种没有明显教育痕迹、不为受教育者所意识到的教育形式。与直接、公开表明教育目的和教育内容的显性教育相比，内隐性是其最大特点。这种内隐性主要体现在其教育目的、教育内容都被化整为零，隐藏、渗透于相关的载体并被载体的表象所掩盖。因而它不仅不会引起教育对象的反感，反而会使之在愉悦的体验和情感的共鸣中不知不觉受到教育、得到启迪。显性的教育则不然，它因其教育目的的劝导性、教育内容的灌输性和教育过程的强制性过于明显，容易使教育对象感到自己的选择自由受到限制，从而对之产生逆反心理，影响教育目标的实现。

复次，它发生作用的范围广泛、覆盖面广。在教育范围上，课堂教学、专题讲座、主题讨论等显性的教育方式，通常限定于规定的时间、固定的场所和特定的对象，具有相对的封闭性，覆盖面不够宽泛、受教育者的比例相对较低，对推进社会主义核心价值体系的大众化具有明显的局限性。大众化的核心要义是“众”，即是社会主义核心价值体系的教育对象要广泛，如果只有少数人掌握社会主义核心价值体系，无论如何也称不上“大众化”，而只能是“小众化”。但是，将社会主义核心价值体系的教育信息渗透进大众日常生活随处可触的载体和媒介中，则能跨越教育过程的时空限制，使教育过程能发生在以受教育者为中心的任何时间和地点。比如各大电视、网络等媒体对人民子弟兵和各级干部群众抗震救灾、抗洪抢险等救灾活动的报道，其背后就承载了一方有难、八方支援、不畏艰险、顽强拼搏以及以人为本等民族精神和时代精神的教育信息，这些信息穿越时空，影响了全中国人。这种教育对象的广泛性是显性教育无法比拟的。

最后，它对受众的教育影响深远、效果持久。以具象化的形式对大众进行社会主义核心价值体系教育，也是一种体验式的教育形式。所谓体验，它是一种以感性、表象、直觉为表征的非逻辑性思维和内在性感悟，具有明显的情感性特征。但它并非非理性的一时的意气用事和情感冲动，而是建立在理性反思基础之上的对生命意义和生存价值的深层觉察和整体领悟，能超越具体的情感与形象，生成更深刻的意义世界。它虽不像理性分析那样层次分明、逻辑清楚，但它却比一般的理性认识过程和感觉过程更为鲜活、深层和完整。它使人们置身于对象之内，与其中那只可意会、不可言传的东西相契合，从中顿悟到生命的真谛，把捉到永恒的意义。体验虽转瞬即逝，但它是由“瞬间达到永恒的最为本质性的中介”①，由体验而领悟到的生命真谛会在心中留下深深的印记而与人常相伴随，对人产生持久的影响。社会主义核心价值体系作为一种理论体系，将其以知识形态、理论形态传播给大众，固然能使大众对之有系统而理性的认识，但这种认识如果不经历对相关情境的深层感悟和内心体验，就易于为大众所忘却。但是，将其基本内容和价值观念渗透进相关的载体，为大众创设体验的情境，使大众在情境中体验到信仰的力量、人生的意义和生命的价值，则会对大众的心理和行为产生持久的影响。因为只有亲身体验到的东西，才能让人刻骨铭心，终身难忘。

（二）利用多元载体，推进社会主义核心价值体系的具象化

载体是社会主义核心价值体系具象化必不可少的媒介。离开了具体形象的载体，社会主义核心价值体系就不可能具象化。因此，推进社会主义核心价值体系的具象化，关键是加强其载体建设。为此，要做好以下几个方面的工作：

1. 将社会主义核心价值体系渗透到对先进典型的宣传推广中

先进典型是社会主义核心价值体系的人格载体，是对社会主义核心价值体系的人格化、形象化，承载着社会主义核心价值体系的精神实质和价值要求。以他们为载体，推进社会主义核心价值体系的具象化，对

① 高伟：《体验：教育哲学新的生长点》，载《湖南师范大学教育科学学报》2003 年第 4 期。

广大群众具有重要的价值导向作用。当前，各种价值观念多元并存、相互激荡，面对复杂多样的价值供给，人们往往无所适从，不知所向。在这样的背景下，宣传一个先进典型，树立一个模范榜样，就是为广大群众树起了一面旗帜、一个导向，就是在告诉群众该做什么、不该做什么，从而对广大群众进行价值评判、作出价值选择提供了重要的价值示范。在我们的调查中，针对“您认为做好社会主义核心价值体系宣传教育工作应采取哪些措施”这一问题，有 71.1% 的人认为应“多表彰道德楷模，弘扬社会正气”。这一比例在该问题的所有选项中，位居首位（见表 4—3）。

表 4—3　您认为做好社会主义核心价值体系宣传教育工作应采取哪些措施？

选　项	频　数	有效百分比
确保宣传、教育和科研单位的领导权掌握在真正的马克思主义者手中	723	45.4%
多表彰道德楷模，弘扬社会正气	1132	71.1%
加强对各种错误思潮和价值观的批评	858	53.9%
提高宣传教育队伍的综合素质	909	57.1%
改进宣传教育方式	662	41.6%
其　他	41	2.6%

对道德楷模的表彰和宣传，就是为社会树立先进典型，使其发挥榜样作用和典型效应，激励人们见贤思齐、择善而从。榜样存在的最大价值就在于被学习或模仿，其行为“不仅激励别人仿效自己，而且向别人提供现成的活动方式，这种活动方式后来普及于其他人，变成许多人的行为规范”①。这就是人们通常所说的“榜样的力量是无穷的”。运用榜样的力量，培养人们的价值观念和行为准则，既是古今中外的普遍做法，也是我们党的一贯传统。我们党一贯重视典型宣传和榜样示范，以

① ［苏］伊·谢·康：《伦理学辞典》，王荫庭等译，甘肃人民出版社 1983 年版，第 312 页。

引导群众确立正确的理想信念和价值准则。在革命战争年代涌现出来的白求恩、张思德、刘胡兰、董存瑞、黄继光、邱少云等英雄楷模，他们的英雄事迹激励了一代又一代的人们为了信仰、理想而奋斗，甚至不惜献出自己宝贵的生命；在和平建设时期涌现出的雷锋、焦裕禄、王进喜等先进典型，他们服务人民、艰苦创业的精神对于激励全国人民积极投身新中国的建设发挥了重大的推动作用；在改革开放新时期涌现出的张海迪、孔繁森、牛玉儒、任长霞、方永刚、王瑛等重大典型，以及在抗震救灾、抗洪抢险等斗争中涌现出来的各个英雄群体，他们对于凝聚全国人民投身改革开放和现代化建设、构建社会主义和谐社会起了巨大的推动作用。这些各个时期的先进典型，他们虽然事迹不同，但都以其崇高的理想、坚定的信念和高尚的道德，对社会主义核心价值体系进行了生动诠释和形象演绎，将社会主义核心价值体系由抽象概括的理论体系转化成了活生生的具体形象。他们是社会主义核心价值体系的人格化身，广大群众学习他们，以他们为榜样，就是对社会主义核心价值体系的具体践行，也正是社会主义核心价值体系大众化的价值所向。因此，将社会主义核心价值体系寓于典型宣传中，是推进社会主义核心价值体系大众化的重要途径。

宣传先进典型需要坚持以下原则：一是政治原则。先进典型的选择和确定要以社会主义核心价值体系为重要标准和评判尺度。无论从哪个领域、哪个行业选出的先进典型，尽管他们各自的具体事迹不同，但在本质上都应当是对社会主义核心价值体系不同侧面的体现，是对社会主义核心价值体系的模范践行。只有这样的典型，才立得住、树得起、传得开、叫得响。[①] 二是真实原则。先进典型之所以能感染人、打动人，就在于他们来自群众，真实可信。为此，对先进典型的宣传，不能人为拔高，搞"高大全"。否则，就会给人假大空的感觉，让人感觉不可亲、不可信，从而起不到宣传的效果。三是主体多元、层次多样。要适

① 欧阳坚：《加强改进先进典型学习宣传工作　推动社会主义核心价值体系建设》，载《求是》2007年第17期。

应各行各业、各阶层各领域的群众需要，树立不同行业、不同领域、不同层次的先进典型，不仅要宣传工农群众、知识分子中的先进典型，而且也要在社会变革中出现的新社会阶层中发现、树立先进典型，使各个领域的群众都学有榜样、赶有目标，充分发挥先进典型对群众的榜样示范作用。此外，宣传先进典型，要重视对"凡人善举"的关注，充分肯定普通群众的道德热情。用群众身边的先进典型教育群众，这是增强社会主义核心价值体系亲和力和感召力的有效途径。在这方面，南通市的经验值得普遍推广。"在南通市历届评选出的400多个文明新风典型中，90%以上是没有任何行政职务的普通劳动者。"①这些出身"草根"的先进典型，不仅让广大群众感觉可敬可信，更为重要的是，能够让许许多多、成千上万的"小人物"感到可亲可学，感到先进典型离自己其实并不遥远，从而群起效仿，将社会主义核心价值体系的精神实质通过学习先进典型转化为自己的价值追求。

2. 把社会主义核心价值体系融入文艺作品的创作生产中

"文艺作品形态样式多种多样、丰富多彩，但高品质的精神文化产品无不承载着正确的思想观念、科学的价值判断和高尚的道德情操。"②社会主义文艺是承载社会主义核心价值体系的重要载体，它能够在理论与群众、理论与实践中搭起一座沟通的"桥梁"，对群众的思想观念、价值判断和道德情操产生潜移默化的影响作用。文艺最基本的特点是以形象说话，用情感动人。一部好的文艺作品通常能够集教育性与娱乐性、思想性与艺术性于一身，将庄重严肃的教育内容寓于人们如痴如醉的艺术享受中，使人们在不知不觉中受到熏陶，得到教育。因此，借助文艺作品，可以由情入理、由浅入深地阐释社会主义核心价值体系的精神理念，使社会主义核心价值体系的表现形式形象化、生动化。

利用文艺作品推进社会主义核心价值体系的大众化，也是我们党的

---

① 罗一民：《把社会主义核心价值体系融入精神文明建设全过程——关于"精神文明'南通现象'"的理性思考》，载《毛泽东邓小平理论研究》2007年第8期。

② 董耀鹏：《文艺家应带头践行社会主义核心价值体系》，载《光明日报》2011年11月3日。

优良历史传统。在不同的历史时期，社会主义核心价值体系大众化的具体内容虽然各有侧重，但就其表现形式而言，对文艺载体的重视程度则是一以贯之的。在革命战争年代，文艺推动社会主义核心价值体系大众化主要表现为激励广大工农群众和部队官兵坚定革命的理想信念等方面，其间产生的《三大纪律八项注意》、《义勇军进行曲》、《黄河大合唱》、《团结就是力量》等一系列经典作品，不仅鼓舞和教育了当时的全中国人民，而且即使是在现在，也仍然鼓舞人心，让人的灵魂备受洗礼。新中国成立后，社会主义新文艺推动社会主义核心价值体系大众化主要表现为形象地展现我们党领导革命取得胜利的艰辛历程、歌颂社会主义改造和建设取得的伟大成就以及其间的先进典型等，这对坚定广大群众对马克思主义的信仰、激发其艰苦创业、建设社会主义的热情等方面发挥了重要的作用。改革开放以后，更是涌现出了大量的体现社会主义核心价值体系的文艺作品，如早期的《开国大典》等影片以及近年的《亮剑》、《士兵突击》、《建国大业》、《建党伟业》、《远山的红叶》等作品都深受广大群众欢迎，对今天的中国大众坚定共同的理想信念和价值准则、抵御错误的社会思潮和价值取向产生了重要的影响。

今后，我们要继续坚持党的这一优良传统和宝贵经验，运用各类文艺作品生动形象地体现社会主义核心价值体系的精神实质，用高质量高水平的文艺精品向人们昭示什么是真善美、什么是假丑恶。为此，要注意以下几点：

一是坚持文艺的“二为”方向和“双百”方针。当前，由于我国社会思潮的多元并存，马克思主义不断受到各种非马克思主义尤其是反马克思主义思潮的冲击。这种意识形态领域的交锋体现在文艺层面，就是一些所谓的“纯文艺”等错误文艺思潮的沉渣泛起，一些以躲避崇高、调侃理想、消解政治、贩卖隐私为“卖点”的庸俗文艺大行其道。对此，要坚持文艺的“二为”方向和“双百”方针，理直气壮地与之作斗争，以确保反映社会主义核心价值体系的文艺处于主流地位。

二是意识形态领域的工作者要相互配合，共同发挥文艺育德的最大合力。文艺工作者要从文艺创作环节当好社会主义核心价值体系大众化的“旗手”，多创作弘扬社会主义核心价值体系的精品力作，把社会主义核心价值体系的精神实质和基本要求渗透到自己的创作中，使符合社会主义核心价值体系的精神、行为在自己的作品中得到褒扬、赞赏，使背离社会主义核心价值体系的精神、行为受到谴责、付出代价。理论研究者要从价值导向层面成为社会主义核心价值体系大众化的“舵手”，既要精通理论，又要熟悉群众，还要关注文艺，确保文艺在宣传社会主义核心价值体系时通俗而不庸俗。传媒工作者要从传播环节当好社会主义核心价值体系大众化的“鼓手”，努力将科学的理论宣传融入形象生动的艺术形式中，高唱社会主义核心价值体系的主旋律。

三是在理论内容和载体形式之间寻求最佳结合点。当前，我国有各种各样的文艺形式，可谓精彩纷呈。这些文艺形式虽然有通俗文艺与高雅文艺之分，有传统文艺和现代文艺之别，也有本土文艺和外来文艺之异，但它们在作为社会主义核心价值体系的表现载体方面，并无优劣之别。由于广大群众审美需求的多样性，因而体现社会主义核心价值体系的文艺形式不能千篇一律、艺术手段也不能一成不变，而应根据社会主义核心价值体系理论的具体内容，在各种各样的文艺形式之中进行择优选用或者组合运用，寻求理论内容和表现形式的最佳结合点，使作品既为群众喜闻乐见，又体现社会主义核心价值体系的本质要求，使社会主义核心价值体系经过潜移默化，沉淀于人们深层的心理结构之中，内化为民族的习惯和传统。

3. 把社会主义核心价值体系融入人文景观的环境建设中

人文景观是思想渗透、意识导向的重要形式，对人的价值取向、观念行为、道德养成具有教育引导和濡化习染的独特功能。一种颜色、一具雕塑、一座建筑，都往往承载着一种精神内涵和文化意蕴，都是一种精神提示和价值导向，具有重要的思想政治教育价值。无论是历史还是现在，无论是东方还是西方，也无论各个国家的历史文化与现实政治主张存在多大的差异，但有一点是相同或相似的，即各个国家都十分重视营建反映本国核心价值的人文景观，以实现本国的核心价值对国民精神的潜移默化。

在美国，随时随地都可见到迎风飘扬的美国国旗，无论是否节日、庆典或集会，无论是在政府、学校、军队，还是在银行、企业、商场和私宅，无处不有美国的国旗。甚至是在美国人的运动衣、运动帽、旅游纪念品以及许多小食品如开心果、杏仁等的包装上，也印有美国国旗的标志。这些无处不在的美国国旗，无时不在提醒着每一个美国人自己是美国公民，必须时刻效忠美国。在美国的人文景观中，美国精神无孔不入，随处可见。在美国首都华盛顿，美国政府不惜投入巨资修建了国会大厦、国会图书馆、白宫、华盛顿纪念塔、林肯纪念堂、航空航天博物馆等规模宏大的场馆，这些场馆集中体现了美国的文明成果和价值导向，成为美国对国民进行思想政治和道德教育的重要基地。在对场馆的管理和使用上，美国很注重其对国民进行核心价值的教育功能。比如，华盛顿的国会大厦对一切参观者实行免费开放，游人可以直接进入美国国会开会的会堂，也可以坐在旁听席上听讲解员讲美国国会开会的情况，以及怎样辩论、如何表决、议员坐在哪里、议长坐在何处、怎样主持会议等等。① 这样的管理和使用，其目的在于向参观者进行关于美国民主价值的宣传和渗透，使其认同美国的民主制度。在华盛顿的中心，还有两座被美国人称之为“黑色伤痕”的纪念碑，一座是朝鲜战争纪念碑，一座是越南战争纪念碑。在这两座纪念碑上，虽然都没有任何对战争始末的叙述和成败的评价，只有国旗、雕塑、数字、黑色大理石和几个简洁的文字，但其中蕴涵的政治目的和价值导向却不言而喻。虽然我们不同意美国对这两场战争的宣传，但其采取的这种教育方式却足以引发我们的思考和借鉴。此外，美国各地还建立了许多大小不一的博物馆、纪念馆，这些场馆或利用历史的资料、图片，或利用模型实物，让国民了解美国创业的艰苦历史，向国民进行美国精神的渗透。比如，在波士顿的历史博物馆，人们可以看到美国人在一百多年前如何生活和开发的历史；在迪士尼乐园，人们可以看到逼真模拟林肯总统当年在美国国会大厦演讲

---

① 参见郭法奇：《论美国的渗透式教育》，载《比较教育研究》1998 年第 5 期。

的场面，等等。正是这些人文景观和教育场所，使美国精神渗透进每一个美国国民的心中，使美国国民形成爱自己国家、爱这个国家社会制度的信念。

我国幅员辽阔、历史悠久，具有丰富的历史人文景观，它们承载着中华民族的民族精神和价值追求，尤其是中国共产党领导中国人民在长期革命和建设过程中，在全国各地都留下了极其宝贵的红色资源。从党的诞生地上海，到军旗升起的地方南昌；从革命的摇篮井冈山，到革命的圣地延安；从红色故都的江西瑞金，到新中国的首都北京，到处都留下了中国共产党领导中国人民进行革命和建设的足迹。每一处革命遗址、每一件珍贵文物都无不蕴涵着丰富的革命文化内涵，无不承载着革命先辈们的坚定信仰、崇高理想、爱国情怀和高尚品质，因而是对广大群众进行社会主义核心价值体系教育的鲜活、直观而生动的教材，是实现社会主义核心价值体系表现形式具象化的重要载体和有效途径。

开发利用我国丰富的历史人文景观，尤其是中国共产党领导中国人民在全国各地留下的红色的历史人文资源，可以从中挖掘、提炼出包括马克思主义指导思想教育、中国特色社会主义共同理想教育、以爱国主义为核心的民族精神和以改革创新为核心的时代精神教育以及社会主义荣辱观教育在内的整个社会主义核心价值体系教育的内容体系，因而对于坚定人们的理想信仰、弘扬民族精神和时代精神、树立社会主义荣辱观具有重要的教育价值。

首先，有助于坚定科学的理想信仰。坚持马克思主义指导思想、坚定中国特色社会主义共同理想是社会主义核心价值体系教育的重点内容，各地的红色历史人文景观都是在马克思主义的指导下、在中国共产党领导人民进行革命和建设的过程中形成的，因而天然地具有理想信仰的导向功能。正是马克思主义的坚定信仰和共产主义的坚定信念，激励着中国人民在长期艰苦的革命和建设实践中，能够不断克服各种困难和挫折，取得一个又一个的胜利。正如邓小平指出的，“为什么我们过去能在非常困难的情况下奋斗出来，战胜千难万险使革命胜利呢？就是因为我们有理想，有马克思主义信念，有共产主义信念。”[①] 因此，开发红色资源，营造红色的人文景观，对于坚定人们对马克思主义的信仰和对中国特色社会主义的信念，具有独特的价值导向作用。

其次，有助于弘扬以爱国主义为核心的民族精神和以改革创新为核心的时代精神。弘扬民族精神和时代精神，是社会主义核心价值体系大众化的重要任务。红色的革命遗址、图片实物、博物馆、纪念馆、伟人故居等人文景观，是物化的精神存在，是对以爱国主义为核心的民族精神和以改革创新为核心的时代精神的直观体现，能为民族精神和时代精神教育提供体验式的教育情境，激发人们的爱国情感和创新精神。

再次，有助于人们树立社会主义荣辱观。红色的人文景观是体现中国革命和建设历史的珍贵史料，是人们超越时空感悟历史的客观物质载体。每一处历史陈迹、每一个历史事件，都在以无可辩驳的事实和不容置疑的证据诠释着中国共产党人热爱祖国、无私奉献、艰苦奋斗、舍生忘死的崇高品质。开发利用这些宝贵的历史文化资源，能够避免空洞的道德说教，增强社会主义荣辱观教育的吸引力和说服力。

总之，营建、打造红色的人文景观，无论是对大众的精神信仰、理想信念教育，还是对其民族精神和时代精神以及社会主义荣辱观的教育，都具有重要的意义，能够使人们在没有意识到自己是在受教育的过程中而不知不觉地受到了教育，得到了精神的洗礼、灵魂的熏陶和心灵的感化，从而无意识地实现了对社会主义核心价值体系所内涵的核心价值观的认同。

4. 把社会主义核心价值体系融入公益广告的创作宣传中

公益广告是一种非营利性的、为社会公众切身利益服务并以推广社会思想意识、道德观念和行为规范为目的的特殊广告，它对于引导公众树立正确的价值观念、提升公众的道德素质、规范公众的社会行为、形成良好的社会风尚具有独特的教育功能，因而是推进社会主义核心价值体系具象化和大众化的重要方式。

---

① 《邓小平文选》第3卷，人民出版社1993年版，第110页。

公益性是公益广告的首要特点。公益广告主要是就某些思想观念、价值准则或伦理规范向社会公众进行无偿、义务的告知、劝导和提醒，不以营利为目的。同时，公益广告还具有价值观念的导向性、目标指向的大众性、表现形式的形象性等特点。所谓价值观念的导向性，是指公益广告具有明确的价值导向，它通过对正确、美好的思想行为予以赞扬和对错误、丑恶的思想行为予以揭露鞭笞来倡导前者，抵制后者。每一则公益广告坚持什么、反对什么，提倡什么、抵制什么，都旗帜鲜明，毫不含糊，它就像我们生活中的一盏灯，为我们指明了价值判断的标准和行为选择的方向。公益广告目标指向的大众性，是就其受众范围而言的。公益广告是服务于整个社会公众的特殊广告，其教育对象是整个社会的全体成员。表现形式的形象性，是指公益广告通常以流动的画面和声音为载体，通过文学艺术的表现手段和生动形象的视听形式把抽象概括的思想观念转化为生动直观的感性形象，以赏心悦目的方式吸引公众的注意，触动公众的心灵，达到感化教育的目的。公益广告最本质的特性是社会教育性，这是由其传播的社会教育内容及其大众化的目标指向所决定的，其关注的中心是社会公众的思想观念、伦理道德和行为选择，这与社会主义核心价值体系建设具有内在的一致性。

建设社会主义核心价值体系，推进社会主义核心价值体系的大众化，其目的就是使该价值体系为大众认知、认同，内化为大众的价值观念并外化为大众的价值行为。将社会主义核心价值体系寓于生动形象的公益广告中，使社会主义核心价值体系成为公益广告的灵魂和旗帜，使公益广告成为推进社会主义核心价值体系具象化的载体和途径，这不仅为当前及今后公益广告的创作宣传指明了目标和方向，有利于更好地实现公益广告的社会教育价值，同时也有利于推进社会主义核心价值体系的大众化，使大众在对公益广告的审美享受中不知不觉地将其承载的社会主义核心价值体系的价值观念予以内化，在“润物细无声”中达到寓教于乐的目的。

公益广告对社会公众的价值导向，其提倡什么、反对什么，主要是通过“议题设置”来体现的。“议题”是公益广告的灵魂和核心，是公益广告的第一要旨。将社会主义核心价值体系寓于公益广告，首先就要以社会主义核心价值体系作为公益广告的灵魂、核心和旗帜，一切公益广告都应围绕社会主义核心价值体系的精神实质和基本要求来进行议题设置，使符合社会主义核心价值体系精神的思想行为得到倡导，使违背社会主义核心价值体系精神的思想行为受到抵制。其次，将社会主义核心价值体系寓于公益广告，要注重以情动人。感人心者，莫先乎情。情感诉求是公益广告的常见手法。将深刻的主题融入浓郁的情感之中，用富有人情味的意境最容易调动受众的情感、引起受众的共鸣，收到良好的传播效果。以公益广告为载体传播社会主义核心价值体系，其主题都是关乎公众道德和社会风尚等比较严肃的话题，为避免其生硬的说教，更应抓住情感这把钥匙去开启公众的观念之锁，把情感作为推销观念的切入点，以“情”来打动、吸引和感染公众。再次，将社会主义核心价值体系寓于公益广告，要注重通俗易懂。这既是由社会主义核心价值体系教育目标指向的大众性决定的，也是由公益广告对象的广泛性决定的。通过公益广告传播社会主义核心价值体系，其对象是整个社会的全体成员，包括不同阶层、不同职业、不同文化程度的受众。因此，为了实现传播效果的最大化，公益广告的创作应坚持通俗性原则。最后，将社会主义核心价值体系寓于公益广告，要注意广告的艺术性。社会主义核心价值体系作为理论体系，因其抽象性而不易为人们普遍理解。艺术则能化抽象为具象、化观念为画面。因此，公益广告应把艺术性置于重要位置。

5. 把社会主义核心价值体系渗透到群众性文化活动的组织创建中

人民群众是社会主义核心价值体系建设的主体。推进社会主义核心价值体系的大众化，必须遵循群众广泛参与的基本原则，充分调动广大群众的参与热情。群众性文化活动，作为一种非职业、非专业的文化活动，其艺术要求不高，老少皆宜，具有群众参与的广泛性、活动地域的广阔性、活动内容的普及性等显著的特点，能同时参与的人数多，往往是兴趣爱好相同的人在一起娱乐，人们从中既能增长知识、增进友谊，也能抒发情感、陶冶情操，得到美的享受、身心的愉悦和放松，因而广受群众欢迎。这种活动，群众既易于参与，也乐于参与，往往是群众主动参与，而不是被动地接受信息，因而是推进社会主义核心价值体系大众化的重要载体形式。将社会主义核心价值体系渗透在这些活动中，它不是以抽象的理论形态对大众进行社会主义核心价值体系教育，而是通过广大群众自身具体的实践参与和亲身体验，将社会主义核心价值体系的精神实质和基本要求潜移默化为自己为人处世的价值准则和行动准绳，直接推动广大群众社会主义核心价值观的形成，因而它对于实现社会主义核心价值体系由抽象的理论形态向大众心理形态和实践形态的有效转化，具有重大的推进作用。

通过群众性文化活动推进社会主义核心价值体系的大众化，要充分利用民族传统节日和革命纪念日等重要契机，组织丰富多样的群众性的纪念和庆典活动。在我国，春节、清明、端午、中秋、重阳等传统节日，承载着中华民族的民族精神和文化血脉，是促进社会和谐、民族团结和国家统一的重要精神纽带。在中华民族的历史长河中，这些节日以其丰富的文化内涵及其民族性、群众性和周期性的特点，已深深融入我国大众的日常生活和精神世界，为各阶层各行业各年龄群众所喜闻乐见，因而是推进社会主义核心价值体系大众化的宝贵资源。为此，要紧紧围绕每个传统节日的主题和内涵，充分展现和传承中华民族的思想精华和优秀品质。在春节期间，要引导群众通过拜年、贴春联等民俗活动，营造普天同庆、举国欢乐的喜庆氛围，把坚持改革开放、坚持中国特色社会主义道路、共建社会主义和谐社会等价值观念融入其中，突出辞旧迎新、家庭和睦、民族团结与社会和谐的主题；在清明节期间，要引导群众把中国共产党带领中国人民艰苦创业、奋斗不息的精神融入扫墓等纪念活动当中，突出饮水思源、缅怀先烈、继承遗志的主题；在端午期间，可以通过组织群众包粽子、划龙舟、爱国诗文的征文演讲等对爱国诗人屈原的缅怀活动，激发人们的爱国情怀，突出爱国主义的主旋律；在中秋节期间，要把中华民族四海同源、全球华人共兴中华的民族大义融入家家思团圆的氛围中，突出家庭幸福、民族团结、国家统一的的主题；重阳节期间，可通过为孤寡老人送温暖、献爱心等活动，突出敬老孝亲的主题，大力弘扬中华民族尊老敬老的传统美德。此外，“五四”青年节、“七一”建党节、“八一”建军节、“十一”国庆节等革命纪念日，都是中国革命历史进程中具有特殊意义的日子，对于激励一代又一代的中国人奋发向上、自强不息具有重大意义。为此，要通过组织对这些革命纪念日的纪念活动，深入挖掘这些节日的价值内涵，引导人们在饮水思源中重温革命传统，传承革命理想，使党的事业薪火相传、后继有人。

通过群众性文化活动推进社会主义核心价值体系的大众化，要不断创新群众性文化活动的内容和形式，使这些活动伸张社会正义，营造文明风尚，体现中国特色社会主义的理想追求，反映中华民族的传统美德和时代道德，折射出社会主义核心价值体系的本质要求，使广大群众在参与这些活动的过程中，不仅能够得到娱乐休闲和身心放松，而且还能受到灵魂和精神的洗礼，自觉将社会主义核心价值体系转化为自己的价值追求。

四、加快观念凝练，推进社会主义核心价值体系的简明化

建设社会主义核心价值体系，最终目的是为了使这一科学体系为广大群众理解、掌握、认同，将这一价值体系转化为改造世界的物质力量。但是，作为以客体形式存在的广大群众的认识对象和实践对象，社会主义核心价值体系涉及指导思想、共同理想、精神支撑和行为准则等诸多方面的内容，其内容丰富、体系庞大，目前存在着学理性太强、内容不易为人们所记忆、其形式不易上口等问题，严重制约了广大群众对这一科学体系的全面认知和深入理解。“鉴于理论体系的复杂性，人们往往出于思维的经济性和语言的简洁性而以形式省略内容，这就容易使社会主义核心价值体系在宣传和推广过程中变成简单的口号。”[①] 比如，单是作为社会主义核心价值体系基础的社会主义荣辱观，

① 韩震：《公平正义的和谐社会与核心价值观念》，载《中国社会科学》2009 年第 1 期。

其内容就很复杂，包括提倡的八种美德和鞭笞的八种恶行，为了便于记忆，人们将其简化为“八荣八耻”，结果，在方便记忆的同时很多人却搞不清“八荣八耻”的具体内涵。面对庞大的理论体系，对广大群众而言，难免令人生畏，而几个言简意赅的核心价值观则既能深入人心，也能缩短人们充分认识和把握社会主义核心价值体系的过程。因此，为了使社会主义核心价值体系的精髓和实质更易为人们记忆、理解和掌握，当务之急是要从“体系的构建”转向“观念的凝练”，尽快概括提炼出言简意赅、通俗易懂、易记易循、走向大众实践的社会主义核心价值观。

（一）社会主义核心价值观的凝练原则

凝练社会主义核心价值观是为了更好地使社会主义核心价值体系的精神实质为大众所理解、接受并将其转化为发展中国特色社会主义的精神动力，为此，需要遵循以下基本原则：

一是以社会主义核心价值体系为根本依据。社会主义核心价值体系既坚持马克思主义的指导思想，又体现中国特色社会主义的本质要求，是指导全体社会成员价值判断和行为选择的基本标尺。社会主义核心价值理念与之不是各自为阵、彼此独立的关系。如果说社会主义核心价值体系是一个层次复杂、内容丰富的理论体系，社会主义核心价值理念则是对之的概括凝练和集中表述，是社会主义核心价值体系的灵魂和精髓，在内涵上应集中体现社会主义核心价值体系的精神实质，在形式上则应简明扼要、易记易循。因此，提炼社会主义核心价值观不应独立于社会主义核心价值体系而另起炉灶，更不是推倒重来，而是必须源于社会主义核心价值体系、以社会主义核心价值体系作为最根本的依据。

二是以马克思主义为理论依据，适应中国特色社会主义实践要求。马克思主义正确揭示了人类社会发展的基本规律，是工人阶级争取自身解放和整个人类解放的科学，是中国共产党建党立国的根本指导思想，也是社会主义核心价值体系的理论基础，提炼社会主义核心价值观必须以之为理论依据。中国特色社会主义是中国人民的历史选择，

“中国特色社会主义道路，是实现社会主义现代化的必由之路，是创造人民美好生活的必由之路”[①]，也是实现中华民族伟大复兴的必由之路。社会主义核心价值观必须要能反映中国特色社会主义的发展主题，适应中国特色社会主义的实践要求；要能解决中国社会发展面临的问题，为实现中国特色社会主义的奋斗目标凝聚人心，提供价值支撑和精神动力。

三是以中西文化的优秀成果为借鉴资源。社会主义核心价值观作为人类文明的结晶，对之的提炼概括，应当博采众长，积极吸纳和反映整个人类文明的优秀成果，使其在同其他价值理念的比较中彰显自身的优势。首先要坚持古为今用，积极吸取中国传统文化中的精华。一个国家、民族的文化积淀是这个国家、民族最可宝贵的精神财富，也是这个国家、民族能自立于其他国家、民族的“基因身份证”。中华民族有数千年的悠久历史，为我们留下了丰富的文化遗产。提炼社会主义核心价值观，要植根于中华民族共有的精神家园，烙上中华文化的精神印记，从传统文化的宝藏中挖掘出最优秀的成分，使其与现代文明相协调，既保持民族性，又体现出时代性。同时，提炼社会主义核心价值观，也要坚持洋为中用，学习、借鉴国外文化的优秀成果。比如新加坡的核心价值理念，即“国家至上，社会为先；家庭为根，社会为本；关怀扶持，同舟共济；求同存异，协商共识；种族和谐，宗教宽容”，就体现了传统与现代、东方与西方的结合，可以为我们在提炼社会主义核心价值观的方法论上提供有益的启示。

四是核心价值观的形式应简明扼要、高度凝练。西方资本主义将“自由、平等、博爱”作为其核心价值观予以宣传推广，尽管其制度本性决定了这种价值理念在形式和实质上的分离，但在资本主义的产生和发展过程中，它的确发挥了强大的价值导向和凝聚人心的作用。新加坡的核心价值观，在其表现形式上，也值得我们参考借鉴。这些核心价值

① 胡锦涛：《在庆祝中国共产党成立90周年大会上的讲话》，人民出版社2011年版，第7页。

观的一个显著特点就是在形式上简明扼要、高度凝练。社会主义核心价值观是生存意义的支撑，是对社会大众价值判断和行为选择的导引，因而既应具有内涵的深刻性，也应具有形式的简明性，应通俗易懂、言简意赅，达到“寡而足，约而喻，简而达，省而具。多而不可损，少而不可益”[①]的境界，以便于传播、记忆和遵循。

五是充分发挥群众的主体作用，坚持群众路线。群众中蕴涵着丰富的智慧资源，凝练社会主义核心价值观应坚持群众路线，尊重群众观点。重庆市“提炼社会主义核心价值观研究”课题组对广大群众在提炼社会主义核心价值观的问题上做了广泛的调查。该调查表明[②]：在社会主义核心价值观的思想来源上，多数群众都认为应从中西文化优秀成果和社会生活实践中汲取养分。比如，党政干部群体中有73.3%认为要汲取马克思主义，有76.1%认为要从社会主义现代化建设实践中概括，有56.0%认为要借鉴西方优秀文化，82.5%的人认为要继承中华优秀文化。在社会主义核心价值观表达语词的数量规定上，无论是党政干部、大学生，还是其他社会群体，在二字词语、三字词语、四字词语和五字词语的选项中，四字词语都是首项选择，其次为三字、二字和五字词语。对于社会主义核心价值观的表达风格，大部分人一致倾向于“简洁明快”和“通俗易懂”。概括社会主义核心价值观是为了更好地推进社会主义核心价值体系大众化，使社会主义核心价值体系深入人心，因此，必须充分发挥广大群众的聪明才智，积极吸取群众的有益观点，适应群众的普遍要求。

（二）社会主义核心价值观的五个方面

基于上述原则，社会主义核心价值观可以凝练为“以人为本”、“以和为贵”、“人民民主”、“公平正义”、“共建共享”这五组词、二十个字。

以人为本。这里的“人”，不是抽象的类概念，也不是空洞的集合

① 董仲舒：《春秋繁露·必仁且智》。

② 参见重庆市“提炼社会主义核心价值观研究”课题组：《社会主义核心价值体系建设的重大时代课题——提炼社会主义核心价值观调研报告》，载《探索》2010年第3期。

名词，而是一个与绝大多数个人的命运紧密相连的具体概念，具体是指包括工人、农民、知识分子以及新社会各阶层在内的最广大的人民群众，是生活在当今中国的具体的现实的人。这里的“本”，是根本，是出发点和落脚点。以人为本，就是要以生活在当今中国的具体的现实的人、以广大人民群众的根本利益为出发点和落脚点。这一核心价值观是社会主义核心价值体系的“硬核”，它贯穿于社会主义产生、发展的始终。马克思主义是关于无产阶级和人类解放的科学，实现每个人自由而全面的发展，是马克思主义、科学社会主义的根本价值所向。以人为本，既是对马克思主义这一根本价值理念的继承发扬，也是中国特色社会主义的本质要求，是人的自由而全面发展实现过程在当下中国的现实展开，它体现了现实性与理想性的统一。这一核心价值观同时也是时代性与民族性的统一，它既是当代中国马克思主义最新成果科学发展观的核心所在，同时还具有深厚的历史文化底蕴，因而具有良好的社会心理基础，能够得到社会大众的普遍认同。据重庆市“提炼社会主义核心价值观研究”课题组的调查，被调查的党政干部、大学生以及其他社会群体，由于不同的生活背景，其追求的价值理念有所差异，但他们都把“以人为本”作为首要的价值诉求，“以人为本”在三个群体的选择中都高居首位。此外，以人为本，不仅适用于社会宏观层面，还适用于个体的为人处事。

以和为贵。这里的“和”，即和谐。这一价值观既是科学社会主义的核心价值，也是中华民族的美好向往，既有着深厚的思想渊源和悠久的历史传统，也有着客观的现实基础和重大的实践价值。马克思、恩格斯创立的科学社会主义，在本质上就是关于人类最终实现社会和谐和人的自由全面发展的科学理论体系。马克思、恩格斯认为，社会和谐的最高境界是实现“自由人联合体”。在《共产党宣言》中，他们指出：“代替那存在着阶级和阶级对立的资产阶级旧社会的，将是这样一个联合体，在那里，每个人的自由发展是一切人的自由发展的条件。”① 同时，

① 《马克思恩格斯选集》第1卷，人民出版社1995年版，第294页。

和谐也是中华民族的世代追求。中国古代思想家很早就提出“和”的概念，用以描述万物协调一致、社会治理良好的状态。比如，以老子为代表的道家主张“天人合一”，向往人与自然的和谐统一；以孔子为代表的儒家向往“大同社会”，强调人际关系的和谐；民主革命先行者孙中山先生更是始终把“天下为公”、“世界大同”作为最高理想，提出要创立“人能尽其才，地能尽其利，物能尽其用，货能畅其流”① 的大同世界。这些思想已经深深融入我们的民族心理、民族意识而积淀下来，真实地反映了中华民族对社会和谐的美好向往和不懈追求。中国共产党提出的构建社会主义和谐社会的执政理念和价值追求，也已深得人心。因此，从社会主义核心价值体系中提炼“以和为贵”的核心理念，既有历史的底蕴，也有时代的特色，既是对马克思主义社会和谐思想的继承和发展，也反映了中华民族的广泛诉求和愿望，既适合宏观层面的内政外交、人与自然关系的处理，也适合微观层面的家庭和睦、人际和谐以及个体的身心和谐，因而能够得到大众的广泛认同。

人民民主。民主并非西方资本主义所特有，它是人类社会共同追求的普遍价值。“民主”一词，在我国古代就已出现，最早见于《尚书·多方》：“天惟时求民主，乃大降显休命于成汤”，“简代夏作民主”，其意是指作民之主。《尚书·泰誓》中的“民之所欲，天必从之”不仅具有民本思想的内涵，也含有遵从民意的民主诉求。在近代，民主开始被理解为人民做主。比如孙中山认为，民国是“国家为人民之公产”，“凡人民之事，人民公理之”。② 在西方，“民主”一词起源于古希腊语的“demokratia”，其字面之意是人民的统治。其中，“demos”意思是人民，“kratos”意思是统治。但是，无论是古希腊的民主，还是现代资本主义的民主，都只是少数人的民主，而非大多数人的民主。真正意义上的民主，即大多数人的民主、广大人民的当家作主，在资本主义制度下是不可能实现的。因为资本主义民主是以生产资料私有制和资本为前

① 孙中山：《上李鸿章书》，1894 年 6 月，http://2006.chinataiwan.org/web/webportal/W5271258/A372545_1.html。

② 《孙中山全集》第 1 卷，中华书局 1981 年版，第 318 页。

提的，实质是少数人享有的民主。社会主义追求的是“真正实现大多数人享受的民主制度，使大多数人即劳动者实际参加国家的管理”①。马克思主义民主观认为，民主既是一种保障人民当家作主的国家形态和政治制度，也是一种体现人民主权的价值理念，其特点在于人民是国家的主体。“在民主制中，国家制度本身只表现为一种规定，即人民的自我规定”②，“只是人民的特殊内容和人民的特殊存在形式”③。因此，“人民民主是社会主义的生命”④，是社会主义国家制度的本质特征，“没有民主就没有社会主义”⑤。民主作为社会主义的生命之基，必然是社会主义的核心价值。真正意义上的民主，也只有在社会主义制度下才能保证其最终实现。这是因为社会主义民主是以生产资料公有制、以平等作为前提的民主，“它的本质就是人民当家作主”⑥。作为社会主义核心价值理念，人民民主体现了我国广大群众在国家社会生活和政治生活中的地位及其根本意志，它对于切实实现和维护社会公正与人民群众的根本利益，激发广大群众发挥历史主体作用的积极性、主动性和创造性，具有重要意义。

公平正义。公平正义是一个内涵极为丰富的概念，包含公平、正义、平等、正直之意。公平正义是人类社会永恒的价值追求。在我国传统文化中，有大量关于公平正义的思想。如《礼记·礼运》中设想的“大道之行，天下为公”的大同世界就是对公正之道的美好憧憬。我国的传统历来强调公平，“不平则鸣”就是很有代表性的价值取向。“不患寡而患不均”、“均贫富”等民意虽然带有平均主义的色彩和历史局限性，但它无疑反映了古人对人人平等的价值追求。历史上的农民起义往往都因

---

① 《列宁专题文集　论无产阶级政党》，人民出版社 2009 年版，第 192 页。

② 《马克思恩格斯全集》第 3 卷，人民出版社 2002 年版，第 39 页。

③ 《马克思恩格斯全集》第 3 卷，人民出版社 2002 年版，第 41 页。

④ 胡锦涛：《高举中国特色社会主义伟大旗帜　为夺取全面建设小康社会新胜利而奋斗——在中国共产党第十七次全国代表大会上的报告》，人民出版社 2007 年版，第 28 页。

⑤ 《江泽民文选》第 3 卷，人民出版社 2006 年版，第 221 页。

⑥ 《江泽民文选》第 2 卷，人民出版社 2006 年版，第 257 页。

痛恨社会的不公正、憧憬“均贫富”的价值理想而发起。在西方，柏拉图明确提出“正义就是平等”，并将正义价值体现于《理想国》的全书。亚里士多德也认为，公正的真实意义，“主要在于‘平等’”，“平等的公正”必须得“以城邦的整个利益以及全体公民的共同的善业为依据”。[①]亚里士多德还把公正看成是最重要的美德。他认为，在各种德性中，公正是最主要的，“它比星辰更加光辉”，它不是德性的一个部分，而是“整个德性”，“公正集一切德性之大成”。[②]近代资产阶级思想家卢梭认为，公正就是公意。他说：“公意永远是公正的，而且永远以公共利益为依归。”[③]现代思想家罗尔斯认为，正义是制度的首要价值。作为人类社会的共同价值追求，公平正义、平等也是社会主义的内在要求。社会主义就是在反对资本主义不公平、不正义、不平等的过程中实现了从空想到科学、从理论到实践、从理想到现实的飞跃的。虽然“平等”也是资本主义标榜的核心价值，但资本主义所推崇的平等只是形式平等，形式上平等和正义的资本主义制度却因资本的逻辑而导致现实生活中两极分化等种种不平等、不公平的现象。因此，列宁曾一针见血地指出：“资本主义既有形式上的平等，又有经济上的不平等和随之而来的社会的不平等。”[④]资本主义制度在本质上是不正义、不公平、不平等的。社会主义则是对资本主义不公平、不公正社会现实进行科学反思和实践超越的结果。公平正义也只有在社会主义才能真正实现。作为观念形态的东西，作为一种价值理想，公平正义根源于现实的经济关系，只有在经济地位上实现了平等，才有实质性的公平正义可言。社会主义以生产资料公有制为基础，实现了经济地位的平等，为实现实质上的公平正义创造了制度条件。公平正义是贯穿社会主义理想与现实、理论与实践的价值追求，也“是中国共产党人的一贯主张，是发展中国特色社会主义的

---

① ［古希腊］亚里士多德：《政治学》，吴寿彭译，商务印书馆1965年版，第153页。

② ［古希腊］《亚里士多德选集（伦理学卷）》，苗力田译，中国人民大学出版社1999年版，第103—104页。

③ ［法］卢梭：《社会契约论》，何兆武译，商务印书馆1980年版，第39页。

④ 《列宁全集》第38卷，人民出版社1986年版，第203页。

重大任务"①，必然应当成为社会主义的核心价值理念。

共建共享。共建，即是共同建设；共享，即是共同享有。讲共建必须讲共享，共享是共建的价值前提；同样地，讲共享也必须讲共建，共建是共享的物质保障。在共建中共享、在共享中共建是社会主义的本质属性。没有共建共享的价值追求和基本特征，就不会有社会主义。对社会财富共建共享的价值追求是社会主义产生、发展的内在动力，社会主义就是在批判资本剥削劳动、在批判少数人占有社会大部分财富、在追求社会财富共建共享的过程中产生、发展起来的。社会主义就是要通过废除私有制、废除资本剥削劳动，由社会全体成员来共同发展生产力，"把生产发展到能够满足所有人的需要的规模"，"结束牺牲一些人的利益来满足另一些人的需要的状况"，使"所有人共同享受大家创造出来的福利"，"使社会全体成员的才能得到全面发展"。② 另一方面，没有社会主义，也不会有共建共享，社会主义是实现社会财富共建共享的制度前提。"只有社会主义才可能广泛推行和真正支配根据科学原则进行的产品的社会生产和分配，以便使所有劳动者过最美好的、最幸福的生活。"③ 这是因为社会财富的分配、占有状况在本质上是由社会的所有制状况决定的。没有社会主义生产资料公有制的建立，共建共享就无从谈起，就只能是"镜中花、水中月"。在中国历史上，共建共享一直是广大劳动群众的价值追求，比如，以洪秀全为代表的农民阶级构想的"有田同耕，有饭同食"的太平天国就是中国人民对这一价值追求的典型体现。但是，在社会主义制度建立前，这种价值理想只能是一种虚无缥缈的幻想。只有在社会主义公有制建立后，共建共享才开始由梦想变为现实。因此，共建共享作为社会主义的本质属性，必然也是社会主义的核心价值理念。这一理念体现了人民群众作为历史创造者的主体地位和首创精神，因而既是对人民历史主体地位的尊重，也是对历史规律的

---

① 胡锦涛：《高举中国特色社会主义伟大旗帜　为夺取全面建设小康社会新胜利而奋斗——在中国共产党第十七次全国代表大会上的报告》，人民出版社 2007 年版，第 17 页。

② 《马克思恩格斯选集》第 1 卷，人民出版社 1995 年版，第 243 页。

③ 《列宁选集》第 3 卷，人民出版社 1995 年版，第 546 页。

尊重。

五个核心价值观“以人为本”、“以和为贵”、“人民民主”、“公平正义”、“共建共享”，各有侧重，同时又相互依赖、彼此渗透。“以人为本”，表征的是社会主义发展的终极目的；“以和为贵”表征的是社会主义关于人与人、人与社会、人与自然、人与自身关系的要求；“人民民主”表征的是社会主义关于人民群众在国家和社会生活中的地位的要求；“公平正义”表征的是社会主义关于政治伦理规则的要求；“共建共享”表征的是社会主义关于人民主体地位和社会福利共同享有的要求。其中，“以人为本”、实现人的自由全面发展，与“以和为贵”、实现社会和谐是互为条件、相互促进、双向互动的，共同构成社会主义的根本价值旨归。“人民民主”、“公平正义”、“共建共享”，三者之间也是互为条件、相互依赖的。没有人民在国家和社会中的主体地位，就不可能有真正的公平正义和共建共享；公平正义也内在地包含了人民的民主自由和社会财富的共建共享之要义和诉求；同时，也只有建立了共建共享的公有制基础，才可能切实保障人民群众的当家作主和社会的公平正义。人民民主、公平正义、共建共享，这三者也是实现人的自由而全面发展与社会和谐的基本条件，实现人的自由而全面发展与社会和谐，内含对人民民主、公平正义和共建共享的价值诉求。这五个核心价值观集中体现了社会主义的价值目标，社会主义就是在对这五个核心价值观的价值追求中产生、发展起来的，没有对人的自由全面发展、对社会和谐、人民民主、社会公正和共建共享的价值追求，就不会有社会主义从空想到科学、从理想到现实、从理论到实践的飞跃。

总之，“以人为本”、“以和为贵”、“人民民主”、“公平正义”、“共建共享”，五位一体、共同构成的社会主义核心价值观，集中反映了社会主义的价值理想、价值取向和价值规范。这五个核心理念既是对社会主义核心价值理论体系的高度凝练，也是对社会主义本质属性和发展趋向的集中概括；既体现了马克思主义的根本价值所向，也具有中华民族的历史文化基因；既体现了时代的要求，也具有民族的特色；既适用于社会层面的治国理政和内政外交，也适用于个人层面的德性修养和为人处世；并且其形式和内容相统一，既言简意赅、朗朗上口、易记易循，也指向明确，不会在传播过程中流变为空洞的口号或失去内涵的数字。此外，这些核心价值观与人们的日常生活、切身利益密切相关，因而易于为人们所感受、所体验，能够在社会大众中得到认同、形成共识，成为全国人民的精神动力和价值依归。据我们的调查，在1592份有效问卷中，超过八成的被调查者对这组核心价值观表示认同，其中，有25.94%的人表示“很认同”，有54.90%的人表示“认同”，两项相加为80.84%（如图4—6）。

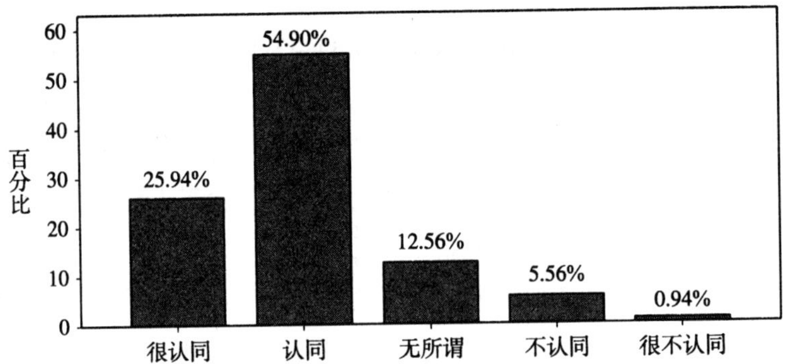

图4—6　如果把“以人为本、以和为贵、人民民主、公平正义、共建共享”作为社会主义核心价值观，您是否认同？

第五章　社会主义核心价值体系大众化的关键问题：认同内化

社会主义核心价值体系在为大众认知理解的基础上，能否为大众认同内化，这是能否实现社会主义核心价值体系大众化的关键问题。社会主义核心价值体系只有为大众认同内化，转化为大众的价值信仰和精神追求，才能实现其服务实践、改造世界的价值。正如第一章所述，尽管认知是行为的先导，但认知并不意味着相应行为的实现。社会主义核心价值体系要从人们的知转化为行，其间要经历人们对其的情感认同和心理内化。而社会主义核心价值体系要为人们认同内化，其理论自身必须要具有足够的说服力，要能为提倡者身体力行，要能符合人们的内心期待、满足人们的利益需求，在其反映的现实中能够得到充分的印证，同时，还必须能对各种社会思潮予以有效引领。为此，推进社会主义核心价值体系为大众认同内化，重点应从以下四个方面着手：一是要推进理论创新，增强社会主义核心价值体系的说服力；二是要重视率先垂范，提升社会主义核心价值体系的公信力；三是要加快改善民生，巩固社会主义核心价值体系的合法性；四是要加强思潮引领，增强社会主义核心价值体系的凝聚力。

一、推进理论创新，增强社会主义核心价值体系的说服力

理论创新是社会主义核心价值体系的内在品质，社会主义核心价值体系本身就是理论创新的重大成果，是马克思主义在当代中国的理论创

新。理论创新是社会主义核心价值体系的本质要求，是建设社会主义核心价值体系的题中要义。社会主义核心价值体系建设要取得切实成效，为大众理解、认同，必须不断推进理论创新，增强理论的说服力。

（一）理论创新是社会主义核心价值体系的本质要求

社会主义核心价值体系本身就是理论创新的产物，是马克思主义在当代中国的理论创新。理论创新是社会主义核心价值体系的生命之所系和力量之所在，是社会主义核心价值体系的本性要求。社会主义核心价值体系的理论创新，是由其理论的本质属性决定的，有着深刻的内在根据。

首先，社会主义核心价值体系的理论创新是由其理论的实践性决定的。实践性是社会主义核心价值体系的本质属性。辩证唯物主义认识论认为，任何科学的理论，都不是源于抽象的思辨，而是实践的产物，都是在实践中产生并随实践发展、受实践检验、为实践服务的。①诚如毛泽东所说，“真正的理论在世界上只有一种，就是从客观实际抽出来又在客观实际中得到了证明的理论，没有任何别的东西可以称得起我们所讲的理论。”②实践作为人类的存在方式，作为人类有目的、有意识、能动地改造世界的客观物质性活动，它既是理论产生的基础，也是理论创新的根源和理论发展的动力。恩格斯曾经说过，“社会一旦有技术上的需要，这种需要就会比十所大学更能把科学推向前进”③。胡锦涛也指出：“实践发展永无止境，认识真理永无止境，理论创新永无止境。”④正是实践发展的需要，推动着理论的不断创新。理论创新的根源，就在于实践需要的逼迫。这是因为人们的实践不是一成不变的，而是处于永无止境的发展过程之中的。实践的发展，必然要求有新的实践观念来指

---

① 参见周玉：《论社会主义核心价值体系的大众化》，载《科学社会主义》2010 年第 3 期。

② 《毛泽东选集》第 3 卷，人民出版社 1991 年版，第 817 页。

③ 《马克思恩格斯选集》第 4 卷，人民出版社 1995 年版，第 732 页。

④ 胡锦涛：《在庆祝中国共产党成立 90 周年大会上的讲话》，人民出版社 2011 年版，第 11 页。

导。理论要适应实践发展的需要，就必须随着实践的发展而发展，不断推进理论创新。否则，理论就会失去生机和活力，就会因难以适应实践的需要、不能有效指导实践而过时，从而失去存在的意义。社会主义核心价值体系作为科学的理论创新成果，它不是从观念原则出发进行逻辑推演的结果，而是中国共产党自觉回应中国特色社会主义实践需要的产物，它只有随着中国特色社会主义实践的发展而不断创新，才能永葆生命的活力，实现服务中国特色社会主义实践的价值。

其次，社会主义核心价值体系的理论创新是由其理论的时代性决定的。任何理论都是与一定历史时代相联系的，是一定历史时代的产物，都会打上时代的烙印。马克思曾经说过："观念的东西不外是移入人的头脑并在人的头脑中改造过的物质的东西而已。"① 任何思想理论都是对所处时代社会存在的反映，都是为了回答特定时代提出的问题而产生的。每个时代都有属于自己时代的特殊问题，都不是对过去时代老问题的简单重复，这些问题是"时代的格言"，"是表现时代自己内心状态的最实际的呼声"②，迫切需要在理论上予以积极回应。对时代问题的理论回应，是理论创新的重要根源。"一切划时代的体系的真正的内容都是由于产生这些体系的那个时期的需要而形成起来的"③。社会主义核心价值体系同样也是时代的产物，是在回答时代的问题、适应时代的需要中形成的，具有鲜明的时代性特征。它是在我国人们的思想观念、价值取向日益多样化的时代背景下，是在回答我们是要继续坚持马克思主义指导思想还是搞指导思想多元化、是要继续走中国特色社会主义道路还是走其他什么道路、要不要有一个善恶美丑的评判尺度和是非标准等重大问题中形成的。上述重大理论和现实问题，是我们这个时代"内心状态最实际的呼声"，还需要作出更加深入的回答。这正是社会主义核心价值体系理论需要不断创新的时代根源，也是进一步推进社会主义核心价值体系理论创新的强大动力。

---

① 《马克思恩格斯选集》第2卷，人民出版社1995年版，第112页。

② 《马克思恩格斯全集》第1卷，人民出版社1995年版，第203页。

③ 《马克思恩格斯全集》第3卷，人民出版社1960年版，第544页。

再次，社会主义核心价值体系的理论创新是由其理论的开放性决定的。在当代中国纷繁复杂的价值观中，社会主义核心价值体系虽然处于“硬核”[①]地带，是当代中国社会价值体系中的“主观念”，在它外围有与之相适应的由多层次的“次观念”构成的“保护带”，但它并非是一个封闭的体系，并非处在一个封闭的环境包裹之中，相反，它具有明显的系统开放性特征。所谓系统开放性，是指“系统与环境发生交换关系的属性”，“亦即系统具有从环境输入物质、能量与信息的属性，也具有向环境输出物质、能量与信息的属性”；“输入与输出是表征系统开放性的两个方面”。[②]社会主义核心价值体系作为一个由四个方面构成的有机整体，它本身就是一个理论系统，其中的每个构成要素都在与外部环境发生联系，都在从现实之中吸纳养分并不断丰富自己，同时又通过对现实的理论指导来与外部环境发生相互作用。作为社会主义核心价值体系的灵魂，马克思主义指导思想本身就是不断发展的开放的科学理论体系。从《共产党宣言》的发表，到列宁主义的诞生，再到马克思主义中国化的两次历史性飞跃以及毛泽东思想和中国特色社会主义理论体系的形成发展，这一理论发展轨迹就是对马克思主义开放性的历史确证。作为社会主义核心价值体系的主题，中国特色社会主义共同理想，是中国人民在中国革命、建设和改革的实践基础上以开放的姿态、不断赋予其时代内容的价值追求。它作为共产主义理想的阶段性目标，具有中国特色社会主义建设过程中的阶段性特征。它将共产主义理想化为一个个阶段性的层次，每一个阶段层次目标的实现，都是向共产主义的接近。从这个意义上说，中国特色社会主义共同理想，也不是僵化不变的，而是

① 这里的“硬核”、“主观念”、“次观念”、“保护带”等概念、表述源于袁贵仁教授的观点。袁贵仁教授认为，从价值观念作用机制的这个意义上说，价值观念可以看做是由一个主观念和多层次的次观念所组成的一个同心圆。每一社会、民族、阶级的价值观念都有一个硬核（主观念）以及与之相适应的保护带（次观念）。一般地说，硬核、主观念相对稳定、比较抽象，保护带、次观念易于变化、比较具体。（参见袁贵仁：《价值观的理论与实践——价值观若干问题的思考》，北京师范大学出版社2006年版，第145页。）

② 曾广容：《系统开放性原理》，载《系统辩证学学报》2005年第3期。

随着实践的发展而发展的，具有开放性。作为社会主义核心价值体系的精髓，以爱国主义为核心的民族精神和以改革创新为核心的时代精神，也在随着时代和实践的发展而不断充实着自己的内涵。作为社会主义核心价值体系的基础，社会主义荣辱观所提倡的道德观念、所要求的道德规范无时无刻不在与社会现实生活发生联系，无不具有开放性的特点。正是这种系统的开放性，使社会主义核心价值体系不断与现实生活发生作用，成为社会主义核心价值体系理论创新的重要动力，使社会主义核心价值体系不断获得新的发展。

最后，社会主义核心价值体系的理论创新是由其理论的发展性决定的。马克思主义唯物辩证法认为，世界上的万事万物皆因其内在的矛盾性而处于永恒的运动发展之中，“世界不是既成事物的集合体，而是过程的集合体”①，任何事物都是作为一个过程向前发展的，辩证的否定则是其实现发展的必经环节。辩证的否定是事物的自我否定，是扬弃，是既继承又批判，是既保留又克服。既然生活世界的本来面目是辩证的，所以马克思主义不崇拜任何东西，要求以批判的视野来看待一切。马克思主义的批判性不只是对现实的批判，也包括对自身的批判。这种批判性的本质是马克思主义实现理论创新的不竭动力，使马克思主义既勇于突破前人，也勇于突破自己。社会主义核心价值体系作为马克思主义的创新成果，同样具有马克思主义的批判性，这种批判同样不只是对现实的批判和对错误思潮的批判，也包括对其理论的自我批判。正是在这种对自我的批判和否定中，社会主义核心价值体系实现着自身的理论创新而不断发展。因此，通过对自我的辩证否定实现理论的不断创新，既是社会主义核心价值体系发展的动力，也是其发展必经的环节。

总之，作为社会主义核心价值体系的本质属性，实践性、时代性、开放性和发展性，既是社会主义核心价值体系理论创新的内在根据，也是其强大动力，是社会主义核心价值体系的生命之基和力量之源。

---

① 《马克思恩格斯选集》第 4 卷，人民出版社 1995 年版，第 244 页。

（二）推进社会主义核心价值体系的理论创新，要以现实问题为中心

社会主义核心价值体系的本质是实践的，它是扎根实践、面向时代的科学的开放的理论体系，其产生、发展始终与重大现实问题密切相关。实践的观点是辩证唯物主义认识论首要的基本的观点，同样也是理论创新的首要和基本的观点。理论创新决不能远离和回避现实生活中的重大社会矛盾和社会问题，而必须以社会实践中的重大现实问题为中心。社会主义核心价值体系作为实践的产物，必须捕捉时代提出的重大现实问题并加以概括和总结，以回应时代的呼声，满足实践的要求。因此，重大现实问题是社会主义核心价值体系理论创新的基本切入点。

首先，只有以现实中的重大问题作为基本切入点，才能为推进社会主义核心价值体系理论创新提供现实依据。社会主义核心价值体系的理论创新不仅需要在薪火相传中获取历史根源和理论依据，而且更需要在与现实生活的互动中探寻实践根源和时代依据。推进社会主义核心价值体系的理论创新，就是要把科学社会主义的基本原理与中国的实践相结合，不断回答实践中的重大现实问题。实践中的重大现实问题，是社会实践内在矛盾的外部反映，是影响社会主义改革、发展的关键环节，是社会主义核心价值体系理论创新的客观现实依据。抓住了重大现实问题，也就抓住了社会主义核心价值体系理论创新的着力点、实践探索的关节点和知行统一的落脚点。

其次，只有以现实中的重大问题作为基本切入点，才能为推进社会主义核心价值体系理论创新提供强大动力。理论创新源于实践呼唤，任何理论都是适应社会实践的需要而产生的，并随着社会实践的发展而发展。现实中的重大问题直接反映了社会实践进程中的矛盾、焦点、主题和潮流，是承载实践呼唤和人民期待的历史强音。科学回答这些问题，是对实践呼唤的真情回应和对人民期待的真切回复，是社会主义核心价值体系理论创新的重要动力。没有对实践中重大现实问题的提出和回答，就不会有科学理论的产生、创新和发展。

再次，只有以现实中的重大问题作为基本切入点，才能更好地实现建设社会主义核心价值体系的最终目的。建设社会主义核心价值体系的最终目的是使社会主义核心价值体系转化成人民群众的自觉追求，实现其改造世界的价值。推进社会主义核心价值体系的理论创新，最终是为了运用社会主义核心价值体系解决在各种价值取向多元并存、社会思潮纷繁复杂的当代中国改革和建设实践过程中遇到的重大现实问题。要实现社会主义核心价值体系的这一实践功能，充分发挥理论掌握群众的作用，就必须以重大现实问题为基本切入点，做到有的放矢。研究问题是理论创新的逻辑起点，回答问题是理论创新的逻辑结果。推进社会主义核心价值体系理论创新，如果不以现实中的重大问题作为基本切入点，就会脱离实践的呼唤、远离人民的期待，最终也不可能实现理论的价值。

以现实中的重大问题作为推进社会主义核心价值体系理论创新的基本切入点，必须要善于发现问题。社会现实是复杂多样的，在纷繁复杂的社会现实中，存在着不同领域、不同层次、轻重缓急的各种现实问题。在理论研究中，要善于揭示和发现现实中的重大问题。

在当代中国，事关改革、发展全局的热点问题、突出问题、紧迫问题和难点问题，都是现实中的重大问题，都需要密切关注和认真研究，作出具有说服力的回答。当前，推进社会主义核心价值体系的理论创新，重点是进一步回答与建设社会主义核心价值体系密切相关的“六个重大现实问题”，划清“四个重大界限”。

所谓六个重大现实问题即“六个为什么”，是指在当代中国“为什么必须坚持马克思主义在意识形态领域的指导地位，而不能搞指导思想的多元化”；“为什么只有社会主义才能救中国，只有中国特色社会主义才能发展中国，而不能搞民主社会主义和资本主义”；“为什么必须坚持人民代表大会制度，而不能搞‘三权分立’”；“为什么必须坚持中国共产党领导的多党合作和政治协商制度，而不能搞西方的多党制”；“为什么必须坚持以公有制为主体、多种所有制经济共同发展的基本经济制度，而不能搞私有化或‘纯而又纯’的公有制”；“为什么必须坚持改革开放不动摇，而不能走回头路”。① 划清“四个重大界限”是指“划清马克思主义同反马克思主义的界限，社会主义公有制为主体、多种所有制经济共同发展的基本经济制度同私有化和单一公有制的界限，中国特色社会主义民主同西方资本主义民主的界限，社会主义思想文化同封建主义、资本主义腐朽思想文化的界限”②。

“六个为什么”和划清“四个重大界限”，涵盖了当前中国社会经济、政治、文化、社会、党建等各个领域的重大现实问题，既涉及党和国家的指导思想、发展道路、政治制度、政党制度、经济制度、发展方向，是关系国家前途命运的根本性问题，也是广大干部群众普遍关心的现实问题，必须予以科学的论证，作出理论的回答。这些问题抓住了社会主义核心价值体系的本质内容，体现了社会主义核心价值体系的灵魂和共同政治理想，也反映了社会主义核心价值体系与资本主义核心价值体系的本质区别。有针对性地回答这些重大疑难现实问题，既是进一步加强社会主义核心价值体系建设的迫切需要，也是推进社会主义核心价值体系理论创新的有效方式。推进社会主义核心价值体系的理论创新，就是要以回答与建设社会主义核心价值体系密切相关的六个重大现实问题即“六个为什么”为基本切入点，使广大干部群众自觉划清“四个重大界限”，增强政治敏锐性和政治鉴别力，以抵制错误思潮、澄清模糊认识、坚定理想信念。

（三）不断推进马克思主义“三化”，巩固社会主义核心价值体系理论基础

马克思主义指导思想是社会主义核心价值体系的灵魂，也是社会主义核心价值体系的理论基础。任何正确的价值体系都要以对相关真理的把握为前提，即以真理性认识作为理论基础。真理与价值是辩证统一

① 中共中央宣传部理论局：《六个“为什么”——对几个重大问题的回答》，学习出版社2009年版，第1—2页。

② 《中共中央关于加强和改进新形势下党的建设若干重大问题的决定》，人民出版社2009年版，第13页。

的。人们的实践活动不仅要受到价值尺度的制约，而且还要受到真理尺度的制约。所谓价值尺度，即是人们在实践中必须遵循的、以满足人们需要为内容的、特定的实践目标；所谓真理尺度，是指人们在实践中必须遵循的反映实践对象客观规律和本质的真理。任何实践活动都是在这两个尺度的共同制约下进行的，任何成功的实践都必然是真理尺度和价值尺度的统一。① 社会主义核心价值体系要实现其服务中国特色社会主义实践的价值，同样既要受到价值尺度的制约，也要受到真理尺度的制约，要坚持真理与价值的辩证统一。社会主义核心价值体系之所以是正确、科学的价值体系，从根本上说，就是因为它有对人类社会发展规律的真理性认识作为理论基础。这个真理性认识的理论基础就是马克思主义。

在马克思主义产生以前，社会主义的价值追求早已有之，但“它只有主观的价值追求，没有历史的客观真理”②，从一开始就注定要成为空想。正是马克思主义找到了历史发展的客观真理，找到了人类社会运动的一般规律，社会主义才成为具有真理性的科学的价值，才实现了从空想到科学、从理论到实践、从理想到现实的飞跃。因此，理论带有根本性，所有问题的解决都离不开理论的指导。马克思主义指导思想作为社会主义核心价值体系的灵魂、作为其真理性认识的理论基础，是经过历史的实践反复检验了的科学的理论体系。但“它提供的不是现成的教条，而是进一步研究的出发点和供这种研究使用的方法”③；其基本原理的实际运用，“随时随地都要以当时的历史条件为转移”④。马克思主义只有与各国的具体国情、时代条件、人民实践相结合，不断推进理论创新，才能保持它的科学性和战斗力。作为中国特

---

① 参见本书编写组：《马克思主义基本原理概论》（2009年修订版），高等教育出版社2007年版，第79页。

② 李德顺：《伟大实践的智慧——邓小平理论的几点哲学启示》，载《学术研究》2002年第5期。

③ 《马克思恩格斯选集》第4卷，人民出版社1995年版，第742—743页。

④ 《马克思恩格斯选集》第1卷，人民出版社1995年版，第248页。

色社会主义核心价值体系的指导思想和理论基础，马克思主义也只有与中国国情、时代特征相结合，在中国人民的实践中不断推进理论创新，才能增强其科学性和生命力，才能使社会主义核心价值体系得以巩固和发展。①

诚然，马克思主义自传入中国以来，发生了两次历史性飞跃，并产生了两大理论创新成果，即毛泽东思想和中国特色社会主义理论体系。在新的历史时期，自我们实施马克思主义理论研究和建设工程以来，马克思主义理论创新又取得了进一步的实质性进展。这些都为社会主义核心价值体系的建设奠定了坚实的理论基础。但我们也应看到，世情、国情、党情在日新月异地不断发生变化，群众在现实生活中经常会看到或遭遇到大量看不清、想不通的问题，从而在价值观方面感到迷茫、困惑，甚至会产生一些质疑和争议。在这种情况下，要有效地为群众释疑解惑、统一认识，巩固和发展中国特色社会主义的共同思想基础，使社会主义核心价值体系为广大群众普遍接受、认同，仅靠马克思主义的基本原理和现有的马克思主义理论创新成果是远远不够的。因为群众感到迷茫、困惑的那些问题，往往都是很现实、很具体的，都是在新的社会实践基础上产生的，同时又是现有理论尚未作出透彻回答的。比如，社会主义的本质是解放生产力、发展生产力、消灭剥削、消除两极分化、最终达到共同富裕，为什么我国社会现在既有剥削现象，也有两极分化，存在着较大的贫富差距？中国特色社会主义如何才能体现出是在沿着消灭剥削、消除两极分化、逐步实现共同富裕的方向发展的？对于类似的诸多问题，如果不回答清楚，就不能消除广大群众对社会主义优越性和美好前景的疑问与困惑，从而直接影响着广大群众对社会主义核心价值体系的认同和对中国特色社会主义共同理想的信心。要有说服力地解答群众的这些问题和困惑，就需要结合中国国情、时代特征和群众需要，不断推进马克思主义的理论创新，从中得出符合客观规律和群众利

① 参见周玉：《以社会主义核心价值体系引领社会思潮的现实路向》，载《西南农业大学学报》（社会科学版）2009 年第 2 期。

益的科学结论。

推进马克思主义在中国的理论创新，就是要不断推进马克思主义的中国化、时代化和大众化。不断推进马克思主义的中国化、时代化和大众化，既是当前加强马克思主义理论创新的根本方向，也是坚持马克思主义指导思想、巩固社会主义核心价值体系理论基础的重大任务。毛泽东曾经说过，“没有抽象的马克思主义，只有具体的马克思主义”①。马克思主义在不同国家、不同时代和不同实践中具有不同的具体形式，因而具有浓厚的民族性、鲜明的时代性和广泛的群众性。民族性是马克思主义扎根生长的深厚土壤；时代性标识着历史规律、历史潮流和历史趋势的显著特征，反映了马克思主义的先进程度；群众性是马克思主义理论的社会根源，是对马克思主义智慧源泉、立场倾向和政治属性的反映。② 就中国而言，马克思主义的民族性、时代性和群众性具体统一于中国人民的革命、建设和改革的实践中，离开中国特点、时代特征和人民实践来谈马克思主义，就只能是抽象的空洞的马克思主义，由此决定必须在中国人民的实践中不断推进马克思主义的中国化、时代化和大众化，实现马克思主义在中国的创新发展。

所谓马克思主义中国化，就是将马克思主义的基本原理与中国的具体实际相结合，“按照中国的特点去应用”③ 其基本的立场、观点和方法，来研究、解决中国革命、建设和改革中的实际问题，同时把中国革命、建设和改革的实践经验和历史经验提升为理论，在坚持和运用马克思主义的基本原理中发展马克思主义，这即是毛泽东说的“在解决中国问题”的过程中，“创造些新的东西”④，“使中国革命丰富的实际马克思主义化”⑤；就是把马克思主义植根于中国的优秀文化之中，使马克思主

① 《中共中央文件选集》第 11 册，中共中央党校出版社 1991 年版，第 658 页。

② 参见秋石：《大力推进马克思主义中国化、时代化、大众化》，载《求是》2009 年第 23 期。

③ 《毛泽东选集》第 2 卷，人民出版社 1991 年版，第 534 页。

④ 《毛泽东文集》第 2 卷，人民出版社 1993 年版，第 408 页。

⑤ 《毛泽东文集》第 2 卷，人民出版社 1993 年版，第 374 页。

义“和民族的特点相结合，经过一定的民族形式”[①]表现出来，“使之在其每一表现中带着必须有的中国的特性”[②]，形成具有中国特色、中国风格和中国气派的中国化的马克思主义理论。把握中国国情是马克思主义中国化的基础。实践是理论的源头活水，是推进马克思主义中国化的根本途径。推进马克思主义中国化，“必须始终坚持以我国改革开放和现代化建设的实际问题、以我们正在做的事情为中心，着眼于马克思主义理论的运用，着眼于对实际问题的理论思考，着眼于新的实践和新的发展”[③]，研究新情况、解决新问题，不断赋予马克思主义新的内涵，在实践中丰富和发展中国化的马克思主义尤其是当代中国的马克思主义。

所谓马克思主义时代化，就是使马克思主义紧跟时代发展步伐、不断吸取新的时代内容，在适应时代需要、回答时代课题的过程中反映时代精神、引领时代潮流。马克思主义时代化，既包括内容和形式的时代化，也包括话语体系的时代化。推进马克思主义时代化，必须准确把握时代脉搏，紧扣时代发展主题，积极回应时代挑战，用富有时代气息的鲜活语言，用适合当今时代的表达方式，创造马克思主义理论的新范畴、新论断，更好地阐明对当今世界经济、政治、文化等重大问题的主张和看法；同时，“要站在现代科技发展的最前沿，敏锐地把握科技重大突破给经济社会乃至人们思维方式带来的深刻影响，善于运用最新的科学思想和科技成就拓宽马克思主义视野、丰富马克思主义内涵”；“要积极借鉴世界各国包括资本主义国家创造的一切有益文明成果”，“使马克思主义在海纳百川、博采众长中不断焕发新的生机和活力”。[④]

所谓马克思主义大众化，“就是把马克思主义的基本原理、基本观点通俗化、具象化，使之更好地为人民大众所理解、所接受”；就是使

---

① 《毛泽东选集》第 2 卷，人民出版社 1991 年版，第 707 页。

② 《毛泽东选集》第 2 卷，人民出版社 1991 年版，第 534 页。

③ 《江泽民文选》第 2 卷，人民出版社 2006 年版，第 251 页。

④ 刘云山：《把建设马克思主义学习型政党作为重大而紧迫的战略任务抓紧抓好》，载《党的十七届四中全会〈决定〉学习辅导百问》，党建读物出版社、学习出版社 2009 年版，第 81—82 页。

马克思主义"关注大众需求、回应大众关切、解答大众困惑"。[①] 马克思主义在本质上是大众的理论。大众化既是马克思主义理论创新的重要途径，也是其最终归宿，是创新理论发挥作用的关键环节。"大众化不仅是表达方式问题，也是根本立场、根本方法问题"[②]。推进马克思主义大众化，要坚持大众视野和群众观点，要关注大众的需要和诉求，解答大众的疑问和困惑，把服务大众作为马克思主义理论创新的出发点和落脚点，把广大人民群众的鲜活实践作为马克思主义理论创新的源泉，把实现广大人民群众的根本利益作为马克思主义理论创新的目的。

中国化、时代化、大众化，"三化"的内在统一，在中国化的过程中，推进马克思主义的时代化和大众化，这既是马克思主义理论创新的根本方向，也是马克思主义生命力的根本所在。"三化"既是对"理论联系实际"、"具体问题具体分析"、"一切以时间、地点、条件为转移"这一马克思主义活的灵魂的生动体现，也与中国传统文化中的"天时、地利、人和"思想相契合。"时代化，是讲马克思主义要'应天时'；中国化，是讲马克思主义要'合地利'；大众化，是讲马克思主义要'通人和'。"[③] 要坚持马克思主义指导思想，巩固社会主义核心价值体系的理论基础，就必须要使马克思主义"应天时"、"合地利"、"通人和"，与中国国情相结合、与时代相结合、与群众相结合，也就是必须不断推进其中国化、时代化和大众化，使之随着世情、国情和党情的变化而变化、随着时代的进步而进步，不断对人民群众的新鲜经验作出新的理论概括，不断对什么是马克思主义、怎样对待马克思主义，什么是社会主义、怎样建设社会主义，建设什么样的党、怎样建设党，实现什么样的

---

① 刘云山：《把建设马克思主义学习型政党作为重大而紧迫的战略任务抓紧抓好》，载《党的十七届四中全会〈决定〉学习辅导百问》，党建读物出版社、学习出版社2009年版，第82页。

② 刘云山：《把建设马克思主义学习型政党作为重大而紧迫的战略任务抓紧抓好》，载《党的十七届四中全会〈决定〉学习辅导百问》，党建读物出版社、学习出版社2009年版，第82页。

③ 刘世军：《三化：把握理论创新的根本方向》，载《社会科学报》2009年12月3日。

发展、怎样发展等根本问题作出新的理论回答，不断丰富和发展中国特色社会主义理论体系，用发展着的中国化的马克思主义理论掌握群众、指导实践。只有这样，马克思主义才能保持生机和活力，社会主义核心价值体系才得以更加巩固。

二、重视率先垂范，提升社会主义核心价值体系的公信力

社会主义核心价值体系的大众化，在本质上是大众把社会主义核心价值体系由外在的价值规范内化为自己的伦理自觉，又外化为自己的价值行为的过程。这一由外至内又由内而外的过程，离不开倡导者的率先垂范。孔子曾说："政者正也，子帅以正，孰敢不正？"① 他还说："其身正，不令而行；其身不正，虽令不从。"② 建设社会主义核心价值体系，是由我们党和政府提出的战略任务，社会主义核心价值体系的基本内容，是我们党和政府倡导的最根本的理想信念、价值观念和道德追求。党和政府是建设社会主义核心价值体系的最高倡导主体。作为党和政府的组成成员，广大的党员干部，责无旁贷地应在建设社会主义核心价值体系的过程中率先垂范，成为社会主义核心价值体系的坚定信仰者、积极宣传者和模范践行者，用自己的一言一行、一举一动对社会主义核心价值体系进行生动的诠释和形象的演绎，发挥其"身教重于言传"的道德示范效应和典型辐射作用。但是，现实中的部分党员干部，与社会主义核心价值体系的要求背道而驰，把以权谋私和金钱至上作为价值取向，崇尚利己主义、享乐主义和拜金主义，为了金钱、权力、美色而置党纪国法于不顾，贪腐现象屡禁不止，这不仅严重削弱了广大群众对党的信任、对社会主义和改革开放的信心，而且对社会主义核心价值体系的公信力也构成严峻威胁，直接影响到广大群众对社会主义核心价值体

① 《论语·颜渊》。

② 《论语·子路》。

系的认同。一个行动胜似一打纲领。同样地，个别领导干部的不良行为也极有可能使我们党几十年对群众的理想信仰教育成果付诸东流。因此，推进社会主义核心价值体系大众化，抓好领导干部的率先垂范工作，远比一般意义上的群众教育工作更为重要，它既有助于增强社会主义核心价值体系的公信力，也有助于促进广大群众对社会主义核心价值体系的情感认同和理性归依。根据我们的调查，针对"您认为如何才能让社会主义核心价值体系为广大群众所认同"这一问题，在1592份有效问卷中，选择"切实解决官员腐败问题"的占76.4%，在所有选项中，这一比例位居首位，而选择"领导干部以身作则、率先垂范"的也占71.1%，位居第三位（见表5—1）。

表5—1　您认为如何才能让社会主义核心价值体系为广大群众所认同

选　项	频　数	有效百分比
领导干部以身作则、率先垂范	1132	71.1%
切实解决官员腐败问题	1216	76.4%
切实改善民生	1194	75.0%
理论自身要有说服力，并且通俗易懂	664	41.7%
进一步完善社会主义的各项制度	815	51.2%
其　他	34	2.1%

（一）做学习马克思主义理论的模范，坚定科学的理想信念

这是党员领导干部模范践行社会主义核心价值体系的重中之重。党的十七届四中全会《决定》指出党内不符合党的性质和宗旨的六个问题中，居于首位的就是关于理论学习和理想信仰的问题："一些党员、干部忽视理论学习、学用脱节，理想信念动摇，对马克思主义信仰不坚定，对中国特色社会主义缺乏信心。"① 党员领导干部忽视理论学习，没

① 《中共中央关于加强和改进新形势下党的建设若干重大问题的决定》，人民出版社2009年版，第4页。

有坚定的理想信仰，其后果是非常可怕的。“政治信仰的动摇，理想信念的弱化、缺失，必然导致经济上的贪婪、道德上的堕落和生活上的腐化。”① 腐败问题的发生，重要原因就在于一些党员领导干部不真学、真信、真用马克思主义，理想信念和思想道德出了问题。而马克思主义指导思想、中国特色社会主义共同理想是社会主义核心价值体系最核心的内容，我们党作为马克思主义政党，作为中国特色社会主义的领导力量，其自己成员都理想信念动摇，用自己的实际行动违背马克思主义、违背社会主义核心价值体系，自然难以让广大群众相信马克思主义、相信社会主义核心价值体系。因此，加强领导干部的马克思主义理论教育，是社会主义核心价值体系建设的重中之重。

理论上的成熟是政治上成熟的基础。真用源于真信，真信则始于真学，坚定的理想信念源于科学的理论认知。领导干部只有通过真学马克思主义，才能具备良好的马克思主义素养，才能坚定其对中国特色社会主义共同理想的信心，也才能正确对待和行使权力，正确处理义与利的关系。毛泽东曾经说过，“如果我们党有一百个至二百个系统地而不是零碎地、实际地而不是空洞地学会了马克思列宁主义的同志，就会大大地提高我们党的战斗力量。”② 为此，一要加强对领导干部的马克思主义基本原理教育，使其深刻认识人类社会发展的一般规律，共产主义是人类社会发展规律的历史必然，从而对社会主义前途充满信心；使其坚定马克思主义始终代表人民群众根本利益的政治立场，掌握马克思主义的基本观点和基本方法，提高用马克思主义的基本立场、观点和方法分析和解决实际问题的能力。二要用中国特色社会主义理论体系武装全党。作为马克思主义中国化的最新成果，中国特色社会主义理论体系既坚持了马克思主义的基本原理，同时又创造性地回答了“什么是社会主义，怎样建设社会主义”、“建设什么样的党，怎样建设党”、“实现什么样的发展，怎样发展”等关系当代中国前途和命

① 王兆善：《带头践行社会主义核心价值体系》，载《领导科学》2008 年第 2 期。

② 《毛泽东选集》第 2 卷，人民出版社 1991 年版，第 533 页。

运的重大问题，深化了我们党对人类社会发展规律、社会主义建设规律和党的建设规律的认识。加强对党员领导干部中国特色社会主义理论体系的教育，要以“六个重大问题”（即“六个为什么”）为核心内容，使其自觉划清“四个重大界限”，做共产主义远大理想和中国特色社会主义共同理想的坚定信仰者。

（二）做言行一致的表率，弘扬理论联系实际的学风

理论联系实际，是我们党的优良传统和作风。党员领导干部学习马克思主义，用中国特色社会主义理论体系武装头脑、学习社会主义核心价值体系，要坚持学用结合、学以致用，把学习理论同树立正确的价值观、权力观、利益观结合起来，把学习理论同研究解决人民群众最关心最直接最现实的利益问题结合起来，使科学理论真正成为指导实践、改造客观世界和主观世界的思想武器。领导干部如果理论与实际相脱节，台上讲一套、台下做一套，人面前一套、人背后一套，不仅会损害理论的形象，也会损害广大群众对领导干部、对党和政府的信任。当前，一些领导干部“宗旨意识淡薄，脱离群众、脱离实际”①；一些领导干部言行不一，做阳奉阴违的两面派，嘴上反腐败、行动搞腐败。这些言行背离的“假道学”现象，在广大群众中造成极为恶劣的影响，不少人因为一些领导干部的虚伪而认为马克思主义也虚伪，认为马克思主义是“伪学”，这极不利于社会主义核心价值体系的大众化，是制约人们认同社会主义核心价值体系的致命因素。因此，在建设社会主义核心价值体系的过程中，党员领导干部必须身体力行，“清清白白为官，踏踏实实做事，堂堂正正做人”，成为行动上的表率，使社会主义核心价值体系体现于自己的工作实践和日常生活中，体现于自己的一言一行、一举一动之中，使广大群众通过认同党的成员而认同党的领导进而认同党的理论、党的主张和党提倡的价值观念。

---

① 《中共中央关于加强和改进新形势下党的建设若干重大问题的决定》，人民出版社2009年版，第5页。

（三）做弘扬民族精神和时代精神的先锋，在爱党爱国和改革创新中发挥带头作用

以爱国主义为核心的民族精神和以改革创新为核心的时代精神，是中华民族五千多年来自强不息、发展壮大的强大精神动力，也是中国人民在未来的岁月里薪火相传、继往开来的强大精神支撑，是社会主义核心价值体系的精髓。作为中国工人阶级的先锋队，作为中国人民和中华民族的先锋队，中国共产党责无旁贷应在整个国家和民族弘扬民族精神和时代精神的过程中发挥其先锋模范作用。为此，要把民族精神和时代精神教育作为全党社会主义核心价值体系教育的重要内容。在当前思想文化交流、交融、交锋的情况下，对全党的两种精神教育，必须转变观念、创新模式、提高质量。首先要坚持历史性和现代性相结合的原则，把弘扬民族精神和时代精神有机结合。这就要求在教育的过程中要尊重历史，要以多种形式的历史教育尤其是中国近现代史的教育，使全党深刻认识和了解中华民族的过去、现在和未来；同时要按照时代特征和时代要求，对民族精神进行现代性的转换。其次要坚持民族性和开放性相结合的原则，即是既要弘扬民族精神，又要具有世界视野，充分吸收和借鉴其他民族和国家先进的理念和做法。再次要坚持理论教育和实践活动相结合的原则，充分挖掘历史博物馆、革命遗址等资源，充分利用民族精神和时代精神的载体，通过利用传统节日、革命纪念日等各种节日开展各种纪念活动进行教育。①

（四）做践行社会主义荣辱观的楷模，加强道德修养和党性修养

社会主义荣辱观以“八荣八耻”为主要内容，是社会主义核心价值体系的基础，集中概括了当代中国社会最基本的价值取向和行为准则。它涵盖了社会主义核心价值体系其他三个方面的内容并使之具体化为基本的行为规范，从而使社会主义核心价值体系落到了实处，使人们对社

① 参见李向勇、丁俊萍：《社会主义核心价值体系与党的思想理论建设科学化》，载《探索》2010 年第 6 期。

会主义核心价值体系的践行有了基本的遵循。社会主义荣辱观是全体社会成员应当遵循的基本行为规范，在倡导全社会践行社会主义荣辱观的过程中，我们党应该首先要求广大党员尤其是领导干部发挥先锋示范的作用，模范践行社会主义荣辱观。广大党员干部模范践行社会主义荣辱观，不仅有助于维护党的形象，提高党的执政能力和执政水平，而且有助于营造风清气正的社会风尚。因此，必须在全党大力开展社会主义荣辱观教育。开展社会主义荣辱观教育，一要与学习党纪国法相结合，使广大党员干部以良好的党风政风带动整个社会风气的转变。二要坚持知与行的统一。社会主义荣辱观只有为党员干部内化道德修养，外化为道德实践，才能成为改变党风政风和社会风气的强大力量。因此，对党员干部的社会主义荣辱观教育，重在联系实际、深入人心，重在弘扬正气，使广大党员干部做到道德认知与道德实践的统一。三要坚持他律与自律相结合。践行社会主义荣辱观，仅靠党员干部自我道德约束还不够，还需加强外部制约。当前，一些党员干部“法治意识、纪律观念淡薄”；有些领导干部“铺张浪费、奢靡享乐、个人主义突出，形式主义、官僚主义严重”；“一些领导干部特别是高级干部中发生的腐败案件影响恶劣，一些领域腐败现象易发多发”。[①] 因此，要通过进一步完善党纪法规、进一步健全权力运行和监督机制，通过强化新闻娱乐监督、开展党风政风评议活动，通过褒扬廉洁从政行为、惩治不良现象等手段，规范广大干部的思想道德和行为。[②] 四要形成正确的用人导向。对党员干部的选拔要把德放在首要位置，形成“以德修身、以德服众、以德领才、以德润才、德才兼备”[③] 的“五德”用人导向，引导党员干部加强自觉，加强自身道德修养。

---

① 《中共中央关于加强和改进新形势下党的建设若干重大问题的决定》，人民出版社2009年版，第5页。

② 参见李向勇、丁俊萍：《社会主义核心价值体系与党的思想理论建设科学化》，载《探索》2010年第6期。

③ 胡锦涛：《在庆祝中国共产党成立90周年大会上的讲话》，人民出版社2011年版，第13页。

三、加快民生改善，巩固社会主义核心价值体系的合法性

这里所指的“合法性”，不是法律意义上所指的与法律规范的一致性，而是政治学意义上的正当性。它是指某种政治秩序或者价值观念为社会成员普遍接受和认可。社会主义核心价值体系集中体现了广大人民群众的根本利益，在本质上能够得到广大群众的普遍认同和广泛接受，但是，这并不意味着它就具有天然的合法性。社会主义核心价值体系合法性的支撑来源于民众生活质量的提高，来源于人民生活的改善。社会主义核心价值体系只有在它给广大群众带来实效并让群众切实感受到这种实效时，它才获得现实的合法性。马克思曾指出：“问题在于改变世界”①，马克思主义从一开始就是“现实的和直接追求实效的”②。社会主义核心价值体系只有将自身掌握群众的理论诉求建立在人民大众的利益诉求之上，建立在对广大民众生存境遇的现实关注之上，才能巩固其自身的合法性。

当前，医疗、教育、住房、就业等民生问题，是我国广大群众最关心的利益问题。“‘思想’一旦离开‘利益’，就一定会使自己出丑。”③解决人们的思想问题，就必须从解决这些关系人们生存境遇的利益问题入手。这是因为虽然“我们不知道有任何一种力量能够强制处在健康清醒状态的每一个人接受某种思想”④，但只要人们“越多由他们通过自己亲身的经验（在德国人的帮助下）去检验它”，那么“它就越会深入他们的心坎”⑤。在我们的调查中，针对“您认为如何才能让社会主义核心价值体系为广大群众所认同”这一问题，选择“切实改善民生”的占

---

① 《马克思恩格斯选集》第1卷，人民出版社1995年版，第57页。

② 《马克思恩格斯文集》第1卷，人民出版社2009年版，第187页。

③ 《马克思恩格斯文集》第1卷，人民出版社2009年版，第286页。

④ 《马克思恩格斯文集》第9卷，人民出版社2009年版，第91页。

⑤ 《马克思恩格斯选集》第4卷，人民出版社1995年版，第681页。

75.0%，这一比例仅低于选择“切实解决官员腐败问题”的比例（76.4%）而位居第二（见表5—1）。因此，只有切实保障和改善民生，使广大群众学有所教、劳有所得、病有所医、老有所养、住有所居，党的领导、社会主义道路，才会得到群众的真心拥护，社会主义核心价值体系也才会深入人们的心坎，为人们普遍认同和共同遵循。[①]

（一）健全覆盖城乡居民的社会保障体系，保障群众体面的基本生活

社会保障是“收入分配的调节器”、“人民生活的安全网”和“社会发展的稳定器”。健全覆盖城乡居民的社会保障体系，是对社会主义核心价值体系“以人为本”、“以和为贵”、“公平正义”等核心理念的重要体现，对于维护社会的公平正义、提高人民的生活水平、促进社会的和谐稳定具有重要意义。俗话说：“天有不测风云，人有旦夕祸福。”每个人在生活中都可能会遭遇到自然、经济、社会等这样或者那样的风险，这些风险单靠个人或家庭的力量往往难以化解。社会保障则能够有效保障人民群众在遭遇年老、失业、患病、工伤等问题时其基本收入和基本医疗不受大的影响，确保无收入、低收入以及遭受意外灾害的群众有基本的生活来源并能够满足基本的生存需要，从而为人民群众的生存和发展保驾护航。因此，健全覆盖城乡居民的社会保障体系，直接关系到人民群众的基本需要和切身利益，体现了以人为本的核心理念。同时，健全覆盖城乡居民的社会保障体系，也是维护社会公平正义、让人民群众共享改革发展成果的迫切需要。社会保障制度具有调节收入分配的功能。不断完善社会保障体系，能够弥补市场的失灵和缺陷，有效调节过高收入，提高最低收入群体的保障标准，从而减少贫困并在一定程度上缩小社会成员、城乡之间的收入差距，使全体人民都能够共享改革发展的成果，逐步实现共同富裕。此外，通过健全覆盖城乡居民的社会保障体系，能够为城乡居民提供各种风险保障，帮助其消除和抵御各种市场

---

① 参见周玉：《论社会主义核心价值体系大众化的科学内涵及其实现路径》，载《重庆大学学报》（社会科学版）2011年第2期。

风险，避免和缓解因缺乏基本生活保障而引发的矛盾和冲突，从而维护社会的稳定和谐。

健全覆盖城乡居民的社会保障体系，当务之急是要尽快完善覆盖城乡居民的基本医疗保险制度、住房保障制度、最低生活保障制度和基本养老保障制度，切实解除全体国民的疾病医疗恐惧、基本生存危机和老年后顾之忧。

第一，完善基本医疗保险制度。经过多年的努力，我国城乡医疗保障体系建设已取得突出成效，群众“看病难”、“看病贵”的现象得到一定程度的缓解。截至 2010 年 7 月底，我国基本医疗保险制度已覆盖全国城乡居民 12.5 亿人，比 2002 年增加了 10 倍。[①] 但是，当前我国医疗保障体系的公平性和运行效率还有待提高，目前仍然有将近 1 亿人没有基本的医疗保障，医疗资源分布不均衡、医疗费用上涨较快、公立医院公益性降低等问题仍然很突出，“医疗保障体系保障面的广覆盖同保障程度的低水平共存，国家增加医疗保障投入同医疗费用快速上涨共存，基层医疗机构数量增加同基层医疗人员能力低共存”[②]，“农民看病跑断腿，市民看病排长队”[③]、“救护车一响，一头猪白养”[④]、“得了阑尾炎，白种一年田”的现象仍然十分突出，群众“看病难”、“看病贵”的问题并未得到完全化解。因此，完善医疗保障制度，应在扩大医疗保障覆盖面的基础上，同时提高保障水平和制度的运行效率。具体而言，一要扩大医疗保险的覆盖面，尽快实现全民医保的目标，使人人都能公平地享用基本的医疗保障。二要在制度设计中要有效约束医疗机构的服务行为和保障对象的就医行为，以防保障资金被滥用。三要有效控制医疗费用

---

① 参见任丽梅：《我国基本医疗保险制度已覆盖 12.5 亿人》，载《中国改革报》2010 年 9 月 6 日，http://www.crd.net.cn/web/NewsInfo.asp?NewsId=1748.

② 青连斌：《保障和改善民生的行动纲领——学习党的十七届五中全会〈建议〉》，载《中共石家庄市委党校学报》2010 年第 11 期。

③ 中共中央宣传部理论局：《理论热点面对面 · 2009》，学习出版社、人民出版社 2009 年版，第 193 页。

④ 中共中央宣传部理论局：《理论热点面对面 · 2009》，学习出版社、人民出版社 2009 年版，第 194 页。

的过快上涨，让群众治病少花钱。四要随着经济社会的发展，进一步提高医保最高支付限额，同时加大医疗救助制度，探索开展重特大疾病的救助办法。

第二，完善住房保障制度。“安得广厦千万间，大庇天下寒士俱欢颜”。古往今来，“住”都是人们生存的基本需求，住房始终倾注着人们许多的希冀与憧憬。党的十七大提出努力使全体人民“住有所居”的目标，强调要加快解决城市低收入家庭的住房困难。这是保障和改善民生的重要举措，体现了我国住房制度改革的根本目的。住房既具有商品属性，也是重要的准公共产品。解决群众住房问题是重要的民生事业，也是经济社会发展的重要目标和政府义不容辞的责任，必须强化政府的公共服务职能，进一步深化住房制度改革，加快建立适应全体居民需要的多层次住房保障体系，特别是要加大保障性住房和经济适用房、限价商品房、公共租赁房的建设力度，逐步实现全体人民的住有所居。建设保障性住房是解决低收入群体的基本住房需求。低收入群体由于受到收入水平的限制，没有能力购买商品房，只能通过政府保障的途径解决住房问题。因此，各级政府需要加大力度，逐步改善这部分群众的居住条件。中等收入群体尤其是中等偏下群体是一个“夹心层”，他们既享受不了政府提供的保障性住房，又没有足够的能力承担价格高昂的商品房。因此，对这部分群体，应通过加大经济适用房建设力度，加快建设限价商品房、公共租赁房等方式，解决他们的住房问题。

第三，完善最低生活保障制度。我国继 1999 年建立起城镇居民最低生活保障制度后，2007 年农村最低生活保障制度开始在全国范围建立。据民政部数据统计，截至 2010 年 11 月，全国最低生活保障人数为 7487.4 万人。其中，城市居民最低生活保障人数为 2307.8 万人，农村居民最低生活保障人数为 5179.6 万人。① 目前，我国最低生活保障

① 参见民政部：《2010 年 11 月份民政事业统计月报》，民政部网站，http://files2.mca.gov.cn/cws/201012/20101221151317944.htm。

制度主要存在以下问题：一是救助标准偏低。二是中央和地方的责任分担机制不明晰，导致保障水平的地区差距较大。欠发达地区的贫困人口多，地方财政收入低，因而保障水平也就低。三是就业激励机制不健全。现行制度中的低保对象是家庭收入低于政府低保标准的人，救助的金额是政府的救助标准减去家庭的实际收入。这种机制可能使一些受助者无意通过劳动增加自己的收入，因为增加多少就意味着失去多少，从而使得受助人口退出机制不畅通，形成所谓的“贫困陷阱”。因此，完善最低生活保障制度，要逐步推进城乡最低生活保障的制度统一，在中央主导下实现中央与地方的合理财政义务分担，对欠发达地区中央财政给予特殊补贴，要健全就业激励机制，建立最低生活保障的“退出机制”。①

第四，完善基本养老保障制度。实现人人老有所养，是党的十七大向人民作出的庄严承诺。建立覆盖城乡居民的养老保障制度是实现人人老有所养、解除广大群众老年后顾之忧的基础性条件。截至 2010 年 6 月底，我国城镇职工养老保险制度覆盖 2.45 亿人，比 2002 年扩大了 1 亿人；新型农村社会养老保险覆盖 5965 万人。② 要实现真正意义上的人人老有所养，养老保险的覆盖面应达到 95% 以上。因此，当前应将扩大养老保障的覆盖面、实现养老保障的全覆盖作为完善基本养老保障制度的重点。一是对城镇就业群体，要重点做好农民工、非公有制经济组织从业人员以及灵活就业人员的参保工作；二是要继续解决体制转轨的历史遗留问题，将尚未参保的集体企业职工和“家属工”、“五七工”等纳入基本养老保险制度；三是要通过政策激励，引导符合条件的农村居民积极参保，并对残疾人等困难群体给予更多支持；四是对被征地农民实行先保后征的社会保障政策，切实保障其合法权益；五是适时建立城镇非就业老年居民的基本养老保障制度，逐步实现城乡居民养老保险制

① 参见青连斌：《保障和改善民生的行动纲领——学习党的十七届五中全会〈建议〉》，载《中共石家庄市委党校学报》2010 年第 11 期。

② 参见杨琳：《十二五期末我国 8 亿人将实现社会保障一卡通》，中国网，2010 年 10 月 4 日，http://www.china.com.cn/news/txt/2010-10/04/content_21058667.htm。

度的统一，实现全体人民人人老有所养的目标。[①]

（二）完善公共服务体系，推进基本公共服务均等化

完善公共服务体系，推进基本公共服务均等化，是服务型政府的一项基本职能，不仅有利于保障和改善民生，提升国民福利水平，使全体社会成员共享改革发展的丰硕成果，而且有利于调控收入分配差距，促进社会的公平正义与稳定和谐。推进基本公共服务均等化，要尽快在全国范围内制定基本公共服务均等化的战略规划和实施策略，有效整合、优化公共行政资源，提高政府的公共服务能力。

首先，提供基本公共服务，要以均等化为原则。基本公共服务涉及人民群众基本需求和普遍公共利益，普惠性、公益性和公平性是其基本特征。基本公共服务的普惠性、公益性和公平性一旦受到损害，广大群众的基本需求和权益就得不到保障，社会就会失去起码的公平与正义。当前，我国地区、城乡差距，不仅反映在经济发展水平和居民收入方面上，也反映在政府提供的基本公共服务方面。从城乡差距来看，我国城乡居民收入比由1985年的1.86扩大到2007年的3.33，绝对差距由1985年的342元扩大到2007年的9646元，城乡居民收入差距在不断扩大。[②]如果把义务教育、医疗卫生等基本公共服务考虑在内，城乡收入的实际差距将会更大。目前，我国城乡义务教育发展失衡，农村义务教育在经费投入、师资力量、教学设施等方面与城市义务教育存在明显差距。此外，在医疗卫生的资源配置上，城乡差距也过大，我国“农村人口占全国人口近70%，而公共卫生资源仅占全国总量的30%左右”。[③]从地区差距来看，我国自实施西部大开发以来，国家尽管对西部的基础

---

① 参见青连斌：《保障和改善民生的行动纲领——学习党的十七届五中全会〈建议〉》，载《中共石家庄市委党校学报》2010年第11期。

② 参见冯海发：《二〇二〇年农民收入翻番为何能实现——解读中共中央关于推进农村改革发展若干重大问题的决定〉之一》，载《人民日报》2008年10月21日。

③ 张勤：《论推进服务型政府建设与基本公共服务均等化》，载《中国行政管理》2009年第4期。

设施已进行了大量投资，但基本公共服务方面仍有待于进一步改善。我国地区、城乡发展失衡的问题，不仅构成国民经济增长的重要制约，而且也是影响社会和谐稳定的突出矛盾。因此，政府提供基本公共服务，应以均等化为原则，在空间上应着力缩小城乡、区域之间由基本公共服务的非均等化所形成的过大差距，在对象上则应侧重于困难群众，在目标上应以解决人民群众最关心、最直接、最现实的利益问题为重点，努力使全体人民享有均等化的基本公共服务。

其次，构建新的公共财政体制，夯实我国基本公共服务均等化的物质基础。改革开放以来，我国用于公共服务的支出增长幅度并不慢，各级地方政府提供的公共服务总量也在增加。但是，数量并不代表质量，也不能说明政府的服务能力得到了全面提高。比如有的地方政府大搞“面子工程”、“形象工程”、“献礼工程”等，导致社会资源的极大浪费，使民众的需求得不到满足，福利得不到提高，生活得不到改善。同时，在一些地方，广大群众作为公共产品的被动接受者，无法对政府的公共产品供给进行行之有效的监督，这就容易使公共服务均等化成为纸上谈兵，甚至造成投入越多，浪费也越多。因此，推进基本公共服务的均等化，要构建新的公共财政体制，改革公共投入、支出制度，确保基本公共服务的投入稳步增长；优化政府公共支出结构，确保有限的公共财政资源优先用于基础教育、基本医疗卫生、公共就业服务、基本社会保障等领域，确保城乡居民无一例外地真正享有均等化的基本公共服务。

再次，建设基本公共服务均等化的法制体系，加强我国基本公共服务均等化的法治保障。建设法制体系既是政府的一种重要“公共服务”，也是政府提供的一种主要“公共产品”。当前，推进基本公共服务均等化，紧要的是建设基本公共服务均等化的法制体系，确保基本公共服务提供主体、资金来源、管理体制的规范性，以使每一个环节切实落实均等化措施。为此，要从规范基本公共服务均等化的制度架构、财政投入机制、决策参与机制以及资源配置机制等方面确保广大城乡居民在享有基本公共服务方面的权利平等、资源均等、机会均等和效果均等。

最后，完善我国基本公共服务均等化的公共服务标准，实现人人享有基本公共服务的目标。我国每个公民都有均等的机会享受政府提供的基本公共服务，确立公共服务的基本标准是维护社会公平的重要保障。当前，我们已采取了一系列措施，比如实施九年制义务教育、扩大基本养老、医疗以及失业保险、解决贫困人口问题等，制定了基本公共服务的最低标准，并取得了明显成效。但是，对于基本公共服务的标准问题，目前还缺乏科学的界定、长期的规划以及具体的实施措施。因此，有必要从我国的现实国情出发，进一步研究制定和完善公共服务尤其是一些重要领域公共服务的基本标准，如公共教育、公共医疗卫生、公共安全、公共事业、城乡公共设施建设等基本标准，以使各公共服务主体依据标准提供公共服务。同时，还要根据经济社会发展及广大群众对公共服务的新要求，对相关标准予以适时调整，从而确保人人都享有均等的基本公共服务。①

四、加强思潮引领，增强社会主义核心价值体系的凝聚力

坚持以社会主义核心价值体系引领社会思潮，这是中国共产党自十六届六中全会首次提出建立社会主义核心价值体系以来的一贯主张。党的十六届六中全明确指出："坚持以社会主义核心价值体系引领社会思潮，尊重差异，包容多样，最大限度地形成社会思想共识。"② 党的十七大再次强调："积极探索用社会主义核心价值体系引领社会思潮的有效途径，主动做好意识形态工作，既尊重差异、包容多样，又有力抵制各种错误和腐朽思想的影响。"③ 党的十七届六中全会进一步指出："一些领域道德失范、诚信缺失，一些社会成员人生观、价值观扭曲，用社

① 参见张勤：《论推进服务型政府建设与基本公共服务均等化》，载《中国行政管理》2009 年第 4 期。

② 《十六大以来重要文献选编》下，中央文献出版社 2008 年版，第 661 页。

③ 胡锦涛：《高举中国特色社会主义伟大旗帜　为夺取全面建设小康社会新胜利而奋斗——在中国共产党第十七次全国代表大会上的报告》，人民出版社 2007 年版，第 34 页。

会主义核心价值体系引领社会思潮更为紧迫，巩固全党全国各族人民团结奋斗的共同思想道德基础任务繁重”；必须“坚持用社会主义核心价值体系引领社会思潮，在全党全社会形成统一指导思想、共同理想信念、强大精神力量、基本道德规范”①。

坚持以社会主义核心价值体系引领社会思潮，是推进社会主义核心价值体系大众化的必然选择。唯物史观认为，人们的观念总是随着人们的生活条件、人们的社会关系、人们的社会存在的改变而改变。②改革开放以来，由于国际上不同思想文化的碰撞交流和国内政治经济体制的深刻变革，我国人们的思想观念发生了深刻变化，出现了多元并存的社会思潮。社会思潮的多元并存是社会发展的客观趋势和显著进步，其中有不少可以学习借鉴的有益观点，但也难免存在一些消极错误的思想观念。如果对之不加以有效引领，极易造成认识上的模糊和思想上的混乱，妨碍人们对社会主义核心价值体系的认同。③为此，推进社会主义核心价值体系大众化，必须坚持以社会主义核心价值体系引领社会思潮，排除错误思潮的干扰，最大限度地形成思想共识。

（一）坚持以社会主义核心价值体系引领社会思潮，必须加强对社会思潮的理论研究，正确认识社会思潮④

社会思潮是社会主义核心价值体系的引领对象，坚持以社会主义核心价值体系引领社会思潮，必须用马克思主义的基本立场、观点和方法，对其进行深入研究，知己知彼，才能牢牢把握引领的主动权，实现对各种思潮的有效引领。

---

① 《中共中央关于深化文化体制改革　推动社会主义文化大发展大繁荣若干重大问题的决定》（2011 年 10 月 18 日中国共产党第十七届中央委员会第六次全体会议通过），http://www.gov.cn/jrzg/2011-10/25/content_1978202.htm。

② 参见《马克思恩格斯文集》第 2 卷，人民出版社 2009 年版，第 50 页。

③ 参见周玉、马建军：《以社会主义核心价值体系引领社会思潮的现实路向》，载《西南农业大学学报》（社会科学版）2009 年第 2 期。

④ 周玉、马建军：《以社会主义核心价值体系引领社会思潮的现实路向》，载《西南农业大学学报》（社会科学版）2009 年第 2 期。

社会思潮，是根源于一定历史时期社会存在的社会意识现象，反映一定阶级、阶层或一定规模群体的利益和愿望，是一定规模群体中比较趋同的社会心态、社会心理以及得到广泛传播和认同的思想观念、价值取向等思想潮流的综合表现。它具有五个特点：第一，社会历史性。社会思潮总是反映着一定时代、一定历史发展阶段社会的经济政治特点，是对一定历史时期社会热点、突出矛盾的反映，在社会革命或变革时期，尤为活跃。第二，群体共鸣性，在阶级对立社会中则是鲜明的阶级性。社会思潮不是个别人的观念和意识，个别人的思想认识不成其为“潮”，而是一定阶级、阶层或一定规模群体利益和愿望的反映，总是反映着一定阶级、阶层和群体的共同利益和要求，因而在一定群体中容易产生共鸣。第三，层次的复杂性。社会思潮是以一定的社会存在为基础，在社会心理与意识形态两个层面上活动着的特殊的社会意识。它既可以表现为民众观念、社会心态和大众文化等，具有社会心理成分；又可以表现为一种理论、学派，具有意识形态成分。前者往往通过某些社会热点、社情民意表达出来，后者往往通过特定知识分子群体表达出来。[①]第四，性质的两面性。社会思潮就性质而言，有先进与落后之分。那些反映人民群众的利益和要求、对历史发展和社会进步起促进和推动作用的就是先进的社会思潮；反之，则是落后的。第五，作用的双重性。社会思潮作为一种社会意识，对社会存在具有能动的反作用，它不仅仅反映社会现实，而且还反作用于社会现实。这种反作用具有正面和负面两重性。从正面来看，先进的社会思潮是促进社会变革的思想先导。古往今来的一切社会变革，首先都是由最初处于隐性、潜伏、非主流的社会思潮引发的，如马克思主义之于近代以来的中国革命。从负面来看，落后尤其是反动的社会思潮则是阻碍社会发展甚至造成社会倒退的舆论力量。凡是要推翻一个政权、改变一种制度，总要先造成不利于这个政权和制度的舆论，如西方思

① 参见梅荣政、王炳权：《坚持以社会主义核心价值体系引领社会思潮》，载《思想理论教育导刊》2007 年第 6 期。

潮之于20世纪之苏东剧变。

鉴于社会思潮的上述特点，我们在以社会主义核心价值体系对之进行引领时，首先要密切关注我们所处的社会历史背景，即各种思潮产生的现实基础，包括社会热点、社会矛盾等，研究特定群体的思想动向，加强对社会思潮的超前预测，预先估测其可能产生的正面和负面影响，好的苗头就积极引导，不好的苗头便及时制止，力求将思潮可能出现的消极影响消灭在萌芽状态。其次，密切关注思想理论领域中的焦点，运用马克思主义的阶级分析法和利益分析法，分析各种理论、思潮反映的是哪个阶级、阶层和群体的利益，反映的是何种政治立场，揭示其内在的本质。如民主社会主义虽然打着社会主义的旗号，但从其反对公有制主体地位、马克思主义指导思想、党的领导，主张私有化、指导思想多元化、多党制等方面，便可揭示其本质是反马克思主义、反科学社会主义的。再次，要根据社会思潮的性质和作用，采取相应的措施，不能不加区别地肯定一切或否定一切，而应当进行辩证地分析和引导，兴利除弊，使先进的发扬光大、落后的更新跟进、反动的坚决抵制，消除各种错误思潮对经济社会发展和人们思想的消极影响。

此外，在研究具体思潮时，还要区分主次，把握重点。根据唯物辩证法，在纷繁复杂的社会思潮中，既有主要矛盾和次要矛盾之分，也有矛盾的主要方面和次要方面之分，各种矛盾和矛盾的不同方面对社会影响的性质和程度是不一样的。这就要求我们在引领社会思潮时，要善于抓主要矛盾和矛盾的主要方面，要对那些社会影响力较强、目标指向明确，试图干预社会变革、左右社会运行走向的社会思潮给予重点关注。对于其中确实有益的思想我们要借鉴，对于其中错误的、反动的思想则坚决抵制。比如民主社会主义在提倡社会保障、促进社会公平、促进人与自然协调发展方面所积累的经验，对发展中国特色社会主义具有一定的借鉴意义。但它把社会主义从最初作为目标、逐步发展成仅仅作为一种价值追求，进而将之从人类社会发展阶段的选项中排除出去，最后认为资本主义无可取代，这是历史的倒退，极其错误，也极其危险，要与之进行坚决的斗争。

（二）坚持以社会主义核心价值体系引领社会思潮，必须尊重差异、包容多样[①]

“尊重差异、包容多样”是以社会主义核心价值体系引领社会思潮必须遵循的基本方针，也是对社会思潮实现有效引领的基本前提，目的是为了最大限度地形成社会思想共识。

社会存在决定社会意识，有什么样的社会存在，就必然有与之相对应的社会意识。社会思潮的多元并存有其客观的历史必然，它是由我国现阶段社会经济成分、组织形式、就业方式、利益关系和分配方式的多样性这一社会存在决定的。各种思潮都有其产生、发展的自身规律，因而我们不能人为地加以消灭。社会思潮的多样化本身就是社会发展的一种客观趋势和显著进步。如果人为地加以强行杜绝，这既是对社会发展规律的违背，也使“引领”失去了对象。要使“引领”的对象存在，就必须尊重差异、包容多样。只有善于尊重差异、包容多样，才能有效引领。反之，如果采取压制、排斥的态度，就只能把它们推到自己的对立面，也就无所谓“引领”可言。

“尊重差异，包容多样”是为了最大限度地形成社会思想共识。我国当前的任务，从总的来说，是发展中国特色社会主义，实现中华民族伟大复兴的共同理想。这需要统一思想、凝聚人心，最大限度地形成社会思想共识。毛泽东指出：“我们的要求是依靠多数和照顾全局。”[②]在以社会主义核心价值体系引领社会思潮的过程中，只有尊重差异、包容多样，才能充分挖掘和发扬各个群体所蕴涵的积极向上的精神，最大限度地形成思想共识，才能在发展中国特色社会主义的问题上，团结一切可能团结的力量，为实现中华民族的伟大复兴而奋斗。

“尊重差异，包容多样”，需要搭建一个平等对话的平台，让各种观

① 参见周玉、马建军：《以社会主义核心价值体系引领社会思潮的现实路向》，载《西南农业大学学报》（社会科学版）2009 年第 2 期。

② 《毛泽东选集》第 1 卷，人民出版社 1991 年版，第 264 页。

点畅所欲言，百家争鸣。[①]“尊重”与“包容”体现的是一种自信、开放和宽容的文化心态，符合文化发展繁荣的客观规律。要切实做到对差异并存、多样共处的尊重和包容，就要创造勇于探索的民主讨论、自由争鸣、畅所欲言、和谐活泼的宽松环境，鼓励不同观点相互切磋、不同意见充分发表，百花齐放、百家争鸣，“坚持不抓辫子、不扣帽子、不打棍子的‘三不主义’，让各方面的意见、要求、批评和建议充分反映出来”[②]。这种尊重和包容，既可以体现出社会主义核心价值体系作为主流意识形态的气度和魄力，又可以体现出社会主义核心价值体系相对于其他社会思潮的理论优势，还可以帮助各种利益群体分清良莠，明辨是非，提高认识，明确方向。在当前，每一种社会思潮都是对某种社会热点或社会矛盾的反映，表达了一定群体的利益要求和愿望。如果压制各种观点的发表，就会阻塞民意，导致矛盾积累尖锐，影响社会稳定和谐。因此，要畅通社情民意表达渠道，把各个群体的利益诉求纳入制度化、规范化、法制化的轨道，充分发挥各社会团体、行业组织、中介组织等机构联系群众的桥梁纽带作用，使各利益群体都能通过自己的组织表达利益诉求。政府既要依法保护群众的利益诉求，又要引导群众依法表达利益诉求，使各种利益表达都能在有序中进行。这是有效引领社会思潮的前提。

（三）坚持以社会主义核心价值体系引领社会思潮，必须对各种思潮有所区别，恰如其分[③]

“尊重差异、包容多样”是坚持以社会主义核心价值体系引领社会思潮的指导方针和基本原则。但“尊重”与“包容”绝不意味着放任自流，无原则地调和。“尊重”与“包容”的前提是必须坚持马克思主义的指

① 参见王国敏、周玉：《社会主义核心价值体系引领社会思潮的三维理路》，载《社会科学研究》2009 年第 4 期。

② 《邓小平文选》第 2 卷，人民出版社 1994 年版，第 187 页。

③ 参见周玉、马建军：《以社会主义核心价值体系引领社会思潮的现实路向》，载《西南农业大学学报》（社会科学版）2009 年第 2 期。

导地位，“尊重”与“包容”的对象必须是有益无害、健康的社会思潮。因此，以社会主义核心价值体系引领社会思潮，必须对各种思潮“要有所区别，恰如其分”[①]。

首先，对于各种有益无害、健康的社会思潮，都应该纳入“尊重”和“包容”的范围之内。健康、有益的社会思潮有利于促进和体现社会的进步，对之不仅要“尊重”、“包容”，而且还要积极吸取其中合理、有价值的因素。这既有利于社会主义核心价值体系的自身建设，也会使社会思潮的主张者或信奉者产生强烈的归属感和成就感，从而使各种思潮在社会主义核心价值体系的引领下更加积极主动地发挥正面功能。

其次，对于非马克思主义思潮中因对政策的理解存在偏差而产生的局限性，则要以理服人，有效引导，使由之所反映的利益群体理解、掌握党的方针政策；对于因群众利益未被切实维护、群众困难未被妥善解决而产生的对党和政府的认识偏差、不满情绪，则应从解决群众困难、维护群众利益入手，解决思想问题。也就是说，以社会主义核心价值体系引领社会思潮，要防止与人民群众的实际利益相脱离。“群众利益无小事”[②]。人民群众是历史的创造者，不仅创造了社会的物质财富，而且创造了社会的精神财富，也是社会变革的决定力量。人民群众创造历史的主体地位和作用，决定了人民利益的至上性。马克思说：“人们为之奋斗的一切，都同他们的利益有关”[③]，人们的每次行动都是“从直接的物质动因产生”[④]。任何一种社会思潮总是反映了一定利益群体的利益要求和愿望，具有群体共鸣性，在一定的群体中得到较为广泛的认同和接受，能够对社会生活产生直接的影响。如果其反映的利益要求没能得到反馈，长期下去，就会积蓄民怨，甚至发生群体性事件，影响社会安定。因此，用社会主义核心价值体系引领社会思潮，其政策的探索不能

---

① 《邓小平文选》第2卷，人民出版社1994年版，第390页。

② 胡锦涛：《在“三个代表”重要思想理论研讨会上的讲话》，人民出版社2003年版，第20页。

③ 《马克思恩格斯全集》第1卷，人民出版社1995年版，第187页。

④ 《马克思恩格斯文集》第2卷，人民出版社2009年版，第598页。

完全局限在精神领域[①]，而是要始终正视群众的各种利益诉求，切实解决群众的困难，真正给群众以看得见、摸得着的实际利益。要特别关心困难群众、城市贫困人口、贫困地区群众、受灾地区群众、农民工的利益，同时要高度关注大学生的就业问题，优先重点解决特困群众的困难。只有这样，我们党才能赢得民心，党的领导、中国特色社会主义道路，才能得到群众的价值认同，社会主义核心价值体系才具有凝聚力。

再次，对于各种反马克思主义、反社会主义思潮，要与之开展积极的思想斗争，绝不能听之任之，任其泛滥。“在事关政治方向和根本原则的问题上，我们一定要旗帜鲜明，理直气壮，毫不含糊”[②]。马克思主义是社会主义核心价值体系的灵魂，指引着我国社会奋斗的目标和前进的方向，其指导地位绝不容动摇，更不容放弃；社会主义核心价值体系是我国的“兴国之魂”，“是社会主义先进文化的精髓”，“决定着中国特色社会主义发展方向”[③]，其主导地位绝不容削弱，只能是增强。放弃马克思主义指导地位，削弱社会主义核心价值体系的主导地位，就会使社会主义事业和我国的发展道路因为没有正确的理论基础和思想灵魂而迷失方向。因此，坚持马克思主义的指导地位和社会主义核心价值体系的主导地位是“尊重”与“包容”的政治底线。毛泽东在论述“百花齐放、百家争鸣”时，曾专门提出了辨别“鲜花”与“毒草”的六条标准[④]，它们都是政治标准，其中“最重要的是社会主义道路和党的领导

① 参见梅荣政：《用社会主义核心价值体系引领社会思潮的政策探索》，载《毛泽东邓小平理论研究》2008 年第 10 期。

② 《江泽民文选》第 3 卷，人民出版社 2006 年版，第 88 页。

③ 《中共中央关于深化文化体制改革　推动社会主义文化大发展大繁荣若干重大问题的决定》（2011 年 10 月 18 日中国共产党第十七届中央委员会第六次全体会议通过），http://www.gov.cn/jrzg/2011-10/25/content_1978202.htm。

④ 这六条标准是：“（一）有利于团结全国各族人民，而不是分裂人民；（二）有利于社会主义改造和社会主义建设，而不是不利于社会主义改造和社会主义建设；（三）有利于巩固人民民主专政，而不是破坏或者削弱这个专政；（四）有利于巩固民主集中制，而不是破坏或者削弱这个制度；（五）有利于巩固共产党的领导，而不是摆脱或者削弱这种领导；（六）有利于社会主义的国际团结和全世界爱好和平人民的国际团结，而不是有损于这些团结。”（引自《毛泽东文集》第 7 卷，人民出版社 1999 年版，第 233 页。）

这两条”[①]。毛泽东认为，“提出这些标准，是为了帮助人民发展对于各种问题的自由讨论，而不是为了妨碍这种讨论。”[②]邓小平在谈到解放思想时，也提出“解放思想决不能够偏离四项基本原则的轨道”[③]，要用巨大的努力同怀疑四项基本原则的思潮作坚决的斗争。[④]那些试图否定马克思主义指导地位、否定社会主义发展方向、否定四项基本原则的社会思潮，我们对其决不能听之任之，任其泛滥。正如邓小平所强调的，“对于各种错误倾向决不能不进行严肃的批评”，“批评的武器一定不能丢”[⑤]，否则，尊重就成了畏惧，包容就成了纵容。

（四）坚持以社会主义核心价值体系引领社会思潮，必须廓清人们的思想迷雾，解答人们普遍存在的思想困惑

当前，一些人并不是刻意反对马克思主义和社会主义，而是由于受错误思潮的蒙蔽或是受自身思想的局限，思想模糊，理论辨别不清，从而在一些重大理论和现实问题上存在一些困惑，产生了与社会主义核心价值体系不尽一致的认识。对此，一方面，必须加强对错误思潮的理论回应和评析批判，让广大群众认识其本质和危害，进一步坚定对社会主义核心价值体系的信念；另一方面，也要廓清群众的思想迷雾，解答人们普遍存在的思想困惑，以提高广大群众的思想认识，最大限度地统一思想，形成共识。

在社会主义核心价值体系中，马克思主义指导思想和中国特色社会主义共同理想是最核心和最关键的要素，这两个要素直接决定着该核心价值体系是社会主义性质而非其他性质的核心价值体系。一般而言，人们只要认同了马克思主义指导思想和中国特色社会主义共同理想，也就意味着认同了整个社会主义核心价值体系。为此，理论工作者必须就群

---

① 《毛泽东文集》第 7 卷，人民出版社 1999 年版，第 233 页。

② 《毛泽东文集》第 7 卷，人民出版社 1999 年版，第 234 页。

③ 《邓小平文选》第 2 卷，人民出版社 1994 年版，第 279 页。

④ 参见《邓小平文选》第 2 卷，人民出版社 1994 年版，第 166 页。

⑤ 《邓小平文选》第 2 卷，人民出版社 1994 年版，第 390 页。

众中普遍存在的与这两个问题密切相关的一些主要思想困惑作出科学解答：

1. 马克思主义产生于19世纪中叶，而当下已是21世纪了，马克思主义在21世纪的今天是否仍具有生命力、有没有过时？苏东剧变尤其是苏联解体是不是因为马克思主义指导思想过时了？苏东剧变是不是意味着社会主义的失败？

这个问题既涉及要不要坚持马克思主义指导思想的问题，也涉及对社会主义的信念、信心的问题。从我们的问卷调查来看，有超过半数的人对这个问题的认识是模糊不清甚至是完全错误的。在1592份有效问卷中，针对“有人认为，‘马克思主义在当前已经过时了’，您对此的看法是什么？”这一问题，选择“完全不同意”、“不同意”的各占9.36%、40.20%，两项相加为49.56%；而选择“完全同意”、“同意”的各占4.40%、11.43%，选择“不清楚”的高达34.61%，这三项之和为50.44%(见图5—1)。这就意味着，只有不到五成的调查对象不赞同马克思主义“过时”的观点，超过半数的人对马克思主义科学性和生命力的认识是模糊不清的。针对“‘东欧剧变、苏联解体意味着社会主义的失败’，您对此的看法是什么？”这一问题，选择“完全不同意”、“不同意”的各为9.48%、37.81%，两项相加为47.29%；而选择“不清楚”的高达38.63%，选择“完全同意”、“同意”的也各占3.71%、10.36%，三项相加为52.70%(见图5—2)。针对“‘社会主义一定会取代资本主义’，您对此的看法是什么？”这一问题，选择“完全同意”、“同意”的各占12.00%、28.27%，两项相加只有40.27%；而选择“不清楚”、“不同意”、“完全不同意”的各占34.17%、21.67%、3.89%，三项相加高达59.73%（见《绪论》图3）。这也意味着，只有不到五成的调查对象对社会主义的前途有较清醒的认识，而超过半数的人对社会主义的前途命运缺乏正确的认识或是没有足够的信心。

因此，要实现社会主义核心价值体系的大众化，使社会主义核心价值体系为人们所真正认同，形成统一指导思想和共同理想信念，就不能不解答在广大群众中普遍存在的思想困惑，不能不廓清人们的思想迷

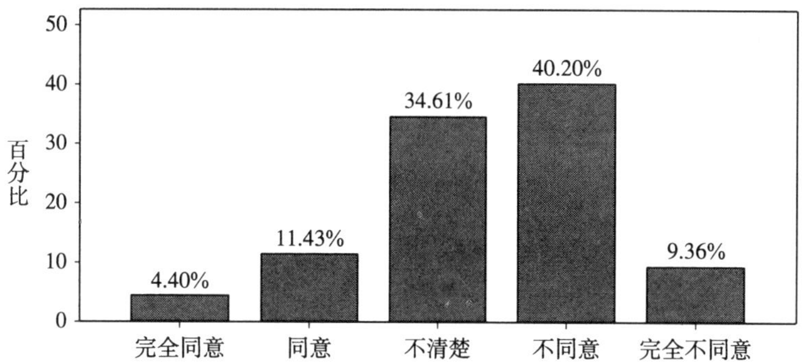

图 5—1 有人认为，“马克思主义在当前已经过时了”，您对此的看法是

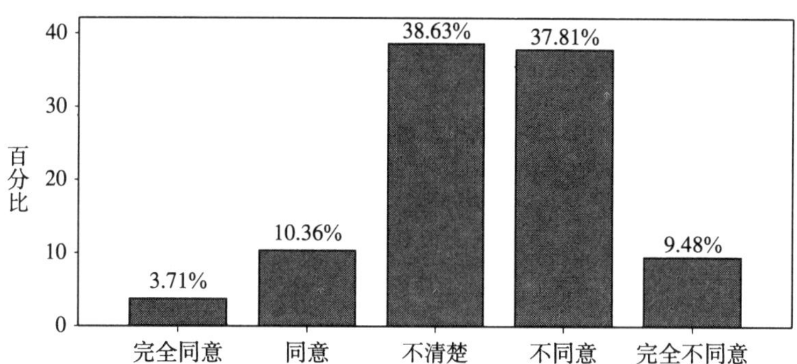

图 5—2 “东欧剧变、苏联解体意味着社会主义的失败”，您对此的看法是

雾，对这些问题作出令人信服的回答。

应该承认，从马克思主义产生到现在的 160 多年来，世界变动的剧烈和深刻“达到了前人难以想象的程度”①，同时，马克思主义作为真理，也有其相对性的一面。但我们不能因此就认为马克思主义已经过时、没有生命力了。

事实上，马克思主义从产生到发展，始终表现出了强大的生命力，这种强大生命力的根源就在于其与时俱进的理论品质。马克思主义经典作家从不认为他们的理论是一成不变的，而总是强调要根据实践的发展和时代的变化丰富发展他们的学说，总是强调要着眼实际、着眼历史条

① 《江泽民文选》第 2 卷，人民出版社 2006 年版，第 12 页。

件的变化，以实事求是的科学态度对待他们所创立的理论。在《共产党宣言》1872年德文版序言中，马克思、恩格斯就指出："这些原理的实际运用，正如《宣言》中所说的，随时随地都要以当时的历史条件为转移"[①]；"由于最近25年来大工业有了巨大发展而工人阶级的政党组织也跟着发展起来，由于首先有了二月革命的实际经验而后来尤其是有了无产阶级第一次掌握政权达两月之久的巴黎公社的实际经验，所以这个纲领现在有些地方已经过时了"[②]；"关于共产党人对待各种反对党派的态度的论述（第四章）虽然在原则上今天还是正确的，但是就其实际运用来说今天毕竟已经过时，因为政治形势已经完全改变"[③]。1895年，恩格斯在致威·桑巴特的信中，又强调："马克思的整个世界观不是教义，而是方法。它提供的不是现成的教条，而是进一步研究的出发点和供这种研究使用的方法。"[④]马克思主义虽然产生于19世纪，但其理论创新的脚步并没有停留于19世纪，而是始终随着时代、实践的发展而不断发展。这是其历久不衰、永葆青春和活力的关键所在。

当然，任何理论的产生，都会打上它产生时的时代烙印，马克思主义也一样。在马克思主义理论中，有些个别原理、个别观点是为回答、解决当时历史条件下的某些具体问题而产生的，并不适用于任何时候、任何条件，因此，这些个别原理、个别观点随着时间的推移和形势的变化，必然会过时，这一点，马克思、恩格斯自己也承认。

但是，马克思主义的基本原理至今仍然是完全正确的，并没有过时。马克思主义虽然产生于19世纪，但其现实指导意义并不局限于19世纪。今天，尽管我们所处的时代与马克思、恩格斯所处的时代相比，发生了很大的变化，但是，马克思主义所揭示的关于自然界、人类社会和思维发展的一般规律并没有变；当今世界时代主题虽然发生了变化，但人类社会从资本主义向社会主义过渡的时代性质并没有变；当代资本

① 《马克思恩格斯文集》第2卷，人民出版社2009年版，第5页。

② 《马克思恩格斯文集》第2卷，人民出版社2009年版，第5—6页。

③ 《马克思恩格斯文集》第2卷，人民出版社2009年版，第6页。

④ 《马克思恩格斯选集》第4卷，人民出版社1995年版，第742页。

主义虽然出现了许多新变化，但马克思主义所揭示的资本主义社会的各种矛盾和问题仍然存在。因此，作为一种科学的世界观和方法论，马克思主义从未“过时”，其基本原理在将来也永远不会过时。①

而关于苏东剧变，其原因是多方面的，就其与马克思主义的关系而言，苏东剧变不是因为马克思主义过时所致，相反，是因为这些国家没有正确对待马克思主义，将马克思主义神化、僵化、教条化，以至于最后从根本上偏离、违背、抛弃了马克思主义。苏东剧变是国际共产主义运动遭受的重大挫折，但它只是历史的暂时倒退，并不意味着社会主义的失败。在资本主义代替封建主义的几百年间，也曾发生过多次的王朝复辟，如英国资产阶级革命后，就有斯图亚特王朝的复辟，法国资产阶级革命后，也有波旁王朝的复辟，中国资产阶级革命后，也有袁世凯和张勋的复辟。“所以，从一定意义上说，某种暂时复辟也是难以完全避免的规律性现象。一些国家出现严重曲折，社会主义好像被削弱了，但人民经受锻炼，从中吸收教训，将促使社会主义向着更加健康的方向发展。”② 社会主义在曲折中持续前进，是任何力量都不能扭转的历史趋势。“只要中国社会主义不倒，社会主义在世界将始终站得住。”③ 而“中国的社会主义是变不了的”④。

2. 在社会日益多元化的当今形势下，为什么必须坚持马克思主义一元指导而不能实行多元化的指导思想？

在当前，随着经济成分、分配方式、利益群体的日益多元化，必然会出现思想观念和价值取向的多元化。但是，社会思想的多元性和指导思想的一元化不是同一层次的问题。“一个是现实社会中思想的存在状态，它是多样的；另一个是在社会中究竟哪种思想应该处于指导地位，成为这个社会的‘普照之光’。”⑤ 在以公有制为主体，以中国共产党为

① 参见秦宣：《我们为什么需要马克思主义?》，载《高校理论战线》2011 年第 2 期。

② 《邓小平文选》第 3 卷，人民出版社 1993 年版，第 383 页。

③ 《邓小平文选》第 3 卷，人民出版社 1993 年版，第 346 页。

④ 《邓小平文选》第 3 卷，人民出版社 1993 年版，第 320 页。

⑤ 陈先达：《必须坚持马克思主义指导思想一元化》，载《光明日报》2009 年 3 月 31 日。

领导核心的社会主义中国，处于指导地位的只能是与这种社会性质相符合，能够支撑、引领和代表社会主义前进方向的思想理论。这样的理论只能是马克思主义。马克思主义既揭示了人类社会发展的客观规律，又代表了最广大人民的根本利益，是科学真理性与价值合理性的有机统一。因此，我国必须始终坚持马克思主义的根本指导地位。社会思想越是多样化，就越是需要主心骨，越是要加强马克思主义指导思想的一元化，以统一思想，形成共识。

事实上，指导思想从来都是一元的，无论是在奴隶社会、封建社会，还是在资本主义社会，处于支配地位的指导思想都是一元的，而不是多元的。因为在任何社会制度下，处于指导地位的思想从来就是统治阶级的思想。在奴隶社会、封建社会，统治阶级往往用法律甚至是暴力来维护其指导思想的一元地位，如欧洲中世纪的宗教裁判所对进步思想家的迫害就是明证。资本主义社会虽然形式上主张言论自由、思想自由，但实质上却是在其貌似自由的外表下通过教育、舆论和传媒来宣传、灌输其资本主义核心价值观，从而把思想控制在资本主义制度允许的范围内。在资本主义社会，尽管一些反对资本主义、主张革命的思想理论可以写成文章论著，但它决不可能成为处于统治地位的思想。因此，资本主义社会的指导思想仍然是一元而非多元的。在资本主义社会，处于指导地位的始终是有利于维护和巩固资本主义制度的思想理论。①

在当前，我国如果实行指导思想的多元化，将会导致灾难性的后果。庄子曾说："夫道不欲杂，杂则多，多则扰，扰则忧，忧而不救。"②实行指导思想的多元化，势必会造成如庄子所说的"扰则忧，忧而不救"的局面。对此，苏联解体就是前车之鉴。戈尔巴乔夫推行的"人道的民主的社会主义"，一个重要特征就是主张指导思想的多元化。1990 年 7 月苏共二十八大正式放弃马克思主义的指导地位，实行指导思想的多元

① 参见陈先达：《必须坚持马克思主义指导思想一元化》，载《光明日报》2009 年 3 月 31 日。

② 《庄子·人间世》。

化。仅过1年多，即1991年12月25日，苏联就黯然解体。任何社会都有多种不同甚至是相互对立的思想观念存在，但一定社会的指导思想只能是一元的。指导思想的多元化，必然导致人们思想的混乱，进而导致社会的动荡。

3. 既然“社会主义的本质是解放生产力，发展生产力，消灭剥削，消除两极分化，最终达到共同富裕”，而我国现在既有剥削现象，也有两极分化，那么如何理解我国现在是社会主义而不是资本主义呢？

这个问题是当前很多人在思想上都存在的困惑。的确，我国现在既存在剥削现象，也存在两极分化。但不能因此而否定我们国家的社会主义性质。首先，邓小平概括的关于社会主义本质的论断，揭示的是“社会主义”的本质，而非“社会主义初级阶段”的本质。我国现在处于社会主义初级阶段，而这个社会主义的初级阶段是从半殖民地半封建社会脱胎而来的，历史起点低，经济文化十分落后，生产力不发达，因而现在仍然存在剥削现象和两极分化。其次，社会主义不是一个静止的状态，其本质的实现是一个动态的过程。邓小平在表述社会主义的本质时，使用的“解放”、“发展”、“消灭”、“消除”、“达到”这些词，都是延续性、动态性、过程性的概念。这表明，消灭剥削，消除两极分化，最终达到共同富裕，是一个随着生产力的发展而逐步实现的比较长的动态过程。在我国的具体历史条件下，在社会生产力还没有充分发展以前，仍然会在一定范围和一定程度上存在剥削现象和出现两极分化的可能性。社会主义的本质将随着生产力的发展和社会主义社会由初级阶段向高级阶段、由不完善到逐步完善的发展过程而不断得到体现。再次，判断一个社会是社会主义性质还是资本主义性质，最根本的是看其经济基础是生产资料公有制还是资本主义私人占有制，其国家政权是资产阶级专政还是无产阶级专政。我国现阶段虽然实行的是以公有制为主体、多种所有制经济共同发展的基本经济制度，虽然非公有制经济纳入了我国基本经济制度的范畴，但生产资料公有制才是我国的经济基础，此外，我国实行的是人民民主专政，中国共产党是国家的领导核心，因而毫无疑问我国是社会主义，是中国特色社会主义。

4. 我国现在的社会主义道路是近代中国革命胜利的成果，而有言论说，“革命只是一种破坏性的力量”，“革命破坏一切”，“革命阻碍了中国现代化的进程”，近代中国不该搞革命，那是否意味着我国现在的社会主义道路缺乏历史的正当性？

上述言论是历史虚无主义的观点。其用心是要通过否定历史的过去，来影响历史的当下，虚构历史的未来，为中国发展寻找没有历史依据的另类道路。我国现在的社会主义道路是中国近现代革命的必然结果，如果革命错了，不该搞，毫无疑问我国现在的社会主义道路就失去了其存在的历史依据。因此，为避免人们受此种观点的迷惑，需要对这种观点作出回应，以划清界限，澄清是非。

首先，认为“革命只是一种破坏性的力量”、革命“破坏一切”，这是形而上学的错误观点，掩蔽了社会革命的深刻本质。①

革命之破坏与建设是对立统一、不可分割的辩证关系。诚如孙中山先生所言：“革命有非常之破坏，如帝统为之斩绝，专制为之推翻，有此非常之破坏，则不可无非常之建设。是革命之破坏与革命之建设必相辅而行，犹人之两足、鸟之双翼也。”② 革命作为破坏性的力量，破坏的是落后、腐朽的事物，是束缚生产力发展的反动生产关系和上层建筑，是为先进生产力的发展和社会的前进开辟道路，创造条件。不“破”腐朽、没落的生产关系，生产力就不能得到解放，社会就不能前进。革命作为破坏性的力量，就其本质和主流而言，是为了扫除历史前进的障碍。正是在这个意义上，马克思说：“革命是历史的火车头。”③

在近现代的中国，“正是帝国主义和封建主义束缚了中国人民的生产力，不破坏它们，中国就不能发展和进步，中国就有灭亡的危险。”④

---

① 参见周玉：《历史虚无主义三谬——哲学和历史的透视》，载《理论导刊》2010 年第 3 期。

② 《孙中山全集》第 6 卷，中华书局 1985 年版，第 207 页。

③ 《马克思恩格斯文集》第 2 卷，人民出版社 2009 年版，第 161 页。

④ 《毛泽东文集》第 3 卷，人民出版社 1996 年版，第 432 页。

中国近代以来的革命，破坏的都是阻碍中国生产力发展的半殖民地半封建制度，都是在为中国生产力的发展和社会的进步开辟道路。历史虚无主义把“破坏一切”的罪名加之于革命，不仅是对革命运动、革命领导和革命群众的污蔑，而且是明目张胆地为中外反动势力开脱罪责。真正“破坏一切”的不是中国革命，而是中外反革命。自鸦片战争以来，列强迫使中国割地、赔款、烧杀抢掠，无所不为。英法联军火烧圆明园、八国联军洗劫北京、日本帝国主义血洗南京，这些都是帝国主义破坏一切的典型罪证。帝国主义在中国的暴行又与其帮凶中国封建势力的反动行径密不可分。革命则是为了阻止中外反动势力对中国的进一步破坏，从根本上清除半殖民地半封建社会的各种破坏性因素，为新社会的建设、新生产力的发展扫除障碍。

其次，认为革命阻碍了中国现代化的进程，这是违背历史的错误论断，背离了历史发展的客观真实。①

近现代的中国革命，非但没有阻碍中国现代化的进程，相反，是为现代化创设了前提条件。近代中国的社会性质及其主要矛盾，决定其面临着两大历史任务：一是争取民族独立和人民解放；二是实现国家富强即现代化。前者是后者的前提，后者以前者作为条件。争得民族独立和人民解放，是走向现代化的第一步。中国共产党诞生以前，近代中国曾有数次“求富”的尝试和现代化的运动，但无一例外都遭受了失败。其原因皆在于运动的发动者无一不是只关注如何富强的问题，而对于实现富强的前提条件——民族独立和人民解放却没有予以充分的关注。这说明，没有民族独立和人民解放，中国的现代化只能成为空中楼阁。由于中外反动势力不会自动放弃其反动统治，民族独立和人民解放的实现途径只能是革命斗争。回顾历史，正是近代中国的民族民主革命推翻了帝国主义、封建主义的反动统治，才实现了民族独立和人民解放，为中国的现代化创设了重要前提。

---

① 参见周玉：《历史虚无主义三谬——哲学和历史的透视》，载《理论导刊》2010 年第 3 期。

诚然，帝国主义的入侵，在一定程度上加速了中国封建社会自然经济的解体，客观上为中国资本主义的发展创造了一定条件。但是，帝国主义入侵中国的目的，决不是为了给中华民族带来文明和发展，把封建的中国变成资本主义的中国，而是要把中国变成它们的殖民地和半殖民地，阻碍中国的自主发展，防止出现一个摆脱它们控制以至与它们竞争的新兴资本主义国家。中国的民族资本主义经济不但没有因帝国主义的入侵而成为中国经济的主要形式，反而因受到帝国主义与封建主义的排挤时刻面临着破产或被兼并的威胁。帝国主义入侵中国既没有也不可能使中国进入资本主义社会，既没有也不可能使中国实现现代化。事实上，正是帝国主义的入侵，改变了中国社会的发展轨迹，阻止了中国现代化的历史进程；正是反帝反封建的革命运动，开拓了中国通向现代化的道路。

再次，认为近代中国不该搞革命，这是唯心史观的主观臆想，忽视了社会革命的深刻根源。①

中国近现代革命的发生，其背后有着深刻的社会历史根源，这个根源就是近代中国半殖民地半封建的经济政治制度严重阻碍了中国生产力的发展，使革命成为解放生产力的唯一有效途径。唯物史观认为，社会革命爆发的根本原因在于生产力的发展和旧的生产关系、经济基础的发展和旧的上层建筑之间出现了尖锐的矛盾冲突。马克思指出："社会的物质生产力发展到一定阶段，便同它们一直在其中运动的现存生产关系或财产关系（这只是生产关系的法律用语）发生矛盾。于是这些关系便由生产力的发展形式变成生产力的桎梏。那时社会革命的时代就到来了。"② 这段话揭示了人类社会的发展有其自身的铁的必然性，其根本规律是生产关系一定要适应生产力的状况。否则，就必然为新的生产关系所取代，但这种取代并不是一个自然而然的过程。因为落后反动的统治阶级绝不会轻易放弃其统治地位，它会极力利用其落后反动的上层建筑

① 参见周玉：《历史虚无主义三谬——哲学和历史的透视》，载《理论导刊》2010年第3期。

② 《马克思恩格斯文集》第2卷，人民出版社2009年版，第591—592页。

维护其经济基础。这时，要使生产力从旧的生产关系中解放出来并获得发展，只能通过社会革命。

近代以来，随着资本帝国主义一系列侵华战争的发动和不平等条约的签订，中国从一个独立自主的封建国家逐步陷入了半殖民地半封建社会的深渊。半殖民地半封建的经济政治制度严重阻碍着中国生产力的发展，成为中国生产力进一步发展的严重桎梏。帝国主义和中华民族的矛盾、封建主义和人民大众的矛盾成为近代中国社会的主要矛盾。“这些矛盾的斗争及其尖锐化，就不能不造成日益发展的革命运动。伟大的近代和现代的中国革命，是在这些基本矛盾的基础之上发生和发展起来的。”①19 世纪末 20 世纪初，帝国主义把中国瓜分得四分五裂，并控制了清政府。清政府完全成了“洋人的朝廷”和统治中国的工具：对内武力镇压中国人民，以维持帝国主义所需要的统治秩序；对外出卖国家利益，以横征暴敛的所得供奉帝国主义。为了支付巨额战争赔款，清政府一次又一次追加各种旧税，巧设种种新税，致使民怨沸腾。从 1902 年至 1911 年，各地民变多达 1300 余起②，群众呈“一呼百应”之势。为摆脱困境，清政府先后施行“新政”和“预备仿行宪政”。但这些改革不仅没能挽救清王朝，反而激化了矛盾、加重了危机，使统治集团内部因满汉矛盾和中央与地方矛盾的尖锐而分崩离析。当时的清政府，就像“一座即将倒塌的房屋，整个结构已从根本彻底的腐朽了”③。晚清的中国已经是“‘下层’不愿照旧生活而‘上层’也不能照旧维持下去”④，革命如箭在弦上，一触即发。1911 年由清廷出卖路权激起的保路运动，便成了辛亥革命爆发的直接导火线。辛亥革命失败后，中国先后陷入北洋政府和国民党政府的统治之下。其间的中国人民，在帝国主义和封建主义的残酷压迫下，遭到一次又一次的洗劫和盘剥，过着极端贫困的生活，到了无法生存下去的地步，生产力的发展因此受到严重阻碍。作为

① 《毛泽东选集》第 2 卷，人民出版社 1991 年版，第 631 页。

② 参见本书编写组：《中国近现代史纲要》，高等教育出版社 2007 年版，第 45 页。

③ 《孙中山全集》第 6 卷，中华书局 1985 年版，第 254 页。

④ 《列宁选集》第 4 卷，人民出版社 1995 年版，第 193 页。

先进生产力的代表者，中国的无产阶级，承续辛亥革命遗务，自觉承担起了变革生产关系的历史使命，通过新民主主义革命和社会主义革命推翻了半殖民地半封建的政治经济制度，才使中国社会生产力从旧的生产关系中得以解放，获得发展。

因此，近代中国革命不是该搞或是不该搞的问题，而是形势所逼，不得不搞。列宁曾经指出："革命是不能'制造出来'的，革命是从客观上（即不以政党和阶级的意志为转移）已经成熟了的危机和历史转折中发展起来的。"[①] 中国近现代革命的发生，既非无缘无故，也非某个政党、阶级或个人的意志使然，它具有"客观上已经成熟了的危机"。这个危机，从根本上说，就是近代中国社会的生产关系严重阻碍了中国生产力的发展，使革命成为变革反动腐朽生产关系的唯一出路。近代以来的中国革命，从根本上说，是近代中国社会民族危机深重和基本矛盾激化的产物。在帝国主义和封建主义的联合统治下，中国社会无法前进，整个社会除了革命，没有任何别的出路。

总之，历史虚无主义虚无中国近代以来的革命历史，是为了从歪曲党的历史入手，达到否定党的领导和社会主义道路的目的。[②] 中国的社会主义道路源于历史固有规律的作用，是中国近代以来革命历史的必然逻辑。"灭人之国，必先去其史"[③]。按照历史虚无主义的逻辑，既然中国近代以来的革命缺乏历史的必然性，是"激进主义思潮"的产物，都是由少数革命家"制造"出来的，又破坏了一切，阻碍了中国现代化的进程，缺乏合理性和正当性，那么作为革命逻辑必然结果的社会主义道路也就可想而知，失去了基本的历史依据，作为革命领导的中国共产党也成了历史的罪人，失去了执政的历史合法性。要害正在于此。历史虚无主义否定近代以来中国革命的必然性及其对中国社会发展的重大意义，"这是釜底抽薪，要害是从历史依据上抽掉中国走社会主义道路的

① 《列宁选集》第2卷，人民出版社1995年版，第487页。

② 参见周玉：《社会主义道路：中国近现代革命的必然逻辑》，载《西南民族大学学报》（人文社科版）2011年第8期。

③ 龚自珍：《龚自珍全集》，上海人民出版社1975年版，第22页。

必然性”[1]，把中国从社会主义道路扭转到资本主义道路上去。这种思潮如果任之蔓延，必将模糊人们的思想，混淆历史的是非，给社会造成无法挽回的后果，因此，必须予以评析批判和理论回应。

上述问题，都是关于要不要坚持马克思主义指导思想、要不要坚持中国特色社会主义共同理想、要不要坚定中国特色社会主义信念的重大问题。对于涉及类似这样的问题，都要廓清人们的思想迷雾，使人们提高认识，明辨是非，从而在内心真正认同社会主义核心价值体系。

① 梅荣政、杨军：《坚持唯物主义历史观反对历史虚无主义》，载梁柱、龚书铎主编：《警惕历史虚无主义思潮》，人民教育出版社2006年版，第44页。

第六章　社会主义核心价值体系大众化的价值实现：实践外化

理论的价值在于指导实践，学习的目的全在于应用。[①]“如果有了正确的理论，只是把它空谈一阵，束之高阁，并不实行，那末，这种理论再好也是没有意义的。认识从实践始，经过实践得到了理论的认识，还须再回到实践去。”[②] 推进社会主义核心价值体系大众化，使社会主义核心价值体系为大众认知理解、认同内化，最终目的是为了使大众将其实践外化，转化为改造世界的物质力量。社会主义核心价值体系为大众实践外化，这是社会主义核心价值体系大众化价值实现和“落地生根”的环节。

通过推进社会主义核心价值体系的通俗化、具象化、简明化和普及化，社会主义核心价值体系获得了人们的感性认知或者理性认知；通过增强社会主义核心价值体系的说服力、公信力、合法性和凝聚力，社会主义核心价值体系在为人们普遍认知的基础上，通过人们的评价、选择，进一步获得人们的心理认同，人们从心理层面接受、相信社会主义核心价值体系并将其内化为自己的价值观念。应该说，到了这一阶段，社会主义核心价值体系的大众化便告一段落。这是因为社会主义核心价值体系大众化的过程，实质上就是将社会主义核心价值体系转化为社会成员价值观念和道德品质的过程，也就是在社会主义核心价值体系的宣传教育中，个体通过学习、选择和价值认同，将社会外在的价值观念、

① 参见刘云山：《把建设马克思主义学习型政党作为重大而紧迫的战略任务抓紧抓好》，载《人民日报》2009 年 10 月 15 日。

② 《毛泽东选集》第 1 卷，人民出版社 1991 年版，第 292 页。

道德规范和行为准则转化为自身内在的价值追求，形成相应的个体思想素质和道德素质的过程。在这个过程中，个体的道德认知、道德情感和道德意志相辅相成，共同促进个体道德品质最终的内化生成。社会主义核心价值体系一旦被个体内化为自己的价值观念、思想素质和道德品质，个体就会凭借这一精神支柱、凭借自己的道德意志从完善自我人格的角度，克服种种困难，排除种种干扰，自觉将社会主义核心价值体系外化为自己的道德实践，转化为改造世界的物质力量。

但是，人们的思想过程尤其是心理过程是极其复杂的，由于教育环境等多种因素的影响，人们思想品德的形成和发展往往会出现曲折和反复，具体表现在思想品德各要素之间在发展方向和水平上出现不平衡，比如新的思想道德要素尚未巩固，旧的思想道德要素又复原了。此外，社会主义核心价值体系要为全体社会成员普遍遵循，仅靠道德自律的力量也是不够的。道德行为如果没有相应的外在强化是难以呈现出持续性与稳定性的。而这种强化主要来自于社会的评价和行为规范的引导。

因此，在推进社会主义核心价值体系大众化的过程中，即使人们已经接受、认同了社会主义核心价值体系，仍然需要社会评价和行为规范的反复强化，对符合社会主义核心价值体系的行为予以褒扬，对背离社会主义核心价值体系的行为予以制裁，对人们践履社会主义核心价值体系给以正面的主观体验。当人们在将社会主义核心价值体系付诸实践而获得正面的主观体验、得到社会的积极评价后，人们对社会主义核心价值体系的认同内化和实践外化会得到进一步的巩固和强化。为此，推进社会主义核心价值体系大众化，必须建立相应的社会评价机制和行为规范，强化、巩固人们对社会主义核心价值体系的认同内化，确保社会主义核心价值体系为全体社会成员普遍遵循。

一、加强舆论引导，形成符合社会主义核心价值体系的舆论评价机制

社会舆论是社会意识形态的特殊表现形式，是指相当数量的公民对

某一问题的共同倾向性看法或意见，通常反映一定阶级、阶层和社会集团的利益、愿望和要求，其精神内核是群体意识，其现象外观是议论形态，往往以拥护或反对、赞扬或谴责的方式对某一公共问题作公开的评价。① 作为一种外在的社会价值力量，社会舆论是一种“普遍的、隐蔽的强制力量”②。由社会舆论形成的观念磁场对每个人的思想意识、价值观念、道德取向和行为选择都发挥着巨大的影响和感染作用，每个人都不可能摆脱无形的舆论环境的包围与制约。“对于社会舆论所属群体内的个体而言，违背社会舆论，除非意志坚强不为所动，或者干脆逃之夭夭，是不可能排除在遭白眼、唾弃、嘲讽、冷落之后的内心压抑、苦闷、孤独、紧张等等不良感觉的。”③“十目所视，十手所指，其严乎”。社会舆论的强制，要比一般道德规范、风俗习惯大得多。“之所以能有‘千夫所指，无疾而亡’，就是因为社会舆论所指向的对象处处时时都感到被‘所指’，这种无孔不入的氛围，使所指向的对象无可躲藏和逃逸，产生极大的精神压力。”④ 正因为如此，社会主义核心价值体系要借助于社会舆论的力量来推行和维护。

（一）正确的舆论评价对推进社会主义核心价值体系大众化的作用

首先，正确的舆论评价对大众个体价值观的形成及其行为选择具有积极的导向作用。人的价值意识有三个层次。第一层次是价值心理和价值认识中的价值感知、价值经验或感性价值知识，这是价值意识的最低层次，是自发的、非理性的，有时甚至是朦胧的价值意识，它有着鲜明的价值指向。第二层次是价值观念和理性价值知识，它是在事实知识和价值知识参与的条件下，由价值心理多次重复并经过长期积淀而形成的稳定的价值意识。第三层次是价值观，它是人们在实践中形成的关于价

① 参见奚洁人：《科学发展观百科辞典》，上海辞书出版社 2007 年版，转引自中国共产党新闻网，2008 年 9 月 25 日，http://cpc.people.com.cn/GB/134999/135000/8104429.html。

② 《马克思恩格斯全集》第 1 卷，人民出版社 1964 年版，第 237 页。

③ 陈新汉：《权威评价论》，上海人民出版社 2006 年版，第 327 页。

④ 陈新汉：《权威评价论》，上海人民出版社 2006 年版，第 330 页。

值和价值关系的根本观点、根本看法和根本态度。这是价值意识的最高层次。[①] 价值意识越往高层次上升，就越发显得自觉和理性。如果说，在价值心理和感性价值知识层面，人们的价值意识还处于直观、感性和片面的阶段，社会舆论对其进行着直接的指导和规约，能够使其符合主导价值观的要求；那么在价值观念尤其是价值观的层面，正确的舆论导向则能使个体的价值意识和社会舆论的约束达到较完美的统一，从而达到自觉。无论是在个体价值观形成的哪一个层面，社会舆论都起着重要的评价和导向作用。它通过对个体周围的各种事物和现象进行价值评价，告诉人们什么是善、什么是恶，什么是是、什么是非，什么是积极、什么是消极，引导人们把握判断是非善恶的标准，逐步形成正确的价值观，并以此作为自己行为选择的价值尺度，发挥其积极的行为导向作用。

其次，正确的舆论评价能够营造良好的社会环境，促进社会主义核心价值体系为人们广泛认同和普遍遵循。圣西门曾经说过："人们把舆论称为世界的主宰，这是十分正确的。它是一个伟大的道德力量，只要明显地表达出来，就必然要压倒人间的其他一切力量。"[②] 社会舆论因其普遍化、大众化的特点，很容易形成一种公共意见和集体倾向，形成一种强大的舆论声势和社会氛围。这种舆论声势和社会氛围具有一定的权威性和较大的强制性，会变成一种无形的精神力量渗入到个体的意识和观念中，引导人们甚至有时是迫使人们接受统治阶级所倡导的主导价值观，从而左右人们的思想和行为。同时，舆论还可通过对各种社会现实问题、热点和难点问题的分析，引导大多数人达成共识，实现价值取向的基本趋同，从而促进社会主导价值观的传播。

再次，正确的舆论评价能促使人们从他律走向自律。正确的舆论评价"作为一种控制社会生活的现实伦理力量，具有无孔不入的渗透性，

① 参见吕振宇、李明：《论社会主义核心价值体系》，山东人民出版社2009年版，第12页。

② ［法］《圣西门选集》，王燕生等译，商务印书馆1962年版，第230页。

它造成包围人们的某种道德氛围，无形地控制和影响着每个社会成员的言行”①，对人们发挥具体的教育、有效的暗示和情感的威逼等作用，使社会主导的价值规范和行为准则逐渐成为人们内在的信念并导向其行为，从而形成一种自律。正所谓“人言可畏”、“众口铄金”。“社会舆论之所以对个人是一种强大的约束力，其原因是通过普遍存在于社会成员内心的一种特殊心理机制——荣辱心而起作用的。荣辱心根源于人的社会性，任何人都不能离开社会而存在，每个正常人都需要人群，需要交往，需要他人的赞誉和尊重。因此，凡是有人群的地方，任何人都会有这种精神、心理需要，都要程度不同地受社会舆论的支配和制约。”②通过荣辱心的心理机制，社会的主导价值观就会逐渐深入人心，成为人们的价值自觉和行为自觉。

（二）加强舆论引导，形成符合社会主义核心价值体系的舆论评价机制

正确的舆论评价对推进社会主义核心价值体系大众化具有独特的重要作用。但作为以公共评价形式的社会舆论并非都是正确、合理和理想的，尤其是在社会转型期，社会舆论常常是良莠不齐，这就需要我们对其进行正确的价值引导，以使其在社会主义核心价值体系大众化的过程中发挥积极的作用。

在信息化、网络化的当今社会，媒体具有传播信息的即时广泛性、表达意见的集中公开性等特点，成为人们获取信息、交流意见的重要平台，在组织和引导社会舆论方面的影响力越来越强大。党的十七大明确要求：“要积极发展新闻出版、广播影视、文学艺术事业，坚持正确导向，弘扬社会正气。”③为此，各种媒体和文艺作品，要坚持正确的价值导向，唱响主旋律，形成符合社会主义核心价值体系的舆论评价机制，

---

① 魏英敏：《新伦理学教程》，北京大学出版社2003年版，第218页。

② 魏英敏：《新伦理学教程》，北京大学出版社2003年版，第218页。

③ 胡锦涛：《高举中国特色社会主义伟大旗帜　为夺取全面建设小康社会新胜利而奋斗——在中国共产党第十七次全国代表大会上的报告》，人民出版社2007年版，第35页。

营造惩恶扬善的舆论氛围，促使社会主义核心价值体系深入人心，转化为人们的自觉追求和价值实践。

第一，要坚持党的领导，坚持以社会主义核心价值体系为价值导向。“新闻舆论历来是我们党意识形态工作的重要组成部分，处于意识形态领域的第一线。能不能掌握新闻舆论的主动权，关系党对意识形态的影响力和控制力，关系党的执政地位，关系党和国家事业的兴衰成败。”①“新闻媒体肩负着引导社会、影响舆论、弘扬正气、凝聚人心的重要职责”②。对于新闻媒体来说，把握正确的舆论导向，是坚持党性原则的根本标志。刘云山在建设社会主义核心价值体系的研讨会上指出：“新闻媒体坚持正确导向，衡量标准是什么？就是看是否符合社会主义核心价值体系的要求，在这个问题上，所有媒体都应当非常明确、非常自觉。”③因此，在进行舆论引导的过程中，新闻媒体要以社会主义核心价值体系为价值导向，分清哪些价值取向是应当提倡的，哪些是可以允许的，哪些是应当加以反对和抵制的；要分清哪些价值取向适合哪些领域、哪些人群和哪些阶段，从而有针对性地、循序渐进地加以正面引导。比如，追求经济效益、等价交换等价值取向在市场领域可以予以肯定，但在非市场领域则必须加以限制，尤其是决不能将其导入党政机关、医疗卫生、文化教育等领域。

第二，要在一定程度上克服新闻媒体谋取自身经济利益的诉求。在当今信息化的时代，大众传媒的技术日益先进，新闻媒体的舆论导向渗透到社会生活的方方面面，渗透到每一个角落，无时无刻不在影响着人们的思想和行为，影响着人们对社会、人生和未来的看法，影响着人们世界观、人生观和价值观的形成，影响着青少年的成长。因此，为引导人们树立正确的世界观、人生观和价值观，引导人们正确看待社会、人生和未来，引导社会形成良好风尚，新闻媒体应当自觉担当起自己的社

① 《十六大以来重要文献选编》中，中央文献出版社 2006 年版，第 495 页。

② 《十六大以来重要文献选编》中，中央文献出版社 2006 年版，第 495 页。

③ 刘云山：《深入推进社会主义核心价值体系建设　巩固全党全国人民团结奋斗的共同思想基础》，载《党建》2008 年第 5 期。

会责任，正确处理义与利、经济效益与社会效益之间的关系。诚然，为了能在激烈的新闻竞争中立于不败之地，新闻媒体在引导舆论时，通常不得不考虑自身的经济利益，不得不考虑自己的发行量、收视率、点击率和招徕广告的需要。但是，作为党的喉舌，新闻媒体应当具有正确的义利观，不能以对广大社会成员的价值误导、恶化社会风气为代价而获取短期的经济利益。但是，一些新闻媒体为了获得最大的发行量、收视率、点击率，为了招徕更多的广告，获得最大的经济效益，根本不考虑社会后果，在反映社会舆论时失去其客观性，甚至一味迎合一些人的低级趣味，刊播大量低俗化、庸俗化、媚俗化的东西，对广大社会成员尤其是青少年成长造成极为恶劣的价值误导，为此，对新闻媒体，必须加强行业的他律与自律规约。

第三，要实现媒体协同，营造符合社会主义核心价值体系、惩恶扬善的社会舆论氛围。调查显示，针对“如何才能让社会主义核心价值体系转化为人们的实际行动”这一问题，超过半数的人（52.1%）都主张“营造惩恶扬善的舆论氛围”（见表6—1）。因此，各类新闻媒体都要提倡、褒扬符合社会主义核心价值体系精神的美好现象，要揭露、批评有悖于社会主义核心价值体系的言行和丑恶现象，帮助人们辨别是非美丑，引导人们进行正确的行为选择。刘云山明确指出，要“引导各级各类媒体认清肩负的责任，努力把核心价值体系的要求贯穿到日常宣传报道中，形成有利于核心价值体系建设的舆论强势”[①]；“不仅党报、党刊、电台、电视台要发挥主力军作用，而且都市类媒体、网络媒体也要发挥自身优势，共同唱响社会主义核心价值体系的大合唱；不仅新闻报道、专题节目要积极弘扬核心价值体系，而且所有娱乐类、体育类节目以至各类广告也都要符合和反映核心价值体系的要求”[②]，共同唱响社会主义核心价值体系的主旋律。

---

① 刘云山：《深入推进社会主义核心价值体系建设　巩固全党全国人民团结奋斗的共同思想基础》，载《党建》2008年第5期。

② 刘云山：《深入推进社会主义核心价值体系建设　巩固全党全国人民团结奋斗的共同思想基础》，载《党建》2008年第5期。

表 6—1　您认为如何才能让社会主义核心价值体系转化为人们的实际行动？

选　项	频　数	有效百分比
营造惩恶扬善的舆论氛围	829	52.1%
健全惩恶扬善的赏罚制度	1151	72.3%
将人们实践情况与年终考核、职务晋升挂钩	828	52.0%
在各行各业的行为准则中体现其要求	990	62.2%
其　他	59	3.7%

二、健全赏罚机制，不让“老实人”吃亏、英雄“流血”又“流泪”

社会主义核心价值体系要为人们普遍遵循，需要得到社会赏罚的支持。所谓社会赏罚，是指“社会组织根据其价值标准和一定的组织形式对其成员履行社会义务的不同表现及其后果，以物化、量化的形式所实施的报偿，包括对行为优良者给以物质的或精神的奖励，对行为不良者给以物质的或精神的制裁”[①]。推进社会主义核心价值体系大众化，目的在于使社会主义核心价值体系为大众信仰和遵守，在于它的有效实行。然而，它在社会生活中的有效实行并非是必然的，导致这种非必然性的一个重要原因就是行为者和受益者是不同的人，也就是说，对社会主义核心价值体系的身体力行往往不能给行为者带来直接的好处，相反，很多时候都是以牺牲自己的利益为代价；而那些违背社会主义核心价值体系的如权力寻租等行为则只有收益，不付甚至只付很小成本，没有或鲜有风险。社会存在决定社会意识，这是唯物史观的一条基本原理。“如果现实生活中的道德总是与社会存在以及人们的实际利益不一致或相互冲突，即按道德做事的人总是得不到利益，而按利益做事的人总是得到利益，那么社会所宣传的道德就很难被人们认同、接受”。[②] 而实施公

① 唐凯麟：《伦理学》，高等教育出版社 2001 年版，第 203 页。

② 张萃萍：《社会主义核心价值体系的制度建设探析》，载《思想政治工作研究》2007 年第 9 期。

正的社会赏罚，通过对相应行为进行利益的给予或剥夺，能够成为促进社会主义核心价值体系为人们普遍遵循的现实而有力的因素。

（一）社会赏罚对推进社会主义核心价值体系大众化的意义

首先，社会赏罚是社会主义核心价值体系得以普遍遵循的重要保证。人是自然属性与社会属性的统一。自然属性是人存在的基础，社会属性是人的本质，人的文明程度决定其社会属性的展现程度。一个人并非生来就自然地具有一定的社会属性，并非天生就愿意遵守规则，也不可能在无其他措施制约的情况下自始至终自觉地循规蹈矩。诚如恩格斯所说："人来源于动物界这一事实已经决定人永远不能完全摆脱兽性，所以问题永远只能在于摆脱得多些或少些，在于兽性或人性的程度上的差异。"① 无论一个人具有什么样的身份或地位，当他处于其不良行为可以不被发现、可以逃避监督和处罚的情况下，极有可能不遵守主流社会所倡导的价值准则和道德要求。而社会赏罚通过社会性的干预可以引导人们选择社会组织所提倡和允许的行为，按照社会组织所要求的方向行事。社会赏罚一般是由一定社会组织按照一定准则要求和组织程序对个人行为作出裁决，它表达该社会组织提倡和肯定什么样的行为，反对和否定什么样的行为，它往往附有社会组织力量和行政措施的支持，具有权威性和强制性，不管个人愿意与否，只要个人的行为符合就可以予以肯定和奖赏，反之就会受到惩处。作为一种特殊形式的价值导向，社会赏罚必然成为社会主义核心价值体系得以普遍遵循的有力保证。推进社会主义核心价值体系大众化，借助于赏罚机制，通过赏，可以从正面使社会主义核心价值体系对社会成员产生吸引力，使其愿意遵循；通过对违规行为的罚，则能彰显社会主义核心价值体系的权威性，使人们在规则面前不敢为所欲为、随心所欲。正是在这一赏一罚的导向下，社会主义核心价值体系逐步得以为人们所普遍遵循。

其次，社会赏罚能推动个体道德实现从"他律"向"自律"的转化，

---

① 《马克思恩格斯文集》第 9 卷，人民出版社 2009 年版，第 106 页。

促使个体品德的生成。个体品德的生成，一般有三种动力：内在驱力、外在压力和吸引力。其中，内在驱力主要来源于个体相应的道德责任、信念、良心以及人生观、价值观等；外在压力是来源于外部的一种制约因素，它迫使个体不得不采取道德行为而避免不道德行为；吸引力则是一种诱导个体采取某种道德行为、追求某种道德目标的牵动因素。社会赏罚对个体品德生成的促进作用主要体现在外在压力和吸引力上。在社会赏罚机制中，对违规行为的制裁和惩罚是一种很强的外在压力，它不仅能使受罚者在社会组织的禁令、罚规面前改弦易辙，而且还会对其他社会成员发挥警戒教育的作用，能使那些自律意识不强的、道德觉悟较低的人，在这种外在压力面前知难而退；社会奖赏作为一种正面的社会评价，它使道德行为得到肯定性的评价，一个人在获得正面的肯定性的社会评价，它对个体的道德行为具有支持、鼓励、强化和巩固的作用。这一赏一罚，有助于促进人们自控精神和道德信念、道德良心的形成，推动个体实现从道德“他律”向道德“自律”的转化，从而促进个体品德的生成。

再次，社会赏罚是形成良好社会环境的有效保障。“一个社会赏罚严明，便会对社会大众起到良好的督导作用。它犹如一种酵素，推动着人们按照社会所倡导的道德规范去严格要求自己，规范和约束自己的行为，并由此进一步推动社会道德欣欣向善。反之，如果一个社会赏罚错位，是非混淆、善恶颠倒，那么，它必然会扶邪驱正，推动着道德之风的腐败和堕落以及道德危机现象的蔓延。”① 社会赏罚无论是作为一种肯定性评价，还是作为一种否定性评价，都体现着社会的价值导向。当社会成员因其彰显社会主义核心价值体系的行为而受到社会肯定性的评价时，除了他自己的道德行为得到了正面的强化，而且他对其他社会成员会产生一种“磁吸效应”，具有榜样示范的力量。而当社会成员因违背社会主义核心价值体系的行为而受到社会处罚时，强大的外部压力也会

① 龙静云：《治化之本——市场经济条件下的中国道德建设》，湖南人民出版社 1998 年版，第 207 页。

迫使其基于利害权衡而改邪归正、弃恶扬善，同时还会对其他人产生威慑作用。因此，在推进社会主义核心价值体系大众化的过程中，通过建立一套体现社会主义核心价值体系的赏罚机制，使人们的“善”行得到及时有效的褒奖，同时也使各种“恶”行能够得到立竿见影的报应，社会就会形成“从善如流”、“嫉恶如仇”的良好社会风气。

（二）健全赏罚机制，不让老实人吃亏、英雄“流血”又“流泪”

我国现实社会生活中并不是没有社会赏罚机制，而是有但不完善，突出表现在该赏的没赏、该罚的没罚、该重赏的轻赏、该重罚的轻罚等赏罚不力、赏罚不公等方面。当前，老实人吃亏、英雄“流血”又“流泪”的现象之所以仍然大量存在，主要原因就在于惩恶扬善不力，社会赏罚机制不健全不完善。在我们的调查中，就“如何才能让社会主义核心价值体系转化为人们的实际行动”这一问题，调查对象选择“健全惩恶扬善的赏罚制度”的占 72.3%，这一比例在所有选项中高居首位（见图 6—1）。为此，推进社会主义核心价值体系大众化，使社会主义核心价值体系成为人们的基本遵循，必须着力健全惩恶扬善的社会赏罚机制。

第一，健全赏罚机制，要切实解决赏罚不力的问题，消除“英雄流血又流泪”的现象。健全赏罚机制，应使人们感到善行不仅在道义上是应当的，而且在理智上也是明智的，唯有如此，善行才能得以持续。“如果人们行善总是得不到应得的利益和褒奖，甚至‘流血’又‘流泪’，那么，除了少数具有坚定道德信念的人外，一般的道德主体是很难继续选择善行的。”① 在现实生活中，很多人越轨作恶，并不是因为不知道是非善恶，而是明知故犯。那些贪污腐败、以权谋私的行为绝大多数都是隐蔽进行的，那些生活作风糜烂者，也都竭力掩盖事实的真相。这说明，这些人是有是非善恶辨别能力的，也是有知耻之心的。他们之所以明知故犯，固然有道德意志薄弱等方面的原因，但也与行为主体自认为

① 力竞：《荣辱观教育需要社会赏罚的支持》，载《中共南京市委党校南京市行政学院学报》2006 年第 6 期。

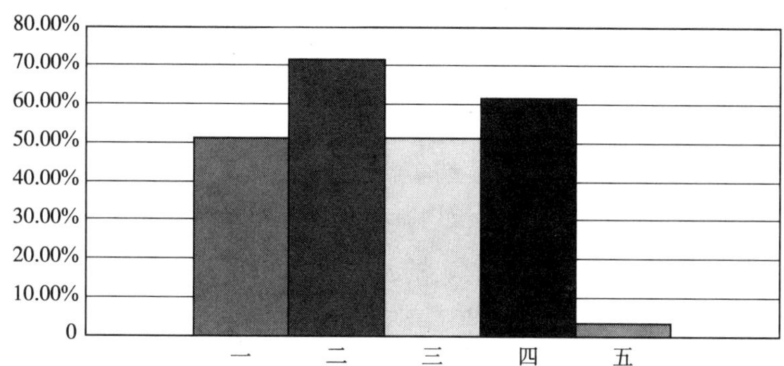

图 6—1 调查对象就社会主义核心价值体系如何转化为人们实际行动的观点

注：“一”代表营造惩恶扬善的舆论氛围；“二”代表健全惩恶扬善的赏罚制度；“三”代表将人们实践情况与年终考核、职务晋升挂钩；“四”代表在各行各业的行为准则中体现其要求；“五”代表其他。

明智的选择有关，与社会的赏罚不力有关。这是因为道德行为选择的心理过程“不仅仅是通常所简单认为的那种内心善恶搏斗，同时亦是复杂的利益权利计虑过程”①，它伴随着成本与收益的权衡。如果行善的代价高而效益低甚至对自身没有任何效益，或者作恶的收益高而代价低甚至没有任何代价，一些人就会认为选择作恶较之选择行善更为明智。即是说，尽管行为不正当、不道德，但却是在利弊权衡之下的明智选择。“如果一个社会盛行的是，高尚是高尚者的墓志铭，卑劣是卑劣者的通行证，那么，在社会生活中，德行只会是少数人的奢侈品，而不会成为民众普遍的行为方式。”② 因此，要有效抑制恶行的发生，必须加大处罚力度，使行恶的代价高于行恶的收益，使人们为自己作恶的不明智选择而付出相应的代价。同样，要使人们欣欣向善，必须加大对善行的奖赏和对行善代价的补偿力度，使人们行善的收益高而代价低，使人们对自己行善的选择不后悔。比如，一些地方对见义勇为道德行为的支持和补

① 高兆明：《论道德行为选择中的德行成本分析心理》，载《浙江社会科学》1999 年第 5 期。

② 高兆明：《论道德行为选择中的德行成本分析心理》，载《浙江社会科学》1999 年第 5 期。

偿，不仅消除了英雄“流血”又“流泪”的不合理现象，而且也在全社会弘扬了正气，促进了社会风气的好转，从而起到了很好的价值导向作用。

第二，健全赏罚机制，要切实解决赏罚不公的问题，消除“老实人吃亏”的现象。赏罚颠倒、“老实人吃亏”是社会赏罚不公最突出的表现。这里讲的“老实人”是老老实实做人、踏踏实实干事、兢兢业业工作的人。这些人只“注重埋头做事，不善声张‘造势’，辛苦和业绩往往不易广为人知；他们清正自守，不好拉拉扯扯、吃吃喝喝，往往‘人脉’不广；他们不跑不送，不找不要，不善奉迎，往往引不起别人的关注”；这些人“专注干事不会来事，讲原则不懂圆滑，往往还会得罪人”。[①] 与老实人相对照的则是那些弄虚作假、溜须拍马、贪赃枉法、走歪门邪道的投机钻营者。健全社会赏罚机制，应当消除老实人吃亏的现象，让道德行为与利益回报相一致。在一个社会赏罚机制中，人们如果实事求是遭贬、弄虚作假升迁，犯颜直谏挨整、溜须拍马受宠，奉公守法寒酸、贪赃枉法富甲，按原则办事遭拒、搞歪门邪道得逞，老实人吃亏、投机钻营者得利，那么，这种机制就会造就出更多的腐败政客与流氓无赖。在这样的赏罚机制中，少数人的洁身自好固然可敬可贵，但却不能阻止更多的人沦为投机钻营者。这种投机钻营者是这种赏罚机制的复制品。只要这种赏罚机制存在，这样的投机钻营者、流氓无赖和腐败政客就会源源不断地被制造出来。只有改变这种机制，才能从根本上制止腐败的滋生蔓延，才能消除老实人吃亏、投机者得利的不公正现象。因此，必须构建起公正的社会赏罚机制，在物质奖励、社会荣誉、职务升迁、用人选人等方面，使符合社会主义核心价值体系的行为得到相应的利益回报，背离社会主义核心价值体系的行为则受到相应的利益剥夺。

第三，健全赏罚机制，要切实解决赏罚不一的问题。由于各种利益关系的影响以及赏罚评价及其运作缺乏统一性等原因，在现实中同一行为主体“左手领奖状、右手接罚单”的现象屡见不鲜，如一些人在本地、

① 仲祖文:《不能让老实人吃亏》，载《人民日报》2008 年 1 月 11 日。

本系统、本组织受赏，而在外部受罚；同一人受到本单位这个领导的通报批评而受到另一位领导的通报表扬等。这一问题如果得不到解决，就会严重影响赏罚的权威性和严肃性，从而失去应有的价值导向和行为规约作用。

三、加强法律评价，保证社会主义核心价值体系运行的权威性和至上性

法律评价有广义和狭义之分。广义的法律评价包括行政法律评价和司法评价，狭义的法律评价主要是指司法评价，即以司法机关为主体的法律评价。法律评价是典型的权威评价，其评价标准是国家的法律法规。任何社会要使其核心价值体系得到社会成员的普遍遵循，都必须将其价值理念寓于国家的法律法规，凭借国家法律的权威力量加以强制推行。西方许多发达国家，为了确保其核心价值体系在社会运行中的权威性和至上性，都将其核心价值理念以宪法和法律的形式予以确定。我国推进社会主义核心价值体系大众化，同样需要法律法规的支撑和保障。[①] 为此，必须将社会主义核心价值体系寓于法律法规，使体现社会主义核心价值体系的法律法规成为人们行为的基本准绳。

（一）社会主义核心价值体系寓于法律法规对其大众化的意义

社会主义核心价值体系对人们的行为约束是一种“软约束”，其作用的发挥更多的是通过人们的价值认识和价值自觉、依靠人们自身的良心和道德来实现的。而法律则不同。法律作为一种国家意志，是由国家机关制定、认可并由国家强制力保证实施的行为规范，它具有价值体系所没有的权威性、强制性和惩戒性，对人们的行为约束是一种“硬约束”。同时，法律还具有鲜明的规范性，法律借助国家权力对人们的行

① 参见周玉：《论社会主义核心价值体系大众化的科学内涵及其实现路径》，载《重庆大学学报》（社会科学版）2011 年第 2 期。

为模式、标准和方向以及应承受的后果作了明确规定。每一条法律规范都是由行为模式和法律后果两部分构成的。行为模式就是法律为人们的行为所提供的标准和方向，它一般有三种情况：一是可以这样的授权性行为；二是必须这样的命令性行为；三是不许这样的禁止性行为。其中，后两者又称为义务性行为。法律后果是指行为人具有法律意义的行为在法律上所应承受的结果，它分为肯定性法律后果和否定性法律后果。肯定性法律后果是指行为人的行为符合法律规范的行为模式而导致的一种积极性结果，包括国家承认行为的合法、有效、应予保护甚至奖励；否定性法律后果是指行为人的行为违反法律规范的行为模式，从而导致的一种消极性结果，包括国家不承认行为合法、认为行为无效或者受到法律的制裁。法律条文对人们行为模式及其法律后果的具体规定，对人们的行为约束既明确清晰又具有操作性。如法律规定人们有义务作某一行为则必须履行，不允许人们作某一行为则必须禁止，否则就会受到法律的制裁。建设社会主义核心价值体系，将社会主义核心价值体系寓于法律法规，使社会主义核心价值体系借助于法律法规的“硬约束”而成为一种普遍性的、带有强制力的约束人们行为的力量，有助于发挥其对广大社会成员行为的评价、导向和调节功能，实现社会主义核心价值体系的大众化。

将社会主义核心价值体系寓于法律法规，既是对法律的道德支持，也是传播社会主义核心价值体系、推进社会主义核心价值体系大众化的有效手段。

一方面，社会主义核心价值体系是法律的评价标准和推动力量，将社会主义核心价值体系寓于法律法规，是对法律法规的道德支持和有益补充。道德是法律的基础，社会的核心价值、道德取向是法律制定的基本价值出发点，也是法律的旨归。法律是保障核心价值和社会道德的底线，应包含最低限度的道德。没有道德的法律，只是一种“恶法”，不会获得人们的信仰和自觉遵守，也就形同虚设。同时，法律的实施需要正确价值观念和道德取向的有力保障。我国古代思想家孟子曾经说过：“徒善不足以为政，徒法不足以自行。”美国著名伦理学家麦金太尔也说：

“只有那些具有正义德性的人才可能知道怎样运用法律。”① 执法人员如果没有正确的价值观念、没有美好的德性和操守，法律就会失去它维护社会公平正义的应有效力。执法者职业道德的提升，守法者道德观念和法律意识的加强，都会对法律的实施起着积极的保障作用。此外，有些应由法律调整但因立法的滞后而尚“无法可依”的，价值观念和道德伦理不仅能发挥重要的补充调节作用，而且也能推动立法的与时俱进，成为法制健全的推动力量。

另一方面，将社会主义核心价值体系寓于法律法规，也是传播社会主义核心价值体系、推进社会主义核心价值体系大众化的有效手段。法律的制定实施，本身就是一个抑恶扬善的过程，不但有助于培养人们的法律意识，还有助于提升人们的道德修养，引导人们树立正确的价值观念。法律作为一种国家评价，其提倡什么、反对什么，有着统一的标准，这些评价标准同大多数公民最基本的价值取向和道德信念是一致或接近的，因此法律的实施对普及社会主义核心价值体系的价值观念和道德意识，引导人们形成符合社会主义核心价值体系的价值观念和道德行为，具有重大作用，从而成为推进社会主义核心价值体系大众化的有效手段。

（二）以社会主义核心价值体系为价值导向，加强法律法规的健全完善

我国现行法律对推进社会主义核心价值体系大众化作了有力的法律支撑和保障。在我国现行法律中，作为社会主义核心价值体系灵魂的马克思主义指导思想和作为社会主义核心价值体系主题的中国特色社会主义共同理想，已经写入我国的根本大法宪法之中。人民主权、公平正义等社会主义核心价值体系的核心理念也在宪法和其他法律法规中得到了充分体现。许多法律也对热爱祖国、热爱人民、热爱科学、热爱劳动、诚实守信、公共道德等作了明确的提倡。

① ［美］麦金太尔：《理性之后》，龚群等译，中国社会科学出版社 1995 年版，第 13 页。

但是，随着社会的发展，我国法律还有待于按照社会主义核心价值体系的基本精神予以进一步的健全和完善。当前，随着社会主义市场经济体制对高度集中计划经济体制的取代，我国的传统道德受到挑战和冲击，而新型道德体系尚未完全形成，市场经济活动对利益最大化的价值追求，在一定程度上导致了唯利是图、拜金主义、利己主义、享乐主义等价值取向的抬头和泛滥，在一定程度上导致了道德崇高者的行为得不到应有的褒扬，卑劣无德者的行为受不到应有的谴责和制裁。长此以往，会使人们在道德领域中感到无所适从，造成个体道德信仰的价值冲突和迷失、社会公德的滑坡和社会风气的涣散。在这种情况下，如果没有强有力的外部制约，仅靠单纯的价值体系和道德评价这种“软约束”是难以为人们提供明确的行为模式和价值导向的，是难以适应转型期社会政治经济健康运行的要求的。因此，为保障社会的正常运行，必须将社会主义核心价值体系的基本道德原则和规范纳入法制建设的框架，把基本的道德要求转化为必要的法制要求，把主要依靠内在良心和人格力量来维系的行为自律转化为同时依靠外在强制力量来保证的法律约束，从而以法制化的形式逐步确立一系列明确的道德规范，通过法制保障来协助和强化人们对社会主义核心价值体系的道德实践。

为此，我国各项法律法规的健全完善，都要把社会主义核心价值体系寓于其中，加快将社会主义核心价值体系的基本道德要求转化为法律法规，防止出现具体法律法规同社会主义核心价值体系基本精神相背离的现象，用法律法规的权威性来推进社会主义核心价值体系的大众化，使符合社会主义核心价值体系的行为得到法律的肯定和认可，使背离社会主义核心价值体系的行为受到法律的制裁和惩处，从而使人们在遵循法律法规的过程中，将其承载的社会主义核心价值体系的核心理念和基本精神内化于心、外践于行。

当前，以法律的途径传播社会主义核心价值体系，推进社会主义核心价值体系的大众化，重点是要以社会主义核心价值体系为价值导向，逐步完备市场法规体系，约束经济活动主体的行为；要在有法可依的基础上，进一步健全执法机构，加强对执法人员的社会主义核心价值体系教育和职业道德教育，提高执法人员的道德业务素质，防止执法人员背离社会主义核心价值体系和违法乱纪行为的发生。

同时，还要加强对公民的社会主义核心价值体系教育和法纪教育，提高公民的道德修养和法律素养，使公民知法、懂法、守法，能够在法律许可的范围内对自己的行为进行价值选择，维护自己的合法权益。

此外，值得特别强调的是，要加快对见义勇为道德行为的法律保护。见义勇为行为是对社会主义核心价值体系的生动诠释和形象演绎。但目前，我国对见义勇为行为尚停留于一种道德要求，而没有从法律上予以足够的保护。为了不让见义勇为者“流血又流泪”，必须完善对见义勇为行为的法律保护。一是从私法上进行保护。要在民法中将见义勇为作为一种特殊的无因管理作直接的规定。所谓无因管理，它是指没有法定或约定的义务，为避免他人利益遭受损失，而为他人管理事务的行为。[①] 无因管理是道德入法的典型体现。将见义勇为作为一种特殊的无因管理，规定不法侵害人和受益人对见义勇为者因见义勇为行为而遭受的损失给予适当的补偿，这是对助人为乐、社会互助等道德精神的肯认和倡扬，体现了公平正义的法律精神和社会主义核心价值体系的核心理念，有助于引导人们形成善良正义、助人为乐的价值观念和道德取向。二是从公法上进行保护。公法保护是见义勇为者所受损害获得救济的最后一道防线，其具体内容包括补偿和奖励两个部分。补偿就是在私法救济不能完全弥补见义勇为者的损失时，在公法上应予以弥补。奖励则是国家对见义勇为表现突出的公民予以物质和精神上的褒奖，它是国家对见义勇为者的肯定性评价。无论是私法救济主体的责任，还是公法上的补偿责任，都不能因为见义勇为者获得奖励而被免去。

① 参见徐武生、何秋莲：《见义勇为立法与无因管理制度》，载《中国人民大学学报》1999 年第 4 期。

（三）将社会主义核心价值体系转化为法律规范，不能超越现实的道德水准

将社会主义核心价值体系寓于法律，是在法律中体现国家对社会主义核心价值体系和社会主流道德的提倡，社会主义法律应当对社会主义核心价值和主流道德的性质、内容和发展方向予以确认。但是，法律就其与道德相关的部分而言，一般只是“最低限度的道德”，即社会要维持下去所不可缺少的道德，是人们行为“不可逾越的”基准线和水平线，是“底线伦理”，比如不得用欺诈手段谋取利益、不得危害公共安全、不能背离人民、不能危害祖国等。底线伦理适用于每一个公民，对人们行为具有最广泛的禁约作用。它作为人们行为方式所必须遵循的最基本的、最低限度的伦理要求和道德规范，与法律规范处在相互连接的关节点上，应适时将其转化为法律规范。人们只要跨出了这条“不能逾越”的“底线”，就是触犯了法律，应受到法律的制裁。除了“底线伦理”、“最低限度”的道德外，还有一类如博爱、无私等具有较高要求和理想性的道德，它是“对人的生存意义的真正价值和人的存在和发展的理想状态的探询”①，其作用不是禁约性的，而主要是导向性、引领性和目标性的。因此对于此类道德，一般不宜转化为法律，否则就会将道德与法律混淆，结果是“法将不法，德将不德”。也就是说，在将社会主义核心价值体系的道德规范转化为法律时，要考虑到应将何种水平的道德规范定为法律。这是因为在一定历史时期，道德因受到当时社会经济发展、人们认识水平的制约而有层次高低之分。作为凭借国家强制力来实施的法律，应当根据社会“最基本的”、“最低限度的”、“不可逾越的”道德水准来作出现实而明确的价值取舍，将当时大众所认同、践行的道德，体现在法律中。如果超越现实社会经济基础和社会关系的水准，法律就会因为多数人达不到要求而导致人们对之的抵触和规避。这种脱离社会现实生活的法律，即使制定出来，也会无法或难以执行，在现实生

① 谭培文：《从底线伦理到终极价值的转换和实现——兼以社会主义核心价值认同为视角》，载《道德与文明》2010 年第 1 期。

活中必然会变成一纸空文，其权威和尊严也就无从谈起。

四、强化行为规范，确保社会主义核心价值体系成为人们的普遍遵循

社会主义核心价值体系要转化为人们的实践行为，还必须将其寓于各行各业的行为规范中。在我们的问卷调查中，在回答“您认为如何才能让社会主义核心价值体系转化为人们的实际行动?”时，62.2%的人选择了“在各行各业的行为准则中体现其要求”，在所有选项中，这一比例位居第二，仅低于选择“健全惩恶扬善的赏罚制度”的比例(72.3%)(见图6—1)。

社会主义核心价值体系是现实性与理想性、底线伦理与理想价值的辩证统一。而人们的伦理价值生活则构成底线伦理向理想价值过渡的实践场域。[①] 人们的伦理价值生活，可以分为日常生活、职业生活和社会生活三个领域。日常生活包括个人、家庭等私人生活领域，该领域的价值实践，主要是底线伦理行为理性的道德实践。社会生活主要包括经济、政治、文化精神等生活领域，在该领域中，理想价值的引领最为重要，但底线伦理的行为理性依然重要。“这是因为社会生活实践最为关键的伦理要求是社会责任。社会责任既是价值理想的具体体现，同时也离不开底线伦理的基本约束。”[②] 职业生活是“个人生活与社会生活的一个过渡性环节”[③]，其中的职业包括工业、农业、商业、行政、文教科技、医疗卫生等各种职业。在职业生活中，底线伦理与理想价值具体体现为一种职业精神和相应的职业实践。

① 参见谭培文:《从底线伦理到终极价值的转换和实现——兼以社会主义核心价值认同为视角》，载《道德与文明》2010年第1期。

② 谭培文:《从底线伦理到终极价值的转换和实现——兼以社会主义核心价值认同为视角》，载《道德与文明》2010年第1期。

③ 谭培文:《从底线伦理到终极价值的转换和实现——兼以社会主义核心价值认同为视角》，载《道德与文明》2010年第1期。

社会主义职业精神的职业实践，既是学习、认知、认同社会主义核心价值体系底线伦理规则和推进底线伦理发展的过程，更是社会主义核心价值体系理想价值的具体实现途径。尤其是随着由高度集中的计划经济体制向社会主义市场经济体制转变的深刻变革，我国已由一个“熟人社会”逐渐转型成一个“陌生人”的社会，加上社会分工日益复杂，因此对人们职业实践底线伦理的禁约和理想价值的引领就显得尤为重要。孔子曾说过，“不学礼，无以立”①。这里的“礼”就是古代人行为最起码最基本的规范；这里的“立”既指立人，即形成不同于动物的最起码的道德人格，也指立业，即学业、事业或职业。也就是说，一个人，无论是要立人，还是要立业，都必须要“修身”，学习、遵循最起码的道德规范。修身、立人是立业的基本前提，立业，或者说职业实践则是实现兼济天下理想价值的实践途径。

因此，从道德发展的实践过程来看，从最基本的底线伦理到高层次理想价值的转换，它是一个逐渐上升的实践发展过程，在这个转换发展过程中，职业实践精神是一个重要的中间环节。这种职业实践精神主要表现为一种职业良心，也就是“职业道德实践主体对自己为实现社会价值理想所应承担的义务的道德责任感和对自己所应践行的最基本行为底线的自觉意识”。② 在这种职业实践精神中，底线伦理的禁约和理想价值的引领是相互统一的。因为职业实践如果没有基本行为底线的禁约，理想的价值目标就会成为一句空话；同样，如果没有理想价值的牵引和导向，职业实践就会丧失最起码的道德责任感，职业行为实践就会冲破底线伦理的屏障，从而危害他人和社会。

当前，由于价值观念的日益多元化，人们在进行行为选择时，往往面临着诸多价值尺度和价值供给，这给人们的价值评价和价值选择增加了难度，使人们对基本的价值判断产生了迷茫和困惑。尤其是随着西方价值观念的日益渗透和市场经济的利益驱动，拜金主义、利己主义、享

① 《论语·季氏篇》。

② 谭培文：《从底线伦理到终极价值的转换和实现——兼以社会主义核心价值认同为视角》，载《道德与文明》2010 年第 1 期。

乐主义日渐泛滥，以物为本、以钱为本、以权为本等价值观念沉渣泛起，一些人为追求金钱、权力而人性丧失、公德丧尽。[①] 在这样的形势下，确立为人们普遍奉行的道德规范和行为准则，在全社会形成和谐的人际关系和良好的道德风尚，是人民群众的强烈愿望。[②] 为此，必须健全各行各业的行为规范，把社会主义核心价值体系这一集底线伦理和理想价值于一体的价值道德体系渗透到各行各业的职业规范和行为准则中，使之成为人们日常工作生活中的基本遵循。

① 参见周玉、马建军：《构建和谐社会中的心理和谐及其实现路径》，载《四川理工学院学报》（社会科学版）2010 年第 1 期。

② 参见周玉：《论社会主义核心价值体系大众化的科学内涵及其实现路径》，载《重庆大学学报》（社会科学版）2011 年第 2 期。

第七章　社会主义核心价值体系大众化的根本保障：制度完善

意识形态没有它自身独立的历史，任何观念的历史都依存于一定社会存在的历史发展。诚如恩格斯所说，“每一历史时代主要的经济生产方式和交换方式以及必然由此产生的社会结构，是该时代政治的和精神的历史所赖以确立的基础”①。意识形态的问题不能仅靠对意识形态的改造来解决。社会主义核心价值体系作为一种意识形态，推进其大众化不是一项孤立的事业，它不仅关涉到其理论体系本身的合理建构和宣传教育，而且关涉到整个社会的制度建构。只有在社会制度环境所体现出的主导价值和伦理精神与其相一致时，社会主义核心价值体系才会对人们的思想和行为产生现实的感召力。

我国以公有制为主体、多种所有制经济共同发展的基本经济制度和人民当家作主的民主政治制度，既是社会主义核心价值体系赖以产生和形成的制度基础，也是其大众化的根本制度保障。如果我国社会主义的基本制度发生丝毫的动摇，社会主义核心价值体系就会失去赖以存在的根基，其大众化更无从谈起。为此，要坚持和完善以公有制为主体、多种所有制经济共同发展的基本经济制度，既不能搞“私有化”，也不能搞“纯而又纯”的公有制；要坚持和完善以按劳分配为主体、多种分配方式并存的收入分配制度，缩小贫富差距，逐步实现共同富裕；要坚持和完善人民代表大会制度而不能搞“三权分立”，坚持中国共产党领导的多党合作和政治协商制度而不能搞西方的多党制。同时要进一步深化

① 《马克思恩格斯选集》第1卷，人民出版社1995年版，第257页。

政治体制改革，健全权力运行的制约和监督机制，防治腐败和特权等消极现象的滋生蔓延，要深化干部人事制度改革，提高民众在干部选拔任用和考核评价中的话语权，要深化行政管理体制改革，大力推进服务型政府建设。

一、社会主义核心价值体系大众化需要相应的制度支持

社会主义核心价值体系对制度支持的诉求主要体现在两方面：一是社会主义核心价值体系效用的充分发挥需要相应的制度支持；二是社会主义核心价值体系大众形态的生成需要相应的制度环境。

（一）社会主义核心价值体系效用的充分发挥需要相应的制度支持

何谓制度？不同学科甚至同一学科的不同派别对制度的解释可谓形形色色，以至于文献中的“制度”一词有着“众多和矛盾”[①]的定义。德国学者史漫飞、柯武刚给出的制度定义较为简洁而全面。他们认为：“制度是人类相互交往的规则。它抑制着可能出现的、机会主义的和乖僻的个人行为，使人们的行为更可预见并由此促进着劳动分工和财富创造。”[②]新制度经济学家道格拉斯·诺思认为：“制度是一个社会的游戏规则，更规范地说，它们是决定人们的相互关系而人为设定的一些制约”[③]；是“一系列被制定出来的规则、守法程序和行为的道德伦理规范”[④]。制度的功能在于对人的行为予以约束和规范。在社会生活中，制度通过规范人的行为，使人与人之间的交往有章可循，防止交往中的机

① ［德］史漫飞、柯武刚：《制度经济学》，韩朝华译，商务印书馆2000年版，第32页。

② ［德］史漫飞、柯武刚：《制度经济学》，韩朝华译，商务印书馆2000年版，第35页。

③ ［美］道格拉斯·C. 诺思：《制度、制度变迁与经济绩效》，刘守英译，上海三联书店1996年版，第1页。

④ ［美］道格拉斯·C. 诺思：《经济史中的结构与变迁》，陈郁、罗华平等译，上海三联书店、上海人民出版社1994年版，第225—226页。

会主义行为，以减少交往后果的不确定性，帮助交往主体形成稳定的预期，避免和减少交往的冲突和成本，从而增强人们之间的合作，提高交往的绩效。交往是人类交流信息、传承文明的重要机制。而制度则是“个人之间迄今所存在的交往的产物”①。制度既源于人们的交往，是从人们的交往和社会关系中产生出来的，也对人的交往行为进行着约束和规范。制度实质上就是调整交往主体之间社会关系的规则和规范。

在新制度经济学的研究视域中，制度分为正式制度和非正式制度两种类别。所谓正式制度，是指由国家等组织正式确立并用强制力保证实施的成文规则，如各种政策规章、法律法规、契约等。强制性是其鲜明而显著的特征。正式制度一旦确立，就会形成制度刚性，要求人们必须遵守。所谓非正式制度是指对人的行为不成文的限制，包括价值信念、伦理规范、道德观念、风俗习惯和意识形态等。② 相对于正式制度而言，非正式制度的鲜明特征是非强制性，它不像正式制度那样有一套强制性的实施机制来保证人们必须遵守，而是主要依靠人们的良心或内在的自觉来维持。正式制度属于“他律”领域，非正式制度则属于“自律”领域。在社会生活中，正式制度只有在非正式制度失效时，其作用才会应运而生。正式制度只是制约人们行为选择的总约束的一小部分，人们生活的大部分空间是由非正式制度来约束的。③

这里使用的制度概念，属于新制度经济学中的正式制度范畴，是由国家制定并用强制力保证实施的行为规则。社会主义核心价值体系则是一种包含了价值信仰、伦理道德和行为规范的非正式制度。作为一种非正式制度，社会主义核心价值体系一旦被人们从外在的价值规范转化为内在的价值尺度，它就会凭借人们的良心和自觉来约束人们的行为，在社会生活的大部分空间发挥效应。

---

① 《马克思恩格斯全集》第 3 卷，人民出版社 1960 年版，第 79 页。

② 参见崔万田、周晔馨：《正式制度与非正式制度的关系探析》，载《教学与研究》2006 年第 8 期，第 42—48 页。

③ 参见崔万田、周晔馨：《正式制度与非正式制度的关系探析》，载《教学与研究》2006 年第 8 期，第 42—48 页。

但是，作为非正式制度，社会主义核心价值体系要充分发挥效应，它必须得到正式制度的支持。非正式制度没有正式制度所具有的强制性，不能保证为所有的人所遵守，不能保证其效用在最大限度上的发挥。非正式制度只是一种软性约束，其效用的发挥仅仅依靠社会成员的道德自律或者是内在的自觉和良心，一旦人们缺乏这种自律、自觉和良心，它对人们的行为约束就不会发生任何的作用。而正式制度因其强制性，无论愿不愿意，社会的全体成员都必须遵守。因此，社会主义核心价值体系作为非正式制度，它要充分发挥效应，在尽可能大的范围内被人们普遍接受，必须以强制性的正式制度作支持。同时，正式制度同样因其强制性，其效用发挥的过程也是快速的，一旦确立，立即对人们的行为起着规范和制约的作用。非正式制度同样由于没有强制性机制的保证，其效用发挥的过程是缓慢的，人们对其的接纳是一个由浅入深、循序渐进、逐渐接受的过程。要加速这个进程，使非正式制度更加快速地为人们所接受、遵循，同样需要借助强制性的正式制度。因此，社会主义核心价值体系效用的发挥，无论从其充分性还是从其快速性而言，都需要借助于体现其价值理想、核心理念的具有强制性的正式制度的支持。

（二）社会主义核心价值体系大众形态的生成需要相应的制度环境

社会主义核心价值体系具有政治形态、理论形态、制度形态和大众形态。无论是把社会主义核心价值体系作为社会主义主导意识形态的政治形态，还是将其作为学术研究对象的理论形态，其在实践上都只有最终落脚到大众形态，能为大众内化于心、外化于行，它才具有现实的意义。社会主义核心价值体系如果只是作为政治形态停留在报告文献中，或者只是作为理论形态停留在专家学者的书斋里，而没有转化为大众的心理行为形态，那就疏离了社会主义核心价值体系的大众本性，社会主义核心价值体系的建设就毫无意义。而社会主义核心价值体系大众形态的取得则是以其制度形态的确立为前提的。

人总是生活在制度中的，制度构成人的生活环境。制度本身就是一定价值体系的具体化，其内涵的核心价值赋予生活其中的人们以特定的价值导向，塑造着人们的价值观念。制度可使绝大多数人“循规蹈矩，自我克制、温和稳健、深谋远虑和严于律己”；“它虽然不是直接让人依靠意志去修德，但能让人比较容易地依靠习惯走上修德的道路。”① 制度通过其内含的价值理想、价值观念、价值标准向生活其中的人们提供了一套明确的行为规则，如什么是被许可的、什么是被提倡的、什么是被禁止的，为人们的行为选择确立了一个合理的空间。制度通过抑恶扬善的奖惩机制，不断对人们的行为进行双向激励，昭示价值选择的应然方向，引导人们的价值选择。制度对不同的行为主体具有同等的有效性和强制性。它不仅不为个体的偏好所左右，相反，还会对个体的偏好和价值追求起着矫正的作用，并将其纳入统一的社会价值秩序之中。制度还由于本身的系统性和层次性使其内含的价值观念能够深入社会生活的各个领域、各个层次。正是由于制度使其内含的价值观念具有强制性和普遍有效性，正是由于制度具有塑造个体价值观念的作用，所以，罗尔斯才在他的《正义论》中认为，对社会制度的道德评价优先于对个体的道德评价。

制度不仅内含着价值体系，而且还决定着价值体系的生成。价值体系属于社会意识形态、属于观念上层建筑，根据马克思主义唯物史观，它是根源于社会经济制度的，因为“人们自觉或不自觉地，归根到底总是从他们阶级地位所依据的实际关系中——从他们进行生产和交换的经济关系中，获得自己的伦理观念”②。同时，价值体系还直接来源于政治法律制度等上层建筑。政治法律制度虽然是人们根据经济基础的要求并在一定意识形态和价值观念的指导下形成的，但它一经形成便马上会成为一种现实的力量，对意识形态领域、对价值观念产生重大影响。正如恩格斯所说：“国家一旦成了对社会的独立力量，马上就产生了新的意识形态。”这种制度对于生活其中的人们来说，具有外在性，它为人们提供了现成的价值体系，来规范引导社会成员的价值取向，成为社会成

① ［法］托克维尔：《论美国的民主》（下），董良果译，商务印书馆1991年版，第653—654页。

② 《马克思恩格斯全集》第3卷，人民出版社1960年版，第434页。

员价值观念的直接来源。价值体系的性质是由制度的性质决定的。有什么样的经济基础、经济制度，或迟或早就会产生什么样的政治制度，也会产生相应的意识形态、价值体系。在原始社会的公有制中，是不可能有私有财产神圣不可侵犯等产生于生产资料私有制中的价值观念。同样，资本主义制度也不可能容纳三纲五常的封建价值体系。

此外，制度的变革还会引起价值体系的变革。马克思、恩格斯指出："随着每一次社会制度的巨大历史变革，人们的观点和观念也会发生变革。"① 此处的观念主要指的是价值观念。作为社会意识形态，价值体系固然有其相对独立性和历史继承性，但当旧的制度瓦解之后，与其相适应的旧的价值观念只要在现实中找不到旧制度的残余，它就或迟或早一定会消亡。而新的价值观念则会随着新制度的确立而奔走于世，在价值王国中登堂入室。纵观历史发展，当社会处于新旧制度的转换时期，往往就是新旧价值观念冲突、价值观念变革最激烈最活跃的时期。因此，人们价值观念的本质飞跃，不只是在于概念上的突破，而更在于实践的发展和现行制度的改造。在《共产党宣言》中，马克思、恩格斯非常形象地描述了资本主义生产方式的确立对人们价值观念的巨大影响："资产阶级在它已经取得了统治的地方把一切封建的、宗法的和田园诗般的关系都破坏了"，"它使人和人之间除了赤裸裸的利害关系，除了冷酷无情的'现金交易'，就再也没有任何别的联系了。它把宗教虔诚、骑士热忱、小市民伤感这些情感的神圣发作，淹没在利己主义打算的冰水之中。它把人的尊严变成了交换价值，用一种没有良心的贸易自由代替了无数特许的和自力挣得的自由。"②

正是由于制度构成人们的生存环境，并决定着价值体系的产生、变革，所以，社会主义核心价值体系要取得大众形态，要为人们广泛践行，必须要有相应的制度存在。尽管社会主义核心价值体系制度形态的确立并不会自动取得其大众的心理行为形态，但其大众心理行为形态的

① 《马克思恩格斯全集》第 7 卷，人民出版社 1959 年版，第 240 页。

② 《马克思恩格斯选集》第 1 卷，人民出版社 1995 年版，第 274—275 页。

取得毫无疑问依赖于制度化的路径。这是因为作为政治形态和理论形态的社会主义核心价值体系，最初只是被政治精英或者专家学者掌握，它要转化为大众的价值追求，除了必要的宣传教育以外，还必须为其大众形态的生成提供适宜的制度土壤。也就是说，社会主义核心价值体系只有通过制度化的路径取得制度形态、形成与社会主义核心价值体系价值理想和核心理念相一致的制度环境之后，才能在其制度的运作中发挥其对大众的价值导向作用，才能在制度的土壤中生成培育出社会主义核心价值体系的大众形态。

通过制度的路径依赖，社会主义核心价值体系取得制度形态，就构成了其大众形态的生成环境，能够培育、生成社会主义核心价值体系的大众形态。制度将社会主义核心价值体系的核心理念和伦理精神规范化、实体化，实际上是向生活在该制度中的人们“明示”或“默示”它所要求的“道”。[①] 明示是指制度通过各种法律法规、行政法规、行业规范等形式公开昭示社会主义的核心理念和价值要求，使人们达到制度所追求的思想境界、形成制度所认可的行为方式。默示是相对明示而言的，它不是明显直白地昭示社会主义的核心价值，而是通过将社会主义核心价值渗透于制度的组织形式、运作程序以及基本权利、义务的安排中，从而给社会成员展示一条基本的行为之“道”。人们依“道”而行，就构成人们的生存方式。一方面，作为一种社会存在和一种社会环境，制度对人们的价值观念、道德精神发生着作用；另一方面，制度所规定的生存方式又直接影响并改变着人们的价值观念。在制度规定的生存方式中，生活本身就会告诉人们应该怎样去谋求生存和发展、应该怎样更新自己的价值观念。

因此，推进社会主义核心价值体系大众化，使社会主义核心价值体系为大众内化于心、外践于行，必须依赖相应的制度环境。诚然，作为我国的主导意识形态，社会主义核心价值体系是对我国经济基础和政治

---

① 参见杨清荣：《制度的伦理与伦理的制度——兼论我国当前道德建设的基本途径》，载《马克思主义与现实》2002 年第 4 期。

制度的观念反映，其制度形态的形式无疑已然是完成形态，但却远非完善形态，社会主义核心价值体系的价值理想和核心理念在现行的制度安排中并没有充分地体现出来。如以人为本、社会和谐、人民民主、共同富裕、公平正义等体现社会主义根本性质的核心价值，如何通过具体的制度安排使之具有切实可靠的制度保障，目前还未尽如人意；作为社会交往基本道德要求的诚信观念，也还没有形成有效的制度约束；等等。社会主义核心价值在制度上的不到位、缺位，会与社会主义核心价值体系正面的宣传教育形成反差，从而致使社会主义核心价值体系难于深入人心。为此，社会主义核心价值体系要深入人心，取得其大众的心理行为形态，必须以其制度形态的优化为前提。只有当社会制度体现出的价值导向、核心理念与社会主义核心价值体系相一致时，社会主义核心价值体系的大众心理行为形态才具备适宜的生成土壤和生长环境。所以，确立充分体现社会主义核心价值体系价值理念和伦理精神的各种制度，是当前推进社会主义核心价值体系大众化的重要环节。

二、社会主义的制度完善要以社会主义核心价值体系为价值导向

一定的价值观念产生于一定的制度基础，一定的社会制度又是特定价值观在制度层面的具体体现，价值观念在制度的生成、创新和发展中具有重要的价值导向作用。社会主义制度既是社会主义核心价值体系赖以产生的制度基础，也是社会主义核心价值体系在制度层面的具体体现。社会主义核心价值体系是社会主义制度的灵魂，坚持和完善社会主义的各项制度，要以社会主义核心价值体系为价值导向，使社会主义核心价值体系在社会主义的各项制度中得到充分体现。

（一）价值观念在制度生成、创新和发展中发挥着重要的价值导向作用

任何制度的产生都不是偶然的，归根结底，一定的社会制度总是由

一定的社会生产力状况所决定的。但是，社会生产力并不会自动产生社会制度。就社会的基本制度而言，一定的生产力水平只是规定了一定社会形态的基本性质以及与这一社会形态相适应的社会制度的基本性质。手推磨产生的是封建主的社会，蒸汽磨产生的是工业资本家的社会。① 但是，以封建主为首的社会制度并不是手推磨自然产生的，资本主义制度也不是蒸汽磨自然而然地“磨”出来的。社会制度从生产力的客观要求到现实的制度生成，是一个由可能性变为现实性的过程。在这个过程中，人的主观意识和价值观念发挥着重要作用。针对蒲鲁东不懂得人们创造历史的辩证法，马克思曾在《致帕·瓦·安年柯夫》信中深刻指出：“蒲鲁东先生很清楚地了解，人们生产呢子、麻布、丝绸——了解这么点东西确是一个大功劳！可是，蒲鲁东先生不了解，人们还按照自己的生产力而生产出他们在其中生产呢子和麻布的社会关系。蒲鲁东先生更不了解，适应自己的物质生产水平而生产出社会关系的人，也生产出各种观念、范畴。”② 社会关系作为物质生产的产物，最初只是作为自在之物而存在的，因而其对人的行为要求和实践制约只具有纯粹的客观性。但是，由于人们的生产活动只有在一定的社会关系中才能进行，因而社会关系又成了人们生产活动得以顺利进行的必要条件。于是，人们就用自己在生产实践中形成的“观念、范畴”对自己所面对的社会关系进行理解、把握、组织和安排，扬弃其纯粹的客观性，使其由自在之物变成为我之物。扬弃社会关系的纯粹客观性，即是扬弃社会关系对实践主体来说的随意性、不确定性和不合理性，将实践主体认为合理的社会关系固定化和秩序化，使其具有某种特定的形式和结构，这就是制度。③

由此可见，一定的制度并非人们物质生产活动自然而然的结果，它要受到一定生产力状况所制约的人的价值观念和伦理精神的观照，它

① 参见《马克思恩格斯选集》第1卷，人民出版社1995年版，第142页。

② 《马克思恩格斯选集》第4卷，人民出版社1995年版，第538—539页。

③ 参见杨清荣：《制度的伦理与伦理的制度——兼论我国当前道德建设的基本途径》，载《马克思主义与现实》2002年第4期。

"反映了一定物质生活方式下价值观念的要求"[①]。价值观念对制度的生成、创新和发展具有重要导向作用。任何制度都要以一定的核心价值为依据，都要以一定的伦理精神为底蕴，都要以一定的价值认识、价值判断和价值取向为前提。一定的制度设计总是体现着实践主体对实践的过程和结果"应该如何"的价值理想、价值判断和价值要求，从而避免实践过程的随意性、盲目性和实践结果的不可预测性。这即是马克思所说的人以实践精神把握世界的方式。制度一般有三个维度，即社会关系、制度形式和价值观念。社会关系是制度调节和处理的对象，是制度的客观内容。社会关系虽然是一定实践的必然产物，但只有当人们用一定的价值观念和道德精神观照自己所处的社会关系并得出"应该如何"的价值判断时，它才成为制度调节和处理的现实对象，才成为制度的现实内容。如果人们对社会关系"应该如何"作出了错误的价值判断，就不可能有健全的制度。制度形式是制度的具体组织形式和运作方式。制度形式在客观上虽然必须适应社会关系的现实要求，但现实的制度总是人们以一定的价值观念对社会关系进行价值观照的产物。不同的价值观念对社会关系的理解和价值判断是不同的，比如尊卑贵贱的等级秩序在我国封建社会是正义的，但在今天是不能为我们所接受的。因此，制度的社会关系和制度形式这两个维度，都离不开价值观念的引领作用。

于是，我们可以对制度和价值观念的关系作出这样的理解：一定的价值观念是一定制度得以产生的观念先导，是一定制度赖以产生的价值理念；每一制度的具体安排都要受一定价值观念的支配，特定的制度不过是特定价值观念的实体化和具体化；一定的价值观念总要以自己的价值尺度和评价方式为体现自己核心价值的社会制度提供理性辩护，进行制度合理性的论证；制度的创新和变迁直接源于价值观念的变化和更新。

首先，一定的价值理想是一定制度赖以确立的价值依据。一定的制度总是以一定的价值理想为灵魂，是对一定价值理想在制度层面的逻辑展现。每一种制度安排都是围绕着一定的价值理想而展开的。价值理想

① 李从军：《价值体系的历史选择》，人民出版社 2008 年版，第 134 页。

是制度设计、制度安排的精神核心和价值所向。所谓价值理想，就是个人、群体或社会所期望的价值目标。每一种制度设计都有一定的价值理想，它反映着人们对未来的某种期望。一个社会的制度体系实际上就是围绕实现某种价值理想、价值目标而进行的制度安排。其中，社会的根本制度是为实现该社会的终极价值理想而设计的，社会的各项具体制度也有着自己的具体价值目标。这些具体价值目标则是围绕着总的价值理想而展开的。不同的价值理想构成不同制度的内在精神和气质，使不同制度具有不同的面貌和特征。比如，原始社会的公有制就体现了原始人对生存安全的价值追求；资本主义私有制则体现了资产阶级对自由、平等、博爱的价值追求。

其次，一定的价值体系为相应的制度存在提供价值辩护。任何制度都存在一个合理性或者合法性的问题，这个问题是建立和发展某一制度的前提性问题。一种制度只有拥有为多数人所接受的正当性、合理性时，它才能得到社会成员的最大支持，获得其存在的合法性。而所谓制度的合理性，就是指制度符合某种价值标准或者价值规范；所谓制度的合法性，是指制度得到人们的认可和服从。因此，制度的合理性或者合法性，实际上就是人们以特定的价值体系、价值标准为基础的对制度的价值认同。这种基于特定价值体系的对制度的价值认同本身就是对该制度的一种价值信念。而制度价值认同问题的解决又是通过价值体系对制度的价值评价和价值辩护来进行的。所谓制度的价值评价，是指根据一定的价值标准去揭示和判断制度是否具有价值以及具有何种价值。所谓制度的价值辩护是指通过价值评价，对异己性质的制度进行价值否定和批判，同时对体现自身价值理念的制度予以积极的价值肯定和维护。

再次，价值体系是制度创新的思想先导。“意识上的变革——价值观和道德伦理上的变革——会推动人们去改变他们的社会安排和体制。”① 价值体系不仅为制度设计注入价值目标，并为之提供理性辩护，

① ［美］丹尼尔·贝尔：《后工业社会的来临》，高铦等译，商务印书馆 1984 年版，第 527 页。

同时还是制度创新的思想先导，引导着制度的变革和创新。价值体系作为社会意识和观念体系，它有其自身的相对独立性，有其自身发展的内在逻辑。先进的价值体系不仅能够直接反映现实的社会生活，而且能够把握社会发展的规律，预见社会的发展趋势，为社会发展指明正确的方向和道路，引导着社会发展的制度创新。价值体系作为制度创新的思想先导，首先表现为对旧制度及其价值体系的批判和否定。一种新的制度体系要在旧制度的基础上建立，不批判旧制度就无法实现对旧制度的超越，也无法获得自身生存的权利。制度要获得存在的理由，必须通过价值体系为自己的存在进行合法性的辩护。因此，新的价值体系不可避免要对旧制度进行合法性的批判，使人们对其怀疑、动摇和否定，并希冀新制度将其取而代之。在批判旧制度的同时，新价值体系还批判和否定旧价值体系。这是因为旧价值体系不仅是旧制度赖以存在的价值观基础，而且其保守性使其成为制度创新过程中的思想障碍，阻碍着新制度的生成。制度革命之所以总是以价值体系的革命为先导，其奥秘正在于此。价值体系作为制度创新的思想先导，除了表现为对旧制度及其价值体系的批判以外，还表现为对旧制度的改革或重构新的制度体系。价值体系并不局限、停留于观念、理论自身，而是天生地指向现实。否则，它除了成为供人们闲暇时独自玩味的东西或者成为人们相互间的谈资外，就别无其他意义了。新的价值体系是新的制度体系设计和重构的价值观基础。人们根据新的价值理想、价值标准或核心理念，通过暴力或和平的方式或对旧制度进行改革、完善，或重构新的制度体系。先进的价值体系总会通过人们的实践，将其“观念地存在着”的模型、蓝图实现出来，变为现实的制度创新和一套新的社会规范，塑造人们新的交往方式和行为模式。

当然，价值体系引导的制度创新，归根到底是根源于其反映的社会物质生活条件和社会关系的变化。先进的价值体系之所以先进，并不在于其价值理想是多么宏远，而在于其对社会现实反映的深刻程度和对历史发展规律的揭示程度。

（二）社会主义的制度完善要以社会主义核心价值体系为价值导向

如前所述，任何的制度设计、制度安排都是以一定的价值理想、核心理念为灵魂的，价值理想、核心理念的变革是制度创新的思想先导。社会主义的制度创新也必然应与社会主义的价值体系相一致，以社会主义的价值体系为灵魂。由马克思主义指导思想、中国特色社会主义共同理想、民族精神和时代精神以及社会主义荣辱观构成的社会主义核心价值体系，既反映了中国社会发展的客观规律，也反映了中国人民的价值追求和核心理念，体现了合规律性和合目的性的有机统一，因而应当成为我国社会主义各项制度创新、发展的思想先导。我国各项制度的创新、发展和完善都应以社会主义核心价值体系为价值导向，都应围绕着实现社会主义的价值理想和核心理念而建构，使各项制度的具体安排与社会主义核心价值体系相一致，成为社会主义核心价值体系的逻辑展现和制度保障。否则就会导致理论和实际相脱节、理想和现实相背离，社会主义核心价值体系就会因为缺乏具体制度安排的确证而丧失合法性，社会主义各项制度的合法性也会因为没能足够体现社会主义核心价值体系的核心理念而受到威胁。

美国政治学家塞缪尔·亨廷顿以美国为背景研究发现，共识的理想和价值并不一定就能带来现行制度的合法性和社会的稳定。过分的共识正如过度的分歧一样，同样可能造成对现行制度的质疑和社会生活的不稳定。“共识的核心理想和价值也有可能会对主流政治体制和实践的合法性提出挑战”①。社会理想和核心价值的共识程度越高，会使民众的预期更高，而对现实制度的评价则更苛刻。一旦现行的各种制度和实践与人们在长期共识教育下形成的价值理想不相兼容、差距过大或发生冲突，就可能降低人们对现行制度和实践的价值认同，进而使政治合法性受到威胁，甚至失去政治稳定。共识的价值理想是否会带来社会稳定，它取决于两个条件：一是价值理想本身是否正义；二是制度与价值理想是否平衡。在亨廷顿看来，美国的自由、平等等核心价值无疑是正义的

---

① ［美］塞缪尔·P. 亨廷顿：《失衡的承诺》，周端译，东方出版社2005年版，第38页。

化身，但是制度与理想的失衡则导致美国正义的理想并不能完全实现。这种失衡，他将其称之为“裂痕”。亨廷顿认为，这种“裂痕”既是美国政治变革的主要源泉，也是美国人最惨烈的冲突源泉。① 人们对核心价值和理想信念的共识程度越高，他们对体制裂痕的认识则越清晰。“美国人愈是投身于自己民族的政治信念，就愈发对自己的政治体制充满敌视、愤世嫉俗”②。如果体制的裂痕得不到及时有效的弥补，就可能削弱理想目标的合法性，引发人们对原有理想信念的质疑，从而改变或放弃自己原先的信念。所以，一个国家如果不想放弃或改变自己的价值信念，就必须进行体制改革和行为改革以消除体制和理想的裂痕。

尽管亨廷顿始终没有认识到美国的资本主义制度本性决定了美国的体制无论进行怎样的改革，也始终无法与美国的自由、平等等核心价值平衡发展，但他对价值共识与政治体制之间的相关性分析却对我国的社会主义核心价值体系建设和制度建设具有重要的启示意义。这个意义就在于，我国要建设社会主义核心价值体系，要推进社会主义核心价值体系的大众化，使社会主义核心价值体系为全体社会成员所认同、相信和遵从，就必须保证制度成长与正义理想平衡发展，使社会主义的各项制度与社会主义核心价值体系的核心理念相一致，使社会主义核心价值体系在社会主义的各项制度中得到真实体现。唯有如此，社会主义核心价值体系才会被人们确认是真实的、合理的。这是因为社会主义核心价值体系本身不能证明自我的真实性和合理性。尽管党和政府以及大众传媒的意识形态话语在这方面的辩护有所作为，但并非无所不为。社会主义核心价值体系只有充分体现在诉诸实践的各项具体制度、公共政策和行为规范中，其真实性和合理性才能得到确证，也才能得到人们高度而广泛的认可和相信。

因此，推进社会主义核心价值体系大众化，既要靠理论创新、宣传教育，也要靠制度建设。社会主义核心价值体系建设与社会主义制度建

① 参见［美］塞缪尔·P. 亨廷顿：《失衡的承诺》，周端译，东方出版社 2005 年版，第 39 页。

② ［美］塞缪尔·P. 亨廷顿：《失衡的承诺》，周端译，东方出版社 2005 年版，第 2 页。

设是彼此联系、相互促进的。社会主义核心价值体系“是社会主义制度在价值层面的本质规定”，“是社会主义制度的内在精神和生命之魂”①；社会主义制度既是社会主义核心价值体系赖以产生的制度基础，也是社会主义核心价值体系的外在表现，是“社会主义核心价值体系在制度层面的具体体现”②，同时也是社会主义核心价值体系大众形态生成的制度环境。这就要求我们在建设社会主义核心价值体系时，要使社会主义的制度建设与之平衡成长，实现两者的良性互动。一方面，要通过社会主义核心价值体系建设，推进社会主义的制度建设，使社会主义的各项制度充分体现社会主义核心价值体系的价值要求，从而增强人们对社会主义制度的认同；另一方面，要通过对社会主义的制度建设，使社会主义核心价值体系的价值理想和核心理念在制度中得到确证和体现，使广大群众通过享有制度带来的好处而进一步增强其对社会主义核心价值体系的认同，从而实现社会主义核心价值体系的大众化。

在当前，推进社会主义核心价值体系制度建设，关键是要坚持和完善社会主义初级阶段的基本经济制度和民主政治制度，巩固社会主义核心价值体系赖以产生的制度基础，构建充分体现社会主义核心价值体系的制度环境，使社会主义核心价值体系的核心理念在社会主义的各项制度中得到充分体现和确证。

三、坚持和完善社会主义初级阶段的基本经济制度

公有制为主体、多种所有制经济共同发展是我国社会主义初级阶段的基本经济制度，也是社会主义核心价值体系赖以产生和发展的经济基础。马克思在《〈政治经济学批判〉序言》中指出：“生产关系的总和构成社会的经济结构，即有法律的和政治的上层建筑竖立其上并有一定的

---

① 马克思主义理论研究与建设工程办公室：《社会主义核心价值体系研究向纵深拓展》，载《人民日报》2007年10月14日。

② 马克思主义理论研究与建设工程办公室：《社会主义核心价值体系研究向纵深拓展》，载《人民日报》2007年10月14日。

社会意识形式与之相适应的现实基础。物质生活的生产方式制约着整个社会生活、政治生活和精神生活的过程。不是人们的意识决定人们的存在，相反，是人们的社会存在决定人们的意识。”① 社会主义核心价值体系作为社会主义意识形态的本质体现，作为社会主义的观念上层建筑，它是社会主义经济基础在意识形态上的观念反映。推进社会主义核心价值体系大众化，必须巩固社会主义核心价值体系赖以存在的经济基础，坚持和完善我国社会主义初级阶段以公有制为主体、多种所有制经济共同发展的基本经济制度，既不能搞私有化，也不能搞纯而又纯的公有制。

在纪念党的十一届三中全会召开30周年理论研讨会上，中央领导同志明确要求要深入回答与社会主义核心价值体系建设密切相关的六个重大问题（即“六个为什么”），这六个问题中，其中之一就是“为什么要坚持公有制为主体、多种所有制经济共同发展的基本经济制度而不能搞私有化或‘纯而又纯’的公有制”②。党的十七届四中全会进一步要求开展社会主义核心价值体系教育，要划清“四个重大界限”。这四个界限中，其中之一就是要划清“社会主义公有制为主体、多种所有制经济共同发展的基本经济制度同私有化和单一公有制的界限”③。由此可见，无论是“六个为什么”，还是“四个界限”，都强调坚持和完善我国社会主义初级阶段的基本经济制度，既不能搞私有化，也不能搞纯而又纯的公有制。

（一）坚持和完善社会主义初级阶段基本经济制度，必须毫不动摇地巩固和发展公有制经济，绝不能搞私有化

毫不动摇地巩固和发展公有制经济，既是社会主义的基本标志，也

---

① 《马克思恩格斯选集》第2卷，人民出版社1995年版，第32页。

② 李长春：《在纪念党的十一届三中全会召开30周年理论研讨会上的讲话》，载《人民日报》2008年12月22日。

③ 《中共中央关于加强和改进新形势下党的建设若干重大问题的决定》，人民出版社2009年版，第13页。

是实现社会主义核心价值、推进社会主义核心价值体系大众化的根本制度保障。马克思主义认为，生产资料的所有制是社会经济制度的核心和基础，决定着社会经济制度的根本性质。生产资料公有制，既是社会主义经济制度的基础，是人民大众当家作主的经济基础，也是社会主义核心价值体系的根本经济基础。作为一种生产关系的理论范畴，生产资料公有制的实质和核心是全体社会成员或者部分社会成员共同占有生产资料，它实现了人们在生产资料上的平等关系，是社会主义经济性质的根本体现，是社会主义区别于资本主义的本质特征，是社会主义制度同资本主义制度“具有决定意义的差别”。恩格斯曾经指出，社会主义制度同资本主义制度“具有决定意义的差别当然在于，在实行全部生产资料公有制(先是单个国家实行）的基础上组织生产”①。动摇了公有制的主体地位，就意味着是对社会主义制度和社会主义发展道路的放弃。为此，作为社会主义国家，我国必须毫不动摇地坚持公有制经济的主体地位。这不仅对于确保我国社会主义的社会性质和发展道路具有决定性的作用，而且对于充分发挥社会主义制度的优越性，实现人们在生产资料占有上的平等关系进而实现政治上的平等地位，实现人民民主、公平正义、共建共享等社会主义的核心价值都具有决定性的作用。因此，建设社会主义核心价值体系，推进社会主义核心价值体系大众化，公有制经济的主体地位决不能动摇。否则，社会主义核心价值体系就会因为缺乏根本的制度基础而成为无本之木。

所谓私有化，就是放弃公有制的主体地位，将公有资产转化为个人资产。放弃公有制的主体地位，在中国搞私有化，既不符合社会发展的客观规律，也与社会主义的核心价值相背离，会对中国的社会发展带来灾难性的危害。

第一，私有化不符合社会发展的客观规律。在社会化大生产条件下，建立生产资料公有制，取代资本主义私有制，是生产力发展的客观要求，符合生产关系一定要适应生产力这一社会发展的客观规律。用生

① 《马克思恩格斯选集》第4卷，人民出版社1995年版，第693页。

产资料公有制取代资本主义私有制，是为了消除生产的社会化同生产资料资本主义私人占有之间的基本矛盾，是为了消除破坏生产力发展的周期性的资本主义经济危机，从而解放生产力，促进社会生产力的快速发展。事实证明，生产资料公有制能够促进生产力的快速发展。十月革命前，沙皇俄国的经济总量只及美国的8%，而苏维埃通过实行公有制，与美国的经济差距迅速缩小。在20世纪30年代的世界经济大萧条时期，美德等资本主义国家的工业产量大幅下降，而苏联的工业产量则是快速提升。苏联经济尽管在第二次世界大战期间遭到严重损失，但战后得到迅速恢复，苏联成为可与美国抗衡的超级大国。我国在实行社会主义公有制以来，尽管曾受到“左”的干扰，但经济发展的成就也超过旧中国的几百年。[①] 那些所谓“人间正道私有化”等否定公有制、主张私有化的种种错误言论，如果撇开其政治目的，单是从认识的角度来说，其错误就在于这些观点违反了社会发展的客观规律，没有看到公有制取代私有制是由生产力的社会性质决定的，是社会化大生产的客观要求。放弃公有制的主体地位，在中国搞私有化，是违反社会发展规律的错误行为，势必会受到规律的惩罚。苏东原社会主义国家在全盘私有化之后，有的成为依附于西方大国的附庸，俄国也从一个超级大国变成一个备受西方强国挤压和欺凌的国家，经济社会发展倒退和停滞了10多年，人民生活水平普遍下降，失业率持续攀升，贫富分化悬殊，社会矛盾加剧，昔日与美国较量的雄风不再。苏东私有化导致的严重后果，其教训值得我们记取。

第二，私有化不符合我国社会的社会主义性质。“社会主义经济是以公有制为基础的”[②]，生产资料的社会主义公有制，是社会主义经济制度的基础。“坚持公有制的主体地位，是社会主义的一项根本原则”[③]，也是我国社会主义的基本标志。我国之所以是社会主义社会，从经济制

---

① 卫兴华：《坚持和完善我国现阶段基本经济制度的理论和实践问题》，载《马克思主义研究》2010年第10期。

② 《十二大以来重要文献选编》中，人民出版社1986年版，第535页。

③ 《江泽民文选》第1卷，人民出版社2006年版，第468页。

度上说，就是因为生产资料公有制占主体地位。也就是说，正是生产资料公有制占主体地位决定了我国社会的社会主义性质。“我们干的是社会主义，国家经济的主体必须是公有制”①，“任何动摇、放弃公有制主体地位的做法，都会脱离社会主义的方向。”② 一旦实行私有化，没有了生产资料的公有制，或者公有制经济丧失了主体地位，让私有制占主体地位，我国的社会性质就会发生根本变化，就不再是社会主义社会而是资本主义社会了。以俄罗斯的私有化为例，其私有化的过程就是其社会主义制度彻底改变的过程。通过私有化，其经济制度实现了从公有制向私有制的转变，其社会制度也从社会主义制度彻底转变成了资本主义制度。正是因为公有制是否占主体地位直接关系到我国社会的根本性质，所以我们在改革中一再强调要坚持公有制的主体地位，决不能搞私有化。邓小平指出：“我们允许个体经济发展，还允许中外合资经营和外资独营的企业发展，但是始终以社会主义公有制为主体。”③ 江泽民也强调：“我们要积极开拓，勇于进取，但决不搞私有化。这是一条大原则，决不能有丝毫动摇。”④ 动摇公有制的主体地位，在中国搞私有化，就意味着放弃社会主义。

第三，私有化并不代表竞争、效率和发达。一些人主张私有化，通常有三个理由：一是私有化能提高效率；二是私有化能打破垄断；三是私有化是实现经济发达的捷径。事实上，私有化并不意味着效率。私有化的同时往往伴随着管制的放松，通常会导致灾难性的结果。⑤ 在美国加利福尼亚州，当地政府于1996年随着私有化浪潮开始对电力部门放松管制，5年后，在2001年年初，一场灾难出现了，加利福尼亚遭遇了一场严重的电力短缺，“电价突然间增长了10倍多”，“市民、企

---

① 《十五大以来重要文献选编》上，人民出版社2000年版，第488页。

② 《江泽民文选》第1卷，人民出版社2006年版，第468页。

③ 《邓小平文选》第3卷，人民出版社1993年版，第110页。

④ 《江泽民文选》第2卷，人民出版社2006年版，第389页。

⑤ 胡钧、韩东：《坚持社会主义公有制为主体、多种所有制经济共同发展的基本经济制度》，载《高校理论战线》2010年第3期。

业和加州政府损失了数十亿美元，而电力供应企业的利润则增长了超过 500%。”[①] 一些私有企业为了进一步提高电价甚至故意关闭自己的工厂来恶化电力短缺危机。在加利福尼亚普遍遭遇电力危机的同时，拥有电力企业的洛杉矶却并没有出现电力短缺、停电以及电价大幅上涨等现象。加拿大的客车铁路系统是由国家所有的，该系统因其有效性和优质服务而受到广泛好评。“很多美国人都喜欢到加拿大去旅游，坐着加国政府所有的铁路干线来游览这个美丽的国家”。[②]2008 年，全球爆发了百年不遇的金融危机，当世界各国还在危机中挣扎时，中国经济在以国有经济为主导的公有制经济推动下最早开始了复苏，对世界经济的恢复作出了积极贡献。在《财富》杂志公布的世界 500 强企业中，2009 年，我国有 33 家国有企业榜上有名，2010 年增加到了 43 家，2011 年，尽管《财富》杂志提高了入围世界 500 强的门槛（提高了 24 亿美元，从 2010 年约 171 亿美元提高到约 195 亿美元），但我国入围国有企业仍然大幅增加，达到 59 家。尤其是在全球上榜企业前十位中，我国的国有企业就有 3 家，分别是中国石油化工集团公司，排名第 5 位；中国石油天然气集团公司，排名第 6 位；中国国家电网公司，排名第 7 位。[③] 在激烈的国际国内市场中，公有经济的强大竞争力、高效性和社会主义制度的优越性为世人所见证。因此，只有私有化才有能力和效率，“现实似乎并不赞同这样的理论”[④]。同样，私有化也不意味着打破垄断，提高竞争。以英国的私有化为例，垄断性行业尤其是公用事业中的企业在私有化后，并没有从根本上改变企业运行的市场属性，仍然具有垄断特征。“私有化只不过是将国有企业的垄断地位转移到了私有企业上。”[⑤] 这说明，私有化代表竞争的观点也是错误的。此外，私有化也不意味着

---

① 大卫·科茨：《所有权、财产权与经济绩效》，载《经济社会体制比较》2008 年第 3 期。

② 大卫·科茨：《所有权、财产权与经济绩效》，载《经济社会体制比较》2008 年第 3 期。

③ 财富：《2011 年世界 500 强排行榜（企业名单）》，《财富》中文网，2011 年 7 月 7 日，http://www.fortunechina.com/fortune500/c/2011-07/07/content_62335.htm。

④ 大卫·科茨：《所有权、财产权与经济绩效》，载《经济社会体制比较》2008 年第 3 期。

⑤ 杨国彪：《英国私有化的经验和教训》，载《经济研究参考》2002 年第 63 期。

发达。在当前近200个实行私有制及推行私有化的国家中，发达资本主义国家仅是其中极小的一部分。而在2009年联合国公布的49个最不发达国家中，其中48个国家都是资本主义国家。[①]即便是少数的发达国家，它们大部分也是通过殖民统治、经济掠夺、经济技术等垄断优势来攫取超额垄断利润维持其发达地位的。对于大多数发展中国家来说，不仅无法通过复制少数发达国家的发展模式来找到发展的捷径，一些国家反而由于大力推行国有企业的私有化而付出了高昂的代价，导致经济衰退、社会分化和人民贫困，甚至出现社会动荡。因此，私有化也不是实现经济发达的捷径。

第四，私有化与社会主义核心价值体系相违背。社会主义的核心价值是要通过解放生产力和发展生产力，消灭剥削、消除两极分化，实现共同富裕，是要实现社会的公正和谐和人的自由而全面发展。这些价值理想只有在生产资料公有制下才能实现。实行私有化，必然加剧剥削现象和贫富两极分化，导致经济、社会与政治的不公平，从而不利于充分调动劳动者的积极性而致生产力倒退和人民群众生活水平的普遍下降。俄罗斯在私有化之后，失业与通胀并存，社会出现严重的两极分化。“从1992年到1998年，俄罗斯从大量的、全面的私有化中仅仅得到相当于国内生产总值1%的收入。其余全落入人数很少的所谓‘寡头’集团的腰包。”[②]私有化后的俄罗斯，“一方面出现了暴富的‘新俄罗斯人’；另一方面出现了大量生活在贫困线以下的广大居民阶层。”[③]私有化后的企业，通常考虑的只是经营者和股东的利益，只注重企业的利润，普通居民的利益则往往受到很大的损害。英国供排水公司在1989年私有化后，到1993年，“该行业的税前利润由12亿英镑增加到18亿英镑，增加了50%以上，而同一时期一般居民家庭用水的价格却上涨了60%，排

① 转引自中共中央宣传部理论局：《划清“四个重大界限”学习读本》，学习出版社2010年版，第35页。

② 陆南泉：《俄罗斯私有化的失误及警示》，载《人民论坛·双周刊》2008年总第218期。

③ 陆南泉：《俄罗斯私有化的失误及警示》，载《人民论坛·双周刊》2008年总第218期。

水费支出增加了66%。”[①] 因此，私有化是与社会主义公平正义、社会和谐、共同富裕等核心价值相违背的。私有化不是中国的出路。中国如果实行私有化，会抽掉社会主义的经济基础和我们党的执政基础，会从根本上颠覆我国的社会主义制度，损害广大群众的根本利益，加剧社会矛盾，造成社会动荡。在私有制经济为主体的条件下，不可能消灭剥削、消除两极分化，更不可能实现全体人民的共同富裕。“只有确保公有制经济的主体地位，才能防止两极分化，实现共同富裕。”[②] 坚持公有制经济的主体地位，既是社会主义的基本标志，也是实现社会主义核心价值的根本制度保障。

（二）坚持和完善我国社会主义初级阶段的基本经济制度，必须毫不动摇地鼓励、支持和引导非公有制经济发展，绝不能搞单一公有制

在巩固和发展公有制经济的同时，鼓励、支持和引导非公有制经济发展，是根据马克思主义唯物史观关于生产力与生产关系相互关系的基本原理，结合我国社会主义初级阶段的具体国情提出来的。[③] 这一基本制度并非人为的主观想象，而是符合社会发展规律的必然产物。

依据马克思主义唯物史观的基本原理，生产关系一定要适应生产力的状况，生产力对生产关系具有决定作用。生产力的状况是生产关系形成的客观前提和物质基础，生产关系是在生产力的影响下形成和改变的。马克思曾经说过：“人们在发展其生产力时，即在生活时，也发展着一定的相互关系；这些关系的性质必然随着这些生产力的改变和发展而改变。”[④] 有什么样的生产力，就要求有什么样的生产关系与之相适应。人们在物质生产中实行什么样的生产关系，并不以人们的主观意志为转移，而是由生产力的客观性质所决定的。同时，作为生产的社会形

---

① 赵伟：《九十年代英国私有化的困境与前景》，载《外国经济与管理》1995年第8期。

② 《江泽民文选》第1卷，人民出版社2006年版，第468页。

③ 周新城：《坚持公有制为主体、多种经济共同发展的基本经济制度》，载《中共石家庄市委党校学报》2009年第5期。

④ 《马克思恩格斯全集》第47卷，人民出版社2004年版，第444页。

式，生产关系对生产力也具有反作用。只有当生产关系适应生产力的发展要求时，它才会促进生产力的发展，而无论生产关系是落后还是超越于现实的生产力状况，它对生产力的发展都会起阻碍作用。在生产关系中，生产资料的所有制关系是基础，它对整个生产关系的性质起着决定性的作用。生产资料的所有制关系，作为生产关系中最基本、具有决定意义的方面，它是由一个国家的生产力状况和基本国情决定的。我国当前正处于社会主义初级阶段，生产力发展具有两个方面的显著特征：一是总体水平较低；二是发展不平衡，具有多层次性，由此决定了非公有制经济在我国社会生产力发展中具有不可替代的地位，客观要求在公有制为主体的条件下发展多种所有制经济。离开了多种所有制经济，就背离了社会主义初级阶段的具体实际，就会重蹈超越阶段、违背国情的覆辙。在坚持社会主义公有制主体地位的条件下，鼓励、支持和引导非公有制经济发展，既符合"三个有利于"标准，也对加强社会主义市场经济体制建设、活跃市场和满足人们多样化需求具有重要作用，同时还有助于扩大社会就业，减少社会压力，保持社会稳定。

我国社会主义初级阶段基本经济制度坚持以公有制为主体，并不意味着要搞"纯而又纯"的单一公有制。新中国成立以来经济发展正反两方面的经验表明：如果不顾生产力的实际状况而一味强调纯而又纯的公有制，不仅不能促进反而会破坏生产力的发展。

我国建立社会主义制度后曾实行的单一公有制，有其理论和实践的依据。就理论依据而言，消灭私有制，建立公有制是科学社会主义的一个基本原理。在《共产党宣言》中，马克思、恩格斯指出："共产党人可以把自己的理论概括为一句话：消灭私有制"①；"共产主义革命就是同传统的所有制关系实行最彻底的决裂"②。恩格斯在《反杜林论》中也强调："无产阶级将取得国家政权，并且首先把生产资料变为国家财产。"③就实践依据而言，苏联作为人类历史上第一个社会主义国家，其实行的

① 《马克思恩格斯选集》第 1 卷，人民出版社 1995 年版，第 286 页。

② 《马克思恩格斯选集》第 1 卷，人民出版社 1995 年版，第 293 页。

③ 《马克思恩格斯选集》第 3 卷，人民出版社 1995 年版，第 630 页。

经济制度无疑是后起社会主义国家的样板。它对私有制的完全消灭、实行单一的公有制，以及在这种制度下取得的举世瞩目的巨大成就，对我国选择纯而又纯的公有制产生了直接的影响。苏联公有制采取的是全民所有和集体农庄所有两种形式，我国实行的是全民所有和部分劳动群众集体所有的形式。①

但是，马克思主义经典作家讲的消灭私有制，是就脱胎于发达资本主义国家的社会主义制度而言的。而我国的社会主义制度脱胎于经济文化十分落后的半殖民地半封建社会，其历史前提与马克思、恩格斯设想的社会主义制度的历史前提不一样，因此不应将他们设想的脱胎于发达国家的社会主义经济制度的成熟模式，作为我国社会主义经济制度的起点模式，否则就会脱离我国的具体国情。即使是发达国家的社会主义，也不会一下子就将私有制消灭。在《共产主义原理》中，恩格斯就“能不能一下子就把私有制废除”这个问题，回答道：“不，不能，正像不能一下子就把现有的生产力扩大到为实行财产公有所必要的程度一样。因此，很可能就要来临的无产阶级革命，只能逐步改造现社会，只有创造了所必需的大量生产资料之后，才能废除私有制。”②这说明，即使是发达国家的社会主义，对私有制的废除也是一个逐步的历史过程。

新中国成立后，通过对生产资料的社会主义改造，建立起了社会主义公有制的经济制度，为新中国生产力的解放和发展扫清了道路，并在随后的社会主义建设中取得了巨大的历史成就，初步建立了独立的比较完整的工业体系和国民经济体系，为促进我国的工业化和农业现代化，发挥了重要的历史作用。但是，在接下来的建设中，由于缺乏在生产力不发达的初级阶段建设社会主义的实践经验，我们在基本经济制度问题上一度过于强调国家性质和社会制度，忽视了我国生产社会化程度不高、生产力水平较低的基本国情，将公有制作为唯一的所有制形式，对

---

① 卫兴华：《坚持和完善我国现阶段基本经济制度的理论和实践问题》，载《马克思主义研究》2010 年第 10 期。

② 《马克思恩格斯文集》第 1 卷，人民出版社 2009 年版，第 685 页。

各种非公有制经济进行限制与排斥，从而超越了生产力的实际状况，违背了生产力发展的客观规律，延缓了生产力的发展，限制了经济活力的充分发挥，造成了长期的短缺经济局面。

改革开放以后，我国从生产力发展的实际状况和初级阶段的基本国情出发，对社会主义初级阶段的所有制结构进行了不懈的探索，实现了思想观点的几次重大突破：一是突破了所有制越“公”越好的旧思想，确立了所有制结构由生产力性质决定的新观念；二是突破了所有制越“统”越好的旧观念，确立了经营权与所有权相分离的新观点；三是突破了所有制越“纯”越好的旧观点，确立了公有制为主体、多种所有制经济共同发展的新体制。这些新认识是在总结我国社会主义经济建设和改革实践经验的基础上，对马克思主义所有制理论作出的重大发展。改革开放的实践证明，非公有制经济的发展极大地调动了各类社会资源，为发展初级阶段的社会生产力发挥了巨大的作用。经过 30 多年的发展，全国从总体上已经初步达到小康水平，短缺经济已经成为历史，卖方市场已经转变为买方市场，我国的经济总量在 2010 年已经超过日本，跃居世界第二位。这些巨大的历史成就，无疑包含有非公有制经济发展的重大贡献。

因此，在社会主义初级阶段，要使公有制经济和非公有制经济统一起来，共同促进我国社会生产力的发展和社会财富的增加，既不能搞单一公有制，也不能搞私有化。一方面，在我国生产力总体还不发达的社会主义初级阶段，实行单一的公有制是没有出路的。超越生产力发展阶段、不适应生产力实际状况的所有制结构，只能导致生产力倒退和人民生活水平下降，从而与社会主义“共同富裕”的核心价值相背离。这一点已为我国改革开放前的实践所证明。另一方面，搞私有化更没有出路，它是对整个社会主义制度和社会主义核心价值体系的釜底抽薪，最终只能导致两极分化和社会动荡，葬送社会主义事业。这一点已为原苏东国家的私有化改革所带来的沉痛教训所证明。只有将坚持公有制经济的主体地位与多种所有制经济共同发展，统一于社会主义初级阶段的基本经济制度和社会主义现代化建设实践中，才能充分发挥社会主义制度的优越性，更好地促进社会生产力的发展，为社会主义核心价值体系的大众化奠定坚实的物质基础；也才能不断提高人民群众的生活水平，更好地实现社会主义的核心价值，使社会主义在基本经济制度层面获得大众的价值认同。

四、坚持和完善社会主义初级阶段的收入分配制度

分配公平是社会公平的重要内容，也是实现社会公平的重要体现。分配是否公正不仅仅是单纯的经济利益调节问题，也是关系社会公正的重大社会问题，是关系社会主义核心价值体系“社会和谐”、“公平正义”、“共同富裕”等核心理念能否实现的重大问题。邓小平曾经深刻地指出，共同富裕是社会主义的最大优越性，“这是体现社会主义本质的一个东西”①。当前，分配不公造成收入差距的扩大，严重地制约着社会主义优越性的发挥和社会主义公平正义、社会和谐、共同富裕等核心价值的实现，也严重制约着广大群众对社会主义制度和社会主义核心价值体系的认同。注重分配公平，既是社会主义制度的本质要求，是坚持发展为了人民、发展依靠人民、发展成果由人民共享的根本体现，也是社会主义核心价值的题中要义。因此，推进社会主义核心价值体系大众化，必须在分配制度上充分体现社会主义“共同富裕”这一核心价值要求，使广大群众在体认共同富裕、公平正义的过程中实现对社会主义制度及其核心价值体系的认同。

马克思主义认为，分配制度是由生产资料的所有制决定的。有什么样的生产资料所有制，就有什么样的分配制度。我国社会主义初级阶段公有制为主体、多种所有制经济共同发展的基本经济制度，决定了在收入分配领域，必然实行以按劳分配为主体、多种分配方式并存的分配制度。按劳分配是社会主义公有制在分配领域的体现，只有以按劳分配为主体，才能体现公有制主体地位的最终实现和社会主义初级阶段基本经

---

① 《邓小平文选》第 3 卷，人民出版社 1993 年版，第 364 页。

济制度的社会主义性质；才能确保人们相互之间在平等的经济关系基础上实现平等的政治地位、建立和谐的社会关系；才能保证全体人民向着共同富裕这一目标前进。也就是说，只有坚持按劳分配的主体地位，才能最终实现公平正义、社会和谐、共同富裕等社会主义核心价值。在坚持以按劳分配为主体的同时，实行按生产要素分配，则有利于调动一切积极因素、有利于充分激发社会活力，促进经济发展，从而造福人民、造福社会。因此，推进社会主义核心价值体系大众化，在收入分配制度层面上，必须继续坚持和完善社会主义初级阶段以按劳分配为主体、多种分配方式并存的分配制度。坚持和完善这一制度，有一个怎样调整和规范国家、企业和个人的分配关系的问题，这一问题事关社会主义共同富裕、公平正义、社会和谐等核心价值的实现。为此，要使社会主义核心价值体系的核心理念在现实中得到充分体现并为广大群众体认，必须进一步深化分配制度改革，理顺收入分配关系，切实解决当前收入分配不公的问题。

（一）加快调整国民收入分配格局，切实提高普通劳动者收入

当前，普通劳动者收入偏低已经成为收入分配领域的突出问题，解决分配不公问题，首先要切实提高普通劳动者收入。提高普通劳动者收入，要努力促进“两个同步”的实现和“两个比重”的提高。努力实现“两个同步”：一是指努力实现“居民收入增长和经济发展同步”；二是指努力实现“劳动报酬增长和劳动生产率提高同步”。① 提高“两个比重”：一是提高“居民收入在国民收入分配中的比重”；二是提高“劳动报酬在初次分配中的比重”。② 发展既要依靠人民，发展也是为了人民。只有实现两个“同步”，提高“两个比重”，发展的成果才能惠及全体人民，

---

① 《中共中央关于制定国民经济和社会发展第十二个五年规划的建议》（2010年10月18日中国共产党第十七届中央委员会第五次全体会议通过），新华网，2010年10月27日，http://news.xinhuanet.com/politics/2010-10/27/c_12708501.htm。

② 胡锦涛：《高举中国特色社会主义伟大旗帜　为夺取全面建设小康社会新胜利而奋斗——在中国共产党第十七次全国代表大会上的报告》，人民出版社2007年版，第39页。

广大群众才会拥有更多财富，从而逐步实现共同富裕。自20世纪80年代以来，我国居民收入在国民收入分配中所占比重持续下降，劳动报酬在初次分配中所占比重也严重偏低。据全国总工会的一项调查，我国劳动报酬占GDP比重连降22年，且降幅近20%。“我国居民劳动报酬占GDP的比重，在1983年达到56.5%的峰值后，就持续下降，2005年已经下降到36.7%，22年间下降了近20个百分点。而从1978年到2005年，与劳动报酬比重的持续下降形成鲜明对比的，是资本报酬占GDP的比重上升了20个百分点。”① 中国社会科学院发布的报告也显示：从1990年至2005年，我国劳动者报酬占GDP的比例从53.4%下降至41.4%，而同期营业余额占GDP比例则从21.9%上升到29.6%。② 由此可见，企业利润的大幅增加在相当程度上是以职工低收入为代价的，“中国收入分配的不平等，在很大程度上表现为工资性收入占国民收入的比例越来越小，利润所占比例越来越大”③。这种状况是社会财富在经营者和劳动者之间分配不合理、不公平的直接体现，也反映了普通职工在收入分配上话语权的严重缺乏，既不符合共同富裕的社会主义核心价值，也会影响到社会稳定。此外，居民收入占国内生产总值的比重也从1992年的68.6%下降到2007年的52.3%。④ 为此，必须采取综合措施，扭转这种现状：一是建立正常的工资增长机制和支付保障机制；二是随着经济增长适时提高最低工资标准；三是完善政策法规，使劳动报酬增长同经济增长和企业效益增长相适应；四是全面推行工资集体协商制度，改变工资由企业单方决定的现状，提高工人的话语权，扭转“劳方不敢谈、资方不愿谈”的局面，切实保障工人工资的正常增长。同时，要完善各项

---

① 李强：《全国总工会最新调查：劳动报酬占GDP比重连降22年》，新华网，2010年5月17日，http://news.xinhuanet.com/politics/2010-05/17/c_12108971.htm。

② 青连斌：《解决贫富差距问题的关键》，载《湖南社会科学》2009年第6期。

③ 龚刚、杨光摘：《从功能性收入看中国收入分配的不平等》，载《中国社会科学》2010年第2期。

④ 转引自刘海涛：《中国特色社会主义的民生之路》，载《中共石家庄市委党校学报》2010年第11期。

支农惠农政策，切实解决农民收入增长缓慢问题。

（二）进一步完善税收制度，有效调节过高收入

改革开放以来，一些人通过发展个体经济和私营经济等方式率先富了起来，对他们的合法收入应依法予以保护，同时也要进行必要的调节，这是缩小社会成员收入差距、促进分配公平和共同富裕的必然要求。调节过高收入，并不是简单的“抽肥补瘦”和“劫富济贫”，也不是“均贫富”，而是通过国家税收等手段，使高收入群体的一部分财富交给国家，用于二次分配。当前，要通过进一步完善相关税收制度，既充分保护人们劳动创业的积极性，又有效缓解收入差距过大的趋势。一是要完善个人所得税制。个人所得税问题，不仅仅在于减轻中低收入者的纳税负担，提高个人所得税的起征点问题，更重要的是要根据家庭的收入和负担来调节税收。这是因为单身的人与“上有老下有小”的人，负担是不一样的，对收入相同而家庭负担不一样的征收同样的税额，也是不公平的体现。所以个人所得税的征收应该全面考虑家庭的赡养系数、家庭结构、家庭子女受教育费用、是否有病人以及家庭是否有其他特殊困难等具体情况，从而在税收制度上真正体现对低收入者的必要保护。2011 年 9 月 1 日起，国家将个人所得税起征点提高到 3500 元，就在一定程度上降低了中低收入者税收负担、缓解了收入差距过大的问题[①]。完善个人所得税制，同时还要有效监管高收入者的纳税情况，加强个人收入信息体系和个人信用体系建设，防范偷税漏税行为，减少税收流失。二是征收特别消费税。征收特别消费税不仅可以增加国家财政收入，而且对富人的正当消费也不会起到抑制的作用，相反，它可以抑制富人的奢侈消费、炫耀性消费等畸形消费。比如，一些人拥有数套住房，既推高了房价，也挤占了他人的消费空间，因此，对于拥有两套住房及以上的应征收高额累进税和房产税。三是征收遗产税和赠与税。这

① 《个人所得税起征点提高到 3500 元　9 月 1 日起施行》，中国政府网，2011 年 6 月 30 日，http://www.gov.cn/jrzg/2011-06/30/content_1896879.htm。

既可以有效缩小社会成员之间的贫富差距，减轻广大群众对社会财富分配不公产生的不良反应，也有助于消除被继承者和被赠与者的“等靠要”思想，激励人们树立自立自强的意识。

（三）进一步规范收入分配秩序，坚决取缔非法收入

广大群众对收入差距拉大有意见，其实并非是对合理合法、体现公平原则的收入有意见，“当‘杂交水稻之父’袁隆平透露家中有七辆车时，社会评价一致正向，就是因为这真正体现了社会主义按劳分配的公平原则”①。造成广大群众对收入差距强烈不满的主要是那些通过违规、违法行为而获得的巨额非法收入。为此，对这些非法收入要坚决予以取缔。一是要深入治理商业贿赂，堵住国企改制、土地出让、矿产开发等领域的漏洞；二是切断违法违规收入渠道，严厉打击走私贩私、制假售假、内幕交易、操纵股市、骗贷骗汇、偷税漏税等经济犯罪活动；三是要加强反腐倡廉建设，严厉查处官商勾结、以权谋私、权钱交易的行为。

（四）加快推进垄断行业收入分配制度改革

要放宽准入领域，引入竞争机制，打破行业垄断。调整国家和企业的分配关系，使国家作为国有资本者在国有企业的权益得到保障。完善对垄断行业工资总额和工资水平的双重调控政策，严格规范国有企业、金融机构经营管理人员特别是高层管理人员的收入，完善监管办法，并对职务消费作出严格规定。

（五）适时推行惠及广大中低收入人群的财税政策

要根据国际国内的经济形势、物价水平、就业形势等具体状况，适时制定、执行惠及广大中低收入人群的财政和税收政策。如在 2011 年 11 月，中央出台了多项措施进行结构性减税，涉及保增长、扩内需、

① 曲哲涵：《收入差距为何不断扩大》，载《人民日报》2010 年 5 月 24 日。

调结构、惠民生等多个领域[①]；2011 年 12 月，中央财政决定建立健全公共财政投入向贫困地区、贫困人口倾斜的机制，为贫困地区特别是连片特困地区经济社会发展提供有力的财力保障[②]；等等，这些政策在一定程度上有利于提高中低收入人群的收入。随着物价的调整，中央适时对国家扶贫标准也作了相应调整，在一定程度上缩短了贫富差距。我国的扶贫标准 2008 年是 1067 元，此后，随着消费价格指数等相关因素的变化，2009 年和 2010 年进一步上调至 1196 元和 1274 元。2011 年年底，国家将农民人均纯收入 2300 元(2010 年不变价)作为新的国家扶贫标准，这个标准比 2009 年提高了 92%。在这一标准下，全国贫困人口数量和覆盖面由 2010 年的 2688 万人扩大至 1.28 亿人，占农村户籍人口比例的 13.4%，从而有助于让更多低收入群体享受到政策的扶持，逐步解决收入差距过大的问题。[③]

值得特别强调的是，解决分配问题，不能就事论事，必须坚持我国社会主义初级阶段的基本经济制度。在任何社会，生产总是首要的，而分配则是从属的。改革开放以来，有一个说法，就是“把蛋糕做大”，认为只有把蛋糕做大，每个人才会分得更多的蛋糕。这个说法有一定道理，但不够全面，也就是没有考虑生产关系这个很关键的因素。马克思说过，“消费资料的任何一种分配，都不过是生产条件本身分配的结果；而生产条件的分配，则表现生产方式本身的性质。”[④]而“分配关系本质上和生产关系是同一的”[⑤]。在资本主义生产资料所有制的生产关系中，工人阶级和广大劳动群众要想在把蛋糕做大后同资产阶级得到同样的好处而实现“双赢”，那是不可能的。因为

① 夏晓伦：《财政部：已出台多项政策措施进行结构性减税》，人民网，2011 年 11 月 15 日，http://finance.people.com.cn/GB/16255232.html。

② 林晖：《财政部：公共财政将进一步向贫困地区、贫困人口倾斜》，人民网，2011 年 12 月 6 日，http://finance.people.com.cn/GB/16518603.html。

③ 顾仲阳：《我国扶贫标准上调至 2300 元 较 2009 年提高 92%》，人民网，2011 年 11 月 30 日，http://finance.people.com.cn/GB/70392/16438301.html。

④ 《马克思恩格斯文集》第 3 卷，人民出版社 2009 年版，第 436 页。

⑤ 《马克思恩格斯选集》第 2 卷，人民出版社 1995 年版，第 581 页。

实行什么样的分配制度，是由生产关系尤其是生产资料所有制关系的性质决定的。所以，要解决分配问题，不能就分配问题谈分配问题，而应该从生产关系特别是生产资料所有制关系中找根源。在当前就是要毫不动摇地坚持公有制为主体、多种所有制经济共同发展的基本经济制度。

通过上述措施，逐步形成科学合理的收入分配格局和规范的收入分配秩序，使收入差距趋向合理，使全体社会成员逐步实现共同富裕。如是，社会主义的本质及其优越性在我国才能得到更加充分地体现，公平正义、共同富裕、共建共享等社会主义核心价值才能得到进一步的确证和广大社会成员的认同。

五、坚持和完善社会主义民主政治制度

社会主义核心价值体系根源于社会主义的经济基础，但直接决定其性质的则是我国的政治制度。我国的政治制度主要是人民代表大会制度、中国共产党领导的多党合作和政治协商制度、民族区域自治制度以及基层群众自治制度。这些制度，“是中国共产党和中国人民在长期实践中，经过反复探索、不断总结，逐步建立起来的一套适合我国国情的社会主义政治制度”①。它们直接决定着我国社会主义核心价值体系的社会主义性质，决定着社会主义核心价值体系是我国社会主义的主导意识形态。这些制度，既是对社会主义“以人为本”、“民主法治”、“公平正义”等社会主义核心价值在政治制度层面上的具体体现，同时也是实现社会主义核心价值所必需的政治保障。坚持和完善这些制度，既有利于充分发挥中国特色社会主义民主政治制度的优越性，也有利于促进社会主义核心价值体系在政治制度层面获得大众的价值认同。

---

① 胡锦涛：《在庆祝中国人民政治协商会议成立55周年大会上的讲话》，人民出版社2004年版，第10页。

（一）坚持和完善社会主义民主政治制度，必须划清中国特色社会主义民主同西方资本主义民主的界限

坚持和完善社会主义的民主政治制度，必须自觉划清“中国特色社会主义民主同西方资本主义民主的界限”[①]，这是党的十七届四中全会提出的建设社会主义核心价值体系必须划清的“四个重大界限”中的又一个重大界限。邓小平也曾强调：“一定要把社会主义民主同资产阶级民主、个人主义民主严格地区别开来。”[②]社会主义民主是社会主义的生命，坚持和完善社会主义的民主政治制度，必须将社会主义民主同西方资本主义民主区别开来，划清中国特色社会主义民主同西方资本主义民主的界限。

第一，中国特色社会主义民主和西方资本主义民主在经济基础上有着根本的界限。世界上不存在脱离经济基础的抽象民主。民主作为一种国家制度，它是建立在一定经济基础之上并为其服务的上层建筑。生产资料的所有制形式是经济基础的主要内容。以不同生产资料所有制为基础的民主制度在民主的实现程度上有着根本的界限。生产资料公有制是我国社会主义的经济基础，中国特色社会主义民主是建立在生产资料公有制为主体的经济基础之上的。生产资料公有制的经济基础决定了广大人民群众在经济地位上是平等的，从而在政治地位上也必然是平等的，因为“在经济上占统治地位的阶级”借助于国家而“在政治上也成为占统治地位的阶级”[③]。生产资料公有制保证了我国人们在对生产资料的占有关系上的平等地位和权利，这就确保了我国的民主政治不受资本的操纵，广大人民群众在民主政治生活中具有平等的地位和权利。西方资本主义民主以生产资料资本主义私有制为经济基础，资产阶级掌握大量生产资料，工人阶级和广大人民群众或者占有少量生产资料，或者一无所有。这种建立在生产资料私有制基础之上的西方资本主义民主，是钱袋

① 《中共中央关于加强和改进新形势下党的建设若干重大问题的决定》，人民出版社2009年版，第13页。

② 《邓小平文选》第2卷，人民出版社1994年版，第176页。

③ 《马克思恩格斯文集》第4卷，人民出版社2009年版，第191页。

和资本的民主，财产的多寡和资本的多少在政治生活中起着决定性的作用，广大劳动人民根本左右不了资产阶级民主运作的过程和结果。在西方国家，选举被标榜为公民最基本的权利，但所谓"普遍、平等、直接、秘密"的选举，实际上受到金钱、财团、媒体和黑势力等所操纵和控制。在美国的民主选举中，竞选总统、议员等国家公职，离开金钱就寸步难行，金钱操纵着民主选举，所以"只要在联邦大选委员会那里查一下筹集资金的账户，就可以在大选之前知道大选的最终结果"①。因此，以私有制为基础的西方资本主义民主，其"真正奥秘是金钱"，"金钱主宰着选举的过程和结果，而金钱背后是大资本家和资本家集团"。②

第二，中国特色社会主义民主和西方资本主义民主在民主主体上有着本质的界限。民主的基本含义是人民的统治。无论是中国特色社会主义民主或是西方资本主义民主都强调人民的地位和作用。但两种民主中的"民"，存在着本质的界限。也就是说，两种民主的主体在阶级性质上具有根本的区别。中国特色社会主义民主的主体是工人阶级和广大劳动人民群众，而西方资本主义民主的主体则仅限于资产阶级。中国特色社会主义民主是中国共产党领导下的人民民主，在本质上是人民当家作主，是广泛、真实的民主；西方资本主义民主是富人、资本的民主，在本质上是资产阶级民主，是狭隘、虚伪的民主。这是中国特色社会主义民主和西方资本主义民主的本质区别。中国特色社会主义民主制度是中国人民在中国共产党的领导下创建、发展和不断完善的。中国共产党的领导从根本上保证了人民当家作主。在中国共产党的领导下，人民成为国家的主人和民主的主体，广大人民以其平等的政治权利通过各种渠道和途径参与政治生活，以实现自己的各种利益要求。西方资本主义民主是以金钱为基础的富人的游戏，是有产者的民主，其运作过程受到掌握巨额金钱和财富的资本家或资本家集团所控制，工人阶级和广大劳动人民群众由于不占有生产资料，缺乏金钱支持，对民主运作的过程和结果

① 王传志：《中国特色社会主义民主与西方民主的界限》，载《学术界》2010年第4期。

② 王传志：《中国特色社会主义民主与西方民主的界限》，载《学术界》2010年第4期。

都不可能起到“主”的作用。因此，正如毛泽东所说的美国的“民主政治”一样，西方资本主义民主，“可惜只是资产阶级一个阶级的独裁统治的别名”[①]，也如邓小平深刻揭示的那样，“资本主义社会讲的民主是资产阶级的民主，实际上是垄断资本的民主”[②]，其本质，是资产阶级的统治和专政。

第三，中国特色社会主义民主和西方资本主义民主在实现形式上有着迥异的界限。在当今社会，民主的实现形式有多种，但最主要的是选举民主和协商民主两种实现形式。选举民主是以公平竞争、选民投票的方式来决定公共事务的民主形式，协商民主是以平等讨论、理性协商的方式来解决公共事务的民主形式。中国特色社会主义民主的实现形式是选举民主和协商民主两种形式相结合。《中共中央关于加强人民政协工作的意见》明确指出，人民通过选举、投票行使权利和人民内部各方面在重大决策之前进行充分协商，尽可能就共同性问题取得一致意见，是我国社会主义民主的两种重要形式。[③]通过选举民主，我国公民都能够在平等的基础上参加选举，选出自己了解、信得过的人民代表，代表自己表达自己的利益诉求，行使管理国家的权利。通过协商民主，不仅能够最大限度地扩大政治参与而广求良策、广纳良言、广谋善举，而且有利于社会的和谐稳定。坚持选举民主与协商民主的有机统一，大大拓展了我国社会主义民主的深度和广度，是对人民当家作主权利的充分体现。在西方国家，投票选举贯穿政治生活的各个方面，是西方资本主义民主的主要实现形式。西方国家的选举民主是在政治生活领域对商品经济的反映和投射。商品经济中的利益、平等、竞争、契约等原则，反映到政治领域就是权利平等、公平竞争、自由选择、定期选举等规则。毋庸置疑，选举民主有利于公民利益的表达和人民主权的实现。但西方的选举民主，在很大程度上是对资产阶级不同利益集团之间难以调和的矛盾和冲突的反映。资产阶级不同利益集团之间很难通过协商的途径形成

① 《毛泽东选集》第4卷，人民出版社1991年版，第1495页。

② 《邓小平文选》第3卷，人民出版社1993年版，第240页。

③ 《十六大以来重要文献选编》下，中央文献出版社2008年版，第915页。

解决问题的共识，选举投票成了解决各种问题的有效途径。但在选举民主中，各政党、各派别的候选人为在竞争中获胜、赢得多数选票而对选民进行的“切割”，将选民利益的分歧公开化、对立化，其结果通常是强化了不同群体的利益诉求，扩大了社会矛盾和分歧，不利于社会形成共识。

世界各国的历史和现实都表明，世界并不存在放之四海而皆准的、普遍适用的和绝对的民主模式，任何民主都是具体的和相对的，一个国家选择什么样的民主政治制度，必须与这个国家的文化传统和现实国情相适应。各国国情不同，其民主的发展道路和制度模式必然是有差异的。任何国家都不能脱离本国实际而照搬他国的政治制度和民主模式。针对一些人鼓吹西方的“民主”、“自由”等言论，邓小平一针见血地指出：“他们的目的是要建立一个完全西方附庸化的资产阶级共和国。”[①]中国特色社会主义，是历史和人民的选择，符合人民群众的根本利益。“中国如果搞资本主义，可能有少数人富裕起来，但大量的人会长期处于贫困状态，中国就会发生闹革命的问题。中国搞现代化，只能靠社会主义，不能靠资本主义。”[②]这是邓小平为中国人民的根本利益而作出的不可动摇的政治结论。

（二）坚持和完善社会主义民主政治制度，必须坚持人民代表大会制度而不能搞“三权分立”[③]

人民代表大会制度是保障我国人民当家作主、实现社会主义核心价值体系“人民民主”核心理念的根本政治制度，是我国的政体，它是与

① 《邓小平文选》第3卷，人民出版社1993年版，第303页。

② 《邓小平文选》第3卷，人民出版社1993年版，第229页。

③ 在纪念党的十一届三中全会召开30周年理论研讨会上，中央领导同志要求要深入回答的与社会主义核心价值体系建设密切相关的六个重大问题即“六个为什么”中，其中之一就是要深入回答“为什么要坚持人民代表大会制度而不能搞‘三权分立’”。（参见李长春：《在纪念党的十一届三中全会召开30周年理论研讨会上的讲话》，载《人民日报》2008年12月22日。）

我国的国体相适应的。我国宪法明确规定:“中华人民共和国是工人阶级领导的、以工农联盟为基础的人民民主专政的社会主义国家。”这一规定表明，我国的国家性质是社会主义国家，我国国体的实质和核心在于人民当家作主。政体由国体决定并体现国体。我国人民民主专政的国体，客观上要求作为政权组织形式的政体，必须是能够保证人民当家作主的人民代表大会制度。

作为我国的政权组织形式，人民代表大会制度决定了人民采取什么样的形式去组织自己的政权机关，实现管理国家事务的目的。它不仅体现了我国“一切权力属于人民”的社会主义民主实质，更是人民当家作主的最高实现形式和重要途径，是人民把国家、民族和自己的命运掌握在自己手中、维护自己根本利益的可靠保证，与西方的“三权分立”制度相比，有着明显的优越性。

第一，人民代表大会制度真正体现了人民主权原则，具有人民性和真实性，“三权分立”制度则体现出民主的虚假性和欺骗性。我国宪法规定，中华人民共和国的一切权力属于人民;人民行使国家权力的机关是全国人民代表大会和地方各级人民代表大会。各级人民代表大会都是由人民选举产生，对人民负责，并受人民监督。人民代表大会的代表既有来自工人、农民、知识分子的，也有来自新社会阶层的;既有来自城市，也有来自农村的;既有来自汉族，也有来自各少数民族的，体现了真正的广泛性和人民性。西方的“三权分立”制度把国家的立法、行政、司法三种权力，分别由议会、政府、法院三个国家机关独立行使，同时又相互制约、维持权力均衡。这种制度相对于封建专制统治和个人独裁统治是一种历史的进步，但从本质上说，它是为维护资产阶级的统治服务的。议会、政府、法院三个国家机关中的议员、行政官、法官，无一不是资产阶级的代表人物，其法律和政策措施，也无一不是对资产阶级意志和利益的体现，都不可能真正代表广大劳动人民的利益。因此，“三权分立”制度所体现的民主只是资产阶级的民主，是资产阶级统治的一种形式，而非广大人民群众的真实的民主。

第二，人民代表大会制度的效率高于“三权分立”制度。邓小平曾深刻指出："我们的制度是人民代表大会制度，共产党领导下的人民民主制度，不能搞西方那一套。社会主义国家有个最大的优越性，就是干一件事情，一下决心，一做出决议，就立即执行，不受牵扯。我们说搞经济体制改革全国就能立即执行，我们决定建立经济特区就可以立即执行，没有那么多互相牵扯，议而不决，决而不行。就这个范围来说，我们的效率是高的，我讲的是总的效率。"① 我国的人民代表大会，作为国家的权力机关，在国家机关中居于主导地位，并非与其他国家机关平行并列和相互制衡。我国的人民政府作为国家的行政机关，根据人民代表大会及其常委会制定的法律法规或决议依法行政；我国的各级人民法院、检察院作为国家的司法机关，根据人民代表大会及其常委会制定的法律法规公正司法。我国宪法明确规定："国家行政机关、审判机关、检察机关都由人民代表大会产生，对它负责，受它监督。"这就避免了"三权分立"的相互牵扯、议行脱节、分而不立、互相掣肘的种种弊端，保证了国家权力、行政、审判、检察机关合理分工、协调一致地运行，有利于国家统一高效地组织各项事业，集中力量办大事。在西方资本主义国家，立法、行政、司法由于三权鼎立并且相互制衡，因此，其政权的运行通常会受到牵扯，遇到一些麻烦，导致效率低下，甚至是议而不决，决而不行。比如一些国家议会常常弹劾总统或者迫使内阁倒台；一些国家的行政首脑动辄行使否决权否决议会通过的法案甚至解散议会，等等。因此，就运行效率而言，我国的人民代表大会制度也要优越于西方的"三权分立"制度。对此，邓小平特别强调，"这方面是我们的优势，我们要保持这个优势"②。

第三，人民代表大会制度可以避免因权力分立而产生的社会动乱。人民代表大会是我国的权力机关，我国的国家权力是由人民代表大会在民主集中制原则基础上统一行使的，行政、审判、检察等其他国家机关都是它的执行机关，由它产生、对它负责、受它监督，这就可以避免因

① 《邓小平文选》第3卷，人民出版社1993年版，第240页。

② 《邓小平文选》第3卷，人民出版社1993年版，第240页。

国家权力的分离而产生的社会动乱。邓小平早在1987年会见美国前总统卡特时就说过："人们往往把民主同美国联系起来，认为美国的制度是最理想的民主制度。我们不能搬你们的。我相信你会理解这一点。中国如果照搬你们的多党竞选、三权鼎立那一套，肯定是动乱局面。"①

对于人民代表大会制度的优越性，许多国家的资深学者和媒体人士给予了高度评价。② 巴基斯坦《每日时报》总编辑马克东·巴伯认为，"人民代表大会制度是最适合中国国情的根本政治制度，得到了全体中国人民的支持和拥护。几十年来，中国的经济和社会发展取得了伟大成就，同世界各国保持了良好的合作关系，具有中国特色的人民代表大会制度功不可没。"巴基斯坦伊斯兰堡政策研究所研究员伊凡和南非国际事务研究所研究人员克里斯·奥尔登都认为，一个国家的政治制度是由本国人民选择的，必须满足广大人民的民主需求，适合本国的基本国情，中国的人民代表大会制度满足了人民群众的民主诉求，将国家引领上正确的发展轨道，事实证明这是最符合中国国情和人民愿望的民主制度。瑞典斯德哥尔摩大学的安德斯·鲍威尔教授认为，中国人民代表大会制度非常成功，是最符合中国实际的民主制度，也是对中国发展最为有利的政治制度。印度发展中国家研究中心前主任莫汉蒂教授认为："中国的人民代表大会制度是具有中国特色的民主政治制度，是中国人民经过几代人的艰苦努力才摸索出来的。人大代表所提议案和建议都是老百姓关心的事情。这种政治制度是实实在在的民主政治，这也就不难理解，它为何能够有效地促进中国的经济和社会发展。"泰国法学家桑纶·卢曼诺蒙认为，中国的人民代表大会制度是由中国的具体国情决定的，具有充分的合理性，中国在人民代表大会制度下所取得的建设成就举世瞩目，并正在为世界作出越来越大的贡献。美国洛杉矶华夏政略研究会会长王中平说，中国人民代表大会制度体现了广泛的代表性，中国政府在面对各种自然灾害和国际金融危机等挑战时反应迅速，这充分显示了中

① 《邓小平文选》第3卷，人民出版社1993年版，第244页。

② 《中国人民代表大会制度非常成功——外国学者和媒体人士关注两会、积极评价中国民主政治》，载《人民日报》2009年3月12日。

国政治制度的优越性。①

人民代表大会制度之所以能够把13亿中国人民的意志和力量凝聚起来，就在于这个制度不仅体现了我国的社会主义国家性质，是能够保证中国人民当家作主的根本政治制度，而且在于它最适合中国国情，在于“它植根于中华民族赖以生存和发展的广阔沃土，产生于中国共产党和中国人民为争取民族独立和国家富强而进行的伟大实践，来自于广大人民群众实现民主权利的自觉选择”②。始终不渝地坚持和与时俱进地完善这个制度，其优越性和生命力必将越益充分地展现出来。

（三）坚持和完善社会主义民主政治制度，必须坚持中国共产党领导的多党合作和政治协商制度而不能搞西方的多党制③

中国共产党领导的多党合作和政治协商制度是我国的一项基本政治制度。它与人民代表大会制度相适应，体现了社会主义民主政治的本质要求，能够保障人民民主权利的充分行使，是中国人民当家作主的重要实现形式，与西方的多党制相比，具有多方面的优越性。

第一，体现了社会主义民主政治的本质要求。“共产党领导、多党派合作，共产党执政、多党派参政”④，这是我国政党制度的显著特征，充分体现了我国社会主义民主政治的本质要求。在我国政党制度中，共产党是执政党，各民主党派是参政党，不是在野党，更不是反对党，是同共产党亲密合作的友党。⑤各民主党派代表各自所联系的社会阶层和

---

① 《中国人民代表大会制度非常成功——外国学者和媒体人士关注两会、积极评价中国民主政治》，载《人民日报》2009年3月12日。

② 本报评论员：《根本的政治制度民主的重要载体——论坚持和完善人民代表大会制度》，载《人民日报》2009年3月11日。

③ 这是又一个与社会主义核心价值体系建设密切相关的六个重大问题即“六个为什么”之一，即“为什么要坚持中国共产党领导的多党合作和政治协商制度而不能搞西方的多党制”。（参见李长春：《在纪念党的十一届三中全会召开30周年理论研讨会上的讲话》，载《人民日报》2008年12月22日。）

④ 《十六大以来重要文献选编》中，中央文献出版社2006年版，第170页。

⑤ 《十六大以来重要文献选编》中，中央文献出版社2006年版，第170页。

群体，在共产党的领导下参加国家政权，参加对国家大政方针的政治协商和对国家事务的民主监督，参与社会事务的管理，是人民民主的重要体现，是实现人民当家作主的重要形式，可以更好地实现人民当家作主，促进国家政治生活的民主化：一方面，各民主党派利用自己的组织体系和独立的政党活动，通过固定渠道，表达自己对国家大政方针的意见、建议，帮助执政党形成正确决策；另一方面，各民主党派通过选派成员到国家机关担任领导职务，参与国家大政方针的制定与实施，发挥民主党派政治协商、民主监督、参政议政的作用，推进国家政治生活的民主化。①

第二，执政效率高，对出现的机遇和挑战能作出及时高效的有力反应。西方的两党或多党交替通常会给执政带来许多矛盾和内耗。执政党的政策无论正确与否，通常都会遭到在野党的反对。即便是再正确的决策，都可能因遭到反对党的牵制而无法实施。执政党在执政期间要用大量的精力时刻应对反对党的各种挑战，这样一来，它就不可能把全部精力都用在提高执政水平上，从而严重影响执政效率。中国的政党制度则能避免这样的内耗，运转高效。比如，中国在三年内就建造完成为迎接奥运会的三号航站楼，“这在西方连审批程序需要的时间都不够”②。2008年百年一遇的四川汶川大地震，中国动员能力的高速有效，令全球震撼。震灾发生后，中共中央发出号召抗震救灾，全国一呼百应，很快就调动举国之力前往救灾。世界零售业巨头沃尔玛公司亚洲区总裁特鲁伊斯说，他曾在世界多个国家工作过，也在当地经历过一些天灾，但像中国政府在此次四川汶川大地震后的出色表现，还是第一次见到。③2010年的海地地震，万里之遥的中国竟然是第一个到达灾区的救援国家，比海地的邻国美国提前了两个小时！ 2011 年利比亚大规模撤侨行动的高效有序更是令外媒称奇、令国人自豪。法、美等国家就是应对自身遭遇

① 卢冀宁、张海、孙存良：《为什么必须坚持中国共产党领导的多党合作和政治协商制度，而不能搞西方的多党制》，载《思想理论教育导刊》2009 年第 5 期。

② 宋鲁郑：《中国政治制度的比较优势》，载《红旗文稿》2010 年第 5 期。

③ 转引自蔡元明：《为什么西方的多党制不适合中国》，载《红旗文稿》2009 年第 11 期。

的突发事件，都相当混乱和低效。2003 年法国发生酷暑，造成上万人死亡，在灾害极其严重的时刻，总统希拉克继续度假，直至假期结束。2005 年美国遇到卡特里娜飓风袭击，小布什总统也是三天之后才终止度假，去指挥救灾。而这时灾区早已成人间地狱，前往救援的士兵第一件事不是救灾而是平暴，以至他们叹息宁愿选择前往伊拉克！ 2009 年，一场台风同时袭击两岸，大陆迅速疏散 100 万人，台湾却应对无力，造成 600 多人的死亡和失踪。①

第三，有利于保持社会和谐，避免政局动荡。西方多党制不可避免会导致政府如走马灯似的频繁更迭、政局动荡不安。法兰西第四共和国在从 1946 年至 1958 年的 12 年时间里，政府更迭高达 20 多次，平均每届执政不足 6 个月，最长的只有 1 年多，最短的只有两天。意大利从 1946 年到 1983 年的 37 年时间里，内阁更迭 44 次，平均每届政府寿命为 10 个月，最长的两年零 3 个月，最短的仅 9 天。② 在西方多党制下，各政党为竞选获胜，上台组阁，经常相互攻讦、钩心斗角，甚至不惜挑起族群矛盾、制造社会对立，造成激烈冲突。20 世纪后期，非洲的许多发展中国家宣布实行多党制，结果引起政党林立、政局混乱，几乎半数的国家因此发生了严重的社会动荡。2008 年，尼日利亚乔斯北区在地方政府选举时，在野党支持者指控选举存在舞弊行为，与执政党支持者发生激烈冲突，造成约 500 人横尸街头，至少 6 座清真寺、5 座教堂和数以千计的民房被烧毁，汽车、公共设施受损不计其数，数万人被迫离家避难。③ 难怪美国政治学者亨廷顿认为："在发展中国家，多党制是软弱的政党制度。"④ 我国是一个有着十几亿人口、民族众多并且发展很

① 宋鲁郑：《中国政治制度的比较优势》，载《红旗文稿》2010 年第 5 期。

② 卢冀宁、张海、孙存良：《为什么必须坚持中国共产党领导的多党合作和政治协商制度，而不能搞西方的多党制》，载《思想理论教育导刊》2009 年第 5 期。

③ 邱俊、李怀林：《尼日利亚骚乱地区已趋平静目击者称约 500 人丧生》，http://news.enorth.com.cn/system/2008/12/01/003807954.shtml.

④ ［美］塞缪尔 · P. 亨廷顿：《变革社会中的政治秩序》，李盛平等译，华夏出版社 1988 年版，第 40 页。

不平衡的大国，民族、宗教以及其他各种社会矛盾在短期内难以消除，现代化建设需要共产党这个强有力的领导核心，如果实行多党制，大规模推行竞争选举，必定是自取其乱，自取其祸，导致社会动荡和国家分裂。我们实行中国共产党领导的多党合作和政治协商制度，不仅能够避免多党制党派之争、政府更迭引起的社会动乱，而且能够通过和平理性、平等真诚的协商讨论化解矛盾、形成共识，此外，还能充分调动各党派人士所联系群众的聪明才智，为妥善处理人民内部矛盾和协调各种利益关系出谋划策，从而促进社会的和谐稳定。

第四，能够制定国家发展的长远规划，保持政策的稳定性和连续性。在一党执政、多党合作的政党制度下，国家的政策不会像多党制那样由于政党的更迭而缺乏连贯性和长期性。在西方多党制下，政党执政只有 4 年或 8 年，都是在“炒短线”，谁也管不了 4 年或 8 年以后的事情，所以其政策往往具有短期行为，会随着政党的更替而发生巨大变化。比如，在英、法等欧洲国家，当立场相异政党上台之后，国家的发展政策会立即发生变化，要么是大规模地国有化，要么是大规模地私有化。在美国，民主党执政采取的政策一般是对富人增税、对财团开刀而对穷人补助，比如像克林顿时代和奥巴马政府力推的“医疗保险改革”。共和党上台，采取的则是扶持财团，对富人减税的相反政策。在多党制下，不仅对内政策因执政党的更替而具有不确定性，就是对外政策也一样。比如美国在小布什时代极力搞单边主义，而到了奥巴马时代又积极主张多边主义。法、德在希拉克和施罗德时代，与中国关系很好，而在萨科奇和默克尔时代则急速逆转。这种由于执政党和领导人的变化而导致国家政策经常性的南辕北辙式的调整，对国家的长远发展无疑极为不利。①

第五，能够避免党派之争，切实维护国家和人民的整体利益和长远利益。在西方多党制下，面对时艰，各政党不是为国家整体利益献计献策、共渡难关，而是把党派利益置于国家利益之上，严重的时候甚至

① 宋鲁郑：《中国政治制度的比较优势》，载《红旗文稿》2010 年第 5 期。

不问是非，只论党派，为了自己政党的利益，往往把国家利益抛在脑后。比如在金融危机席卷全球，各国都需要精诚团结发展经济的情况下，泰国反对党发起反政府示威活动，导致首都曼谷的两座机场关闭数日，泰国旅游业由此遭受重创；之后“红衫军”示威者又迫使东盟系列峰会取消，泰国又一次受到难以估量的损失。又如，在美国，就像奥巴马2010年在其任内的首份国情咨文中讲到的，两党的分歧“根深蒂固”，“每天只想着让对手成为媒体嘲弄的对象”，“令国民沮丧的是如今在华盛顿，好像每天都是选举日”，“在华盛顿，人们可能会认为和对方唱反调是游戏规则，无论自己的观点是多么虚伪和恶毒”。[①] 两党恶斗的这种做法，不仅“使得两党都无法对民众有所帮助”[②]，而且造成人力财力和社会资源的极大浪费，使国家和人民的整体利益受到巨大的损害。多党制条件下的不少执政党往往缺乏长远和全局考虑，施政只为短期利益甚至为一党和部分集团的狭隘利益而谋划。在美国，每到大选年的时候，政府通常都会卖给台湾一批武器，这样做既不符合美国的长远利益，也会损害中美关系的发展。但它之所以要这样做，就是为了通过卖武器来增加就业，讨好选民，为执政党拉选票。由此可见，在多党制国家，政党利益往往高于国家和人民的利益，为了政党私利，各个政党可以置国家和人民利益于不顾，甚至不惜损“公”肥“私”、赔大求小，以牺牲国家和人民利益为代价。因此，邓小平一针见血地指出：“资本主义国家的多党制有什么好处？那种多党制是资产阶级互相倾轧的竞争状态所决定的，它们谁也不代表广大劳动人民的利益。”[③] 相比之下，我国的政党制度则更先进、更优越，它不仅代表了工人阶级的利益，同时也代表了中国人民和中华民族的根本利益。这一制度使我国的各党派以合作、协商代替了对立和竞争，不仅避免了将政党私利置于国家利益之

① Obama :Remarks by the President in State of the Union Address, 2010-01-27，http://www.whitehouse.gov/the-press-office/remarks-president-state-union-address.

② Obama :Remarks by the President in State of the Union Address, 2010-01-27，http://www.whitehouse.gov/the-press-office/remarks-president-state-union-address.

③ 《邓小平文选》第2卷，人民出版社1994年版，第267页。

上的党派之争，而且有助于各党派在共产党的领导下，全心投入国家建设和社会发展，使广大人民的生活过得更加美好。

第六，有助于加强和改善党的领导，有效遏制腐败的泛滥。长时期以来，一些人以为中国的政党制度容易形成权力专制，导致各种腐败，西方的多党制则能够较好地解决腐败问题。而事实并非如此，多党制并不是解决腐败问题的灵丹妙药，多党制本身并没有也难以解决腐败问题，西方多党制自建立起就有腐败与之相伴而行。“英国在17—19世纪上半叶，各级议会议席甚至标价竞卖，候选人贿买选民、操纵选举比比皆是。1897年法国总统格雷维的女婿威尔逊议员勾结陆军上层出售荣誉军团勋章引发轩然大波。美国也在19世纪前期杰斐逊担任总统时开始，两党都沉溺于在全国范围内利用分赃制来报答对政党选举有功的选民，以奖励选民对政党的忠诚，形成了权钱结合的制度性腐败。”① 在西方多党制国家，金钱是政治的母乳，这是一条难以改变的政治铁律。政党竞选是多党制的核心，而竞选必然需要金钱的铺垫，这实际上是变相以金钱购买权力，是“有钱人出钱买候选人，候选人又拿钱买选民”。在美国，竞选国家公职官员的费用呈几何级数上升。1860年林肯竞选美国总统仅花费10万美元，1980年这种花费高达10亿美元，2008年则猛升至24亿美元。② 而国家给予政党及其候选人的经费可谓杯水车薪。于是，“化缘”、找赞助就成为各政党及其候选人参与竞选的普遍途径，而捐助者也有诸多有求于政党及当权者之处，双方由此形成一种利益互换的默契，权钱交易就成为维系党、官、商三者关系的利益纽带，成为多党制幕后运作的通行惯例。政党及其候选人在获胜当权后，一般都会“知恩图报”，会按贡献大小原则给予个人捐助和筹款有功者派驻大国、富国当大使，担任内阁阁僚，或者是利用行政权力为其开辟谋财之道，等等。在西方多党制国家，这种腐败是一种公开的秘密，是一种公然的权钱结合的制度性腐败。无论是

① 钟廉岩:《多党制不是解决腐败问题的灵丹妙药》，载《光明日报》2009年5月14日。

② 钟廉岩:《多党制不是解决腐败问题的灵丹妙药》，载《光明日报》2009年5月14日。

执政党还是在野党，都不会去真心反腐，也没有能力完全根治腐败行为。他们更多的是把揭露腐败、炒作丑闻视为撂倒政治对手的工具和手段，在公众面前捞取政治资本，以达到执政或不让对手上台的目的。因此，在多党制的制度框架内，腐败既不可能“防”，也不可能“治”。据透明国际公布的数据，2008 年世界上最腐败的 10 个国家与地区中，9 个是实行多党制的国家。这就以事实击穿了关于西方多党制能够解决腐败问题的谬论。①

在中国，官员的任命从制度上讲主要取决于个人的德才因素，与财团并没有直接关系。中国部分官员的腐败，主要是和他们自身道德境界不高以及监督机制有待进一步完善有关，在客观上讲并没有权钱交易的制度理由。中国共产党作为执政党，一贯高度重视反腐倡廉建设，强调腐败是寄生在我国政治肌体上的毒瘤，是同党的性质、宗旨背道而驰的不法行为，明确表示要坚决惩治和有效预防腐败。自成为执政党以来，我们党一直致力于同腐败行为作坚决斗争，不仅从建设一系列制度、机制上进行反腐防腐，对权力运行进行有效制约和监督，同时也下大力气查办、惩治了一批大案要案，在反腐倡廉上取得了一定的成效，在一定程度上遏制了腐败的滋生蔓延。同时，我国政党制度中民主党派的监督职能是有效防止执政党腐败的重要机制。我国各民主党派作为共产党的亲密友党，其对共产党的民主监督，能够使我们党随时听到不同的意见和批评，及时改正错误，克服和纠正官僚主义、以权谋私等不正之风，促进我们党不断加强和改善党的领导。

总之，坚持和完善我国的民主政治制度，必须划清中国特色社会主义民主同西方资本主义民主的界限，毫不动摇地坚持和完善人民代表大会制度、中国共产党领导的多党合作和政治协商制度，既不能搞“三权分立”，也不能搞西方的多党制。邓小平指出：“我们评价一个国家的政治体制、政治结构和政策是否正确，关键看三条：第一是看国家的政局是否稳定；第二是看能否增进人民的团结，改善人民的

① 钟廉岩：《多党制不是解决腐败问题的灵丹妙药》，载《光明日报》2009 年 5 月 14 日。

生活；第三是看生产力能否得到持续发展。”① 江泽民进一步指出：“衡量中国的政治制度和政党制度，最根本的是要从中国国情出发，从中国革命、建设、改革实践的效果着眼：一是看能否促进社会生产力持续发展和社会全面进步；二是看能否实现和发展人民民主，增强党和国家的活力，保持和发挥社会主义制度的特点和优势；三是看能否保持国家政局稳定和社会安定团结；四是看能否实现和维护最广大人民的根本利益。”② 新中国成立 60 多年来特别是改革开放 30 多年来，我国社会生产力持续发展，人民物质文化生活水平显著提高，人民民主不断发展，保持了国家统一、民族团结和社会安定，这与我国民主政治的制度优势与可靠保障是密不可分的。我们成功应对各种重大风险、挑战和考验，比如，成功应对四川汶川特大地震、青海玉树地震等自然灾害，成功举办北京奥运会、残奥会和上海世博会，以及成功应对国际金融危机冲击等，从根本上说，靠的就是中国特色社会主义民主政治的制度优势。正因为如此，美国学者赖斯比特认为：“在全球金融危机的背景下，西方民主体制的弊端频频暴露，低效率、犹豫不决；与此同时，中国民主体制的优势却在逐步彰显，快速、高效率。”③ 世界上越来越多的有识之士也认为：“中国正在构筑一种新型的民主，这种模式较之西方的民主拥有更加长远的目光和独特的优势。”④

实践证明，我国的政治制度是符合中国国情、经得起实践检验的正确有效的政治制度。“坚定不移地坚持中国共产党的领导，坚定不移地坚持和完善人民代表大会制度、中国共产党领导的多党合作和政治协商制度，是关系巩固中国社会主义制度、关系全国各族人

---

① 《邓小平文选》第 3 卷，人民出版社 1993 年版，第 213 页。

② 《江泽民文选》第 3 卷，人民出版社 2006 年版，第 144 页。

③ 转引自中共中央宣传部理论局：《划清“四个重大界限”学习读本》，学习出版社 2010 年版，第 46 页。

④ 转引自中共中央宣传部理论局：《划清“四个重大界限”学习读本》，学习出版社 2010 年版，第 38 页。

民根本利益的重大政治原则问题，绝不能有丝毫含糊和动摇。”[①]如果离开我国社会主义的客观国情，“不顾中国人民的实践效果，企图照搬西方政治制度的模式来代替我国的政治制度和政党制度，在理论上、政治上是极其错误的，在实践上必然造成灾难性的无法挽回的后果。”[②]

（四）坚持和完善社会主义民主政治制度，必须进一步深化政治体制改革

改革开放以来，我国把推动经济基础变革同推动上层建筑改革相结合，积极稳妥地推进政治体制改革，保证了我国人民以国家和社会主人的身份参与国家和社会事务的管理，并推动了我国经济社会的发展进步。如果没有民主政治的发展进步，很难想象我国经济社会发展能够取得今天这样的成就。对此，有人形象地说：“解读中国奇迹的密码应到政治领域中寻找，也就是到让西方人头疼的‘人民民主’中寻找”，“中国经济奇迹的密码在政治领域”[③]；“政治制度在中国的发展中，起到了如果不是决定性的起码也是最重要的作用”[④]。但是，面对我国经济社会发展的新形势，面对保障人民民主权利、维护社会公平正义的新要求以及广大人民群众政治参与不断提高的新情况，我国政治体制还存在一些不相适应的地方，它们制约着人们对社会主义民主政治制度、制约着人们对社会主义核心价值体系的认同。为此，必须进一步完善我国的社会主义民主政治制度，继续深化我国的政治体制改革。

第一，健全权力运行的制约和监督机制，防治腐败和特权等消极现象的滋生蔓延。

英国政治思想家阿克顿曾经说过，权力会产生腐败，绝对的权力，

① 《江泽民文选》第3卷，人民出版社2006年版，第145页。

② 《江泽民文选》第3卷，人民出版社2006年版，第145页。

③ 陈红太：《中国经济奇迹的密码在政治领域》，新华网，2010年7月8日，http://news.xinhuanet.com/observation/2010-07/08/c_12311887.htm。

④ 宋鲁郑：《中国政治制度的比较优势》，载《红旗文稿》2010年第5期，第17—20页。

绝对会产生腐败。[①] 失去制约和监督的权力即是绝对的权力，它必然导致腐败。健全权力运行的制约和监督机制是有效预防腐败的关键环节。改革开放以来，我国出现了大量的腐败现象。隐藏其后并与其同根同源的问题还有日益滋长和泛滥的各种特权现象，如领导特权、部门特权、行业特权、管理者特权等越来越甚、有增无减。这两个问题严重损害了社会的公平正义，引起了广大人民群众的不满，制约着人们对社会主义制度优越性以及社会主义核心价值体系的认同。当前，人们最不满的就是由权力造成的不公。2008 年，《人民论坛》杂志社《千人问卷》调查组在新浪网推出了“公众公平感调查”，有 96.11% 的受调查者表示“由权力造成的不公平，如以权谋私、贪污腐败”是当前社会不公平现象最为突出的表现。“对改善社会公平现状，您的建议是什么”的调查结果显示，排在首位的是“进一步约束和规范官员的行为”(73.74%)。[②] 因此，建立健全权力运行的制约和监督机制，抑制、消除腐败与特权是政治体制改革所要解决的突出问题，也是建设社会主义核心价值体系的重要任务，是推进社会主义核心价值体系大众化的必要途径。

腐败和特权现象之所以大量发生，除了我国的历史、经济、文化等因素外，政治体制方面的因素是难辞其咎的。我国当前的政治体制赋予政治行为主体较大的权力，使其有条件对资源配置和经济、社会运行施加较大的影响。这种体制的优势是能够集中力量办大事，办事效率高。但是这种权力的运行如果得不到有效的制约和监督，就很容易发生权力的异化，表现出权力的私有化、商品化、官僚化等腐败和特权现象。尤其是在与经济领域高度关联的领域，权力越集中，操作越不透明，就越容易发生权力寻租，产生权钱交易。从目前情况看，我国一些地方和部门也确实存在着权力过分集中的问题，有的部门或部门主要领导集“导演”、“演员”和“评委”于一身，给自己定规矩、给别人出政策、执行、监督“一肩挑”等现象仍然存在。为此，适当分解决策权、执行权和监

① 参见［英］阿克顿：《自由史论》，胡传胜等译，译林出版社 2001 年版，编委扉页。

② 人民论坛《千人问卷》调查组：《民众最不认同何种不公——公正公平感调查》，载《人民论坛》2008 年第 21 期。

督权，健全决策权、执行权和监督权既各自独立、相互制约同时又相互协调的权力结构和运行机制，是保证权力依法运行、最大限度地防止权力滥用的治本之策。同时，还要坚持党内监督与党外监督、专门机关监督与群众监督和舆论监督相结合，充分发挥各监督主体的作用，增强监督合力。唯有如此，才能确保“权力在阳光下运行”，“保证人民赋予的权力始终用来为人民谋利益”①。

第二，深化干部人事制度改革，提高民众在干部选拔任用和考核评价中的话语权。

干部人事制度改革是政治体制改革的核心内容，是发展社会主义民主政治、提高选人用人公信度的迫切需要。“人民民主是社会主义的生命，人民当家作主是社会主义民主政治的本质和核心。”② 广大群众参与对干部的选拔任用和考核评价是人民行使当家作主权利的一个重要方面。

但在现实生活中，广大群众参与干部选拔任用和考核评价的民主机制不够健全，“少数人特别是一把手说了算的现象在一些地方和部门依然存在”③，这就使得一些地方干部选拔任用和考核评价工作不能充分地体现民意。比如，在关于干部的选拔任用上，委任制仍然是干部任用的主要形式，上级是授权的主体，下级对上级负责。因此，我国一些地方的群众很少体会到当“主人”的感觉，体会到更多的则是自己作为国家和社会“主人”缺乏足够话语权的渺小与无赖。④ 又如在干部考核方面，干部考核的主体主要是上级官员，广大群众缺乏参与评判和监督的渠道与机制，使干部政绩不能够充分体现民意，“其考核往往只能成为对上

① 胡锦涛：《高举中国特色社会主义伟大旗帜　为夺取全面建设小康社会新胜利而奋斗——在中国共产党第十七次全国代表大会上的报告》，人民出版社 2007 年版，第 32 页。

② 胡锦涛：《在纪念党的十一届三中全会召开 30 周年大会上的讲话》，人民出版社 2008 年版，第 22 页。

③ 李源潮：《全面落实〈规划纲要〉　毫不动摇地推进干部人事制度改革》，载《求是》2010 年第 5 期。

④ 周玉：《构建和谐社会中的心理和谐及其实现路径》，载《四川理工学院学报》（社会科学版）2010 年第 1 期。

负责的一种手段”。[1]在一些干部看来，自己的前途命运和仕途升迁掌握在上级领导尤其是一把手领导的手里。为了自己的“前程”，他们只想着把自己的政绩“做足”给领导看，把百姓需求晾在了一边；个别地方和部门领导干部为捞个人政绩，大搞“形象工程”、“面子工程”，等等；一些官员“眼睛只朝上看，群众的意见则显得‘次要’，甚者可以‘不要’，完全置群众之利益与诉求于不顾，在关系群众切身利益的重要决策中，实行‘家长制’，剥夺群众话语表达的机会与权利。”[2]据人民论坛《千人问卷》调查组的调查，广大百姓对“群众在干部考核中能否真正说了算”抱有疑虑和担忧，72%的受调查者认为“当前干部考核存在的突出问题”是“个别地方和部门民意测验、民主评议走过场，徒有形式”。[3]于是，广大群众也就“很自然地从本来的政治生活主角变成了消极的‘看客’，‘政治演出’似乎与他们越来越不相干”[4]。

群众在干部选拔任用和考核评价中话语权的缺失或缺乏足够的话语权，这不仅不利于社会主义民主政治的健康发展，严重影响了选人用人的公信度，有悖于人民民主、公平正义等社会主义核心价值的精神实质，而且极易导致官僚主义的滋生蔓延。因此，深化干部人事制度改革，要切实提高民众在干部选拔任用和考核评价中的话语权。只有切实落实广大群众选择、考核、任免人民公仆的权利，才能充分调动广大群众政治参与的积极性，推动社会主义民主政治的健康发展，也才能让干部切实感受到自己的权力来自人民，从而增强其责任感和危机感，避免有的干部眼睛只朝上看而漠视群众的利益和要求。

第三，深化行政管理体制改革，大力推进服务型政府建设。

行政管理体制改革是政治体制改革的重要内容，是上层建筑适应经

---

① 郎友兴：《中国干部考核制度在变脸》，载《人民论坛》2008年第6期。

② 周玉：《构建和谐社会中的心理和谐及其实现路径》，载《四川理工学院学报》（社会科学版）2010年第1期。

③ 人民论坛《千人问卷》调查组：《干部考核如何让群众说了算》，载《人民论坛》2008年第6期。

④ 郎毅怀：《中国政治体制改革应扬长避短》，载《红旗文稿》2010年第20期。

济基础客观规律的必然要求，也是建设社会主义核心价值体系、实现社会主义核心价值体系以人为本、执政为民等核心理念的必然要求。改革开放以来，为适应我国经济体制转变的需要，我国的行政管理体制先后进行了六次重大改革并取得了显著成效，比如政府的管理理念更加科学、政府职能渐趋合理、管理手段不断完善、政府行为日益规范等。但是，在我国现行的行政管理体制中，政府职能的转变还不到位，一些地方行政管理“越位”、“错位”、“缺位”的问题依然突出，不该政府管的政府却管了、管多了、管滥了，该政府管的政府却没有管起来、没有管好。比如，一些地方为招商引资而过度让利，但对于关系群众切身利益的教育、住房、医疗、贫富悬殊、社会治安、食品安全、交通堵塞、环境污染等问题的管理却“不到位”，甚至是“缺位”；一些地方将国家土地资源作为地方政府的财政来源，深度介入房地产行业，为获取高额土地出让金，不惜推高地价，抬高房价。[①]“在个别地方，对群众有利的政策往往‘大的变小，小的变没’，最后文件成了‘纸上画，墙上挂’的东西”。[②] 政府职能的越位、错位和缺位，不仅严重损害了政府的公信力，降低了广大群众对政府的认同度，而且严重损害了广大群众的根本利益，与社会主义核心价值体系“以人为本”、“公平正义”等核心理念相违背。因此，推进社会主义核心价值体系大众化，必须深化行政管理体制改革，使社会主义核心价值体系的精神实质在政府的行政管理中得到体现。

深化行政管理体制改革，要以转变政府职能为核心，大力推进服务型政府建设。转变政府职能，并不是削弱政府职能，而是对有些职能要弱化，对另一些职能则要强化。转变政府职能，一方面是要弱化、淡化那些与社会主义市场经济发展不相适应、不相符合的管理职能，防止和避免政府对微观经济领域地过多干预；另一方面则是要强化宏观调控、

① 《人民日报：地方政府以高房价换 GDP 阻碍调控成效》，新华网，2011 年 1 月 4 日，http://news.xinhuanet.com/house/2011-01/04/c_12941545.htm。

② 《人民日报：地方政府以高房价换 GDP 阻碍调控成效》，新华网，2011 年 1 月 4 日，http://news.xinhuanet.com/house/2011-01/04/c_12941545.htm。

市场监管、社会管理、公共服务、文化建设等适应、符合社会主义市场经济发展要求的管理职能，努力为各类市场主体创造公平的发展环境，为人民群众提供良好的公共服务，维护社会公平正义。以转变政府职能为核心，大力推进服务型政府建设，要注重加强政府决策的科学化和民主化。决策的科学化即是以科学的态度、按照科学的规律办事和执政，决策的民主化是社会主义民主政治的本质要求，它不仅有助于决策的科学化，而且有利于发展社会主义民主政治，扩大公民的有序政治参与。而实现决策的民主化，则必须保障广大人民群众的知情权，因为“没有任何东西比秘密更能损害民主，公众没有了解情况，所谓自治，所谓公民最大限度地参与国家事务只是一句空话”①。近几年出现的评价政府、政务公开、公示制度等，不仅推进和扩大了公民对国家政治社会生活参与的深度和广度，而且对政府决策的科学化和民主化进程也起了推动作用，避免了政府重大决策的失误，提高了政府工作的绩效。依据系统论的观点，一个具有生命力的系统，应该是一个开放的、不断与外界环境发生各种信息和能量交换的互动系统。② 因此，开放政府系统既有利于公民有序政治参与的扩大和社会主义民主政治的发展，同时对政府系统本身的发展完善也有着实质性的推动作用。

总之，推进社会主义核心价值体系的大众化不是一项孤立的事业，不只是实现社会主义核心价值体系的通俗化、普及化的问题，不只是对社会主义核心价值体系的宣传普及的问题。推进社会主义核心价值体系的大众化是一项庞大的系统工程，这项工程不仅涉及理论体系本身的科学性、说服力及其话语表达、表现形式的创新转化和在大众中的宣传普及等问题，而且更为关键的是，它需要中国特色社会主义实践绩效的支撑、需要社会现实的充分印证和体现、需要从社会的根本制度到各项具体制度、政策法规以及社会环境的支持。因此，这项工程不只是理论工作者的职责和使命，不只是宣传部门、教育单位的事情，它需要社会各

① 王名扬：《美国行政法》，中国法制出版社 1995 年版，第 959 页。

② 周春明：《公民有序的政治参与》，载《前线》2003 年第 4 期。

方面尤其是各级政府相关部门的齐心协力、共同推进，形成合力。唯有如此，社会主义核心价值体系才不仅会为广大群众认知理解，而且还会赢得广大群众真心认同，为广大群众内化为自己的价值观念和行为准则，外化自己的实践行为，从而实现其“理论一经掌握群众，也会变成物质力量”① 的实践价值。

① 《马克思恩格斯文集》第1卷，人民出版社2009年版，第11页。

附　录 1

社会主义核心价值体系大众化调查问卷基本问题设计的说明

1. 基本问题部分即问卷的第二部分总体是按照由易而难、由浅入深、由简单到复杂、由具体到抽象的思路进行设计，以避免有的调查对象从一开始接受调查就犯难的问题。

2. 基本问题部分的 8 题至 23 题，是分别从社会主义核心价值体系四个方面调查了解大众对其的认同、实践情况。其中，第 8、9、10 题是关于社会主义核心价值体系基础即“社会主义荣辱观”的问题；第 11、12、13 题是关于社会主义核心价值体系精髓即“以爱国主义为核心的民族精髓和以改革创新为核心的时代精神”的问题；第 14、15、16、17 题是关于社会主义核心价值体系灵魂即“马克思主义指导思想”的问题；第 18、19、20、21、22、23 题是关于社会主义核心价值体系主题即“中国特色社会主义共同理想”的问题。

3. 基本问题部分的第 24 题到第 40 题，是从社会主义核心价值体系的整体视角调查了解大众对其的认知、认同状况及其相应对策建议。其中，第 24、25、26、27、28、29 题主要是调查大众对社会主义核心价值体系的认知状况；第 30、31、32、33、34 题旨在调查大众对社会主义核心价值体系的认同状况；从第 35 题至第 40 题旨在了解大众对推进社会主义核心价值体系大众化的相关对策建议。

附　录 2

社会主义核心价值体系大众化调查问卷

您好！为推进我国社会主义核心价值体系建设，我们非常想了解您的真实看法。调查问卷采取无记名形式，请在与您看法或情况相符的选项序号上打“✓”。非常感谢您的支持！

一、您的基本情况

1．地区：您所在省（市）区、县（市）

2．性别：①男②女

3．年龄：① 18 岁以下② 19—30 岁③ 31—40 岁④ 41—50 岁⑤ 51 岁以上

4．政治面貌：①中共党员②共青团员③民主党派④群众

5．文化程度：①小学②初中③高中（含中专）④大学⑤研究生

6．职业：

①工人②农民③公务员④军人⑤教师⑥进城务工人员⑦学生⑧新经济组织从业人员（含民营科技企业创业人员和技术人员、合资企业和外资企业的管理技术人员、个体户、民营企业主、中介组织从业人员、自由职业者）⑨其他：

7. 职务：①领导干部②非领导干部

二、基本问题

8. 在公共汽车上有老弱病残孕没有座位，您看到大多数人通常是怎么做的？

①立即主动让出座位　②稍有迟疑，但会主动让座

③装作没看见④不让座⑤其他：

9. 在他人遇到紧急困难或危险时，您看到人们通常是怎么做的？

①不顾一切，挺身而出②尽力帮助

③装作没看见而离开④旁观⑤其他：

10.“宁愿坐在宝马车里哭，也不愿坐在自行车上笑”，您对此观点

①完全同意②同意③不好说④不同意⑤完全不同意

11. 假如有条件和机会，您是否会移居发达国家？

①一定会②有可能会③不好说④不大会⑤一定不会

12.“绝不允许台湾、西藏的独立”，您的看法是

①完全同意②同意③与我没有多大关系④不同意⑤完全不同意

13.“改革开放是中国的强国之路，闭关锁国只能导致落后”，您对此的看法是：

①完全同意②同意③不清楚④不同意⑤完全不同意

14. 以下几项，您最相信哪一种？

①马克思主义②宗教③相面④求签⑤算八字⑥周公解梦

⑦星座预测⑧什么都不信⑨其他

15. 有人认为，“马克思主义在当前已经过时了”，您对此的看法是

①完全同意②同意③不清楚④不同意⑤完全不同意

16. 为实现中华民族的伟大复兴，我国人民团结奋进的共同思想基础应该是：

①马克思主义②中国儒学思想③马克思主义＋中国儒学

④民主社会主义⑤不需要共同思想基础⑥其他

17. 您认为马克思主义对我们日常工作、生活是否有现实指导意义？

①很有现实意义②有一定现实意义③不清楚④没多大意义⑤完全没

意义

18.“东欧剧变、苏联解体意味着社会主义的失败”，您对此的看法是

①完全同意②同意③不清楚④不同意⑤完全不同意

19.“社会主义一定会取代资本主义”，您对此的看法是：

①完全同意②同意③不清楚④不同意⑤完全不同意

20. 您认为，总体而言，您身边的党员干部在群众中的形象：

①很好②比较好③不好说④不太好⑤很不好

21.“中国共产党始终代表中国最广大人民群众的根本利益”，您对此的看法是

①完全同意②同意③不清楚④不同意⑤完全不同意

22.“实现中华民族的伟大复兴，必须坚持中国共产党的领导”，您的看法是

①完全同意②同意③不清楚④不同意⑤完全不同意

23. 您认为，全国各族人民的共同理想应该是下列哪一个?

①中国特色社会主义②中国特色资本主义③北欧福利社会

④其他

24. 您听说过“社会主义核心价值体系”吗?

①听说过②没听说过

25. 您了解社会主义核心价值体系的具体内容吗?

①非常了解②了解一些，但不全面

③只是听说过，具体内容不大了解④没听说过，完全不了解

26. 您知道社会主义核心价值体系的主题吗?

①知道，是________________②不知道

27. 您听说过“社会主义荣辱观”（八荣八耻）吗?

①听说过②没听说过

28. 您了解社会主义荣辱观的具体内容吗?

①非常了解②了解一些，但不全面

③只是听说过，具体内容不了解④从未听说过，完全不了解

29. 您知道“六个为什么”（六个重大问题）吗？

①知道②知道一点，不全面③不知道

30. 您认为建设社会主义核心价值体系与您有关系吗？

①有很大关系②有一定关系③不清楚④没什么关系⑤完全没关系

31. 您认为是否有必要在全体公民中进行社会主义核心价值体系宣传教育？

①很有必要②有必要③不清楚④没必要⑤完全没必要

32. 您认为建设社会主义核心价值体系的意义主要是（可多选）？

①提升全民族的思想道德素质

②解决马克思主义信仰危机问题

③坚定全民族对中国特色社会主义的理想信念

④维护国家意识形态安全

⑤提升国家文化软实力

⑥其他

33. 您认为最需要对哪些群体进行社会主义核心价值体系教育（可多选）？

①工农②教师③学生④领导干部⑤私营企业主、个体工商户

⑥民营、三资企业、中介组织从业人员⑦各类媒体从业人员⑧其他

34. 您认为当前最需要加强以下哪些教育（可多选）？

①社会公德②职业道德③家庭美德

④个人品德⑤马克思主义信仰⑥理想信念⑦爱国主义精神⑧改革创新精神

35. 您认为哪些因素最影响人们对社会主义核心价值体系的认同（可多选）？

①理论本身表达不简洁、不易记

②理论不好懂

③马克思主义对有些问题缺乏足够的说服力

④西方价值观念和国内各种思潮对人们思想造成干扰

⑤一些领导干部自己不信仰马克思主义，腐败问题严重

⑥现实中的贫富悬殊同“共同富裕”的目标差距太大

⑦一些人在看病、上学、住房等方面有困难，对现实不满

⑧宣传教育缺乏吸引力

⑨其他

36. 您认为做好社会主义价值体系宣传教育工作应采取哪些措施(可多选)?

①确保宣传、教育和科研单位的领导权掌握在真正的马克思主义者手中

②多表彰道德楷模，弘扬社会正气

③加强对各种错误思潮和价值观的批评

④提高宣传教育队伍的综合素质

⑤改进宣传教育方式

⑥其他

37. 您平时主要是从哪里了解新鲜事（不超过三项)?

①收音机②电视③报纸④互联网⑤手机⑥亲戚朋友

38. 您认为如何才能让社会主义核心价值体系为广大群众所认同(可多选)?

①领导干部以身作则、率先垂范

②切实解决官员腐败问题

③切实改善民生

④理论自身要有说服力，并且通俗易懂

⑤进一步完善社会主义的各项制度

⑥其他

39. 您认为如何才能让社会主义核心价值体系转化为人们的实际行动（可多选)?

①在各行各业的行为准则中体现其要求

②将人们实践情况与年终考核、职务晋升挂钩

③健全惩恶扬善的赏罚制度

④营造惩恶扬善的舆论氛围

⑤其他 、

40.如果把“以人为本、以和为贵、人民民主、公平正义、共建共享”作为社会主义核心价值观，您是否认同？

①很认同②认同③无所谓④不认同⑤很不认同

附　　录3

社会主义核心价值体系大众化调查问卷统计情况①

一、调查对象基本信息

1. 地区

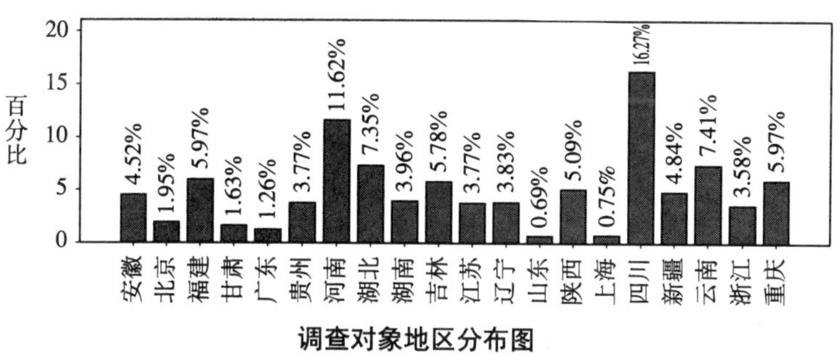

调查对象地区分布图

① 调研发放问卷1650份，回收有效问卷1592份，数据统计分析采用的是SPSS软件(17.0版本)。

2．性别

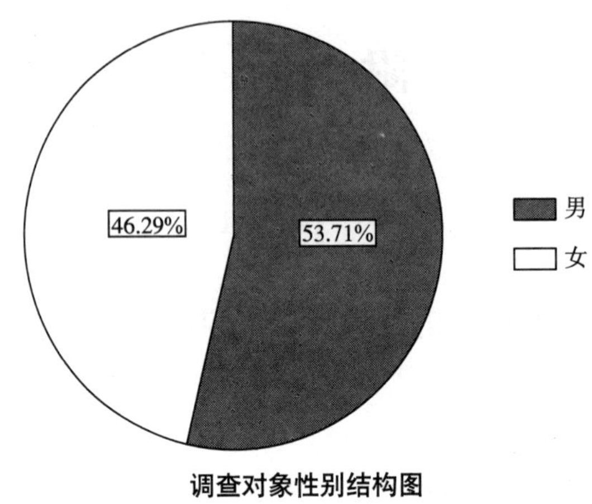

调查对象性别结构图

3．年龄

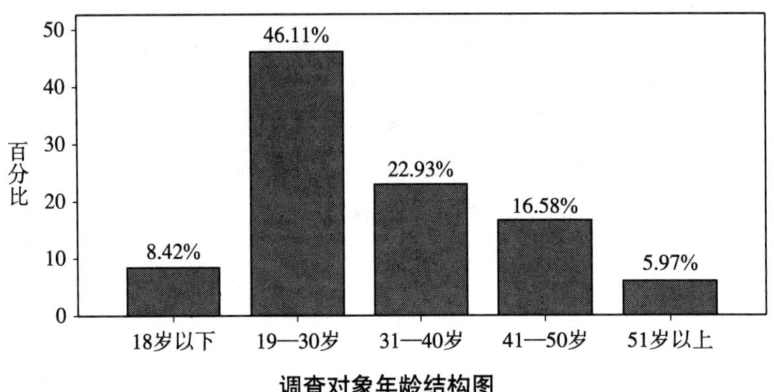

调查对象年龄结构图

4．政治面貌

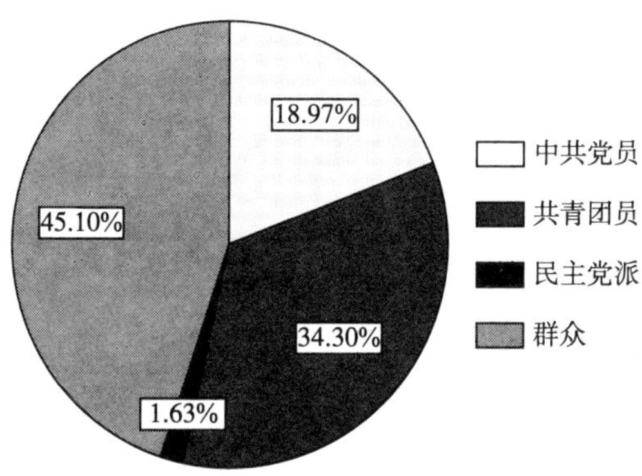

调查对象政治面貌结构图

5．文化程度

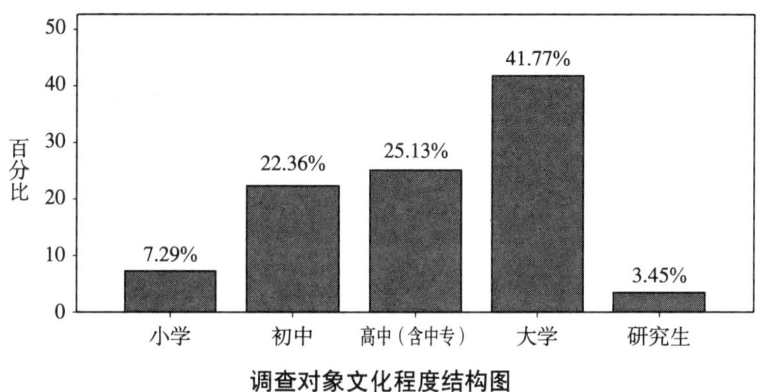

调查对象文化程度结构图

6．职业

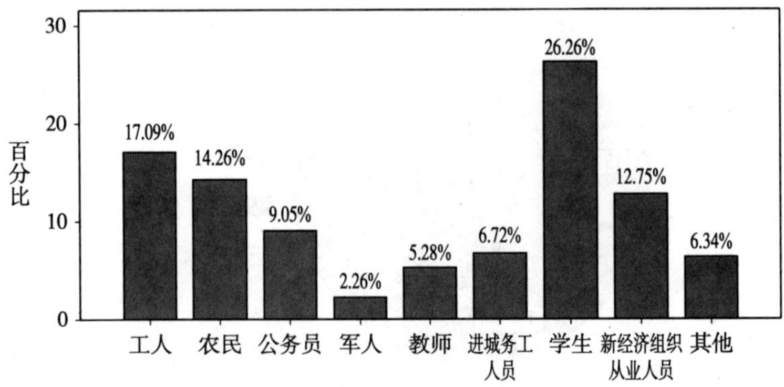

调查对象职业结构分布

7. 职务

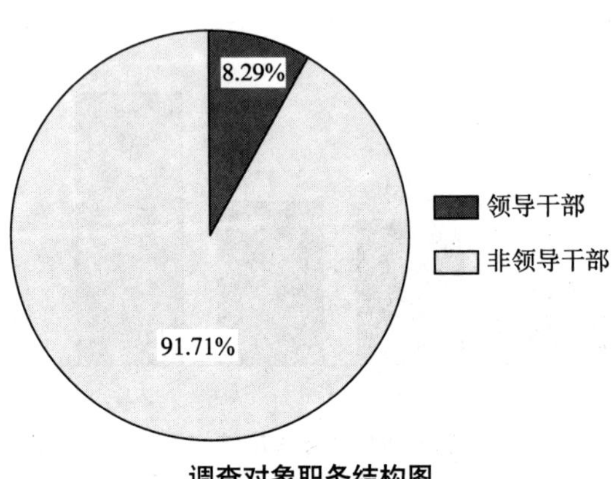

调查对象职务结构图

二、基本问题回答情况

8. 在公共汽车上有老弱病残孕没有座位，您看到大多数人通常是怎么做的？

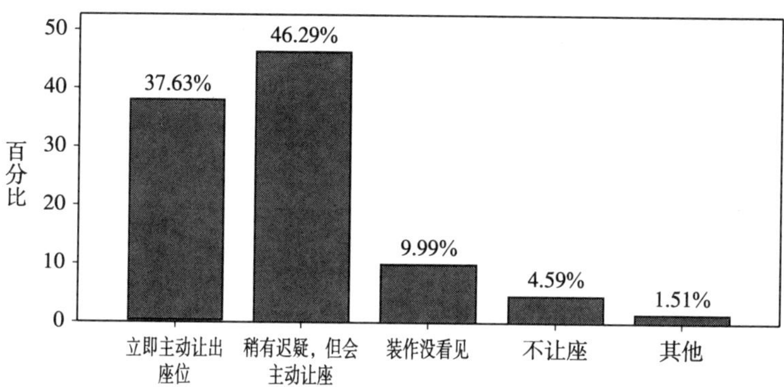

9. 在他人遇到紧急困难或危险时，您看到人们通常是怎么做的？

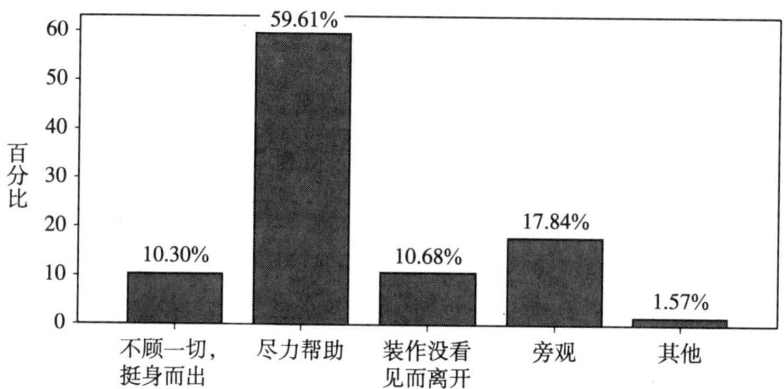

10.“宁愿坐在宝马车里哭，也不愿坐在自行车上笑”，您对此观点

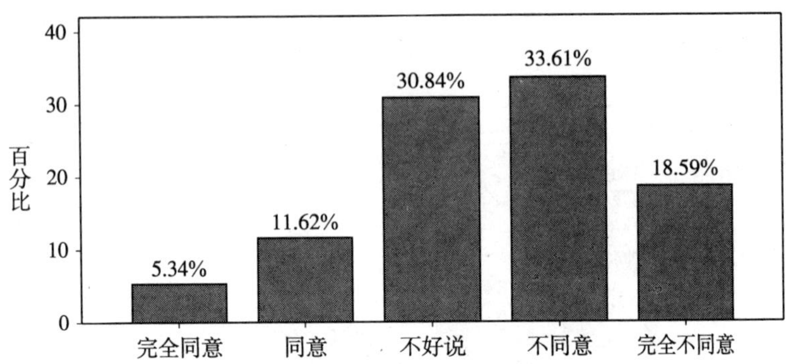

11. 假如有条件和机会，您是否会移居发达国家？

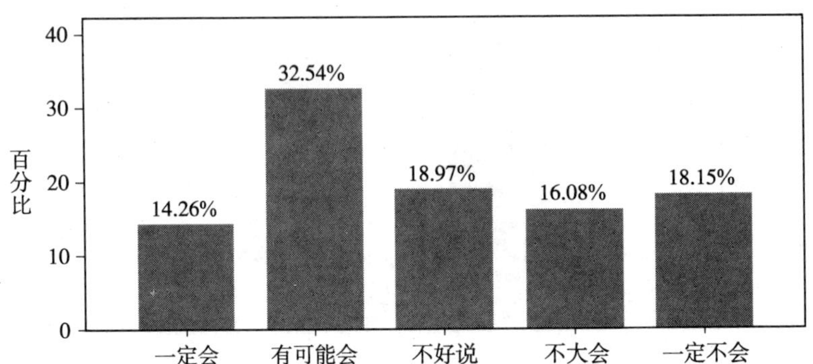

12.“绝不允许台湾、西藏的独立”，您的看法是

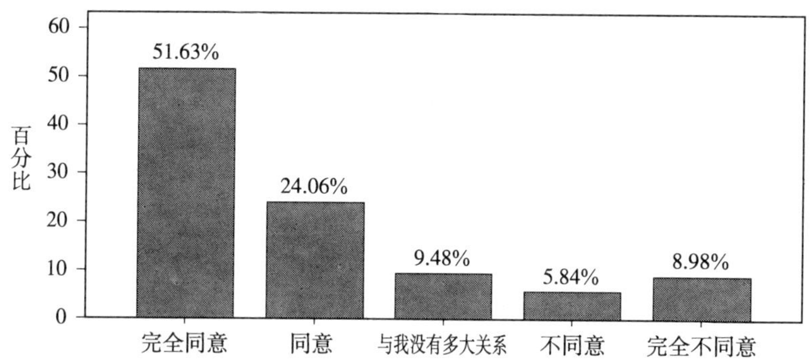

13.“改革开放是中国的强国之路，闭关锁国只能导致落后”，您对此的看法是

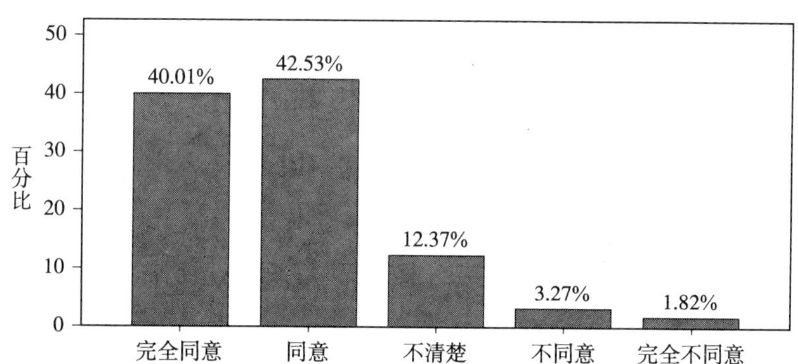

14. 以下几项，您最相信哪一种？

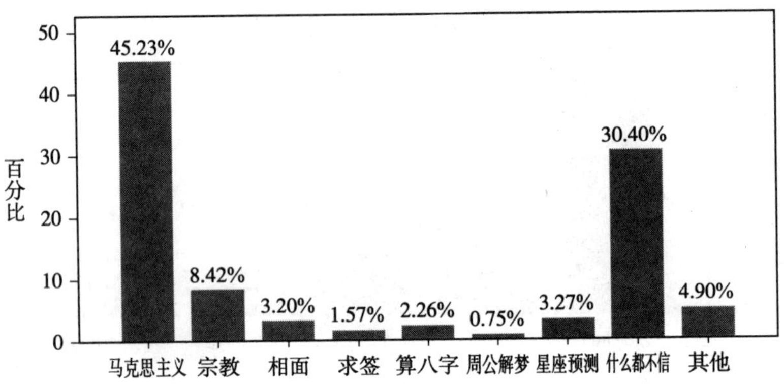

15. 有人认为，“马克思主义在当前已经过时了”，您对此的看法是

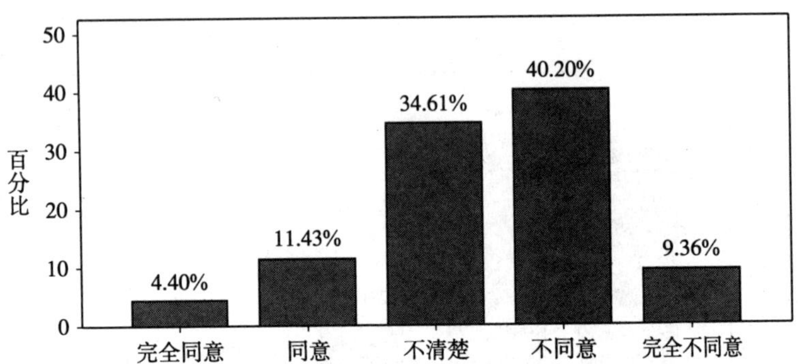

16. 为实现中华民族的伟大复兴，我国人民团结奋进的共同思想基础应该是

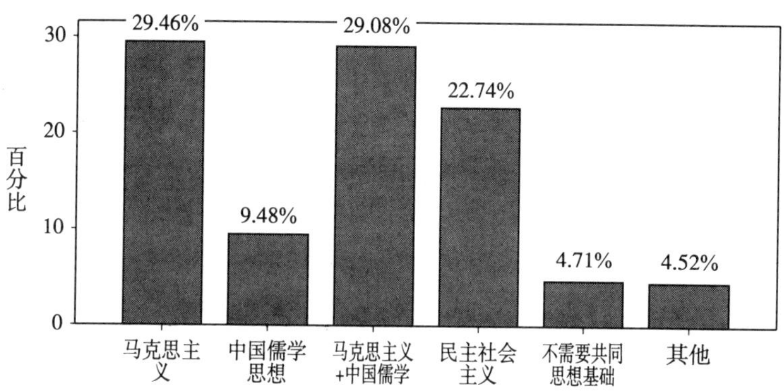

17. 您认为马克思主义对我们日常工作、生活是否有现实指导意义?

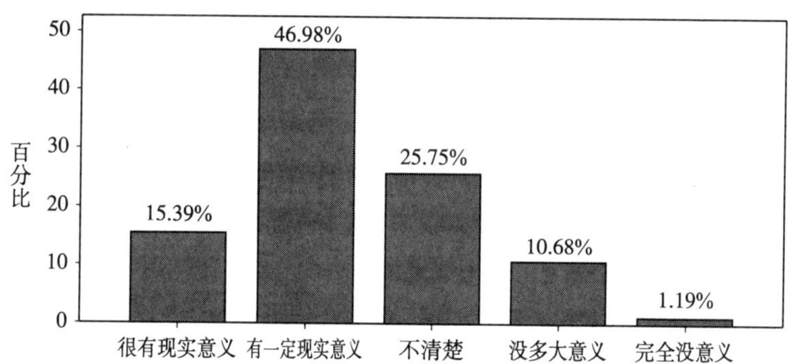

18.“东欧剧变、苏联解体意味着社会主义的失败”，您对此的看法是

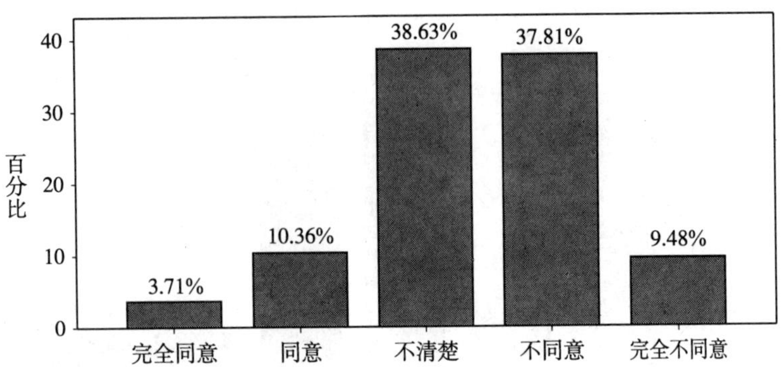

19.“社会主义一定会取代资本主义”，您对此的看法是

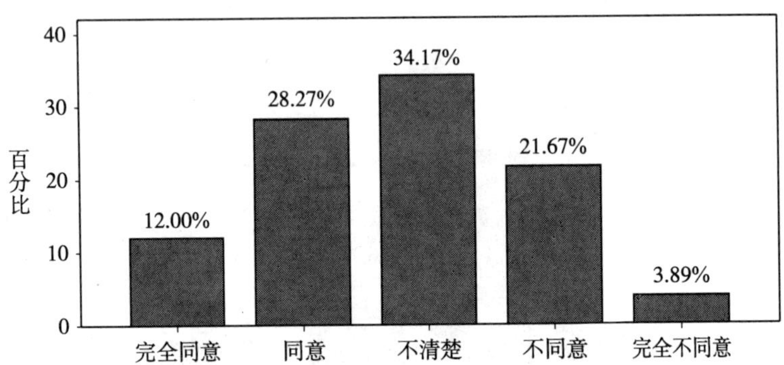

20. 您认为，总体而言，您身边的党员干部在群众中的形象

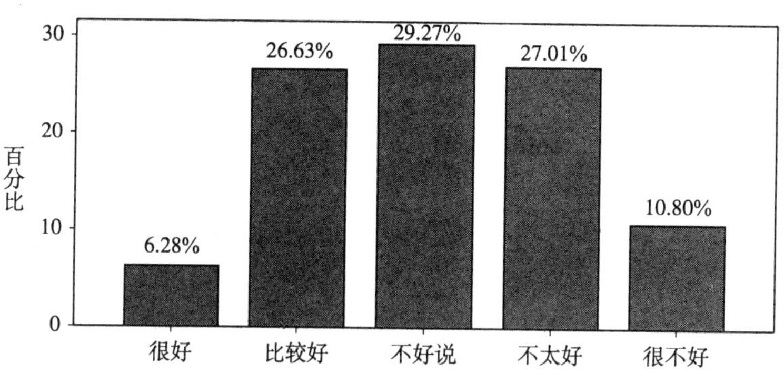

21.“中国共产党始终代表中国最广大人民群众的根本利益”，您对此的看法是

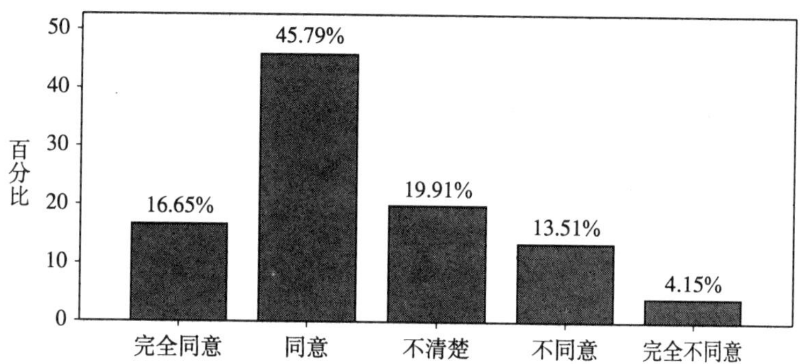

22.“实现中华民族的伟大复兴，必须坚持中国共产党的领导”，您的看法是

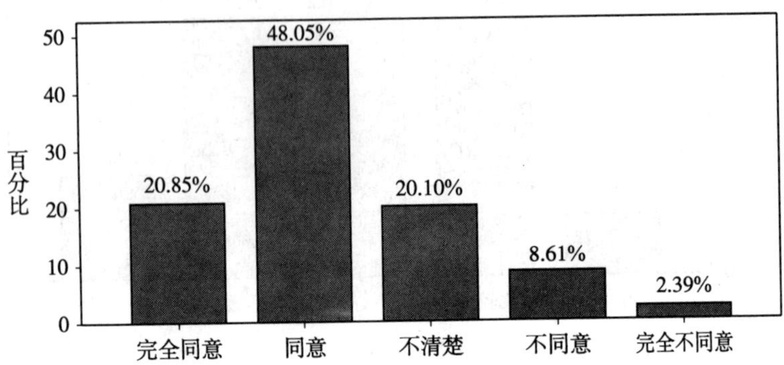

23. 您认为，全国各族人民的共同理想应该是下列哪一个?

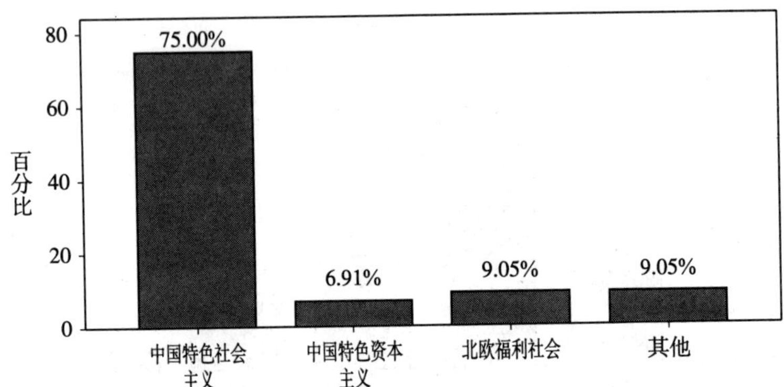

24. 您听说过“社会主义核心价值体系”吗？

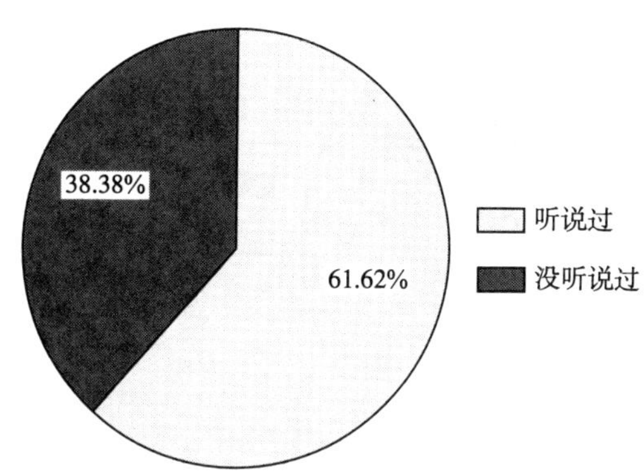

25. 您了解社会主义核心价值体系的具体内容吗？

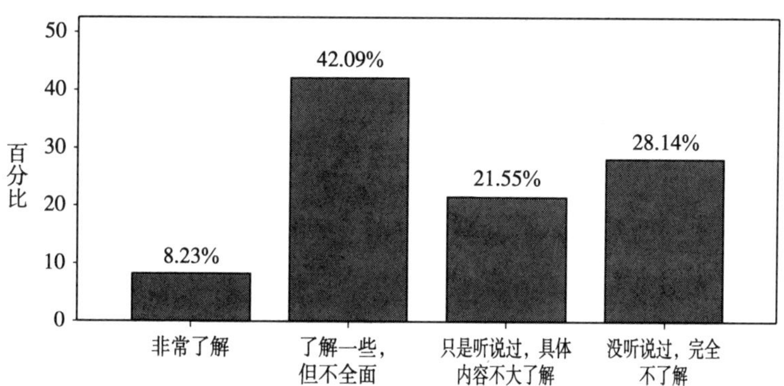

26. 您知道社会主义核心价值体系的主题吗?

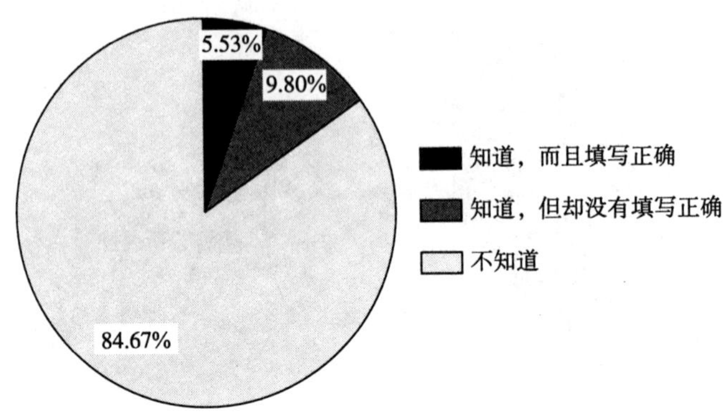

27. 您听说过“社会主义荣辱观”（八荣八耻）吗?

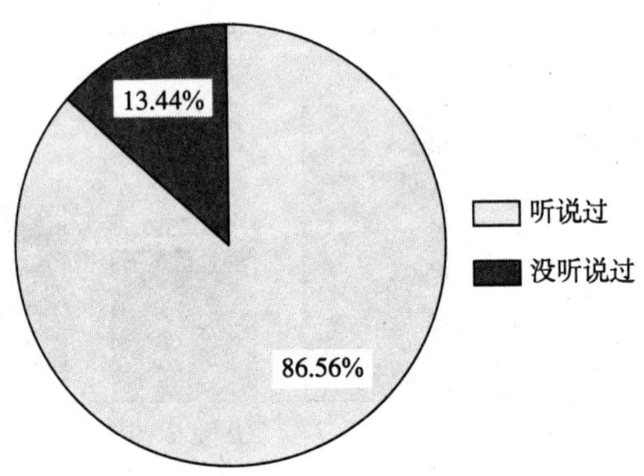

28. 您了解社会主义荣辱观的具体内容吗？

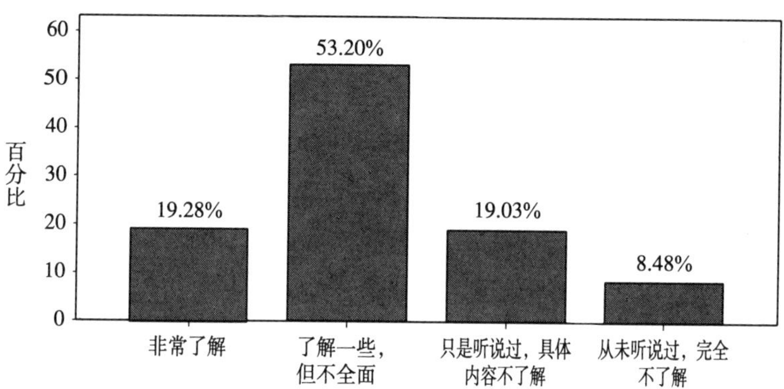

29. 您知道“六个为什么”（六个重大问题）吗？

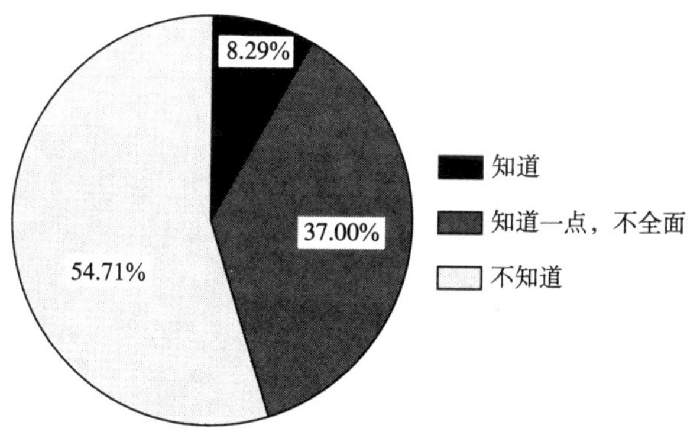

30. 您认为建设社会主义核心价值体系与您有关系吗?

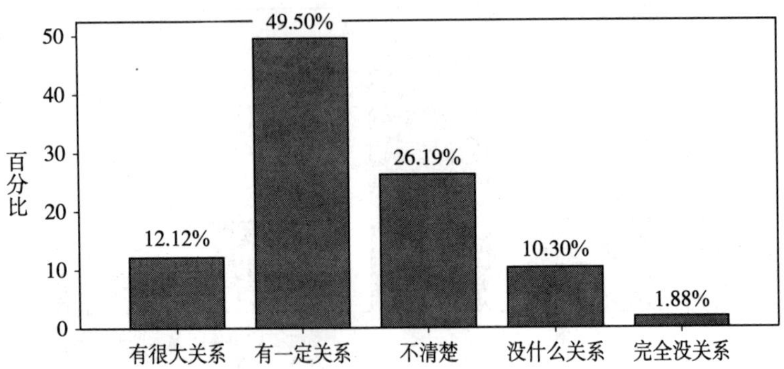

31. 您认为是否有必要在全体公民中进行社会主义核心价值体系宣传教育?

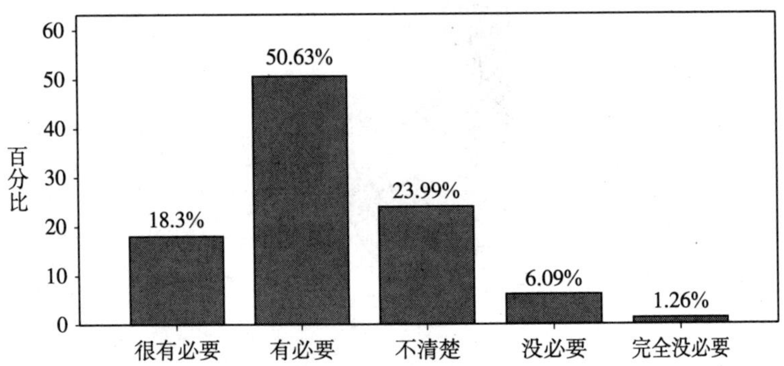

32. 您认为建设社会主义核心价值体系的意义主要是（可多选）？

选　项	频　数	有效百分比
提升全民族的思想道德素质	1215	76.3%
解决马克思主义信仰危机问题	576	36.2%
坚定全民族对中国特色社会主义的理想信念	982	61.7%
维护国家意识形态安全	829	52.1%
提升国家文化软实力	626	39.3%
其　他	75	4.7%

33. 您认为最需要对哪些群体进行社会主义核心价值体系教育（可多选）？

选　项	频　数	有效百分比
工　农	688	43.2%
教　师	759	47.7%
学　生	877	55.1%
领导干部	1138	71.5%
私营企业主、个体工商户	704	44.2%
民营、三资企业、中介组织从业人员	573	36.0%
各类媒体从业人员	560	35.2%
其　他	46	2.9%

34. 您认为当前最需要加强以下哪些教育（可多选）？

选　项	频　数	有效百分比
社会公德	1242	78.0%
职业道德	1116	70.1%
家庭美德	713	44.8%
个人品德	1020	64.1%
马克思主义信仰	349	21.9%

续表

选　项	频　数	有效百分比
理想信念	508	31.9%
爱国主义精神	814	51.1%
改革创新精神	544	34.2%

35. 您认为哪些因素最影响人们对社会主义核心价值体系的认同(可多选)?

选　项	频　数	有效百分比
理论本身表达不简洁、不易记	564	35.4%
理论不好懂	710	44.6%
马克思主义对有些问题缺乏足够的说服力	495	31.1%
西方价值观念和国内各种思潮对人们思想造成干扰	514	32.3%
一些领导干部自己不信仰马克思主义，腐败问题严重	939	59.0%
现实中的贫富悬殊同“共同富裕”的目标差距太大	963	60.5%
一些人在看病、上学、住房等方面有困难，对现实不满	915	57.5%
宣传教育缺乏吸引力	519	32.6%
其　他	36	2.3%

36. 您认为做好社会主义价值体系宣传教育工作应采取哪些措施(可多选)?

选　项	频　数	有效百分比
确保宣传、教育和科研单位的领导权掌握在真正的马克思主义者手中	723	45.4
多表彰道德楷模，弘扬社会正气	1132	71.1
加强对各种错误思潮和价值观的批评	858	53.9
提高宣传教育队伍的综合素质	909	57.1%
改进宣传教育方式	662	41.6%

续表

选　项	频　数	有效百分比
其　他	41	2.6%

37. 您平时主要是从哪里了解新鲜事（不超过三项）？

选　项	频　数	有效百分比
收音机	162	10.2%
电　视	1313	82.5%
报　纸	723	45.4%
互联网	930	58.4%
手　机	544	34.2%
亲戚朋友	226	14.2%

38. 您认为如何才能让社会主义核心价值体系为广大群众所认同(可多选)？

选　项	频　数	有效百分比
领导干部以身作则、率先垂范	1132	71.1%
切实解决官员腐败问题	1216	76.4%
切实改善民生	1194	75.0%
理论自身要有说服力，并且通俗易懂	664	41.7%
进一步完善社会主义的各项制度	815	51.2%
其　他	34	2.1%

39. 您认为如何才能让社会主义核心价值体系转化为人们的实际行动（可多选)？

选　项	频　数	有效百分比
营造惩恶扬善的舆论氛围	829	52.1%
健全惩恶扬善的赏罚制度	1151	72.3%

续表

选　项	频　数	有效百分比
将人们实践情况与年终考核、职务晋升挂钩	828	52.0%
在各行各业的行为准则中体现其要求	990	62.2%
其　他	59	3.7%

40. 如果把“以人为本、以和为贵、人民民主、公平正义、共建共享”作为社会主义核心价值观，您是否认同？

选　项	频　数	有效百分比	累计百分比
很认同	413	25.9	25.9%
认　同	874	54.9	80.8%
无所谓	200	12.6	93.4%
不认同	90	5.7	99.1%
很不认同	15	0.9	100%
总　计	1592	100	

主要参考文献

一、著作类

1.《马克思恩格斯文集》第1—9卷，人民出版社2009年版。

2.《马克思恩格斯选集》第1—4卷，人民出版社1995年版。

3.《马克思恩格斯全集》第1卷上，人民出版社1995年版。

4.《马克思恩格斯全集》第2卷，人民出版社1957年版。

5.《马克思恩格斯全集》第3卷，人民出版社2002年版。

6.《马克思恩格斯全集》第7卷，人民出版社1959年版。

7.《马克思恩格斯全集》第37卷，人民出版社1971年版。

8.《马克思恩格斯全集》第47卷，人民出版社2004年版。

9.《列宁专题文集　论马克思主义》，人民出版社2009年版。

10.《列宁专题文集　论社会主义》，人民出版社2009年版。

11.《列宁专题文集　论无产阶级政党》，人民出版社2009年版。

12.《列宁选集》第1—4卷，人民出版社1955年版。

13.《列宁全集》第1卷，人民出版社1984年版。

14.《列宁全集》第5卷，人民出版社1986年版。

15.《列宁全集》第10卷，人民出版社1987年版。

16.《列宁全集》第11卷，人民出版社1987年版。

17.《列宁全集》第13卷，人民出版社1987年版。

18.《列宁全集》第21卷，人民出版社1990年版。

19.《列宁全集》第36卷，人民出版社1959年版。

20.《列宁全集》第 38 卷，人民出版社 1986 年版。

21.《列宁全集》第 45 卷，人民出版社 1990 年版。

22.《列宁全集》第 55 卷，人民出版社 1990 年版。

23.《毛泽东选集》第 1—4 卷，人民出版社 1991 年版。

24.《毛泽东文集》第 2 卷，人民出版社 1993 年版。

25.《毛泽东文集》第 6 卷，人民出版社 1999 年版。

26.《毛泽东文集》第 7 卷，人民出版社 1999 年版。

27.《邓小平文选》第 2 卷，人民出版社 1994 年版。

28.《邓小平文选》第 3 卷，人民出版社 1993 年版。

29.《江泽民文选》第 1—3 卷，人民出版社 2006 年版。

30. 胡锦涛：《高举中国特色社会主义伟大旗帜　为夺取全面建设小康社会新胜利而奋斗——在中国共产党第十七次全国代表大会上的报告》，人民出版社 2007 年版。

31. 胡锦涛：《在省部级主要领导干部提高构建社会主义和谐社会能力专题研讨班上的讲话》，人民出版社 2005 年版。

32. 胡锦涛：《在中国文联第八次全国代表大会中国作协第七次全国代表大会上的讲话》，人民出版社 2006 年版。

33. 胡锦涛：《在庆祝中国人民政治协商会议成立 55 周年大会上的讲话》，人民出版社 2004 年版。

34. 胡锦涛：《在庆祝中国共产党成立 90 周年大会上的讲话》，人民出版社 2011 年版。

35.《中共中央关于加强和改进新形势下党的建设若干重大问题的决定》，人民出版社 2009 年版。

36. 中共中央宣传部：《社会主义核心价值体系学习读本》，学习出版社 2009 年版。

37. 中共中央文献研究室编：《十六大以来重要文献选编》上，中央文献出版社 2005 年版。

38. 中共中央文献研究室编：《十六大以来重要文献选编》中，中央文献出版社 2006 年版。

39. 中共中央文献研究室编：《十六大以来重要文献选编》下，中央文献出版社 2008 年版。

40. 中共中央文献研究室编：《十七大以来重要文献选编》上，中央文献出版社 2009 年版。

41. 中共中央文献研究室编：《十二大以来重要文献选编》中，人民出版社 1986 年版。

42. 中共中央文献研究室编：《十五大以来重要文献选编》上，人民出版社 2000 年版。

43. 中共中央文献研究室：《中共十一届三中全会以来党的历次全国代表大会中央全会重要文件选编》，中央文献出版社 1997 年版。

44. 本书编写组：《十七大报告学习辅导百问》，党建读物出版社、学习出版社 2007 年版。

45. 本书编写组：《党的十七届四中全会〈决定〉学习辅导百问》，党建读物出版社、学习出版社 2009 年版。

46. 中央档案馆：《中共中央文件选集》第 11 册，中共中央党校出版社 1991 年版。

47. 中共中央宣传部理论局：《理论热点面对面 · 2009》，学习出版社、人民出版社 2009 年版。

48. 中共中央宣传部理论局：《六个“为什么”——对几个重大问题的回答》，学习出版社 2009 年版。

49. 中共中央宣传部理论局：《七个怎么看——理论热点面对面 · 2010》，学习出版社、人民出版社 2010 年版。

50. 中共中央宣传部理论局：《划清“四个重大界限”学习读本》，学习出版社 2010 年版。

51. 中华人民共和国国家统计局：《中国统计年鉴 2009》，中国统计出版社 2009 年版。

52.《孙中山全集》第 1 卷，中华书局 1981 年版。

53.《孙中山选集》，人民出版社 1981 年版。

54.《李维汉选集》，人民出版社 1987 年版 。

55. 艾思奇：《大众哲学》，人民出版社 2004 年版。

56. 袁贵仁：《价值观的理论与实践》，北京师范大学出版社 2006 年版。

57. 梅荣政：《用马克思主义引领社会思潮》，武汉大学出版社 2008 年版。

58. 梅荣政、杨军：《社会主义核心价值体系与社会思潮析评》，中国社会科学出版社 2010 年版。

59. 周新城：《苏联东欧国家的演变及其历史教训》，安徽人民出版社 2000 年版。

60. 吕振宇、李明：《论社会主义核心价值体系》，山东人民出版社 2009 年版。

61. 李从军：《价值体系的历史选择》，人民出版社 2008 年版。

62. 陈新汉：《权威评价论》，上海人民出版社 2006 年版。

63. 中国社会科学院语言研究所：《现代汉语词典（修订本）》，商务印书馆 1996 年版。

64. 中国社会科学院语言研究所：《现代汉语词典》(2002 年增补本)，商务印书馆 2002 年版。

65. 汪洋、黄剑桥：《国史经典》(上卷)，中国经济出版社 1998 年版。

66. 龙静云：《治化之本——市场经济条件下的中国道德建设》，湖南人民出版社 1998 年版。

67. 唐凯麟：《伦理学》，高等教育出版社 2001 年版。

68. 魏英敏：《新伦理学教程》，北京大学出版社 2003 年版。

69. 叶奕干、何顺道、梁宁建：《普通心理学》，华东师范大学出版社 1991 年版。

70. 戴元光等：《传播学原理与应用》，兰州大学出版社 1988 年版。

71. 张咏华：《大众传播学》，上海外语教育出版社 1992 年版。

72. 戴元光等：《传播学通论》，上海交通大学出版社 2000 年版。

73. 高蔚绮：《教育传播学》，上海教育出版社 1992 年版。

74. 邱沛篁等：《新闻传播百科全书》，四川人民出版社 1998 年版。

75. 郭庆光:《传播学教程》，中国人民大学出版社 1999 年版。

76. 段京肃:《传播学基础理论》，新华出版社 2003 年版。

77. 林之达:《传播心理学新探》，北京大学出版社 2004 年版。

78. 陈卫星:《传播的观念》，人民出版社 2004 年版。

79. 刘京林:《大众传播心理学》，中国传媒大学出版社 2005 年版。

80. 王淑娟:《传播学理论与实践》，中国广播电视出版社 2005 年版。

81. 刘海龙:《大众传播理论：范式与流派》，中国人民大学出版社 2008 年版。

82. 刘京林等:《传播中的心理效应解析》，中国传媒大学出版社 2009 年版。

83. 孙平:《受众心理论》，中州古籍出版社 2007 年版。

84. 王名扬:《美国行政法》，中国法制出版社 1995 年版。

85. 汪晖:《文化与公共性》，三联书店 1998 年版。

86. 刘建民:《天理民心——当代中国的社会舆论问题》，今日中国出版社 1998 年版。

87. 辛灿:《西方政界要人谈和平演变》，新华出版社 1989 年版。

88. 任定成编:《北大“赛先生”讲坛——八面风文丛》，上海科技教育出版社 2005 年版。

89. 钟敬文:《民俗文化学的梗概与兴起》，中华书局出版社 1996 年版。

90. 马中:《中国哲人的大思路》，陕西人民出版社 1993 年版。

91.[古希腊]《亚里士多德选集(伦理学卷)》，苗力田译，中国人民大学出版社 1999 年版。

92.[法]《圣西门选集》，王燕生等译，商务印书馆 1962 年版。

93.[古希腊] 亚里士多德:《政治学》，吴寿彭译，商务印书馆 1965 年版。

94.[德] 黑格尔:《黑格尔通信百封》，苗力田译，上海人民出版社 1981 年版。

95.[法] 卢梭:《社会契约论》，何兆武译，商务印书馆 1980 年版。

96.[英] 休谟:《人性论》，关文运译，商务印书馆 1980 年版。

97.[美] 克利福德·格尔茨:《文化的解释》，韩莉译，译林出版社 1999 年版。

98.[意] 加塔塔·莫斯卡:《统治阶级》，贾鹤鹏译，译林出版社 2002 年版。

99.[德] 汉斯·科赫:《马克思主义和美学》，佟景韩译，漓江出版社 1985 年版。

100.[俄] 亚·尼·雅科夫列夫:《一杯苦酒——俄罗斯的布尔什维主义和改革运动》，徐葵等译，新华出版社 1999 年版。

101.[苏]罗伊·麦德维杰夫:《论苏联的持不同政见者》，刘明等译，群众出版社 1984 年版。

102.[苏] 伊·谢·康:《伦理学辞典》，王荫庭等译，甘肃人民出版社 1983 年版。

103.[俄] 维·茹拉夫列夫等主编:《当代俄罗斯历史》，莫斯科捷拉出版中心 1995 年版。

104.[俄] 谢·卡拉—穆尔扎:《论意识操纵》，徐昌翰等译，社会科学文献出版社 2004 年版。

105.[俄] 弗·亚·克留奇科夫:《个人档案》，何希泉等译，东方出版社 2000 年版。

106.[美] 塞缪尔·P. 亨廷顿:《变化社会中的政治秩序》，王冠华等译，三联书店 1989 年版。

107.[美] 塞缪尔·P. 亨廷顿:《失衡的承诺》，周端译，东方出版社 2005 年版。

108.[美] 塞缪尔·P. 亨廷顿:《变革社会中的政治秩序》，李盛平等译，华夏出版社 1988 年版。

109.[美] 麦金太尔:《理性之后》，龚群等译，中国社会科学出版社 1995 年版。

110.[加] 本·阿格尔:《西方马克思主义概论》，慎之译，中国人民大学出版社 1991 年版。

111.[美] 罗伯特·基欧汉、约瑟夫·奈:《权力与相互依赖》，门洪华译，北京大学出版社 2002 年版。

112.[美] 理查德·尼克松:《1999：不战而胜》，谭朝浩等译，世界知识出版社 1996 年版。

113.[德] 史漫飞、柯武刚:《制度经济学》，韩朝华译，商务印书馆 2000 年版。

114.[美] 道格拉斯·C. 诺思:《制度、制度变迁与经济绩效》，刘守英译，上海三联书店 1996 年版。

115.[美] 道格拉斯·C. 诺思:《经济史中的结构与变迁》，陈郁、罗华平等译，上海三联书店、上海人民出版社 1994 年版。

116.[法] 托克维尔:《论美国的民主》（下），董良果译，商务印书馆 1991 年版。

117.[美] 丹尼尔·贝尔:《后工业社会的来临》，高铦等译，商务印书馆 1984 年版。

二、期刊类

1. 胡锦涛:《切实做好构建社会主义和谐社会的各项工作　把中国特色社会主义伟大事业推向前进》，载《求是》2007 年第 1 期。

2. 胡锦涛:《牢固树立社会主义荣辱观》，载《求是》2006 年第 9 期。

3. 温家宝:《关于发展社会事业和改善民生的几个问题》，载《求是》2010 年第 7 期。

4. 李长春:《在纪念党的十一届三中全会召开 30 周年理论研讨会上的讲话》，载《人民日报》2008 年 12 月 22 日。

5. 李长春:《深入学习实践科学发展观　推动社会主义文化大发展大繁荣》，载《求是》2008 年第 22 期。

6. 李长春:《全面准确理解社会主义核心价值体系的深刻内涵　牢牢把握和谐文化建设的正确方向》，载《党建》2010 年第 1 期。

7. 李源潮:《全面落实〈规划纲要〉　毫不动摇地推进干部人事制度

改革》，载《求是》2010年第5期。

8. 刘云山：《深入推进社会主义核心价值体系建设 巩固全党全国人民团结奋斗的共同思想基础》，载《党建》2008年第5期。

9. 陈独秀：《文学革命论》，载《新青年》1917年第2卷第6号。

10. 鲁迅：《文艺的大众化》，载《大众文艺》第2卷第3期，1930年3月1日。

11. 郭沫若：《新兴大众文艺的认识》，载《大众文艺》第2卷第3期，1930年3月1日。

12. 张闻天：《抗战以来中华民族的新文化运动与今后任务》，载《中国文化》第1卷第2期(1940年4月)。

13. 冯乃超：《大众化的问题》，载《大众文艺》第2卷第3期，1930年3月1日。

14. 周起应：《关于文学大众化》，载《北斗》第2卷第3、4期合刊，1932年7月20日。

15. 秋石：《大力推进马克思主义中国化、时代化、大众化》，载《求是》2009年第23期。

16. 梅荣政：《马克思主义指导思想是社会主义核心价值体系的灵魂》，载《高校理论战线》2007年第3期。

17. 梅荣政、王炳权：《坚持以社会主义核心价值体系引领社会思潮》，载《思想理论教育导刊》2007年第6期。

18. 梅荣政、杨军：《历史虚无主义重新泛起的透视》，载《马克思主义研究》2005年第5期。

19. 张全景：《毛泽东思想需要始终不渝地坚持下去》，载《人民论坛》2010年第6期。

20. 李崇富：《建设社会主义核心价值体系从观念到现实的思考》，载《江西社会科学》2007年第2期。

21. 周新城：《坚持公有制为主体、多种经济共同发展的基本经济制度》，载《中共石家庄市委党校学报》2009年第5期。

22. 韩震：《公平正义的和谐社会与核心价值观念》，载《中国社会科学》2009 年第 1 期。

23. 王国敏、李玉峰：《挑战与回应：坚守马克思主义在意识形态领域的主流地位》，载《马克思主义研究》2007 年第 11 期。

24. 王国敏、周玉：《社会主义核心价值体系引领社会思潮的三维理路》，载《社会科学研究》2009 年第 4 期。

25. 中国社科院“新自由主义研究”课题组：《新自由主义研究》，载《马克思主义研究》2003 年第 6 期。

26. 中国社会科学院马克思主义研究学部课题组：《关于加强马克思主义理论研究和建设问题的调研报告》，载《马克思主义研究》2008 年第 4 期。

27. 侯惠勤、杨亚军、黄明理：《关于“四信”问题的调查分析——基本群众的“四信”状况》，载《淮阴师范学院学报》2003 年第 6 期。

28. 侯惠勤：《我们为什么必须批判抵制“普世价值观”》，载《马克思主义研究》2009 年第 3 期。

29. 韩震、郑立心：《社会主义核心价值体系是构建和谐社会的思想道德基础》，载《新视野》2007 年第 6 期。

30. 陈占安：《论中国特色社会主义理论体系的内在统一性》，载《思想理论教育》2008 年第 15 期。

31. 卫兴华、侯为民：《新中国 60 年经济发展的历史经验及其启示》，载《思想理论教育导刊》2009 年第 10 期。

32. 卫兴华：《坚持和完善我国现阶段基本经济制度的理论和实践问题》，载《马克思主义研究》2010 年第 10 期。

33. 李德顺：《伟大实践的智慧——邓小平理论的几点哲学启示》，载《学术研究》2002 年第 5 期。

34. 人民论坛《千人问卷》调查组：《民众最不认同何种不公——公正公平感调查》，载《人民论坛》2008 年第 21 期。

35. 人民论坛《千人问卷》调查组：《干部考核如何让群众说了算》，载《人民论坛》2008 年第 6 期。

36. 叶小文：《社会主义核心价值体系贵在践行》，载《中央社会主义学院学报》2010 年第 5 期。

37. 欧阳坚：《加强改进先进典型学习宣传工作推动社会主义核心价值体系建设》，载《求是》2007 年第 17 期。

38. 郎友兴：《中国干部考核制度在变脸》，载《人民论坛》2008 年第 6 期。

39. 徐安鑫、何义圣：《论思想政治教育中的隐性教育》，载《求实》2008 年第 2 期。

40. 王学东：《略谈考茨基的“灌输论”思想的形成过程》，载《国际共运史研究》1988 年第 4 期。

41. 杨清荣：《制度的伦理与伦理的制度——兼论我国当前道德建设的基本途径》，载《马克思主义与现实》2002 年第 4 期。

42. 宗寒：《社会主义改变了中国——60 年来中国的巨大发展变化与原因探析》，载《毛泽东邓小平理论研究》2009 年第 3 期。

43. 杨国彪：《英国私有化的经验和教训》，载《经济研究参考》2002 年第 63 期。

44. 卢冀宁、张海、孙存良：《为什么必须坚持中国共产党领导的多党合作和政治协商制度，而不能搞西方的多党制》，载《思想理论教育导刊》2009 年第 5 期。

45. 宋鲁郑：《中国政治制度的比较优势》，载《红旗文稿》2010 年第 5 期。

46. 郎毅怀：《中国政治体制改革应扬长避短》，载《红旗文稿》2010 年第 20 期。

47. 周春明：《公民有序的政治参与》，载《前线》2003 年第 4 期。

48. 罗文东、谢松明：《马克思主义是社会主义核心价值体系的灵魂》，载《思想理论教育导刊》2008 年第 1 期。

49. 吴元梁：《比较视野下的中国特色社会主义》，载《中国社会科学》2008 年第 1 期。

50. 刘建军：《中国特色社会主义共同理想是社会主义核心价值体系的主题》，载《高校理论战线》2007 年第 4 期。

51. 殷叙彝：《法国社会党对社会民主主义理论革新的贡献》，载《当代世界与社会主义》2002 年第 3 期。

52. 董福印：《为什么说民族精神和时代精神是社会主义核心价值体系的精髓？——“永葆先进、共创和谐”系列党课（四）》，载《党建》2007 年第 4 期。

53. 袁恩桢：《贫富悬殊的制度根源及根本应对》，载《探索与争鸣》2010 年第 11 期。

54. 张劲松，陈璐：《论仇富现象的原因及化解》，载《中共宁波市委党校学报》2009 年第 1 期。

55. 王传志：《中国特色社会主义民主与西方民主的界限》，载《学术界》2010 年第 4 期。

56. 青连斌：《解决贫富差距问题的关键》，载《湖南社会科学》2009 年第 6 期。

57. 龚刚、杨光摘：《从功能性收入看中国收入分配的不平等》，载《中国社会科学》2010 年第 2 期。

58. 高伟：《体验：教育哲学新的生长点》，载《湖南师范大学教育科学学报》2003 年第 4 期。

59. 罗一民：《把社会主义核心价值体系融入精神文明建设全过程——关于“精神文明‘南通现象’”的理性思考》，载《毛泽东邓小平理论研究》2007 年第 8 期。

60. 郭法奇：《论美国的渗透式教育》，载《比较教育研究》1998 年第 5 期。

61. 张勤：《论推进服务型政府建设与基本公共服务均等化》，载《中国行政管理》2009 年第 4 期。

62.《小康》研究中心：《官员信用敲响政务信用警钟》，载《小康》2007 年第 8 期。

63. 沈壮海：《多质的大众与共享的价值——关于当代中国马克思主义大众化的思考》，载《思想政治教育研究》2009 年第 5 期。

64. 张萃萍：《社会主义核心价值体系的制度建设探析》，载《思想政治工作研究》2007 年第 9 期。

65. 力竞:《荣辱观教育需要社会赏罚的支持》，载《中共南京市委党校南京市行政学院学报》2006 年第 6 期。

66. 曾广容:《系统开放性原理》，载《系统辩证学学报》2005 年第 3 期。

67. 谭培文:《从底线伦理到终极价值的转换和实现——兼以社会主义核心价值认同为视角》，载《道德与文明》2010 年第 1 期。

68. 杨海英:《正确理解马克思主义理论创新》，载《思想理论教育导刊》2003 年第 6 期。

69. 吴向东:《社会主义核心价值体系：社会主义本质的彰显》，载《教学与研究》2009 年第 7 期。

70. 李华、王伟:《文化软实力与社会主义核心价值体系构建——苏东剧变原因的新视阈》，载《上海大学学报》(社会科学版)2008 年第 6 期。

71. 黄立弗:《80 年代末期苏联社会情绪激进化的政治历史学分析》，载《世界历史》2000 年第 5 期。

72. 黄明理:《论马克思主义的当代魅力》，载《学海》2008 年第 3 期。

73. 余玉花:《论社会主义核心价值体系的主导性》，载《思想理论教育》2008 年第 1 期。

74. 何怀远:《关于推进当代马克思主义大众化的几个问题》，载《南京政治学院学报》2008 年第 3 期。

75. 姜洁晶:《对马克思主义大众化三个层面的思考》，载《大连干部学刊》2008 年第 9 期。

76. 王兆善:《带头践行社会主义核心价值体系》，载《领导科学》2008 年第 2 期。

77. 徐武生、何秋莲:《见义勇为立法与无因管理制度》，载《中国人民大学学报》1999 年第 4 期。

78. 崔万田、周晔馨:《正式制度与非正式制度的关系探析》，载《教学与研究》2006 年第 8 期。

79. 陆南泉:《俄罗斯私有化的失误及警示》，载《人民论坛 · 双周刊》2008 年总第 218 期。

80. 赵伟:《九十年代英国私有化的困境与前景》，载《外国经济与管理》1995 年第 8 期。

81. 何平:《中国社会保障 60 年》，载《中国劳动保障》2009 年第 10 期。

82. 魏冰、罗星凯:《“科学大众化”的困境:社会学的分析》，载《外国教育研究》2005 年第 6 期。

83. 丛日云:《当代中国政治语境中的“群众”概念分析》，载《政法论坛》2005 年第 2 期。

84. 李勇华:《“最广大人民”的时代新认知》，载《学术交流》2003 年第 10 期。

85. 钱文华、陈敬全:《论陕甘宁边区的科学大众化运动》，载《东华大学学报 (社会科学版)》2003 年第 4 期。

86. 吴远、吴日明:《灌输理论与当代中国马克思主义大众化》，载《马克思主义研究》2010 年第 9 期。

87. 李向勇、丁俊萍:《社会主义核心价值体系与党的思想理论建设科学化》，载《探索》2010 年第 6 期。

88. 青连斌:《保障和改善民生的行动纲领——学习党的十七届五中全会〈建议〉》，载《中共石家庄市委党校学报》2010 年第 11 期。

89. 胡钧、韩东:《坚持社会主义公有制为主体、多种所有制经济共同发展的基本经济制度》，载《高校理论战线》2010 年第 3 期。

90. 秦宣:《我们为什么需要马克思主义?》，载《高校理论战线》2011 年第 2 期。

91. 周玉、马建军《以社会主义核心价值体系引领社会思潮的现实路向》，载《西南农业大学学报》(社会科学版) 2009 年第 2 期。

92. 周玉:《论社会主义核心价值体系主题的三重逻辑》，载《广西社会科学》2011 年第 11 期。

93. 周玉:《论社会主义核心价值体系的大众化》，载《科学社会主义》2010 年第 3 期。

94. 周玉：《历史虚无主义三谬——哲学和历史的透视》，载《理论导刊》2010 年第 3 期。

95. 周玉：《社会主义道路：中国近现代革命的必然逻辑》，载《西南民族大学学报》（人文社科版）2011 年第 8 期。

96. 周玉：《社会和谐：中国特色社会主义的本质属性》，载《西南农业大学学报》（社会科学版）2009 年第 3 期。

97. 周玉：《构建和谐社会中的心理和谐及其实现路径》，载《四川理工学院学报》（社会科学版）2010 年第 1 期。

98. 周玉：《论社会主义核心价值体系大众化的科学内涵及其实现路径》，载《重庆大学学报》（社会科学版）2011 年第 2 期。

99. 周玉：《社会主义核心价值体系大众化研究检视》，载《扬州大学学报》（人文社会科学版）2011 年第 6 期。

100. 周玉、马建军：《社会主义核心价值体系研究的回顾与展望》，载《山西师大学报》（社会科学版）2010 年第 1 期。

101. 马建军、周玉：《社会主义核心价值体系：大学生思想政治教育的核心内容和引领旗帜》，载《扬州大学学报》（高教研究版）2010 年第 3 期。

102. 马建军、周玉：《四位一体：社会主义核心价值体系寓于大学生思想政治教育的路径选择》，载《广西社会科学》2010 年第 8 期。

103. 杨晓强、周玉：《社会主义核心价值体系建设结构模型初探——一种传播学的视野》，载《江淮论坛》2011 年第 3 期。

三、报刊类

1. 李长春：《在纪念党的十一届三中全会召开 30 周年理论研讨会上的讲话》，载《人民日报》2008 年 12 月 22 日。

2. 刘云山：《更加自觉、更加主动地推动社会主义文化大发展大繁荣》，载《人民日报》2007 年 10 月 29 日。

3. 刘云山：《架起科学理论与人民大众的桥梁　用马克思主义中国

化最新成果掌握群众》，载《人民日报》2010 年 3 月 29 日。

4. 刘云山：《把建设马克思主义学习型政党作为重大而紧迫的战略任务抓紧抓好》，载《人民日报》2009 年 10 月 15 日。

5. 马克思主义理论研究与建设工程办公室：《社会主义核心价值体系研究向纵深拓展》，载《人民日报》2007 年 10 月 14 日。

6. 本报评论员：《把握精髓弘扬民族精神和时代精神——四论全面准确理解社会主义核心价值体系》，载《人民日报》2006 年 12 月 24 日。

7. 袁新文：《为建设人力资源强国奠基——教育事业发展谱写新篇章》，载《人民日报》2008 年 10 月 10 日。

8. 冯海发：《二〇二〇年农民收入翻番为何能实现——解读〈中共中央关于推进农村改革发展若干重大问题的决定〉之一》，载《人民日报》2008 年 10 月 21 日。

9. 曲哲涵：《收入差距为何不断扩大》，载《人民日报》2010 年 5 月 24 日。

10. 本报评论员：《根本的政治制度民主的重要载体——论坚持和完善人民代表大会制度》，载《人民日报》2009 年 3 月 11 日。

11. 仲祖文：《不能让老实人吃亏》，载《人民日报》2008 年 1 月 11 日。

12. 曲哲涵：《注重民生，让百姓得到更多实惠》，载《人民日报》2010 年 9 月 6 日。

13. 刘建华：《解决农民看病贵需要综合施策》，载《人民日报》2010 年 12 月 21 日。

14. 陈先达：《必须坚持马克思主义指导思想一元化》，载《光明日报》2009 年 3 月 31 日。

15. 王炳林、阚和庆：《把握社会主义核心价值体系的精髓——大力弘扬民族精神和时代精神》，载《光明日报》2007 年 7 月 10 日。

16. 丰捷：《教育部部长周济：中国正加速向人力资源强国转变高等教育毛入学率将再增加 10%》，载《光明日报》2009 年 9 月 12 日。

17. 钟廉岩：《多党制不是解决腐败问题的灵丹妙药》，载《光明日报》2009 年 5 月 14 日。

18. 上海市邓小平理论和“三个代表”重要思想研究中心:《把握社会主义核心价值体系的主题——牢固树立中国特色社会主义共同理想》,载《光明日报》2007 年 6 月 26 日。

19. 黄力之:《意识形态理论视野中的核心价值体系》,载《文汇报》2007 年 11 月 19 日。

20. 钮怿:《改革收入分配制度优化国民经济需求结构》,载《文汇报》2010 年 3 月 8 日。

21. 王桂泉等:《推进当代中国马克思主义大众化》,载《辽宁日报》2008 年 6 月 25 日。

22. 王文:《国家统计局调查:七成家庭难承受高昂教育费用》,载《消费日报》2009 年 11 月 12 日。

23. 申保珍:《学费高、收入低、家有病人成“头三难”》,载《农民日报》2010 年 5 月 20 日。

24. 刘世军:《三化:把握理论创新的根本方向》,载《社会科学报》2009 年 12 月 3 日。

25. 自然科学研究会:《自然科学研究会宣言》,载《新中华报》1940 年 2 月 28 日。

26. 林伯修:《1929 年急待解决的几个关于文艺的问题》,载《海风周报》第 12 号,1929 年 3 月 23 日。

四、其他类

1.《中共中央关于深化文化体制改革　推动社会主义文化大发展大繁荣若干重大问题的决定》(2011 年 10 月 18 日中国共产党第十七届中央委员会第六次全体会议通过),中央政府门户网站,2011 年 10 月 25 日。

2. 中华人民共和国国家统计局:《中华人民共和国 2009 年国民经济和社会发展统计公报》;《中华人民共和国 2010 年国民经济和社会发展统计公报》。

3．中华人民共和国民政部:《2010 年 11 月份民政事业统计月报》。

4．中国互联网络信息中心:《第 27 次中国互联网络发展状况调查统计报告》。

5．陈红太:《中国经济奇迹的密码在政治领域》，新华网，2010 年 7 月 8 日。

6. 李强:《全国总工会最新调查: 劳动报酬占 GDP 比重连降 22 年》，新华网，2010 年 5 月 17 日。

7. 周伟、李兴文、伍晓阳、戴劲松:《透视官德缺失之痛》，新华网，2010 年 8 月 24 日。

8.《“官场风水学”愈演愈烈　领导干部为何不信马列信鬼神》，新华网，2010 年 5 月 26 日。

9．《不信马列信鬼神　地方官员屡陷“风水漩涡”》，人民网，2010 年 11 月 12 日。

10．闵绪国:《马克思主义灌输理论及其运用研究》，西南大学硕士学位论文，2007 年。

11．Obama: Remarks by the President in State of the Union Address, http://www.whitehouse.gov/the-press-office/remarks-president-state-union-address.

12．The White House: The National Security Strategy of the United States of America,http://georgewbush-whitehouse.archives.gov/nsc/nss/2002/nssintro.html.

后　记

本书是我主持的2009年度国家社科基金项目“社会主义核心价值体系的大众化研究”（09XKS012）的最终成果。研究社会主义核心价值体系的大众化，对我来说，不是一件轻松的事情。从课题研究的选题至最终成果的定稿，其间的多少日子是食不知味、夜不能寐。幸运的是，在课题研究的过程中，我的老师、单位领导、同事和同学给予了我莫大的支持和鼓励，成为我知难而进的动力，使我对这一课题的研究得以顺利完成。

我的博士研究生导师四川大学王国敏教授，对课题的研究给予了悉心的指导：从课题最初的选题申报、课题立项后的开题，到课题的最终完成，这一路走来，都无不凝聚着导师的心血。在此，特向老师致以最诚挚的谢意！武汉大学博士生导师梅荣政教授在课题开题会上对我的指导，在课题研究过程中对我的点拨和鼓励，至今仍历历在目，记忆犹新。在此特别感谢梅老师对我的辛勤培养和亲切指导。四川师范大学石开贵教授是我的硕士研究生导师，是他引导我走上了科学研究之路。在此，我也向石老师表示深切的谢意。

本课题的研究，还非常荣幸地得到了众多专家学者的指导和建议。他们是四川大学博士生导师曹萍教授、电子科技大学博士生导师邓淑华教授、中国地质大学博士生导师吴东华教授、扬州大学博士生导师刘诚教授、首都师范大学博士生导师李松林教授、西南交通大学博士生导师苏志宏教授、四川大学博士生导师李文星教授、四川省社会科学院曾敏教授。他们对本课题的研究提出了诸多宝贵建议，使本课题得以顺利结题。本书也是在充分吸收他们意见的基础上修改而成。囿于本书的框架结构和作者的学识水平，有些非常中肯的建议未能在书中体现，但这将成为我进一步研究的起点。在此，我谨向这些专家表示我衷心的感谢和深深的敬意。

本课题的研究，得到了成都医学院科研处处长王伦安教授的热情指导、真切关怀和鼎力支持；成都医学院思想政治理论教学部主任张俊教授对课题研究给予了极大的支持，在工作中对我予以了特别的关怀和额外的关照；我的同事、挚友杨金兰老师为我分担了很多的工作、提供了诸多的方便。在此向他们表示衷心的感谢。

我的同窗何洪兵、刘润秋、付启章、高乃云、付金梅等几位博士，在课题研究过程中给了我很多帮助和照应。我的学生张璨、李坤华、许宁、黄玉、杨植、冉春、朱召银、张俊冬、毛懋等同学，在课题的田野调查、问卷统计等方面做了大量工作。在此向他们表示衷心的感谢。

人民出版社吴继平博士为本书的出版付出了辛勤的劳动和大量的心血，在本书付梓之际，特向吴博士表示深深的谢意！

在课题研究过程中，我参阅了大量的著作文献和研究成果，十分感谢这些文献和成果作者付出的辛勤劳动，对此，本书在引文中力求做到一一注明，但如有疏漏，敬请批评和谅解。社会主义核心价值体系的大众化研究是一个理论性和实践性都很强的课题，需要探讨的问题还有很多，文中存在的不足、不当和错误之处，恳请各位专家和读者批评指正。

周　玉

2012 年 3 月

责任编辑：吴继平
装帧设计：周方亚

图书在版编目（CIP）数据

社会主义核心价值体系大众化研究／周　玉　著.
－北京：人民出版社，2012.8
ISBN 978－7－01－011078－3

I. ①社…　II. ①周…　III. ①社会主义建设－价值论－研究－研究
IV. ① D616

中国版本图书馆 CIP 数据核字（2012）第 172110 号

社会主义核心价值体系大众化研究

SHEHUIZHUYI HEXIN JIAZHI TIXI DAZHONGHUA YANJIU

周　玉　著

人民出版社 出版发行
（100706　北京市东城区隆福寺街 99 号）

北京凌奇印刷有限责任公司印刷　新华书店经销

2012 年 8 月第 1 版　2012 年 8 月北京第 1 次印刷
开本：710 毫米 ×1000 毫米 1/16　印张：26.25
字数：377 千字　印数：0,001－3,000 册

ISBN 978－7－01－011078－3　定价：48.00 元

邮购地址 100706　北京市东城区隆福寺街 99 号
人民东方图书销售中心　电话（010）65250042　65289539

版权所有・侵权必究
凡购买本社图书，如有印制质量问题，我社负责调换。
服务电话：（010）65250042